"十三五"国家重点图书出版规划项目

中国隧道及地下工程修建关键技术研究书系

SHENZHEN DITIE
ZHENGFU
YANSHOU SHIJIAN

深圳地铁政府验收实践

蒲先俊　张　迪　杨德明　赵子云　编著
黄力平　肖远强　审核

人民交通出版社股份有限公司
China Communications Press Co.,Ltd.

内 容 提 要

地铁工程由国家主管部门直接或委托地方政府部门,或由地方政府部门组织实施的验收,称作政府验收。政府验收分为投入试运营验收和国家竣工验收两个阶段。

全书共6章,全面、系统地介绍了深圳地铁工程政府验收工作实践情况。第1章介绍了地铁建设工程的主要特点、基本构成、阶段划分、竣工验收国家规定和深圳地铁工程政府验收管理办法。第2章至第4章,分别介绍了深圳地铁工程的投入试运营验收、试运营评估和国家竣工验收的相关内容。第5章介绍了注意把握的重要问题。第6章是建设专题报告(压缩版)。

本书被列入"十三五"国家重点图书出版规划项目,可供城市轨道交通政府主管部门、政府相关部门、规划设计单位、建设管理单位、建设施工单位、工程监理单位、技术管理单位、运营管理单位、财务审计单位、质量和安全监督单位、设备材料供应单位等相关人员参考学习,也可作为高等院校相关专业师生的参考或辅导用书。

图书在版编目(CIP)数据

深圳地铁政府验收实践/蒲先俊等编著. — 北京:
人民交通出版社股份有限公司,2018.8
ISBN 978-7-114-14631-2

Ⅰ. ①深… Ⅱ. ①蒲… Ⅲ. ①地下铁道—工程验收—深圳 Ⅳ. ①U231

中国版本图书馆 CIP 数据核字(2018)第 068540 号

书　　名:	深圳地铁政府验收实践
著 作 者:	蒲先俊　张　迪　杨德明　赵子云
责任编辑:	刘彩云　李　梦
责任校对:	张　贺
责任印制:	张　凯
出版发行:	人民交通出版社股份有限公司
地　　址:	(100011)北京市朝阳区安定门外外馆斜街3号
网　　址:	http://www.ccpress.com.cn
销售电话:	(010)59757973
总 经 销:	人民交通出版社股份有限公司发行部
经　　销:	各地新华书店
印　　刷:	大厂回族自治县正兴印务(有限)公司
开　　本:	787×1092　1/16
印　　张:	21.25
字　　数:	512 千
版　　次:	2018 年 8 月　第 1 版
印　　次:	2018 年 8 月　第 1 次印刷
书　　号:	ISBN 978-7-114-14631-2
定　　价:	88.00 元

(有印刷、装订质量问题的图书由本公司负责调换)

前 言

地铁工程属于建设规模大、复杂程度高的新建基础性工程,其竣工验收是全面考核建设工作、检查是否符合设计要求和工程质量的重要环节,对促进建设工程及时投产、发挥投资效果及总结建设经验有重要作用。

地铁工程由国家主管部门直接或委托地方政府部门,或由地方政府部门组织实施的验收,称作政府验收。地铁工程政府验收分为投入试运营验收和国家竣工验收两个阶段。

深圳高度重视地铁工程政府验收工作,认真学习借鉴了北京、上海、广州等城市开展政府验收的做法与经验,并在2009年成功完成深圳地铁一期工程政府验收的基础上,以原国家计划委员会发布的《建设项目(工程)竣工验收办法》为参考依据,归纳总结政府验收实践的创新举措和具体步骤,于2010年出台了《深圳市城市轨道交通工程政府验收管理办法(试行)》。该办法明确规定了政府工程验收两个阶段的工作任务、各方职责、实施程序及成果文件,进一步加强了城市轨道交通工程建设项目的政府验收管理工作,使地铁政府验收工作更加规范化,在国内独树一帜。

深圳地铁工程竣工验收是一项重要而繁杂的创新性工作,我们有幸直接或间接参与其中,受益匪浅,感触良多,积累颇丰,特倾心合作编著本书献给读者。

全书共6章。第1章论述了地铁建设工程的主要特点、基本构成、阶段划分和竣工验收国家规定,着重介绍深圳地铁工程政府验收工作情况和《深圳市城市轨道交通工程政府验收管理办法(试行)》。第2章以深圳地铁2、5、7号线为例,介绍了投入试运营验收的相关内容。第3章以深圳地铁5号线为例,介绍了地铁试运营评估的相关内容。第4章以深圳地铁一期工程为例,介绍了国家竣工验收的组织实施,以及《建设综合报告》和《国家竣工验收证书》的相关内容。第5章介绍了注意把握的几个重要问题,即规划验收、环保验收、竣工决算和正线铺轨总长度计算。第6章是为深圳地铁一期工程国家竣工验收提供的建设专题报告(压缩版)。特别说明,书中引用报告等资料涉及的公司,有名称变更的,本书已修改为现名,但有些公司因合并、重组或撤消,公司性质和组织架构变化较大,本书仍沿用了原报告中的名称。

在本书策划及编撰过程中,我们得到了深圳市地铁集团有限公司、深圳市城市交通规划设计研究中心、中国电信股份有限公司深圳分公司和深圳老年科技工作者协会有关领导和同事的鼓励和帮助,得到了家人的理解和支持。封面照片由深圳市地铁集团有限公司提供(周元拍摄)。在此一并表示衷心感谢。

特别感谢深圳市地铁集团有限公司副总经理黄力平和深圳市地铁集团有限公司物业开发总部工会主席肖远强的鼎力支持、热忱指导并审阅全书。

特别感谢人民交通出版社股份有限公司将本书列入"十三五"国家重点图书出版规划项目予以出版,并进行了卓有成效的专业指导工作。

我们虽然长期工作在第一线,但因能力、条件和时间的限制,书中错漏之处在所难免,恳请各位读者、专家批评指正。

作　者

2018年7月于深圳

目 录

第1章 总论 ... 1
1.1 地铁建设工程的主要特点 ... 1
1.2 地铁建设工程的基本构成 ... 3
1.3 地铁工程建设阶段的划分 ... 8
1.4 地铁工程建设单位验收 ... 12
1.5 地铁工程竣工验收国家规定 ... 15
1.6 深圳地铁工程政府验收项目 ... 17
1.7 深圳地铁工程政府验收管理办法 ... 18

第2章 投入试运营验收 ... 24
2.1 试运营基本条件 ... 24
2.2 验收规范 ... 29
2.3 深圳地铁5号线工程投入试运营验收 ... 35
2.4 深圳地铁2号线东延工程投入试运营验收意见实例 ... 46
2.5 深圳地铁7号线建设情况综合报告 ... 60
2.6 深圳地铁三期工程投入试运营验收特点 ... 85

第3章 试运营总结 ... 87
3.1 总体评价 ... 87
3.2 安全管理情况 ... 88
3.3 设备情况 ... 94
3.4 运营组织与管理 ... 115
3.5 突发事件处置 ... 128
3.6 地铁服务表现情况 ... 129

第4章 国家竣工验收 ... 135
4.1 概述 ... 135
4.2 组织架构 ... 135
4.3 工作流程 ... 136
4.4 国家竣工验收文件齐套性 ... 138
4.5 竣工专项验收报告要求 ... 139

4.6	竣工验收报告编制	140
4.7	竣工专业验收组织实施	141
4.8	竣工专业验收意见案例	142
4.9	竣工验收会议组织实施案例	153
4.10	建设综合报告	157
4.11	国家竣工验收鉴定书	168

第5章 注意把握的重要问题 175

5.1	规划验收问题	175
5.2	环保验收问题	178
5.3	审计验收问题	181
5.4	正线铺轨总长度计算	186

第6章 建设专题报告 193

6.1	基建工作报告	194
6.2	勘察工作报告	202
6.3	设计工作报告	209
6.4	科研与技术创新工作报告	221
6.5	工程质量管理工作报告	233
6.6	工程安全管理工作报告	244
6.7	消防工作报告	256
6.8	环境保护工作报告	264
6.9	设备材料管理工作报告	269
6.10	征地拆迁工作报告	288
6.11	试运营管理工作报告	294
6.12	建设档案工作报告	313
6.13	竣工财务决算报告	318

附录 《深圳市城市轨道交通工程政府验收管理办法(试行)》 325

第1章 总 论

1863年伦敦率先建成地铁,1969年北京地铁建成通车,如今全球40多个国家和地区近160座城市拥有地铁,地铁早已成为城市交通的重中之重和城市轨道交通的主要形式。

最近20年来,我国城市轨道交通建设进入高速发展期。截至2016年年末,中国大陆共有30座城市开通轨道交通,运营线路133条,总长度逾4000km。

地铁建设工程是现代城市最大的市政工程和民心工程,其验收任务特别是政府验收任务越来越受到广泛关注和高度重视。

1.1 地铁建设工程的主要特点

地铁建设工程属于大型基建项目,同一般建筑工程相比,其主要特点如下:

(1)工程地质复杂,存在诸多难题

上海、广州、深圳等沿海城市或南方城市,工程地质、水文地质条件复杂多变,地铁线路经过海积、海冲积、冲积平原和台地等多种地貌单元,常位于"软硬交错"地层(上部为人工填土、黏性土、淤泥质土、砂类土及残积土,下部为花岗岩、微风化岩等坚硬岩石层,或者孤石),还常遇到断裂破碎带和溶洞等特殊地质构造,穿越或邻近江河湖海,地下水丰富、水位高,给建设工程带来诸多难题。

例如,深圳地铁2号线初期工程区间线路所经地段地质条件复杂,具有明显的"上软下硬"特点,地下水丰富,区间隧道多处穿越建筑密集区,穿越大沙河等河流,穿越滨海大道、西部通道下沉地道、平南铁路等重要交通要道,穿越填海区以及岩层起伏较大、地层软硬不均、局部存在微风化球状体的地层,是目前国内在填海区穿越长度最长的轨道交通线路(长度约7km)。

(2)工程周边环境复杂,不可预见因素多

由于地铁长距离穿行于城市交通要道和人员密集区域,建(构)筑物、轨道交通设施、桥梁、隧道、道路、管线、地表水体等周边工程环境复杂,不可预见因素较多。

例如,深圳地铁2号线东延段工程为全地下线路,沿线经过深圳市的重点商业区、华强北商业区、中央商务区、大型住宅区、罗湖老城区,社会环境、地表环境相当复杂,沿线建(构)筑物及地下管线密集,老城区道路交通繁忙拥挤,工程征地、房屋拆迁、管线迁改、交通疏解都相当困难。

(3) 建设工程量大、投资高、周期长

地铁工程量大，一般一条线路正线轨道长度在 10～30km 之间，土石方在 500 万～600 万 m^3 之间，混凝土在 300 万～400 万 m^3 之间，车站总建筑面积在 15 万～50 万 m^2 之间，车辆段房屋总面积在 20 万～60 万 m^2 之间。

地铁工程的每公里造价，一般在 5 亿～7 亿元，有的高达 8 亿～9 亿元，一条线路投资动辄在 100 亿元以上。合理工期一般为 5～6 年，目前合同工期为 3～4 年。从开通试运营到国家验收，一般为 4～5 年。

例如，深圳地铁一期工程正线长为 21.453km（双线里程），全部为地下线路，设 19 座地下车站、2 座主变电站、1 个车辆段及综合基地、1 个指挥控制中心，总造价为 106.536 亿元，实际每双线公里造价为 4.966 亿元。从工程建设筹备到通过国家竣工验收，该工程历时近 15 年时间，时间跨度长，工程量巨大，这在深圳市基础设施建设史上是罕见的。

又如，深圳地铁 2 号线工程全长 35.78km，全部为地下线路，设 29 座地下车站，（其中换乘站 10 座），1 个车辆段、1 个停车场，投资总额为 193.5 亿元，每双线公里造价为 5.408 亿元。该工程从全面开工建设到全线开通试运营，前后共 4 年时间。

(4) 土建工程技术复杂，机电设备升级换代快

地铁工程是土建及机电设备复杂的综合性系统工程，随着地铁线路的建设，土建工程不断向"深、大、险"的方向发展。例如，车站基坑深度一般在 20m，甚至 30m 以上；长度在 200m，甚至 600m 以上。

地铁的主体结构工程，设计使用年限是一百年。但是，机电设备的设计使用年限远远低于这个数字，一般在 10～20 年之间甚至更短，设备升级换代迅速。例如，深圳地铁一期工程和二期工程开通相隔仅 6 年半时间，信号系统就从准移动闭塞制式升级成移动闭塞制式，传输系统从开放传输网络发展成多业务传输平台，警用无线通信系统从模拟设备换代成为数字设备，公众移动通信系统从 2G 上升到 3G、4G。

2001 年美国"9·11 事件"后，反恐要求提上日程，深圳地铁增设了列车安防系统，强化了电视监视手段，提高了对恐怖事件的快速反应能力。

(5) 单位多、专业多、项目多、环节多、接口多，工程协调量大、难度高

地铁参建单位包括建设、勘察设计、施工、监理、监测、检测和材料设备供应等单位，专业多、项目多、环节多、接口多，作业时空交叉，组织协调量大。同时，工程与周边社区居民、与工程周边环境的权属、与工程管理单位的利益攸关，关系密切，沟通协调难度大。

(6) 工程控制要求严，开通标准要求高

为确保隧道、深基坑施工（含降水）过程中，建（构）筑物、轨道交通设施、桥梁、隧道、道路、管线、地表水体等工程周边环境不发生过量沉降和坍塌，确保其安全，要求严格控制沉降（包括绝对值和速率等）。例如，暗挖法施工的标准断面隧道地面累计沉降量一般要求控制在 30mm 以内。

开通试运营要求达到的标准高，例如车站及附属结构要完成装修并投入使用，轨道及其标识牌要全部通过验收，控制中心要具备行调、电调、环调能力，所有通信系统要开通并正常工作，信号系统要实现联锁功能等，而且开通试运营前要通过第三方评估，通过政府组织的专项验收。

(7) 施工安全风险大,风险关联性强

上述工程特点决定了地铁工程的施工安全风险大,包括工程本身的风险及对周边环境的风险,风险的关联性强。

例如,水文条件不明,周边环境不清,措施准备不充分,很容易出现安全质量问题和施工险情。又如,深圳地铁 2 号线工程沿线水文地质和工程地质条件复杂,区间隧道多次穿越房屋等既有建(构)筑物,先后 8 次下穿已运营的 1 号线和 4 号线区间隧道、广深铁路,先后 8 次下穿新洲河、布吉河、沙湾河、福田河,工程实施风险巨大。

(8) 体现"以人为本、服务至上"理念

为体现"以人为本、服务至上"的理念,一般全线地铁车站出入口设置上下行或上行扶梯,设置公共卫生间,设置无障碍设施并与道路无障碍设施有机衔接,设置出入口与地面公交枢纽、公交站点、出租车停靠站、自行车停放场、行人过街地道有效衔接等。空调系统采用初效过滤器,安装电子式空气净化消毒装置,以改善站内空气质量。车站扶梯增设残障人士的引导发声装置,防撞(防踏空)胶条直接安装在屏蔽门门槛下,缩小站台与列车地板之间的间隙等。

(9) 坚持"绿色发展、节能环保"理念

坚持"绿色发展、节能环保"理念,在全线车站、车辆段公共区及办公室、道路、车库的主照明采用 LED 绿色节能照明,采用智能照明控制系统和 LED 光源的导向标识,在公共区对 LED 综合节能照明装置根据不同运营时段和场景进行模式控制。地铁全线各变电所、车站、车辆段的设备电能计量,通过能源管理系统实现自动采集、集中统计与分析,为节电运营提供技术平台。采用基于智能 MCC 的空调及水系统和环控通风系统的变频节能控制系统等。

(10) 满足设备国产化率要求并不断创新

满足设备国产化率,是国家对地铁建设工程的严格要求。深圳地铁一期工程是国家第一个地铁设备国产化依托项目,机电设备国产化率目标为 70%,全部车辆和机电设备系统的国产化率实际达到 70.07%,其中各类设备达到的国产化率分别为:车辆 67.67%,信号系统 53.33%,通信系统 48.21%,供电系统 90.08%,自动售检票系统 67.71%,综合监控系统 78.58%,电扶梯系统 90.53%,气体灭火系统 66.33%,屏蔽门系统 45.24%,车辆段设备系统 60.14%,环控系统 100%,给排水系统 100%。

深圳地铁 2 号线工程车辆及机电设备综合自主化率为 74.66%,其中初期工程为 74.67%,东延段工程为 74.60%,满足国家发展和改革委员会(简称"国家发改委")规定国产化率 70% 的要求。

深圳地铁一期工程创中国企业新纪录项目共计 28 项,其中,机电设备占 57%,土建占 32%,车辆占 4%,管理占 7%。在机电设备创新项目中,新技术占 69%,新产品占 25%,新材料占 6%。有 9 个创新项目入选全国推广项目。

1.2 地铁建设工程的基本构成

地铁建设工程,从宏观上看,由主体工程(土建与装修)、机电设备工程和地铁车辆三部分构成。这样描述地铁工程,是基于以下考虑:

(1) 突出主体工程(土建与装修)和机电设备,它们服务于地铁车辆。

(2) 在地铁工程设计任务中,只有主体工程和设备安装工程方面的设计,对地铁车辆没有设计任务。

(3) 在地铁建设管理上,通常把地铁车辆分离出来,单独进行选型及招标采购。

1.2.1 地铁车辆

在地铁建设中,对地铁车辆而言,主要是车辆选型及确定列车编组。地铁车辆类型应根据当地的预测客流量、环境条件、线路条件、运输能力要求等因素进行综合比较选定。

地铁车辆,包括车辆机械和车辆电气两部分,如图1-1所示。

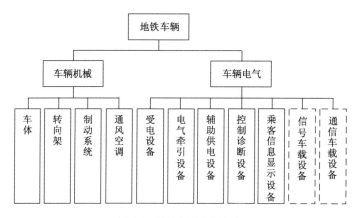

图1-1 地铁车辆基本构成

车辆机械,含车体、转向架、制动系统和通风空调;车辆电气,含受电设备、电气牵引设备、辅助供电设备、控制诊断设备、乘客信息显示设备以及信号车载设备和通信车载设备。

地铁列车的最大行驶速度不高,一般在80~120km/h之间,故车头为"平头"。

地铁车辆分A型车和B型车,B型车又分B_1型车和B_2型车,其主要技术规格见表1-1。

地铁车辆的主要技术规格　　　　表1-1

名　称		A型车	B型车	
			B_1型车	B_2型车
车辆轴数		4	4	
车体基本长度(mm)	无司机室车辆	22000	19000	
	单司机室车辆	23600	19600	
车钩连接中心点距离(mm)	无司机室车辆	22800	19520	
	单司机室车辆	24400	20210	
车体基本宽度(mm)		3000	2800	
车辆最大高度(mm)	受流器车　有空调	—	3800	—
	受流器车　无空调	—	3600	—
	受电弓车(落弓高度)	≤3810	—	≤3810
	受电弓工作高度	3980~5800	—	3980~5800

续上表

名　称		A 型车	B 型车	
			B_1 型车	B_2 型车
车内净高(mm)		2100～2150		
地板面距轨面高度(mm)		1130	1100	
轴重(t)		≤16	≤14	
车辆定距(mm)		15700	12600	
固定轴距(mm)		2200～2500	2000～2300	
每侧车门数(对)		5	4	
车门宽度(mm)		1300～1400		
车门高度(mm)		≥1800		
载员(人)	座席	单司机室车辆	56	36
		无司机室车辆	56	46
	定员	单司机室车辆	310	230
		无司机室车辆	310	250
	超员	单司机室车辆	432	327
		无司机室车辆	432	352
车辆最高运行速度(km/h)		80、100		

在表1-1中,每平方米有效空余地板面积站立的人数,定员按6人计,超员按9人计。有效空余地板面积,是指客室地板总面积减去座椅垂向投影面积和投影面积前250mm内高度不低于1800mm的面积。不难看出:

(1) A型车和B型车的车辆轴数、车内净高、车门宽度、车门高度和车辆最高运行速度是相同的。

(2) A型车长于B型车,A型车定员多于B型车。

(3) B_1 型车和 B_2 型车的区别主要在车辆最大高度上。

1.2.2 地铁主体工程

地铁主体工程,全称主体(土建)及装修工程,简称土建工程,其构成图如图1-2所示。

根据深圳地铁工程经验:

(1) 地铁土建工程,包括线路工程(含轨道、路基)、车站建筑工程、运营控制中心建筑工程和车场(含车辆段、停车场)建筑工程。

其中,线路工程含路基工程和轨道工程,分正线工程(含地下线、地面线和高架线)、车场线工程(含停车线、维修线和试车线)和辅助线工程(含折返线、渡线、联络线、停车线、安全线和出入段线)。车站建筑工程含站厅、站台、出入口、乘降空间、换乘通道、管理用房、设备用房、风井与冷却塔等工程。运营控制中心建筑工程含中央控制室、参观演示室、参观接待室、培训演示室、管理用房、设备用房和生活用房等工程。车场建筑工程含车辆运用库、车辆检修库、综合维修中心、培训中心、物资总库、救援设施和生活用房等工程。

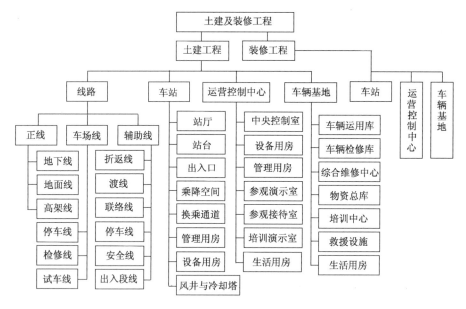

图1-2 土建及装修工程构成图

（2）装修工程，涵盖车站装修工程、运营控制中心装修工程和车场装修工程。其中，车场装修工程包括车站、运营控制中心和车场的装修工程。车站装修工程含站厅、站台、出入口、管理用房、设备用房、墙面、地面、天花和风亭的装修工程。运营控制中心装修工程含中央控制室、参观演示室、参观接待室、培训演示室、管理用房、设备用房和生活用房等装修工程。车场装修工程含车辆运用库、车辆检修库、综合维修中心、培训中心、物资总库和生活用房等装修工程。

1.2.3 机电设备

《地铁设计规范》（GB 50157—2013），将地铁机电设备分为下列17个部分进行论述：通风、空调与采暖，给水与排水，供电，通信，信号，自动售检票系统，火灾自动报警系统，综合监控系统，环境与设备监控系统，乘客信息，电梯系统，门禁，运营控制中心，站内客运设备，站台门，车辆基地，防灾，环境保护。

《城市轨道交通技术规范》（GB 50490—2009），将地铁机电设备分为下列8个部分进行论述：供电系统，通信系统，信号系统，通风、空调与采暖系统，给水、排水与消防系统，火灾自动报警系统，环境与设备监控系统，自动售检票系统，自动扶梯、电梯、站台屏蔽门。

深圳地铁2号线在创新与实践方面比较突出，无论是土建工程还是机电设备都颇具典型性和代表性，因此将其作为比较对象。关于深圳地铁2号线的详细介绍，请参阅由深圳市地铁集团有限公司（简称"地铁公司"）主编的《深圳地铁2号线创新与实践》一书，该书被列为"十二五"国家重点图书出版规划项目，人民交通出版社于2014年3月出版。

表1-2列出了上述规范的机电设备构成，同时列出了深圳地铁2号线机电设备的实际构成。

地铁机电设备构成比较表 表 1-2

序号	基本形成阶段 (1969.10~2003.7)	补充完善阶段 (2003.8~2014.2)		持续改进阶段 (2014.3 起)
1	供电*	供电*	供电*	供电*
2	通信*	通信*	通信*	通信*
3	信号*	信号*	信号*	信号*
4	通风、空调与采暖	通风、空调与供暖	通风、空调与采暖	环控
5	给水与排水	给水与排水	给水、排水及消防	消防及给排水
6	防灾与报警*	火灾自动报警(FAS)*	火灾自动报警(FAS)*	综合监控* (FAS+BAS+MCC+SCADA)
7	环境与设备监控*	环境与设备监控(BAS)*	环境与设备监控(BAS)*	
8	—	综合监控(ISCS)*	—	
9	自动售检票*	自动售检票*	自动售检票*	自动售检票*
10	电梯、自动扶梯与自动人行道	站内客运设备(自动扶梯、自动人行道电梯与轮椅升降机)	电梯、自动扶梯	电扶梯
11	—	屏蔽门	站台门	站台门
12	—	—	乘客信息*	乘客资讯*
13	—	门禁	—	
14	—	(防灾未单列)	防灾	(防灾未单列)
15	—	—	—	综合安防*(图像监控+门禁+紧急告警)

对于表 1-2,需要说明的是:

(1)《地铁设计规范》(GB 50157—2013)和《城市轨道交通技术规范》(GB 50490—2009)未提到安防系统;《地铁设计规范》(GB 50157—2013)未提到乘客资讯系统;《城市轨道交通技术规范》(GB 50490—2009)提到了乘客资讯系统,但未对它提出技术规范,而在实际工程中,乘客资讯和安防这两个系统都有。

(2)深圳地铁综合监控系统包括火灾自动报警系统(FAS)、环境与设备监控系统(BAS)、起动机控制中心(MCC)和电力监控系统(SCADA)。

(3)深圳地铁综合安防系统中的监控图像来自装在车上车下各处的摄像头,紧急告警信号来自站厅层、站台层和列车。

(4)表中标有*者为系统机电设备(建设过程中,它们和土建的关系不太紧密),占总类别的 64%;未标*者为常规机电设备(建设过程中,它们和土建的关系比较紧密),占总类别的 36%。

在地铁工程实践中,通常把地铁机电设备简称为设备,包括车场机电设备、常规机电设备和系统机电设备,涵盖了《地铁设计规范》(GB 50157—2013)的相关规定,其构成如图 1-3 所示。

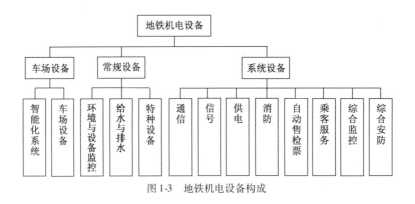

图1-3 地铁机电设备构成

1.3 地铁工程建设阶段的划分

地铁工程建设阶段的划分,如图1-4所示。

地铁工程的实施,本质上是城市总体规划战略意图的具体体现,包括立项决策、工程设计、施工、竣工验收等四个大阶段。

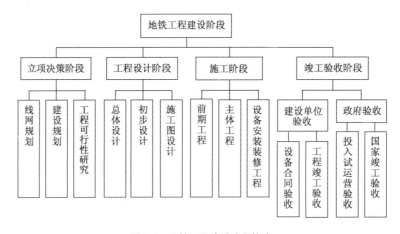

图1-4 地铁工程建设阶段构成

1.3.1 立项决策阶段

1) 线网规划

轨道交通线网规划是一座城市在有意向做轨道交通时首先要做的事情,有了线网规划方案,得到政府的同意后才有可能做接下来的工作。线网规划的上位规划是城市总体规划和综合交通规划,这是线网规划的重要依据,规划者要了解城市的现在和未来(包括城市布局、人口、用地、交通、社会、经济、环境等)。轨道交通的线路走向要符合城市的总体规划,每一条线都要确定其功能定位,一般有骨干线和次干线之分。其中,骨干线要串联城市重要的客流集散点,是城市中客流最集中的廊道,是支撑城市发展的重要线路。另外,还有次要线路和加密线,如有必要,还可以有其他系统制式的线路。此外,还有引导城市重要功能区发展的线路,具有TOD(以公共交通为导向的开发)效应。

线网规划由专业咨询单位编制,确定城市线网的规模、线网的形态、系统的制式、线路大的走行方向、车站布设、车辆、车辆段选址、联络线及工程总体投资,确定后上报市政府审批(有的需要上级住建部门审查)。目前国家批准修建地铁(大运量轨道交通)的标准是人口大于300万,国内生产总值大于1000亿,地方财政一般预算收入大于100亿,客流规模单向高峰每小时大于3万人。由于目前很多城市发展比较快,做过一轮建设后,都会再做线网规划修编等工作,周期一般5年左右。

2) 建设规划

轨道交通建设规划编制的主要目的是为了在一轮的建设过程中,明确远期目标和近期建设任务,以及相应的资金筹措方案,控制好轨道交通建设的节奏,依据城市的发展和财力情况,量力而行,有序发展。

轨道交通建设规划编制的主要内容是确定近期建设的线路以及线路建设的时序,线路修建的必要性,建设线路的路由、敷设方式、车站布设、车辆段选址、工程筹划、工程投资及资金筹措等。编制好的建设规划及4个规划附件(城市总体规划、综合交通规划、线网规划、轨道交通用地控制规划)由市发展和改革委员会(简称"市发改委")上报国家发改委,国家发改委委托中国国际工程咨询有限公司进行评审,同时还要对线网规划中的客流预测结果进行评审,并征求国家住房和城乡建设部(简称"住建部")意见,然后委托所在省住房和城乡建设厅(简称"住建厅")组织专家进行评审,专家评审意见汇总汇签后上报国家发改委后由国务院审批。做建设规划的同时还要做好用地控制性详细规划、沿线土地利用规划、交通一体化和交通衔接规划等下位规划工作,确保轨道交通沿线用地能够较好地进行控制。建设规划可由咨询公司或者设计单位编制,一般用时半年到1年左右。建设规划也可以进行修编。

3) 工程可行性研究

在建设规划审批批复之后,各条线路就可以开展工程可行性研究了。工程可行性研究阶段是承上启下的阶段,也是线路前期工作的最后一环和设计阶段开始的依据。一般由建设单位直接委托或者通过竞标的形式来确定编制单位。同时开展的还有线路的客流预测工作、环境影响报告、地质灾害危险性评估、场地地震安全性评价报告以及安全预评价等工作,每项工作均需进行评审,形成评审意见,并同以后的工程可行性研究评审意见及工程可行性研究报告一起上报国家发改委。

工程可行性研究报告编制的目的是有利于国家来把控工程整体、维护经济安全、合理开发利用资源、保护生态环境、优化重大布局、保障公共利益等。轨道交通是百年大计,对城市和城市经济都有着深远影响,一次性投资大、运营费用高、社会效益好而自身经济效益差。可行性研究是固定资产投资的一项必不可少的基础性工作,可行性研究的结论是国家进行投资决策的重要依据。工程可行性研究报告一般由线路专业牵头来进行,同时几大主要专业来配合。工程可行性研究报告的编制依据的是线网规划和建设规划,同时在此基础上,深化重要地段的方案研究。主要有以下几个内容:

(1) 确定线路的功能定位和建设必要性。这是工程可行性研究报告重要的一章,要阐述清楚线路在线网中的作用以及建设的迫切性。线路的功能定位决定了线路的路由、敷设方式、车辆选型及编组、运营组织形式等主要方面,同时决定了系统的整体规模和工程投资。

(2) 技术可行性。主要包括线路总体布局的科学性、经济性和可实施性。线路专业需要确定线路的起、终点,线路走向,敷设方式,车站的合理布设等问题;运营专业需要确定线路的运营组织模式及配线布设以及车辆的编组等问题;建筑专业需要对重点车站、换乘车站做相应的方案研究(基本确定车站出入口、风亭的位置),确定车站规模;结构专业需要对工程中的重、难点段进行方案研究,如下穿桥梁、铁路、重要设施,上跨重要道路、铁路,穿越特殊结构(穿山隧道、越江隧道、特大桥等)以及在不良地质条件下的车站及区间工程可行性研究;设备专业主要研究设备系统的选择及国产化率的提高以及控制中心及车辆段的资源共享问题;车辆专业提供车辆的选择标准等;经济专业要研究项目的投资以及经济效益等问题。其余专业在工程可行性研究阶段不太突出,当然如果有特殊情况,需要对本专业进行专业研究的仍需重点研究。

(3)国产化情况也是目前工程可行性研究报告编制的一项重要内容,如与国家政策的符合性:国产化、环保、节能、安全等。

在工程可行性研究报告编制过程中,需要与建设单位及当地规划部门、市政、供电、消防、人防、文物、铁路等有关部门多次沟通,以便形成的方案具有可实施性。如有需要,还要做相应的专题研究(文物保护、环评等或技术方面的专题研究),组织专家评审论证。工程可行性研究方案与建设规划的差异需控制在一定范围之内。

1.3.2 工程设计阶段

住建部颁布的《城市轨道工程项目建设标准》规定:城市轨道交通是特大型城市建设系统工程,应按设计程序做好总体设计、初步设计和施工图设计工作。

1)总体设计

总体设计是在工程可行性研究之后开展的,介于工程可行性研究与初步设计之间。对于工程复杂的项目,应做试验段工程,但必须在总体设计指导下进行。总体设计是"项目成本最小,价值工程应用效果最大"的设计。

总体设计的目标和主要研究内容包括落实外部条件,稳定线路站位;明确功能定位,确定运营规模;理顺纵向系统,明确横向接口;统一技术标准,分割工程单元;筹划合理工期,控制投资总额。形成的总体设计文件应能指导各单项工程初步设计,并为试验段工程的提前实施提供依据。

2)初步设计

初步设计是全线正式开始深入的、正式的设计工作了,与总体设计相比,设计要更细致、方案要严格经过层层审核,出的图是正式的归档图,要各专业会签并晒蓝图(对有的建设单位来说,初步设计图纸可以拿来做施工招标用)。

设计过程中,各专业需要相互配合,过程非常繁琐和细致。由于每个专业的要求深度不同,因此配合的程度也不同,主要是线路、行车、建筑、结构、设备系统(风、水、电)、工筹、投资、管线综合等专业,如何让不同设计院、不同专业之间相互顺利的配合以避免出现设计错误也是非常重要的问题。

3)施工图设计

施工图设计在初步设计阶段之后,是落实设计意图的重要阶段。施工图是表示工程项目总体布局,建(构)筑物的外部形状、内部布置、结构构造、内外装修、材料做法以及设备、施工等要求的图样。施工图具有图纸齐全、表达准确、要求具体的特点,是进行工程施工、编制施工图预算和施工组织设计的依据,也是进行技术管理的重要技术文件。一套完整的施工图,一般包括建筑施工图、结构施工图、给排水施工图、采暖通风施工图及电气施工图等专业图纸,其中给排水、采暖通风和电气施工图合在一起,统称设备施工图。

1.3.3 施工阶段

1) 前期工程

前期工程相对主体工程而言,主要工作包括征地拆迁、管线改迁、交通疏解、绿化迁移等工作。除此之外,前期工程还包括资金筹措、招投标等工作,包括监理、设计、土建、设备、安装、装修等方方面面的招投标。

2) 主体工程

主体工程又叫土建工程,包括地铁车站、区间隧道(明挖、暗挖、盾构)、联络线、地面站、车辆基地(含车辆段和停车场)、出入线及房屋建筑等建设工程。

3) 设备安装装修工程

安装装修工程又包括系统设备安装工程、常规设备安装装修工程及建筑装修工程。设备采购(含材料)在设备招投标之后,对建设单位(地铁公司)来说,主要是设计联络、制造监理、设备验收等任务。设备到货验收合格后,要及时移交给安装承包商进行设备安装。

1.3.4 竣工验收阶段

1) 建设单位验收

建设单位验收指建设单位负责的验收,包括设备合同验收与工程竣工验收两个方面,按建设单位编制的相关规定执行。

2) 政府验收

政府验收,包括投入试运营专项验收和国家竣工验收两个阶段。

投入试运营验收又叫政府专项验收,由当地政府主管部门负责组织实施。投入试运营验收合格后才能试运营,试运营完成后才能进行国家竣工验收。

国家竣工验收又叫政府竣工验收,分国家主管部门直接组织的验收和委托当地政府组织的验收两种类型,目前多采用后一种类型。

换言之,地铁建设工程验收可以分为两大类四小类,如图1-5所示。

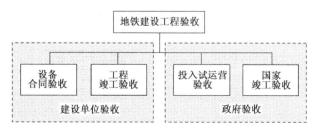

图1-5 地铁建设工程验收分类

1.4 地铁工程建设单位验收

1.4.1 设备合同验收

设备合同验收是指根据采购合同,对地铁工程采购的地铁车辆和机电设备所进行的验收,目的是确保设备达到合同规定的要求,包括功能、性能、成套性、备品备件等。

参加设备合同验收的单位是:

(1)建设单位:又称业主,一般是地铁公司或其属下的建设单位(如建设分公司或建设总部)。

(2)监理单位:建设单位以合同形式委托的实施地铁工程车辆及机电系统设备监理的组织机构。

(3)设计单位:建设单位通过招标确定的地铁工程设计总包单位和分包单位。

(4)设备供货商:与建设单位签订、履行机电设备采购承包合同的当事人,包括设备集成商和设备制造商。

(5)设备安装商:与建设单位签订、履行设备安装承包合同的当事人。

设备合同验收应遵循的文件,各地不完全相同,对深圳地铁来说主要是:

(1)《建设工程监理规范》(GB/T 50319—2013)。

(2)《深圳市建设工程竣工验收及备案管理办法》(深建施〔2003〕25号)。

(3)《地下铁道工程施工及验收规范(2003版)》(GB 50299—1999)。

(4)《深圳地铁工程竣工文件编制及档案移交实施细则(试行)》。

(5)《深圳市建设工程施工监理规范》(SJG 17—2009)。

(6)《深圳地铁工程系统设备安装工程竣工验收程序》《深圳地铁工程常规设备安装、装修工程竣工验收程序》(深地铁〔2008〕4号)。

(7)《深圳地铁一期工程设备监理管理程序》(2001年3月)。

(8)《深圳市地铁集团有限公司建设工程合同备品备件管理办法(暂行)》。

按《建设工程监理规范》(GB/T 50319—2013)及设备采购的合同约定,并结合相应的设备安装工程合同的条款,设备一般需通过出厂验收,到货开箱验收,以及完成安装、调试后的竣工初步验收,竣工验收,最终验收五个阶段,如图1-6所示。

图1-6 设备合同验收的五个阶段

按合同的约定需对本设备进行样机验收的,其具体评定标准应按合同中的相关技术要求实行。

1.4.2 工程竣工验收

整个地铁建设工程,主要包括以下四个工程:土建工程、常规设备安装装修工程、系统设备安装工程、征地拆迁和交通疏解等配套工程。严格讲来,为与整个地铁工程相区分,这四个工程应当叫做分工程。所谓工程竣工验收,实际是这四个分工程的竣工验收。

1)土建工程

土建工程,指地铁工程按标段划分的结构完整的土建类工程,包括地铁车站、区间隧道(明挖、暗挖、盾构)、联络线、地面站、车辆段、出入线及房屋建筑等建设工程项目。

土建工程建设单位,是指建设责任单位,例如深圳市地铁集团有限公司。

土建工程监理单位,是指建设单位以合同形式委托的实施地铁土建工程监理的组织机构。

土建工程设计单位,是指地铁工程总体设计单位和标段项目的设计单位。

土建工程承包商,是指已和建设单位签订土建工程承包合同的施工单位。

土建工程竣工验收是一个延续的"过程",包括对各单位工程(子单位工程)、分部工程、分项工程及检验批的检查验收。

在土建施工过程中,应依据各专业相关标准和合同技术规格书,随工程的进展对本合同工程的单位工程(子单位工程)、分部工程、分项工程及检验批,分别进行质量检查验收工作。

根据《建设工程监理规范》(GB/T 50319—2013)的规定,土建工程竣工验收分为工程竣工初验和工程竣工验收两个阶段。前一阶段完成后,方可进行后一阶段。每个阶段均含检查、整改及复查工作,直至满足设计和施工承包合同的约定。

2)常规设备安装装修工程竣工验收

地铁常规设备安装装修工程,包括地铁车站及物业开发层、区间隧道、联络线、出入段线等建设工程的常规设备安装、气体灭火工程和装修工程。

常规设备安装工程,指地铁工程中的环控系统、低压动力照明系统(400V以下)、综合管线系统、给排水及消防系统的安装。

常规设备装修工程,指地铁工程中各车站建筑装饰、装修工程。

气体灭火系统工程,指地铁工程中各车站气体灭火系统工程。

常规设备安装装修工程竣工验收工作的相关单位如下:

(1)建设单位:指建设责任单位,例如深圳市地铁集团有限公司。

(2)监理单位:指建设单位以合同形式委托的实施地铁常规及系统设备安装、装修工程监理的组织机构。

(3)设计单位:指地铁工程总体设计单位和标段项目的设计单位。

(4)承包商:指实施工程的投标书已为建设单位接受并和建设单位签订常规设备安装、装修工程承包合同的法定代表。

地铁常规设备安装装修工程的竣工验收工作,执行《地铁工程常规设备安装、装修工程竣工验收程序》。

常规设备安装装修工程竣工验收流程,如图1-7所示。

根据《深圳市建设工程施工监理规范》(SJG 17—2009)的规定,竣工验收工作分为工程竣工初步验收和工程竣工验收两个阶段。前一阶段完成后,方可进行后一阶段。每个阶段均含检查、整改及复查环节,直至满足设计和施工承包合同的约定。

图 1-7　常规设备安装装修工程竣工验收流程

常规设备安装、气体灭火系统、装修工程的验收工作,贯穿于整个施工过程中,其验收工作包括对合同约定的各分部工程、分项工程及检验批项目进行检查验收。

在上述检查验收项目达到合同约定的技术标准或要求的基础上,方可进行单位(子单位)工程竣工初步验收。初验合格的常规设备安装单位(子单位)工程通过设备系统总联调后,才能进行竣工验收。初验合格的装修单位(子单位)工程,原则上可直接进入工程竣工验收阶段。

3) 系统设备安装工程竣工验收

系统设备安装工程,指地铁工程按专业划分的系统设备安装工程,包括 35kV 变配电、接触网、信号系统、通信系统、综合监控系统(含 EMCS、FAS、SCADA 等)、屏蔽门、电扶梯及电梯、自动售检票系统等专业设备的安装工程项目。

系统设备安装、装修工程竣工验收工作的相关单位如下:

(1)建设单位:指建设责任单位,例如深圳市地铁集团有限公司。

(2)监理单位:指建设单位以合同形式委托的实施地铁常规及系统设备安装、装修工程监理的组织机构。

(3)设计单位:指地铁工程总体设计单位和标段项目的设计单位。

(4)承包商:指实施工程的投标书已为建设单位接受并和建设单位签订常规设备安装、装修工程承包合同的法定代表。

各专业系统设备安装工程项目的竣工验收工作,使用《地铁工程系统设备安装工程竣工验收程序》。该程序的引用文件如下:

(1)《建设工程监理规范》(GB/T 50319—2013)。

(2)《深圳市建设工程竣工验收及备案管理办法》(深建施〔2003〕25 号)。

(3)《地铁设计规范》(GB 50157—2013)。

(4)《地下铁道工程施工及验收规范(2003 版)》(GB 50299—1999)。

(5)《深圳市建设工程质量监督办法》(2003 年 7 月 1 日起试行)。

(6)《深圳地铁工程竣工文件编制及档案移交实施细则(试行)》。

(7)《深圳市建设工程施工监理规范》(SJG 17—2009)。

(8)深圳市建设工程质量监督告知书(建筑工程,2013 年版)。

(9)广东省建筑工程验收技术资料统一用表(深圳版)。

根据《深圳市建设工程施工监理规范》(SJG 17—2009)的规定,竣工验收工作程序分为安装工程竣工初验和安装工程竣工验收两个阶段。前一阶段完成后,方可进行后一阶段。每个阶段均含检查、整改及复查工作,直至满足设计和施工承包合同的约定。

安装工程竣工验收工作包括对各单位工程(子单位工程)、分部工程、分项工程及检验批的检查验收。在上述检查验收项目达到合同约定的技术标准或要求的基础上方可进行系统设备安装工程的竣工初验。初验合格的各(单)系统设备可进入地铁系统联调,通过地铁系统联调的系统设备才能进行系统设备安装工程的竣工验收。

1.5 地铁工程竣工验收国家规定

地铁建设工程属于建设规模大、复杂程度高的新建基础性工程,其竣工验收必须严格执行国家的相关规定,即国家标准《建设项目(工程)竣工验收办法》和《地下铁道工程施工及验收规范》(GB 50299—1999)(2003年版)。

1.5.1 《建设项目(工程)竣工验收办法》

2007年7月20日,国家发改委办公厅在给深圳市发改委的复函(发改办投资〔2007〕1720号)中称:"经研究,现委托你局自行组织深圳地铁一期工程竣工验收工作。请严格按照《建设项目(工程)竣工验收办法》开展工作,待验收工作结束后,将有关验收情况报告我委。"

复函提及的《建设项目(工程)竣工验收办法》,是原国家计划委员会(简称"原国家计委")文件(计建设〔1990〕1215号),于1990年8月18日发布施行,以下简称《办法》。

《办法》明确指出,竣工验收是全面考核建设工作,检查是否符合设计要求和工程质量的重要环节,对促进建设项目(工程)及时投产、发挥投资效果及总结建设经验有重要作用。

《办法》规定竣工验收的范围是:凡新建、扩建、改建的基本建设项目(工程)和技术改造项目,按批准的设计文件所规定的内容建成,符合验收标准的,必须及时组织验收,办理固定资产移交手续。

《办法》规定竣工验收的依据是:批准的设计任务书、初步设计或扩大初步设计、施工图和设备技术说明书以及现行施工技术验收规范以及主管部门(公司)有关审批、修改、调整文件等。从国外引进新技术或成套设备的项目以及中外合资建设项目,还应按照签订的合同和国外提供的设计文件等资料,进行验收。

《办法》规定进行竣工验收必须符合以下要求:

(1)生产性项目和辅助性公用设施,已按设计要求建完,能满足生产使用。

(2)主要工艺设备配套设施经联动负荷试车合格,形成生产能力,能够生产出设计文件所规定的产品。

(3)必要的生活设施,已按设计要求建成。

(4)生产准备工作能适应投产的需要。

(5)环境保护设施、劳动安全卫生设施、消防设施已按设计要求与主体工程同时建成使用。

《办法》指出,非国外引进、已具备竣工验收条件的项目(工程),3个月内不办理验收投产和移交固定资产手续的,取消企业和主管部门(或地方)的基建试车收入分成,由银行监督全部上交财政。如3个月内办理竣工验收确有困难,经验收主管部门批准可适当延长。

《办法》对竣工验收程序规定如下：

(1)根据建设项目(工程)的规模大小和复杂程度,整个建设项目(工程)的验收可分为初步验收和竣工验收两个阶段。规模较大、较复杂的建设项目(工程)应先进行初验,然后进行全部建设项目(工程)的竣工验收。规模较小、较简单的项目(工程),可以一次进行全部项目(工程)的竣工验收。

(2)建设项目(工程)在竣工验收之前,由建设单位组织施工、设计及使用等有关单位进行初验。初验前由施工单位按照国家规定,整理好文件、技术资料,向建设单位提出交工报告。建设单位接到报告后,应及时组织初验。

(3)建设项目(工程)全部完成,经过各单项工程的验收,符合设计要求,并具备竣工图表、竣工决算、工程总结等必要文件资料,由项目(工程)主管部门或建设单位向负责验收的单位提出竣工验收申请报告。

《办法》对竣工验收的组织规定如下：

(1)大中型和限额以上基本建设和技术改造项目(工程),由原国家计委或原国家计委委托项目主管部门、地方政府部门组织验收。小型和限额以下基本建设和技术改造项目(工程),由项目(工程)主管部门或地方政府部门组织验收。

(2)竣工验收要根据工程规模大小、复杂程度,组成验收委员会或验收组。该会或该组应由银行、物资、环保、劳动、统计、消防及其他有关部门组成,应由建设、接管、施工、勘察设计单位参加验收工作。

(3)验收委员会或验收组负责审查工程建设的各个环节,听取各有关单位的工作报告,审阅工程档案资料并实地察验建筑工程和设备安装情况,并对工程设计、施工和设备质量等方面做出全面的评价。不合格的工程不予验收；对遗留问题提出解决意见,限期落实完成。

《办法》对竣工决算的编制规定如下：

所有竣工验收的项目(工程)在办理验收手续之前,必须对所有财产和物资进行清理,编好竣工决算,分析预(概)算执行情况,考核投资效果,报上级主管部门(公司)审查。

竣工项目(工程)经验收交接后,应及时办理固定资产移交手续,加强固定资产的管理。

《办法》对整理各种技术文件材料、绘制竣工图纸也有规定。要求建设项目(包括单项工程)竣工验收前,各有关单位应将所有技术文件材料进行系统整理,由建设单位分类立卷,在竣工验收时,交生产单位统一保管,同时将与所在地区有关的文件材料交当地档案管理部门,以适应生产、维修的需要。

尽管《办法》已发布实施了28年,原国家计委早已改组为国家发改委,地铁工程的施工技术和机电设备也有许多发展与创新,但《办法》依然具有很强的现实意义。

例如,《办法》规定,规模较大且程度复杂的工程可分为初步验收和竣工验收两个阶段。实际上,地铁工程政府验收目前就分为投入试运营专项验收和国家竣工验收两个阶段,而且国家竣工验收基本上是由国家主管部门委托地方政府部门组织实施。

又如,《办法》还规定,在竣工验收之前,由建设单位组织施工、设计及使用等有关单位进行初验。这对地铁工程来说,称作建设单位验收,包括设备合同验收与工程竣工验收。

1.5.2 《地下铁道工程施工及验收规范》

国家标准《地下铁道工程施工及验收规范（2003 版）》（GB 50299—1999），以下简称《规范》，是根据原国家计委要求，由北京城建集团有限责任公司会同有关单位编制而成的，由原国家质量技术监督局和原建设部于 1999 年 6 月 1 日联合发布，1999 年 10 月 1 日实施。

《规范》遵照国家基本建设的有关方针和政策，在总结我国地下铁道工程施工实践经验的基础上，充分考虑我国现有的施工技术水平和今后的发展方向，经过调研和试验，借鉴了部分国外标准，召开专门会议，多次修改补充完善。《规范》力求做到技术先进、经济合理、安全适用、确保质量，适用于新建地铁工程的施工及验收。

《规范》共 19 章，第 1 章是总则，第 2 章至第 13 章是土建工程，第 14 章至第 19 章是机电设备安装工程，另有三个附录和条文说明。

《规范》对以下 9 项土建工程的验收做出了明确规定：地下连续墙、隧道明挖法施工、隧道喷锚暗挖法施工、隧道盾构掘进法施工、隧道结构防水、路基、钢筋混凝土高架桥、建筑装修和整体道床轨道。

《规范》对以下 6 项机电设备安装工程的验收做出了明确规定：自动扶梯、通信、信号、供电、通风与空调和给排水。

《规范》自发布实施以来，地铁工程的施工技术和机电设备又有许多创新与发展，并体现在各建设单位、设计单位、施工单位和设备供应商的相关标准、规范、规定之中。但目前《规范》在技术上依然对地铁工程验收工作有很强的指导作用。

2003 年 10 月 24 日，原建设部发布《规范》局部修订的第 187 号公告称：现批准《地下铁道工程施工及验收规范》（GB 50299—1999）局部修订的条文，自 2003 年 12 月 1 日起实施。经此次修改的原条文同时废止。对《规范》的局部修订全部集中在土建施工部分，而验收部分未作修订。

1.6 深圳地铁工程政府验收项目

政府验收第一阶段任务是投入试运营验收，验收项目包括人防、消防、环境保护、卫生防疫、工程质量、工程档案、安全等七个专项验收，以及试运营条件评估。

政府验收第二阶段任务是国家竣工验收，深圳地铁一期工程此阶段的验收项目具有三个特征：

（1）人防、消防、卫生防疫、工程质量、防雷装置、安全和试运营评估等六项验收，是对第一阶段验收存在问题的复审。

（2）规划和竣工决算审计是新启动项目。

（3）环保、档案验收，分别由深圳市生态环境、档案部门复核并协调国家生态环境部（原环保部）、省档案局组织现场验收。

从深圳地铁二期工程起，政府验收第二阶段验收任务增加了防雷装置和水土保持验收项目，即深圳地铁工程政府验收项目构成如图 1-8 所示。

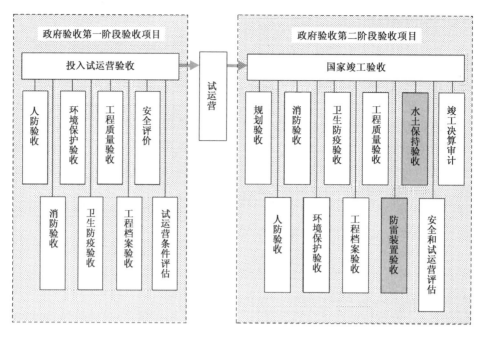

图 1-8 深圳地铁工程政府验收项目构成

1.7 深圳地铁工程政府验收管理办法

1.7.1 制定本办法的背景

深圳规划建设 32 条地铁线路，总里程达 1132km。

深圳地铁一期工程，即 1 号线东段和 4 号线南段于 2004 年 12 月开通试运营，在学习北京、上海、广州验收工作经验的基础上，于 2008 年 4 月成功组织了国家竣工验收。

深圳地铁二期工程，由 1 号线续建工程、2 号线工程、3 号线工程和 5 号线工程组成，线路总长度为 140.8km，于 2006 年起陆续动工兴建。其中，1 号线续建工程世界之窗至深大段于 2009 年 12 月 28 日建成试运营，2 号线初期工程和 3 号线高架段于 2010 年 12 月建成试运营，2 号线东延段工程、3 号线初期工程及西延段工程、5 号线工程于 2011 年 6 月全部按期建成试运营。

深圳地铁三期工程，由 6、7、8、9、11 号线工程组成，于 2012 年起陆续动工兴建。11、7、9 号线建设单位验收已经完成并于 2016 年建成开通，从而使深圳地铁拥有 8 条线路，运营总里程达到 285km，网络规模居世界第九、全国第四（仅次于北京、上海、广州）。

深圳地铁四期工程，目前已经启动。此外，2020 年前深圳还将修建多条城轨交通线路，总里程长度将超过 430km。

鉴于各家建设单位的管理模式不同，并存在较大差异，为加强城市轨道交通工程建设项目的政府验收管理，明确验收职责，规范验收程序，提高工作效率，特根据国家大型工程项目验收的相关规定，在继承深圳地铁一期工程经验及学习借鉴北京、上海、广州等城市地铁工程各项验收经验的基础上,结合深圳实际情况,于 2010 年 7 月制定并颁布了《深圳市城轨交通工程政府验收管理办法(试行)》,以期科学有序地进行政府验收工作,并确保地铁建设工程质量和运营安全。

该办法适用于深圳市新建、改建或扩建的城市轨道交通工程建设项目的政府验收活动,包括深圳市范围内的国家铁路、城际铁路等轨道交通工程建设项目,涉及政府验收活动的,可参照本办法执行。

1.7.2 制定本办法的目的

(1)规范城轨交通工程项目试运营政府专项验收和工程项目国家竣工验收的工作内容、验收合格条件、程序和相关要求。

(2)确保验收工作的规范性和科学性并有序实施。

(3)明确政府相关职能管理部门和建设单位的职责和任务。

(4)体现政府对城轨交通工程项目建设的监督和管理职能。

(5)规定政府相关管理部门应在对工程建设质量和运营的安全性进行专项检查验收的基础上,对城轨交通项目是否达到试运营条件进行检查和确认,以保证城轨交通工程线路试运营的安全和可靠性。

(6)城轨交通工程项目试运营期结束时,通过对其进行的国家竣工验收,评判该项目是否已达到工程立项的预期要求,确认其对城市建设起到的作用和实际达到的水平。

1.7.3 本办法条文简介

第一章　总则(第一条至第八条)

包括制定本办法的目的、适用范围、政府验收定义、验收工作的依据和成果文件、验收经费来源等基本规定内容。

第四条　明确规定工程项目未经专项验收或专项验收不合格,不得投入试运营。

第二章　政府验收项目内容和责任分工(第九条至第十三条)

分别列出投入试运营专项验收的项目和相关政府职能主管部门的职责以及工程项目国家竣工验收的项目和相关政府职能主管部门的职责。要求加强各部门、单位之间的协作和配合,共同完成政府验收工作任务。

第三章　投入试运营专项验收的组织实施(第十四条至第三十二条)

本章详细拟定了投入试运营专项验收的工作程序和具体实施步骤,明确了各方的职责,列出了验收工作流程。

第二十一条至第二十六条　分别列出对政府各相关职能部门实施专项验收的具体要求。

第二十九条　如工程项目已通过专项验收,各专项验收工作组应出具专项验收合格意见或准许使用文件。

第三十条、第三十一条　列出了市交通主管部门进行试运营安全评估和试运营基本条件评估工作的要求。

本章对工程项目投入试运营的申请和审批程序亦做出明确规定。

第四章 国家竣工验收的组织实施(第三十三条至第四十三条)

本章详细拟定了工程项目国家竣工验收的工作程序和具体实施步骤,明确了各方的职责,列出了验收工作流程。

国家竣工验收委员会应组建各专业验收工作组,以实施工程项目国家竣工验收工作。

建设单位负责组织编制城轨交通工程项目建设综合报告和建设专题报告等工程竣工资料,并协助组织召开国家竣工验收大会。

国家竣工验收委员会组织召开国家竣工验收大会,并审查通过国家竣工验收鉴定书。

第五章 罚则(第四十四条至第四十六条)

本章明确了参与政府验收工作的单位或部门、专家、工作人员违规时应承担的责任和处罚规定。

第六章 附则(第四十七条、第四十八条)

本章规定了城轨交通工程项目各阶段工程验收工作(单位工程、子单位工程、分部工程、分项工程等)的实施要求。

1.7.4　各单位职责

1) 市发改委的职责

(1) 市发改委是深圳市政府负责组织城轨交通工程项目投入试运营前专项验收的牵头单位。在国家有关主管部门委托地方政府成立城轨交通工程项目国家竣工验收委员会进行验收的情况下,市发改委负责组织工程项目国家竣工验收工作,主持召开城轨交通工程项目国家竣工验收大会。在国家有关主管部门直接组建工程项目国家竣工验收委员会的情况下,市发改委协助国家竣工验收委员会完成工程项目国家竣工验收。

(2) 根据深圳城轨交通工程的具体进展情况制订验收工作的实施计划,提出工程项目试运营专项验收和国家竣工验收工作的相关要求。

(3) 负责检查和督促各参与单位验收工作的进展情况,协调解决有关问题。

(4) 城轨交通工程项目投入试运营前,汇总审查各专项验收的结果。如城轨交通工程已具备试运营基本条件,则应按相关程序上报市政府批准试运营。

(5) 组织(或协助组织)召开工程项目国家竣工验收大会,审查通过国家竣工验收的鉴定证书。

2) 市政府相关职能部门的职责

市政府相关职能部门是工程项目试运营专项验收和国家竣工验收工作的实施主体单位,主要职责如下:

(1) 在不同工程阶段分别组建城轨交通工程项目试运营专项验收工作组与国家竣工验收工作组,委派专人负责实施验收工作。

(2) 在职能管理的范围内,依据国家和地方有关法律法规和本专业技术标准、规范,分别制定工程项目试运营专项验收合格条件和国家竣工验收合格条件,分别报送市发改委或国家竣工验收委员会备案。

(3) 验收工作组按市发改委对工程项目试运营专项验收和国家竣工验收工作的要求,确定验收内容,拟定验收的具体工作计划或实施细则。

(4) 验收工作组按本管理办法的相关规定,在不同工程阶段分别实施工程项目试运营专项验收与国家竣工验收工作。

（5）在检查验收中如发现工程质量或运营管理缺陷问题，应责成建设单位限期整改完善。在建设单位完成整改后，应组织复查和验收。

（6）如工程项目已达到试运营专项验收或国家竣工专业验收合格要求，则应出具验收合格意见或准许使用文件。

（7）落实和配合市发改委在城轨交通工程项目试运营专项验收和国家竣工验收中的工作安排和协调调度，共同完成验收工作。

3）建设单位的职责

建设单位是在试运营专项验收和国家竣工验收工作中接受检查验收的主体单位，主要职责如下：

（1）设置"建设工程验收委员会"及其办公室。配置专人负责城轨交通建设工程项目的各阶段验收工作，并配合实施工程项目试运营专项验收与国家竣工验收。

（2）试运营专项验收：

①向市发改委申请城轨交通工程项目试运营专项验收。

②组建与政府相关职能管理部门对口的"专项验收配合小组"，主动配合各"试运营专项验收工作组"实施验收工作。

③在提请试运营专项验收前，应适时委托有资质的第三方对工程项目进行卫生防疫方面的检查评估工作，并提交"卫生学评价报告"。

④对试运营专项验收中发现的工程质量和运营管理方面的缺陷问题，建设单位负责组织承包商（施工单位）和运营部门进行整改完善工作以及整改后的自检和重新向试运营专项验收工作组申报复验等工作。

⑤负责将各项试运营专项验收结果汇总后呈报市发改委，申请城轨交通工程项目开通试运营。

（3）工程项目国家竣工验收：

①向市发改委申请呈报国家有关主管部门进行城轨交通工程项目国家竣工验收。

②建设单位工程验收委员会办公室设置专业人员对口配合各"国家竣工验收专业工作组"实施验收工作。

③对国家竣工验收中发现的工程质量和运营管理方面的缺陷问题，建设单位负责组织承包商（施工单位）和运营部门进行整改完善工作以及整改后的自检和重新向国家竣工验收工作组申报复验等工作。

④汇总工程项目各项国家竣工验收结果，并组织编制城轨交通工程建设综合报告和建设专题报告等工程项目国家竣工验收资料，必要时应约请有关专家进行文件初审，修改完善竣工验收文件资料后呈报工程项目国家竣工验收委员会审查。

⑤协助组织工程项目国家竣工验收大会，配合完成工程项目国家竣工验收。

1.7.5 验收工作实施要点说明

（1）在不同工程阶段的验收工作中，市发改委、政府各相关职能部门、建设单位的密切配合和相互支持是顺利完成验收工作的可靠保证。

（2）认真细致做好验收前期准备工作是顺利完成验收工作的重要条件，不能因工期紧迫而随意缩减、简化或忽略此项准备工作。

（3）政府各相关职能部门参与对城市轨道交通工程进行的试运营专项验收和国家竣工验收，是本部门职责范围内的工作，应责成专人组成验收工作组积极认真完成。

（4）验收工作组应依据有关专业标准、规范负责制定不同工程阶段的验收工作内容、验收合格条件、工作计划或实施细则。

（5）本办法第二十一条至第二十六条详细规定了政府各相关职能部门进行试运营专项验收的具体工作要求，并应在制定验收内容、工作程序或实施细则中有所体现。

（6）由于各项验收的内容、要求、进度各不相同，各验收工作组可分别独立开展工作，但均应于规定的时间内按计划完成验收任务。

（7）建设单位是被验收的主体单位，应尽早与验收工作组联系和沟通，充分了解其验收工作要求，积极配合验收工作组的工作。若有几个工作组对工程项目同时进行验收，建设单位应主动协调作出合理安排，投入足够的专业人员和相关资源，提供有利的验收条件，积极对口配合，使各项验收工作得以顺利进行。

在工程工期紧迫的情况下，如有必要，建设单位可申请部分试运营专项验收工作组提前介入工程项目进行检查，以求尽量缩短专项验收的时间。

（8）各工程阶段的验收工作组在进行验收的工作中，可直接对申报的工程项目进行检查验收；亦可委托有资质的第三方对工程项目进行检查验收，在审查由其提交的检查或评估报告的基础上，验收工作组提出验收意见。验收文件应经验收工作组组长及成员签认后，由相关政府主管职能部门代章。

在试运营专项验收工作中，在工程质量、消防等各专项验收项目完成之后，市交通主管部门应委托具有资质的第三方，分别对城轨交通工程投入试运营的安全性进行评估，包括识别及分析潜在的系统危害、风险评估及对策等，提交"试运营安全评估报告"，在此基础上，市交通主管部门提出安全评估专项验收审查意见。最后，市交通主管部门应另委托具有资质的第三方对城轨交通工程项目是否达到试运营基本条件进行评估，提交"试运营基本条件评估报告"，经市交通主管部门审查并提出专项验收意见。

由于此两项工作直接涉及线路运营安全，须给予足够的重视。

（9）建设单位负责组织编制城轨交通工程项目建设综合报告和建设专题报告等工程竣工资料，其中：

建设综合报告正文内容建议包括工程建设概况、建设前期工作、设计工作管理、工程管理、车辆和设备采购、工程验收（包括试运营专项验收）、移交和试运营、竣工财务决算和审计、申报国家竣工验收准备情况、经验与教训、工程建设大事记等。建设综合报告附件包括专项验收意见汇编、建设依据、工程线路图、工程建设图片等。

建设专题报告内容建议包括基建工作报告、设计工作报告、科研工作报告、工程质量管理工作报告、工程安全管理工作报告、消防工作报告、环境保护工作报告、国内外设备材料报告、征地拆迁工作报告、试运营管理工作报告、建设档案工作报告、全线主要技术指标和工程竣工财务决算报告等。

专题报告的数量、内容和标题，可由建设单位依据工程项目的特点和具体情况确定。

(10) 在工程项目国家竣工验收时,验收工作组除出具验收是否合格(或准许使用)的文件外,还应提出专业评价意见,以便于对城轨交通工程项目实际达到的水平进行综合评价。

(11) 市发改委是验收工作的牵头组织单位,应负责检查和督促各参与单位验收工作的进展情况并协调解决有关问题。各政府相关职能部门和建设单位应积极配合市发改委共同完成各阶段政府验收工作。

1.7.6 工程整改的重要性

应当充分重视工程质量和管理缺陷的整改及复查工作,这是确保建设工程质量和运营安全的重要措施。对检查验收中发现的工程质量或运营管理缺陷问题,建设单位须在限定的时间内认真组织整改完善,经建设单位自检合格后,再次申请专项验收或国家竣工验收复查。

要求认真做好工程整改工作,以体现试运营前政府专项验收和国家竣工验收的严肃性。

1.7.7 建设工程总结

在工程项目国家竣工验收阶段,建设单位应组织编写建设综合报告和多项建设专题报告,对城市轨道交通工程进行的全面总结工作。认真总结城轨交通工程建设实践的宝贵经验和有益教训,进一步提高建设单位的管理水平,以对后续建设工程具有重要指导意义。建设单位应认真做好此项工作。

1.7.8 特别说明

2014 年 8 月 8 日,深圳市政府发文称,自 2014 年 8 月 8 日起,深圳市城轨交通工程政府验收工作的牵头组织单位,由市发改委变更为市交通运输委员会(市轨道交通建设指挥部办公室)❶,其他不变。

---

❶ 简称"市交通运输委(市轨道办)"。

第2章 投入试运营验收

投入试运营验收,是指城市轨道交通工程项目投入试运营前,在建设单位组织完成工程竣工验收的基础上,由政府相关职能部门对工程项目的各项条件是否满足试运营要求进行检查和确认,保证线路开通后的运营安全和服务水平。

2.1 试运营基本条件

2.1.1 应具备的政府批复文件及专项验收文件

(1)市建设主管部门对建设项目的车站、区间、车辆基地、控制中心和主变电所等土建工程及机电系统和运营组织体系等的《工程质量专项验收意见》。
(2)市交通主管部门对建设项目的《试运营情况评估意见》。
(3)市安全生产监督主管部门对建设项目的《安全设施检查意见》。
(4)市公安消防主管部门对建设项目的《建筑工程消防验收意见》。
(5)市卫生主管部门对建设项目的《卫生防疫验收意见》。
(6)市环境保护主管部门对建设项目的《环境保护验收意见》。
(7)市人防主管部门对建设项目的《人防设施专项验收意见》。
(8)市质量技术监督主管部门对建设项目的《特种设备验收合格证书》。

2.1.2 建设工程基本条件

1)土建工程
(1)车站
车站应按设计要求建成站厅、站台、管理用房和设备用房、风井及至少两个不同方向的出入口等设施,并竣工验收合格。
车站相关装修工程应与主体工程同步完成,并验收合格。
车站内应具有无障碍设施、运营服务标志、公告栏等设施,并符合设计要求。
(2)区间
区间路基、桥涵、隧道、敞开段和浅埋段等工程必须竣工,验收合格。
区间内的联络通道和排水泵井等工程竣工,验收合格。

(3) 车辆基地和综合维修基地

车辆基地应按设计建成出入线、试车线、停车列检库线等各种车场线路和排水设施,并竣工验收合格。

用于车辆运用、定期检修和临修的建筑及配套设施应竣工验收合格。

信号楼、降压变电所、混合变电所等建筑配套的信号、供电、接触网等设备应竣工验收合格。

车辆基地应具备初期配属列车的停放、静态调试和和动态调试的列车验收条件。

综合维修基地应具备试运营阶段必要的设备、材料、抢修和救援器材及危险品库房,并竣工验收合格。

(4) 轨道系统

轨道的平面布置、轨面高程、限界必须符合设计要求,并竣工验收合格。

钢轨、轨枕或承轨台、扣件、有砟道床、道岔、伸缩调节器、车挡、警冲标等设施必须符合设计要求,并竣工验收合格。

线路基标、无缝线路区段的钢轨位移观测桩等附属设施应埋设牢固、标志清楚,并竣工验收合格。

轨道系统的减振降噪措施应符合设计要求,并竣工验收合格。

2) 机电设备工程

(1) 供电系统

变电所设备和供电电缆的规格型号应符合设计要求,应按有关验收规程通过设备单系统调试及与相关系统的联调、直流牵引系统的短路试验等试验项目,并提供齐全的现场各项试验报告、调试记录和继电保护整定计算书等。供电系统应竣工验收合格。应配齐与操作安全相关的设施和标志,并按要求可靠接地。

沿线接触网支柱、导线、汇流排、隔离开关、分段绝缘器、下锚装置、绝缘子、避雷器等设备和材料的规格、型号应符合设计要求,并竣工验收合格。接触网各类设备和器材在受电之前,应按有关验收规程完成材料的测试、设备单体调试等试验,并提供齐全的现场各项试验报告、试验记录。同时,应有冷滑试验、短路试验、检查缺陷及处理的相应记录。应有防雷接地系统,并已通过相关部门的验收。

电力监控系统的变电所综合自动化装置、网络服务器、数据服务器等设备和材料的规格、型号应符合设计要求,并竣工验收合格。电力监控系统各类设备和器材,应按有关验收规程完成材料的测试、设备单体调试、系统联调等试验,并提供齐全的现场各项试验报告、试验记录。

杂散电流腐蚀防护系统的参比电极、排流装置、单向导通装置、监测系统等设备和材料的规格、型号应符合设计要求,并提供齐全的现场各项试验报告、试验记录,且竣工验收合格。

车站及区间动力照明系统应符合设计要求,并采用节能型产品,且竣工验收合格。

事故照明系统应符合设计要求,并验收合格。

(2) 信号系统

应完成轨旁、控制中心、车辆基地及车载信号设备的安装及单体调试,并验收合格。

应完成系统联调,并有完整的调试方案、测试报告和系统可投入运行的认可证书。

应确保控制中心和车站间、地面设备和车载设备间安全控制信息传递无误、联动准确。应具备完整的ATP功能和基本的ATS功能,宜具备ATO功能。

(3)通信系统

语音、文字、数据、图像等各种信息的传输功能应符合设计要求,并验收合格。

调度电话、公务电话、无线通信、视频监控、广播、摄像等通信设施应符合有关规定和设计要求,并竣工验收合格。

警用通信系统应安装调试完成并验收合格。

(4)通风空调系统

通风空调设备应进行单机试运转检查,并验收合格。

通风空调系统应按设计规定的运行方式进行无负荷联合运行,并验收合格。

(5)给排水和消防系统

给排水和水消防系统应符合设计要求,给水管道应经试压、冲水试验检查并验收合格,排水系统应经试运转检查,并验收合格。

气体消防系统设备符合设计要求并验收合格。

车站消防安全所有设施应经市政府主管部门验收合格并同意使用。

(6)防灾报警系统(FAS)

FAS应具备各种感温和感烟探测器、模块、手动报警器、紧急电话机及插孔等设备,且这些设备应布局合理,并验收合格。

中央系统控制全线火灾联动设备功能应齐全,指令下达应及时准确,并验收合格。

(7)设备监控系统(BAS)

BAS中的各种压力传感器、温湿度传感器、压差传感器及电量传感器等设备应按设计要求合理布局、通过测试并验收合格。

设备监控系统各项功能符合设计要求,并通过设备系统联调,且竣工验收合格。

(8)自动售检票系统(AFC)

AFC应满足本市轨道交通网络"一票换乘"(一卡通)的要求。

自动售票机、进出站检票机等设备应符合设计要求,合理布局、工作稳定,并竣工验收合格。

AFC应有中央系统服务器、工作站、交换机、打印机、编码分拣机等设备,符合设计要求,并验收合格。

应有与综合监控系统的联动功能,在处置火灾和突发事故时监控应及时准确,验收合格,并提供联动调试报告。

(9)乘客资讯系统(PIS)

该系统各项功能应符合设计要求,通过调试并验收合格。

(10)车站屏蔽门

车站屏蔽门门体钢结构、涂层、玻璃等材质、限界及高度应符合设计要求,性能满足运营需求,动作可靠、准确,并验收合格。

(11)自动扶梯及电梯

电梯、自动扶梯、残疾人电梯等设施应符合设计要求,并经市技术监督局验收合格。

（12）综合安防系统

综合安防系统的各项功能应符合设计要求,通过调试并验收合格。

（13）人防门系统

人防门系统等设施应符合设计要求,并验收合格。

3）车辆

车辆的选型、制式、列车编组应符合设计要求,新车应验收合格。

完成列车及车载信号的调试,并结合空车试运行调试列车车载信号和地面信号系统,且验收合格。

4）系统联调及试运行

在各设备系统完成本系统调试并确保各项技术指标合格的基础上应进行设备联合调试。设备联调应进行相关系统接口调试和各项功能调试,应符合设计要求并提供联合调试报告。

联合调试完成后应进行空载试运行。空载试运行不少于3个月,模拟载客试运行不少于10天,且应严格按照列车运行图进行,并提供试运行报告。

试运行应对轨道、车辆、信号、供电、接触网、通信、屏蔽门及调度指挥等系统进行综合模拟运行,各相关系统的安全性、可靠性和可用性指标应达到运营线路的标准。

试运行宜对客运服务设施和通风空调、FAS、BAS及AFC等系统进行综合动态模拟运行。当联合调试季节符合冷源运行条件时,空调系统应作带负荷综合效能运行。相关设施应做到配合协调、联动迅速,功能达到设计、规范要求。

2.1.3 运营服务及运营安全基本条件

1）运营组织机构和人员要求

（1）组织机构

运营单位应设置调度、客运、设备设施维护等部门,设备设施维护部门应包含信号、通信、供电、工务、车辆等专业。

（2）人员准备和培训

轨道交通的调度、客运、维护等部门人员应按规定编制配齐。列车司机、调度员、重要机电设备操作人员应持证上岗。

运营单位应建立运营人员管理和培训制度,并对专业岗位的人员进行岗位培训。

2）行车组织和客运组织

（1）行车组织

①编制车辆配属方案。应按设计要求配属车辆,并结合列车采购、列车车载信号调试情况等编制试运营线路所需的运用车、检修车、备用车方案。

②编制列车运行计划。应根据试运营线路设施设备、信号系统和车辆情况、初期客流预测高峰小时断面客流、试运行里程、列车运行与折返时间等参数确定列车运行交路、编制列车运行计划、计算列车旅行速度和行车间隔。延伸段开通时编制的运行计划不得影响既有线路服务水平。

（2）客运组织

应根据列车运行计划、客流量、车站设施设备编制客运组织方案（包括组织机构、岗位设置、上岗人员、客流疏散方案、乘客换乘安全保障方案、导向导乘系统管理方案等）。

3）资产接管

完成试运营线路的实物资产接管和"三权移交"（使用权、管理权、指挥权）工作，此项工作应由建设单位会同运营单位实施。

4）备品备件与技术资料

试运营单位应根据设计文件结合网络资源共享和试运营需要，将新线各专业设备必备的备品备件、特殊的专用工器具、仪器、仪表按时配备到位。既有线延伸段要结合既有备品备件统一考虑。

应配齐试运营线所需的技术图纸资料（包括设备系统的技术规格说明书、操作手册、维修手册、维修软件和调试报告等）。

5）试运营规章制度

试运营应建立以下规章制度：

（1）行车制度（包括行车管理办法、停车场、车辆段、车站行车工作细则、调度工作规程、施工管理办法等）。

（2）客运服务制度（包括运营服务质量检查管理办法、各类客运服务事件处理办法、票务管理办法、车站环境卫生管理办法等）。

（3）运行维修制度（包括各专业系统设备的运行规程、维修规程和维修管理制度等）。

（4）操作文件（包括各专业系统设备的操作手册、司机操作手册等）。

6）应急预案

试运营单位应编制试运营的应急预案。

预案一般分为设备故障应急处理预案、行车组织应急预案和客运组织应急预案三种。

（1）各系统设备故障应急处理预案

该预案包括调度系统、供电系统、信号系统、通信系统、工务系统、机电设备等各类设备故障应急处理预案。

（2）行车组织应急预案

该预案包括列车故障救援应急处置预案，列车挤岔、脱轨、冲突、颠覆事故处置预案等。

（3）客运组织应急预案

该预案包括大客流爆满事件处置预案、供电系统突发停电事故处置预案、火灾爆炸毒气事故（件）处置预案、轨道交通故障时乘客滞留事件处置预案等。

7）运营演练

（1）运营单位在试运营前应进行以下演练：

①故障项目演练，如电动道岔故障处理、手摇道岔办进路、屏蔽门故障、列车故障救援、跳停、车次号设置等项目的演练。

②供电系统突发停电事故演练。

③火灾、爆炸救援演练。

④光缆、电缆故障演练。

⑤大小交路列车折返演练。
⑥突发大客流演练(AFC)。
⑦其他,如列车折返能力测试、供电系统能力演练等。
(2)运营单位应当对演练中发现的问题予以及时处置,并做出处理记录。

2.2 验 收 规 范

2.2.1 验收前的准备工作

1)市主管部门的准备工作

市主管部门,指市发改委或市交通运输委(市轨道办),下同。其准备工作是:应于投入试运营验收前适时组织召开"工程项目试营业专项验收准备工作会议",参加单位为政府各相关职能管理部门和建设单位。会议上,由建设单位汇报工程实际进展情况和计划完成时间,由市主管部门提出对工程项目政府专项验收工作的实施计划和相关要求。

2)政府各相关职能管理部门的准备工作

按相关要求,组织"投入试运营验收工作组",确定专人负责专项验收工作。

政府各相关职能管理部门可吸纳其下属监督、检测等单位参与"专项验收工作组",但验收工作组组长应由政府各相关职能管理部门人员担任。

制定(或修订)工程项目投入试运营验收合格条件及验收工作计划或实施细则,报市主管部门备案。

3)建设单位的准备工作

建设单位的工程验收委员会应组建与政府相关职能管理部门对口的"专项验收配合小组",按专项验收要求主动配合试运营专项验收工作。

各专项验收配合小组应及时主动与政府相关部门的各对口专项验收工作组联络与沟通,了解并获取各验收工作组制定的相关政府专项验收工作计划、验收合格条件和工作程序,以提前做好政府专项验收的准备工作。

在工程工期紧迫的情况下,如有必要,建设单位可申请部分试运营专项验收工作组提前介入工程项目进行检查,以求尽量缩短专项验收的时间。

建设单位在城轨交通工程项目提请试运营专项验收前,应适时委托有资质的第三方对工程项目进行卫生防疫方面的检查评估工作,并提交"卫生学评价报告"。

4)市交通运输委(市轨道办)负责的工作

市交通运输委(市轨道办)负责检查和督促投入试运营验收准备工作的进展和完成情况。

2.2.2 验收组织架构

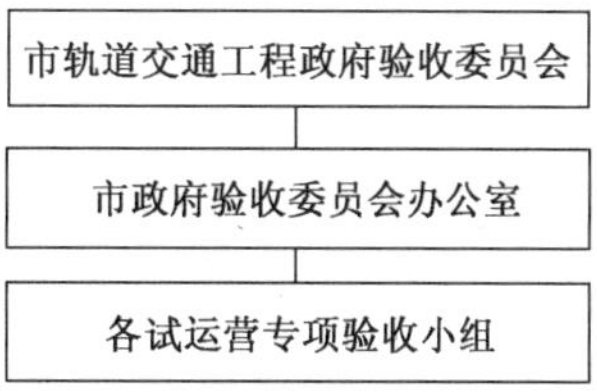

成立市轨道交通工程政府验收委员会,下设办公室(简称"验收办"),各验收责任部门成立试运营专项验收小组,形成政府验收工作的三级组织架构(图2-1)。

深圳地铁一期工程政府验收委员会负责统筹协调轨道交通

图2-1 投入试运营验收组织架构

新线投入试运营验收工作,协调解决验收过程中的重大问题;主任由分管副市长担任,副主任由市政府副秘书长赵鹏林和市发改委主任徐安良担任,委员由各验收责任部门主要领导担任,总牵头协调人为赵鹏林。验收办设在市主管部门,负责政府验收委员会的日常工作和全市验收工作的组织、协调、检查、督办等事务,验收办主任由市发改委主任徐安良兼任。验收小组由各验收责任部门根据本部门验收实际需要成立,负责相关专项验收的具体组织实施以及出具验收意见等工作。

轨道交通工程的建设单位在政府专项验收实施过程中,要求成立专门机构,配备专职人员,落实验收经费,积极配合各专项验收工作,对验收中发现的问题及时组织整改。

深圳市地铁集团有限公司对应成立了验收委员会,董事长担任主任,总经理担任副主任,委员由分管领导及相关部门负责人担任;验收委员会办公室设在总工程师办公室,负责对口协调政府各验收责任部门,制定地铁公司细化实施方案,组织公司各相关部门具体落实验收各项工作,为政府各验收责任部门组织实施现场检查、检测、评估创造良好条件,并督促验收存在问题的整改落实。

深圳地铁二期工程和三期工程的验收组织架构有所调整。

2.2.3 验收项目

投入试运营验收,包括人防、消防、环境保护、卫生防疫、工程档案、工程质量、安全等7个专项验收和试运营条件评估(图2-2)。7个专项验收分别由人防、消防、环保、卫生、档案、建设、交通等主管部门负责组织实施。7个专项验收全部完成后,由市交通主管部门直接或委托第三方专业机构开展试运营条件评估。

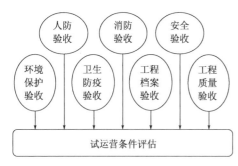

图2-2 投入试运营验收项目

其中,试运营专项验收项目,可根据工程的实际情况适当调整。

人防验收由市人防主管部门按人民防空工程建设管理的有关规定进行人防验收,验收评定合格后,出具同意投入试运营意见。

消防验收由市公安消防主管部门按照消防管理的有关规定进行消防验收,验收评定合格后,出具建筑工程消防验收合格意见书或同意投入试运营意见。

环保验收由市环保主管部门组织完成环保试运营预检查,并出具预检查意见;督促建设单位向省环保主管部门申请环保试运营检查,配合省环保主管部门开展环保试运营检查,跟踪省环保主管部门出具同意投入试运营意见。

卫生防疫验收由建设单位根据卫生防疫要求委托具有相关资质的检测机构,对投入试运营线路的车站等公共场所进行卫生学评价,编制卫生学评价报告。市卫生主管部门对提交的卫生学评价报告进行审查和现场抽查,在评定卫生措施配置和卫生指标检测结果符合相关标准和技术规范要求后,出具同意投入试运营意见。

工程档案验收由市档案主管部门按工程建设档案管理的有关规定进行工程档案验收,验收评定合格后,出具同意投入试运营意见。

工程质量验收由市建设主管部门对工程质量竣工验收的程序、验收标准及验收结果进行检查和复核,在认可建设单位对工程质量评定验收合格的结果并判定验收程序合法后,出具同意投入试运营意见。

安全验收由建设单位根据安全要求委托具有相关资质的评价机构,对投入试运营线路的车站和区间进行安全评价,编制安全评价报告。市交通主管部门对提交的安全评价报告进行审查和现场检查,在评定劳动安全措施配置和各系统安全评价结论符合要求后,出具相关审查意见;同时,市气象主管部门按照防雷管理的有关规定进行防雷验收,验收评定合格后,出具同意投入试运营意见。

试运营条件评估,主要对土建、机电设备和运营准备等是否满足试运营条件进行审查和现场验收,满足试运营条件后,出具同意投入试运营意见。

2.2.4 验收工作流程

根据《深圳市城轨交通工程政府验收管理办法(试行)》的规定,投入试运营验收工作流程如图2-3所示。

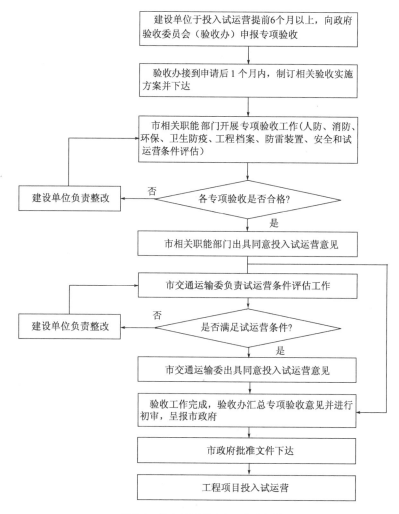

图2-3 投入试运营验收工作流程图

工作流程包括验收申请、验收下达、专项验收、出具投入试运营文件、试运营条件评估、出具同意试运营意见、呈报市政府、市政府批准等8个工作环节。

1) 提交验收申请报告

建设单位按照工程项目投入试运营的计划,应提前6个月以上向市主管部门提交验收申请报告,主要内容包括验收范围、建设单位验收组织机构、验收工作初步计划及验收工作准备情况等。

2) 下达验收实施方案

市主管部门接到建设单位申请报告后,应在1个月内组织制订验收工作实施方案,主要内容包括验收范围、分工、时间及要求等。验收工作实施方案呈报市政府审批后正式下达。

3) 全面开展验收工作

市相关职能部门根据验收实施方案,确定专人及时开展各专项验收工作,在验收实施方案规定时间内完成验收任务。

(1) 人防专项验收

市人防主管部门负责人防验收工作。市人防主管部门按人民防空工程建设管理的有关规定进行人防验收,验收评定合格后,应出具同意投入试运营意见。

人防工程在竣工后投入使用前验收,验收的主要内容有人防工程设计文件,材料质量保证资料及施工的隐蔽工程记录,竣工图,人防门、封堵板等设施安装情况,战时给排水、通风、供配电管线等埋设情况等。

(2) 消防专项验收

市公安消防主管部门负责消防验收工作。市公安消防主管部门按照消防管理的有关规定进行消防验收,验收评定合格后,应出具建筑工程消防验收合格意见书或同意投入试运营意见。

主要核查已完工程材料、设备安装是否满足消防设计要求;通过在车站和隧道模拟各种火灾工况,检验与消防相关的各种设备系统及其联动情况是否满足消防要求,并进行现场测试。

(3) 环保专项验收

市环保主管部门负责(协助)环保验收工作。市环保主管部门组织完成环保试运营预检查,并出具预检查意见;督促建设单位向省环保主管部门申请环保试运营检查,配合省环保主管部门开展环保试运营检查,跟踪省环保主管部门出具同意投入试运营意见。

主要核查地铁工程是否按环评报告及主管部门的批复文件落实各项环保措施以及施工期环保投诉处理情况等。

(4) 卫生防疫专项验收

市卫生主管部门负责卫生防疫验收工作。建设单位应根据卫生防疫要求委托具有相关资质的检测机构,对投入试运营线路的车站等公共场所进行卫生学评价,编制卫生学评价报告。市卫生主管部门对提交的卫生学评价报告进行审查和现场抽查,在评定卫生措施配置和卫生指标检测结果符合相关标准和技术规范要求后,应出具同意投入试运营意见。

验收的主要内容有地铁工程的建筑卫生学、选址及周边环境、平面布置、站厅站台平面布置、技术参数、消声防振设施、给排水设施、站厅站台照明设施、辅助卫生设施、卫生管理制度、突发公共卫生事件应急处理预案及大系统空调通风排气设施等,对这些方面进行现场验收、检测,并形成卫生学评价报告。

(5)工程档案专项验收

市档案主管部门负责工程档案验收工作。市档案主管部门按工程建设档案管理的有关规定进行工程档案验收,验收评定合格后,应出具同意投入试运营意见。

主要检查内容如下。

原始性:归档的工程文件是否为原件;

完整性:各专业工程档案、各专业工程文件是否齐全;

真实准确性:工程文件记载的内容、数据是否真实准确;

系统性:工程文件与工程实际情况是否相符,是否出现前后不一致的情况;

签署用章的完备有效:每份文件都应该签署准确、用章规范,不应出现无签字、复印签字、打印签名、漏盖章等情况。

(6)工程质量专项验收

根据深圳市政府部门的分工,市建设主管部门负责工程质量验收工作。市建设主管部门对工程质量竣工验收的程序、验收标准及验收结果进行检查和复核,在认可建设单位对工程质量评定验收合格的结果并判定验收程序合法后,应出具同意投入试运营意见。市建设主管工程质量专项验收主要工作内容还包括全程监督、参与轨道工程的节能验收,审核地铁工程车站及场段的节能技术指标、检测报告、建筑能效测评报告等是否符合节能规范,并进行现场验收。

工程竣工验收工作主要内容可参考第一章相关章节。

节能验收的主要内容有:

①审查节能工程选用的建筑材料以及构配件和设备的规格、型号、性能与设计文件要求是否相符;涉及建筑节能效果的设计变更是否经原施工图审查机构审查,是否获得建设单位和监理单位同意;节能工程是否按审查合格的设计文件施工。

②主要检测内容:冷水机组性能系数、冷冻水泵输送能效比、冷却水泵输送能效比、冷冻水总流量、冷却水总流量、空调机组水流量、空调系统总风量、系统风口风量、风管漏风量、低压配电电源质量、照明照度及照明功率密度等实际工况。

(7)工程安全专项验收

市交通主管部门负责安全验收工作。建设单位应根据安全要求委托具有相关资质的评价机构,对投入试运营线路的车站和区间进行安全评价,编制安全评价报告。市交通主管部门对提交的安全评价报告进行审查和现场检查,在评定劳动安全措施配置和各系统安全评价结论符合要求后,应出具同意投入试运营意见。

安全评价主要审核的内容有批复文件、设计文件、工程质量专项评价结论或相关批复文件、地铁运营部门安全生产管理机构文件、工程运营安全生产责任制文件、工程运营安全管理目标文件、事故应急救援预案文件及落实情况、设备设施检验检测情况、从业人员资格证明、热烟测试、试运行故障分析评价等。

(8)试运营条件评估

市交通主管部门负责试运营条件评估工作。在上述专项验收全部完成后,市交通主管部门按轨道交通工程运营管理的有关规定,直接或委托第三方专业机构开展试运营条件评估,主要对土建、机电设备和运营准备等是否满足试运营条件进行审查和现场验收,满足试运营条件后,应出具同意投入试运营意见。

试运营条件审查所需材料包括工程建设综合报告、试运营准备综合报告、公交接驳配套方案等。

4)验收报告的呈报与批准

市发改委应及时汇总各专项验收意见,经审核无误后呈报市政府批准项目投入试运营。经市政府批准后,轨道交通工程方可投入试运营。

2.2.5 投入试运营验收文件齐套性

投入试运营验收的文件主要有9种,见表2-1。

投入试运营验收文件齐套性　　　　　　表2-1

序号	文　件　名　称	编制单位
1	投入试运营验收申请报告	建设单位(地铁公司)
2	投入试运营验收实施方案	政府验收主管部门
3	建设情况综合报告	建设单位(地铁公司)
4	7个专项验收意见书,包括人防、消防、环境保护、卫生防疫、工程档案、工程质量、安全等专项验收	各投入试运营专项验收小组
5	试运营条件评估报告	第三方评估单位
6	各相关职能部门出具同意投入试运营意见	市相关职能部门
7	出具同意投入试运营意见	政府验收主管部门(如市交通运输委)
8	市政府批准投入试运营文件	政府验收委员会
9	向国家主管部门备案报告	政府验收委员会

图2-4、图2-5分别为安全评价报告和节能检测报告实例。

图2-4　安全评价报告

图2-5　节能检测报告

2.3　深圳地铁5号线工程投入试运营验收

深圳地铁二期工程投入试运营验收共涉及5条线路、111个车站、108个区间、5座车辆段和3个停车场,正线里程157.051km。其中:地铁5号线工程共27个车站、26个区间以及塘朗车辆段、上水径停车场(缓建),正线里程约40.001km。现以5号线工程作为案例,全面介绍投入试运营验收的实施情况。

2.3.1　组织架构

根据市轨道交通建设指挥部第十四次工作会议纪要(市政府办公会议纪要2010年第292号),市轨道交通工程政府验收委员会于2010年8月下旬正式成立,下设办公室(简称验收办),各验收责任部门成立验收小组,形成政府验收工作的三级组织架构。

2.3.2　验收范围

根据工程建设总体进度,地铁5号线初期工程计划于2011年6月底开通投入试运营。

验收范围是前海湾站—黄贝岭站,包括前海湾站、前海湾—临海区间、临海站、临海—宝华区间、宝华站、宝华—宝安中心区间、宝安中心站、宝安中心—翻身区间、翻身站、翻身—灵芝区间、灵芝站、灵芝—洪浪区间、洪浪站、洪浪—兴东区间、兴东站、兴东—留仙洞区间、留仙洞站、留仙洞—西丽区间、西丽站、西丽—大学城区间、大学城站、大学城—塘朗区间、塘朗站、塘朗—长岭坡区间、长岭坡站、长岭坡—深圳北站区间、深圳北站、深圳北站—民治区间、民治站、民治—五和区间、五和站、五和—坂田区间、坂田站、坂田—杨美区间、杨美站、杨美—上水径、上水径站、上水径—下水径区间、下水径站、下水径—长龙站、长龙站、长龙—布吉区间、布吉站、布吉—百鸽笼区间、百鸽笼站、百鸽笼—布心区间、布心站、布心—太安区间、太安站、太安—怡景区间、怡景站、怡景—黄贝岭区间、黄贝岭站。

2.3.3　7个专项验收

1)消防专项验收

市公安消防监督管理局于2011年4月29日完成第一阶段(兴东站、宝华站作为样板站)的消防验收,5月21日完成第二阶段对布心站、百鸽笼站等8个车站的消防验收,2011年5月31日至6月1日完成第三阶段对全线剩余车站及塘朗车辆段的消防验收,6月11日出具消防专项验收意见。

2)人防工程专项验收

市人民政府应急管理办公室(市民防委员会办公室)于2011年5月19日完成对全线车站及区间人防设施的检查验收,同时召开全线人防工程专项验收大会;5月25日出具人防工程专项验收意见,原则上同意通过人防工程专项验收。

3)环境保护专项验收

市人居环境委员会于2011年5月10日完成投入试运营环保预检查,5月13日出具试运营环保预检查意见。省环境保护厅根据深圳市地铁集团有限公司申请及市人居环境委员会的预检查意见,依照国家生态环境部下发的环评批复,于6月7日进行了现场环保检查验收,完成投入试运营环保专项验收工作,6月14日出具环境保护专项验收意见。

4) 工程质量专项验收

在市住建局及市建筑工程质量安全监督总站的监督下,深圳市地铁集团有限公司于2011年5月6~19日组织完成正线土建及安装装修工程、系统设备综合安装工程及车辆段与综合基地工程质量竣工验收;市住建局同步完成了工程质量专项验收工作,于5月30日出具工程质量专项验收意见(深建函〔2011〕386号),认为验收程序合法,在完成工程收口并将相关质量缺陷整改合格后可以投入试运营。

5) 卫生防疫专项验收

市卫生和计划生育委员会于2011年5月21日组织卫生学评价单位——市疾病预防控制中心完成卫生防疫现场检查、检测和取样等工作。卫生学评价单位于5月30日进行了复测,编制完成卫生学评价报告。市卫生和计划生育委员会于6月12日组织召开专家评审会对卫生学评价报告进行了评审,6月15日出具卫生防疫专项验收意见。

6) 工程档案专项验收

市档案局于2010年11月15日至6月3日采取监理及施工单位自检、建设单位全面检查、市档案局抽检的方式,完成档案专项验收检查;5月24日出具档案专项验收意见(深档字〔2011〕28号),认为5号线工程档案基本满足开通试运营要求,同意该工程项目通过投入试运营档案专项验收。

7) 试运营安全评价专项验收

市交通运输委组织安全评价单位——中国安全科学研究院完成现场安全检查、相关试验及安全评价工作,并编制完成安全评价报告。市交通运输委于2011年5月26日组织召开专家评审会对安全评价报告进行了评审,6月10日出具试运营安全评价专项验收意见。

市气象局防雷中心于2011年1月20日完成全线防雷装置检测并出具报告,市气象局依据检测报告于2011年5月26日出具防雷装置验收合格证。

2.3.4 投入试运营条件评估

1) 国家标准规定

2013年10月10日,国家标准《城市轨道交通试运营基本条件》(GB/T 30013—2013)发布。该标准自2014年4月1日起正式施行,它在国家层面上统一、规范了城市轨道交通新线试运营基本条件的评审要素和具体要求,结束了原先依据各地自行制定的试运营基本条件管理文件或专家个人经验进行评审的局面,对政府主管部门及地铁各参建单位均有重大的指导意义。

《城市轨道交通试运营基本条件》(GB/T 30013—2013)对试运营条件评估的基本工作程序规定如下:

(1) 建设单位向交通主管部门提出申请。

(2) 交通主管部门选择并确定独立的第三方评审机构。

(3) 审机构成立工作组,制订评审方案。

(4)评审机构与建设单位沟通评审项目的基本情况,对资料准备、现场准备提出要求。

(5)召开专家评审会。

(6)评审机构跟踪、检查问题整改落实情况,并出具评审意见。

(7)交通主管部门根据第三方评审机构报送的评审文件,向地方政府提出新线试运营的建议。

《城市轨道交通试运营基本条件》(GB/T 30013—2013)对试运营条件评估工作内容及重点规定如下:

(1)合规性评审,包括对规划、建设的许可文件及专项验收批复文件的审查。

(2)不载客试运行情况评审。

(3)设备、设施符合运营条件评审,到现场进行抽查测试检验。

(4)试运营准备情况评审,包括对运营单位资质、组织机构及人员配置、岗位培训、行车及客运组织、应急演练等的审查。

(5)地面交通衔接、组织方案评审。

2) 深圳地铁 5 号线试运营条件评估概况

人防、消防、环境保护、工程质量、卫生防疫、工程档案、安全这7项验收,是试运营条件评估的前提条件,也就说只要有一项未通过,试运营条件评估就无法通过,新线也无法开通运营。反之亦然,如果试运营条件评估通不过,既使前面7项验收做得再好也没用,新线同样也无法开通运营。因此,必须高度重视并认真做好试运营条件评估工作。

据深圳市政府下达的实施方案,市交通运输委委托上海市交通运输行业协会承担深圳地铁二期工程地铁 5 号线(前海湾站—黄贝岭站)试运营条件评估工作。

2011 年 4 月,上海市交通运输行业协会形成试运营条件评估评审方案,各相关单位根据评审方案积极开展各项评审准备工作。深圳市地铁集团有限公司于5月下旬编制完成5号线工程《建设综合报告》和《试运营准备综合报告》,市交通运输委员会组织深圳市综合交通设计研究院编制完成《公交接驳方案》。

2011 年 6 月 10~14 日,市交通运输委组织召开 5 号线工程试运营基本条件专家评审会,专家组认为 5 号线工程具备试运营基本条件。

2011 年 6 月 18 日,市交通运输委出具试运营条件评估专项验收意见。

2011 年 6 月 21 日,市发改委下发《关于轨道交通 5 号线(环中线)工程投入试运营的通知》(深发改〔2011〕892 号)。

2011 年 6 月 22 日,5 号线(环中线)开通投入试运营。

3) 深圳地铁 5 号线试运营条件评审依据

评审依据,在国家规定方面是:《地铁设计规范》(GB 50157—2003)❶、《地下铁道工程施工及验收规范(2003 版)》(GB 50599—1999)、《城市轨道交通技术规范》(GB 50490—2009)、《城市轨道交通工程项目建设标准》(建标 104—2008)等国家有关法律、法规、规章和技术标准。

评审依据,在本市规定方面是:市交通运输会深交〔2011〕271 号《关于修订深圳市城市轨道交通工程试运营基本条件(试行)的通知》及附件,以及《深圳市地铁运营管理暂行办法》

---

❶ 该规范现行版本为 GB 50157—2013。

《深圳市轨道交通公共标志系统实施方案》《深圳市轨道交通公共标志系统实施方案的补充通知》等文件。

4) 深圳地铁 5 号线试运营条件评审重点与评审范围

评审重点是确保深圳地铁 5 号线工程(前海湾站—黄贝岭站)试运营安全,满足基本服务要求。

评审范围是前海湾站—黄贝岭站,线路全长 40.001km,其中地下线路 35.801km,高架线路 3.424km,过渡段 0.776km;车站 27 座,其中地下车站 25 座,高架车站 2 座;区间 26 个,其中地下区间 23 个,过渡段区间 2 个,高架区间 1 个;塘朗车辆段和出入段线;车辆;机电设备系统;各单位工程验收、核准、备案;运营接管和全线试运营各项准备工作;线路沿线公交接驳方案。

5) 深圳地铁 5 号线试运营条件总体评价

深圳地铁 5 号线工程(前海湾站—黄贝岭站)验收资料基本齐全、准备充分;线路、车站、区间、车辆段、主变电所符合设计要求,已通过竣工验收,取得工程质量专项验收意见;消防已组织专项验收,取得消防验收意见书;试运营所需车辆、部分机电设备完成测试验收、系统调试;信号已通过第三方评估;电扶梯尚未取得安全检验合格证;运营准备充分、人员培训到位、措施预案明确;公交接驳方案总体可行。

深圳地铁 5 号线工程的实体工程、车辆、大部分机电设备和运营准备已具备了试运营基本条件,但在试运营前尚需完成工程收口,并将相关质量缺陷整改合格,完成尚余机电设备调试、联调和验收。

6) 深圳地铁 5 号线试运营前必须完成的整改项

(1)政府认可文件

①试运营前应完成工程质量竣工验收监督意见(深建函〔2011〕386 号)中提出的部分未完工程收口以及质量缺陷的整改,并取得相关政府部门的确认。

②试运营前应取得市卫生和计划生育委员会的专项验收意见。

③试运营前应取得环保专项验收意见。

④试运营前应取得质量技术监督部门出具的电扶梯等特种设备的安全检验合格证。

(2)总体与土建

①线路

对道路下穿高架桥地段,应补设安全防护设施和限高标识。

②限界

未见塘朗定修段及出入段线的限界检测资料,应对上述地段进行限界检查,对超限地段采取有效的措施。

③轨道

黄贝岭站钢轨附近弱电线头裸露、塘朗车辆基地柱式检查坑钢轨接头处扣件与钢轨搭接、浮置板地段轨底与套筒距离过近、部分道床扣件存在施工污损现象、个别道岔区及临修线轨道内存在积水等问题,均应整改。

百鸽笼站道岔区无照明,不利于应急条件下的运营及抢修,应补设,并对全线检查。

应清除布吉站站端轨旁人防门施工遗留的木模,并检查沿线轨行区,以防异物侵限。

对资料核查验收中涉及运营安全和影响行车的重要问题,应在试运营前整改完毕并通过相关方确认。

应对全线的钢轨接头焊缝及钢轨探伤情况进行核查,以确保钢轨的安全使用状态。

④车站建筑

车站的部分出入口、风亭及与地面道路衔接尚在施工中,应在试运营前完成。出入口处站名牌、地铁标志以及周边路口的地铁指引牌应及早安装。

部分车站的无障碍设施、运营服务标志及信息查询机位置不妥、导向性不明确、标志被遮挡,个别车站盲道铺设位置与无障碍厕所的门开启有矛盾,应按要求调整。

区间使用的消防用具应设在站台层两端,便于区间灭火时取用;高架区间爬出地面段,应加设防盗装置。

黄贝岭站应核实双岛站台间防火隔断时间是否符合要求。

应核实大学城站的消防专用楼梯间,能否分别到达岛式站台和侧式站台。

应核实前海湾站站厅公共区任一点至出入通道口的距离是否超过50m,并对配线区上方用作商业开发的站厅层是否符合《建筑设计防火规范》(GB 50016—2014)进行核实。

⑤结构工程

个别车站存在排水沟不畅,特别是通道与车站主体连接部位、人防门框内外处及垂直电梯和自动扶梯下的坑内积水,应逐一检查以确保排水顺畅。

个别区间人防隔断门框上预留的电缆孔未封堵,应按要求及时封堵。

个别矿山法施工的区间隧道底部渗漏,有的还较为严重,应加强观察,控制水量,进行堵漏,确保结构的整体稳定。

轨道岔区转辙机凹坑与纵向排水沟相连,造成凹坑内积水无法排出,长期浸泡极易对转辙机使用带来影响,应整改。

⑥车辆基地

车辆检修设备、运输设备、材料总库设备、综合维修设备,到货安装较少;已到货的设备应抓紧安装、检测、验交,尽快取得有关检验合格证书,确保正常检修。

应尽快完成DCC(车厂控制中心)的所有功能,以保证所有系统、设备能稳定运行。

应增加有关部位的安全设施与标识。如检修库与办公区的隔断设施,停车列检库地面、股道的安全防护标识和股道号码标识,消防通道、人员疏散标识等。

检查DCC故障报告单,多项遗留故障未及时处理,也未对故障作分类。应完善相关制度,加强备品备件的储备及管理,同时加强故障数据的分类管理,对影响生产或构成重大隐患的故障应给与及时准确的处理。

检修库个别股道设置的防滑落装置与车体的间隙太大,应增设防滑板。停车列检线的每股道设两列位列检线路,应对前、后列检台位各自设牵引网断电隔离开关,以确保检修人员作业安全。

车辆段的检修设备、备件备品、救援设备不能在开通前完全具备,应充分利用深圳市地铁集团有限公司系统资源,保障5号线列车正常运行。

目前,车辆段综合楼主楼处于施工阶段,应加强施工车辆进出的安全管理,采取有效措施严禁施工人员进入车辆段管理、生产区。

(3)车辆、机电设备

①车辆

预验收中涉及安全的整改项应及时解决。

②供电系统

本线供电电源引自4座主变电所,主所故障时支援模式比较复杂,应做好各种故障状态下的运行预案并进行演练,以验证系统功能、确保供电可靠性。

应在试运营前完成杂散电流系统的测试验收。

坂田站验收中存在的35kV停Ⅰ段电源时低压Ⅱ段停电、环控电控柜与综合监控系统的联调未完成、兴东站环控电控柜部分抽屉已抽出等问题均应在试运营前完成整改。

车站公共区、设备区以及重要房间内的应急照明照度、可持续时间及转换时间等项,应在试运营前通过检测验收。

③通信系统

应加强专用无线系统应急与降级使用实训。试运营时,公众移动通信应同时开通。

④信号系统

试运营前,应完成通过剩余6列车的安全认证工作,满足行车组织方案的要求。

对独立的第三方安全证书中提及的使用限制,应在行车管理办法中加以落实。对联络线轨道未敷设完毕的接轨道岔,下水径站与停车场接轨的3组单渡线道岔,在试运营前应采取有效的安全保障防护措施。

在试运营前,对调试和初验中存在的遗留问题,应完成整改。

联锁后备模式是在CBTC故障情况下仅具备联锁的降级运营模式,在无ATP安全防护情况下,运行最高速度限制在60km/h偏高,应采取切实有效的安全措施。

⑤自动售检票系统

完成初验中涉及乘客使用部分的整改项。

对设备做进一步的清洁保养。

部分自动售票机的触摸屏灵敏度不够,应抓紧开通前的整改。

⑥环控系统

竣工验收资料中影响通车安全未完成项和整改项,应在试运营前通过验收。

百鸽笼站、布吉站等抽检车站的轨行区上排热(兼排烟)风道风口基本全开,表明风口风量未进行调试,提供的测试调整记录中未见相关测试资料,应核查并对该系统进行调试。

竣工验收资料中提到部分区间射流风机未按图纸要求进行安装,应加强对这些设备的安全性检查。

布吉站TVF风机房地面堆满人防门,影响系统运行,应予整改,其他车站自检。

长岭陂车站VRF室外机都设在地面,无防盗措施,应完善保安措施,其他车站自检。

⑦给排水、消防系统

泵房内的出水管穿楼板后要进行封堵,金属电线套管和水泵配电箱外壳应有效接地,车辆段和主变电所废水排水泵应加装压力表。

站台层消防箱内应配足两条消防水龙带,并安装牢固;个别消防箱有漏水现象、消防箱与冲洗栓合用一扇门,不符合消防要求,应予以整改;个别车站在进区间处缺专用消防箱,应补设。

⑧综合监控系统

在试运营前涉及行车和运营安全的子系统需接入调试完毕,便于运营管理。

经坂田站抽检,火灾报警功能正常、显示报警地址正确。但中央监控工作站无该站火灾报警信息,应尽快完成全线的 FAS 系统的联动调试和故障消缺。

车辆段检修库 FAS 空气采样管松脱,将影响该区域火灾探测,应对库内空气采样管安装质量进一步检查,以保证空气采样的准确。

鉴于车辆段已停放多趟列车,综合楼 FAS 设备室作为整个车辆基地的消防监控室,运营分公司应尽早接管,并进行 24h 值守。

对验收中提出的整改内容,涉及运营安全部分的项目,须在试运营前整改销项。

⑨乘客资讯系统(PIS)

应加快与 ATS 调试进度,并在试运营前提供列车预计到站时间信息。

⑩综合安防系统

应在开通试运营前,完成全线车站站台监控调试,使综合安防系统的全部功能得以实施。

鉴于车辆段周界围墙土建工程未完成,入侵探测设施无法实施,应加强保安人员巡查,增设巡更记录设施。

⑪屏蔽门与安全门

试运营前,应完成所有车站的车控室中屏蔽门(安全门)监控屏的联调及开通工作。

对于存有安全隐患的端门闭门器应在试运营前完成整改。

⑫自动扶梯、电梯

对通过验收的自动扶梯和电梯,应尽快取得"安全检验合格证";应加快完成尚未验收的 70 台自动扶梯、38 台电梯的工程验收工作。

所有车站车控室中的电梯及扶梯监控屏均未开通,试运营前应完成其开通及联调工作。

为不降低车站服务的质量标准,试运营时应至少保证每个车站两个出入口的自动扶梯和电梯的开通。

(4)试运营准备

①5 号线设备、设施维修所需备品备件涉及合同 44 个,试运营前应交付 2460 项,截至 5 月 16 日,运营分公司已收到其中 16 个合同共 670 项,与维修需要尚有较大差距。应落实措施,确保设备的正常维护。

②应在试运营前完成电扶梯、综合监控等系统设备的交接工作。

③通过演练共发现问题 143 项,已完成整改 132 项,其余问题试运营前完成整改。

④应按《城市轨道交通技术规范》(GB 50490—2009)、《深圳市轨道交通工程试运营基本条件(修订版)》的要求进行试运行,抓紧行车演练,及时总结、不断改进、合理确定试运营开通时间,保障试运营安全顺利。

7)世界第 26 届大学生夏季运动会在深圳召开前应完成的整改项

(1)土建

①线路

经现场查勘,疏散通道范围的布吉站人防门处及沿线信号轨旁设施未做缓坡处理,浮置板前后水沟无盖板,对紧急疏散存在安全隐患,建议检查全线类似情况,并做缓坡处理。

②限界

黄贝岭、百鸽笼、布吉和长岭陂站,车辆停靠后车厢地板面处与站台边缘间隙在11~12cm,个别在12~13cm;司机车门处间隙在20~25cm,存在乘客及工作人员踏空或跌绊的隐患。应对客室车厢处的不足进行改善,对司机车门处间隙进行整改。

③轨道

列车经过黄贝岭—百鸽笼—布吉等区段时晃动明显,建议复查,并建议对全线钢轨进行一次磨轨作业。

塘朗车辆基地15道咽喉区目视检查,存在方向和高低不平顺现象;塘朗车辆基地柱式检查坑地段存在部分扣件与立柱中心不一致现象,个别偏心较多,应进行复查。同时,检查并完善沿线水准点的埋设,便于线路的维护与应急抢修。

波导管近距离安装在钢轨外侧,对钢轨焊接、换铺存在不便,应做好相关应急预案。

④车站建筑

电梯和消防出入口处应设防淹闸槽,且配齐挡淹板,并就近安放。

站台至站厅的楼扶梯口,采用镂孔吊顶内设挡烟垂壁,应核查镂孔吊顶内设置的挡烟垂壁,需满足排烟口在储烟仓内,并检查是否挡住排烟口的遮挡物。

全线地下区间均未设纵向疏散平台,道床面为唯一的疏散通道,应把道床整改成连续、无障碍疏散通道。

太安站配线上方站厅层的商业开发面积较大,应按《建筑设计防火规范》(GB 50016—2014)来划分防火分区、安全出口及其配套设施,做好商业开发与非付费区较长联系通道的安全疏散口和防火卷帘的设置。

百鸽笼站消防专业楼梯应能到达岛式站台和侧式站台,非付费区与商业开发区应加设防火卷帘,车站控制室旁开向公共区的外开门应做成凹室开启形式。

布吉站连通国铁、地下公交枢纽和大面积的商场,应做好临界面的防火隔断措施。站厅至室外地面扶梯前的楼板面有较大高差,存在安全隐患。出入口与室外地面齐平,虽然有截水沟,但仍需加强防淹措施。

上水径站的消防楼梯应按设防烟楼梯间进行改善;站台楼扶梯穿越设备层,在该层梯洞口应设防火隔断,不能把人行梯中间平台作为设备层的安全出口。

宝安中心站两处消防楼梯间应按设防烟楼梯间进行改善;站台层至站厅层穿越地下二层时,在地下二层梯洞口也需做防火围隔;5号线与1号线的换乘梯洞口应设防火卷帘。

前海湾站配线区上方站厅层用作商业开发应按《建筑设计防火规范》(GB 50016—2014)来执行,非付费区与商业开发区的联系通道应设防火卷帘且分别控制,消防专用通道应能经过站厅主要设备管理区分别到达各站台。

⑤车辆段

车辆段咽喉道岔区因上盖开发立柱较多,司机瞭望不便,建议在咽喉区增设监控装置。

(2)机电设备

①车辆

车辆客室应加贴全线线路图。

②供电

布吉站35kV GIS开关室的地坪已破坏,准备全部重铺,应尽快完成,重铺时应采取相应措施避免沙尘等进入开关柜内,确保供电设备运行安全。

③通信

车辆段CCTV监视系统尚处于调试阶段,DCC大屏幕无法显示监视图像,应抓紧调试完成。

④通风与空调系统

百鸽笼站新风井、排风井内消声器上方有较大孔洞,结构消声器靠壁面处大多未贴实消声器片,影响消声效果,应予以封堵或补设,其他车站自检后完善。

⑤给排水、消防系统

消防泵房内缺消防试水快速接头,车辆段和主变电所消火栓泵系统部分压力表漏装稳压管,主变电所消防泵进水管漏装压力表,应予整改。

车辆段仓库和辅楼的花格吊顶内的喷头没按喷头集热要求进行安装,应予整改。

污水泵房内应加装安全栏杆,确保操作安全。

⑥综合监控系统

应实现中央对全线FAS系统的监控。

⑦综合安防系统

车辆段应根据围墙土建工程实施情况,安装入侵探测报警设备。

⑧屏蔽门

站台绝缘嵌条等收尾工作应在大运会前完成。

⑨电梯

应加快完成尚未验收的70台自动扶梯、38台电梯的工程取证和运营接管工作。

(3)公交配套

规划公交接驳站场4处,同步建成2处,部分公交场站因用地未落实等原因未能建成,对公交接驳影响较大,应尽快落实用地、推进场站建设,并加快轨道站点出入口附近的路面恢复,完善站点周边的公交停靠站点和步行系统。

8)后续整改项

(1)总体土建方面

①线路

长岭陂站西侧出入段接入站线设置安全线长度不足,且车挡安装在警冲标内侧,建议研究改善。

部分地段经调坡调线设计后,存在限界偏紧的情况,由于施工期短,且结构在运营期间仍有不均匀变形的可能性,建议加强调坡调线地段运营期间观测,确保线路安全通畅。

②车站建筑

双岛四线站厅的付费区过大,在两个非付费区的联系通道侧设客服中心和检票机不合适,建议适时调整,以扩大非付费区。

布心站4号、1号出入口与2号出入口之间的距离长,服务水平较低,建议早日开通3号出入口。

下水径站位于联系通道上的检票机距梯口过近,适时调整。

上水径站拟开通的1号出入通道口至3号出入通道口之间的走行距离已超过100m,应把4号或2号出入口同时开通。

坂田站付费区面积过大,建议适时把栏栅内移到楼扶梯扶手边,通长的栏栅应根据疏散要求设置栏栅门。

长岭陂站高架车站站台采用全高安全门,影响站台通风以及环境的舒适度,建议改善。

西丽站每侧站台仅设上行自动扶梯,在车站本体外挂折跑楼梯来弥补,标准偏低;外挂梯与设备层相通,需做防火隔断。

西丽站站厅设有两个付费区,对乘运方向有误的乘客,需通过设备层的通道来解决,不尽合理。

宝安中心站为侧式站台地下三层站,仅设上行自动扶梯,标准较低。

③结构工程

通道中的横截沟盖板、集水井(坑)盖板均为不锈钢,但形式、材质不统一,部分强度不够且容易被盗,建议适时调整为与地面石材相同的镂空盖板。

为了能在车站侧墙上安装消火栓设备,特别凿除了部分混凝土墙体,尤其是通道部分,凿除厚度较大,应对结构有相应的补偿措施。

布心站、上水径站为地下一层单跨折板(拱)结构,其受力对称性要求极高,应严格控制车站外侧地块开发时的基坑施工对车站结构带来的影响,以确保车站的整体稳定。

建议尽早建立结构,特别是区间隧道的长期监测、监控系统,定期对结构沉降、变形等进行观察,及时掌握结构的受力状况。

(2)环保节能

车辆段预留开发条件,根据专项环评要求采取了轨道减振等措施,应加强运营过程中的环境影响监测。

(3)机电设备

①供电

百鸽笼等站配电室温度过高,对其中的EPS设备电池寿命影响较大,应加强通风措施。

②信号系统

建议尽早安排对前海湾站站前和站后折返线、黄贝岭站站后折返线,进行多列车追踪折返能力的实测工作,为今后缩短运营行车间隔提供依据。

③给排水、消防系统

布吉站室外消防栓距离道路超过10m,且与消防结合器的间距不足2m,使用不便,建议适时改进。

④乘客资讯系统(PIS)

建议根据网络运营状况,乘客资讯系统统一制作、播发信息,结合实用效果,对系统技术包括车载子系统视频图像传输作进一步完善和提高。

⑤综合安防系统

建议在车辆段设置周界红外线探测报警基础上,增设CCTV监视设备,并与报警设备联动。

(4)运营准备

建议通过优化运营图参数,增加上线列车数等措施,不断改进运行图,缩短行车间隔,提高服务水平。

(5)公交配套

建议结合地铁运能、客流增长情况,逐步调整沿线公交线路,并完善"公交应急联动预案"。

9)深圳地铁5号线试运营条件评估结论与建议

地铁5号线的实体工程、车辆、大部分机电设备和运营准备已具备试运营基本条件。

建议优化运营图参数,不断改进行车组织,缩短行车间隔;同时做好电扶梯的验收、取证和运营接管工作,保证每个车站不同方向两个出入口相应的电扶梯开通,满足基本服务要求。

10)深圳地铁5号线试运营条件评估经验与体会

5号线工程投入试运营验收历时四个多月,每项专项验收都顺利通过并如期取得同意投入试运营意见,主要经验与体会如下。

(1)积极超前沟通协调,精心策划验收方案

根据5号线工程开通的关门时间,深圳市地铁集团有限公司验收牵头部门——总工办和5号线建设分公司一起进行超前沟通协调,精心策划政府专项验收工作实施方案。一方面掌控各工程项目完工的时间节点,合理、紧凑地安排专项验收的时间计划;另一方面与市发改委密切沟通,共同制订既符合工程建设实际、又易于政府各相关职能部门操作的专项验收工作实施方案。通过主动而富有成效的努力,市发改委下达的工作实施方案简要明了,能够明确责任主体、明确验收时限、明确验收内容及要求,操作性很强,为组织协调政府各相关职能部门按计划完成专项验收提供了政策依据和前提条件。在地铁公司内部,根据市发改委印发的工作实施方案,由地铁公司验收办组织编制细化实施方案,于2011年2月20日下发《2011年新线工程投入试运营政府专项验收细化实施方案》(含5号线工程),5号线建设分公司依据该细化实施方案有针对性地制定了具体实施步骤,细化实施方案和具体实施步骤,在组织地铁公司相关部门共同协调完成政府专项验收任务中发挥了重要作用。

(2)相关部门齐抓共管,通力协作配合到位

5号线工程投入试运营验收工作面临工作量大、协调量大、保障量大等多重困难,地铁公司验收办与5号线建设分公司、设备部、设计部、合约部、运营分公司共携手、齐奋进,通力协作配合,与各参建的设计、监理、施工单位上百人一道,不辞艰辛,全力以赴投入到各专项验收工作中,做到验收前准备充分、验收中安排周密、验收后迅速整改,并在验收全过程与各政府职能部门保持密切联系,主动协调沟通达一百多次,赢得了鼎力支持,因而在整个专项验收工作中形成了参与各方团结协作的良好局面。特别是消防第一阶段专项验收,选取兴东站和宝华站作为样板站验收,工作准备充分、现场组织严谨有序,两个车站建筑防火、人员疏散系统、消防给水、消防供电与应急照明、气体灭火、火灾自动报警及防排烟联动控制等内容检验取得一次性通过,为后续顺利开展消防验收奠定了坚实基础。在消防专项验收第二、第三个阶段,每个阶段安排车站数量多达8个以上,相关部门参与人员都能够做好实施计划,验收过程紧密配合,验收后及时跟踪,取得良好效果,均实现了一次性成功通过消防验收喜人佳绩。

(3)注重审视工作教训,不断完善验收保障

一是新线工程建设的工期筹划须符合实际,确保试运营开通前实施政府验收阶段切实具备现场检查的条件。5号线工程由于受工期紧、现场进度相对滞后的影响,竣工验收及各项政府专项验收工作时间被严重挤压,各项验收较计划安排均有不同程度的滞后,特别是卫生防疫验收项目,出现了现场检查、检测不合格,反复进场复测等不利局面,客观上造成了人力物力的浪费,同时也给相关政府部门在一定程度上留下了不良印象,增大了协调难度。卫生防疫专项验收的内容主要包括空调机组冷凝水细菌含量检测,冷却塔的冷却水细菌含量检测,车站站台层和站厅层公共区域空调系统送风及回风细菌含量检测,新风道内表面卫生指标检测,空调系统新风量检测,以及公共区域温度、湿度、风速、噪声、空气卫生质量检测等,对现场卫生条件要求非常高,必须高度重视验收前的各项自检工作,避免关键指标出现超标情况。在新线工程建设中,必须充分汲取这一深刻教训,避免再发生类似情况。

二是工程的补充环评报审工作应在环保专项验收前完成,确保环保专项验收工作顺利开展。5号线工程补充环评报审工作进度严重滞后,而其主要制约因素是国家环保部能否尽早下达环评补充报告的批复意见。历经多方协调,国家生态环境部在临近开通前下达批复意见,导致省环境保护厅延后至试运营条件评审会结束后才出具同意投入试运行意见,虽然未影响如期开通,但陷入极为被动局面。工程补充环评报审属于前期准备工作范畴,不可忽视,必须抓紧在工程建设阶段实施前落实审批环节。

2.4 深圳地铁2号线东延工程投入试运营验收意见实例

2.4.1 7个专项验收意见书

1)消防验收意见书

深圳市地铁集团有限公司:
我局对你单位报验的深圳地铁2号线东延工程及后海停车场进行了竣工消防验收。2号线东延工程包括侨香站等15座车站和后海停车场,经审查资料和现场检查测试,意见如下:
一、综合评定该工程消防验收合格。
二、对建筑消防设施应当定期维修保养,保证完整有效。
三、该工程如需改造、扩建、内部装修和用途变更,应依法到我局备案或向我局申请建筑工程消防设计审核和验收。

深圳市公安局消防监督管理局
2012年1月15日

深圳市地铁集团有限公司:
我局于2012年1月12日,对你单位报验的深圳地铁2号线赤湾站至新秀站区间工程进行了竣工消防验收。工程概况:该工程为赤湾站至新秀站之间的各区间隧道。具体为:……

等区间。主要消防设施有室内消火栓系统、火灾自动报警系统、防排烟系统等。经审查资料和现场检查测试,综合评定该工程消防验收意见如下:

一、综合评定该工程消防验收合格。

二、对建筑消防设施应当定期维修保养,保证完整有效。

三、该工程如需改造、扩建、内部装修和用途变更,应依法到我局备案或向我局申请建筑工程消防设计审核和验收。

深圳市公安局消防监督管理局
2012 年 1 月 18 日

2)人防工程专项验收意见书

市轨道交通工程政府验收委员会办公室:

根据市发改委通知要求,我办和南山区民防办、福田区民防办、罗湖区民防办于 2011 年 3 月 8 日至 2011 年 5 月 27 日,分别派员汇同设计、监理、施工等单位,参加深圳市地铁集团有限公司组织的深圳地铁 2 号线东延工程人防工程专项验收。在审阅相关资料,听取各单位情况介绍的基础上,对该工程 17 座地下车站、17 个区间及后海停车场进行了现场查验。于 2011 年 5 月 30 日深圳市地铁集团有限公司召开了人防工程专项验收会议,各方责任主体一致同意该人防工程通过投入试运营验收,并形成了会议纪要。

鉴此,我办同意深圳地铁 2 号线东延工程人防工程通过投入试运营验收。同时,请深圳市地铁集团有限公司尽快组织相关单位完成以下工作:

一、该工程作为远期规划预留尚未完成的项目完工后,请及时组织人防工程专项验收。

二、按要求完善平战转换工作,并填写人防工程平战转换手册,补齐各专业人防竣工图纸和资料。

三、认真检查各车站、区间人防门扇安全装置,平时做好维护保养,确保安全装置有效,避免发生安全事故。

四、人防区和非人防区之间、区间防护单元之间墙体穿管以及预留的孔洞要做好密闭封堵处理。

五、穿越人防墙的消防管应按设计院要求做好防护,不能影响消防安全。

六、人防防爆地漏及排水设施等要保持通畅,有积水现象的个别通道应尽快处理。

七、各类战时封堵构件应制作好,并和区间人防隔断门拆除的胶条一样,就近存放,妥善保管,确保安全。平战转换设备应按要求购置到位。

深圳市人民政府应急管理办公室
2011 年 6 月 3 日

3)环境保护专项验收意见书

深圳市地铁集团有限公司:

报来的《关于深圳地铁 2 号线东延工程投入试运营环保预检查的请示》收悉。2011 年 5 月 10 日,我委环保试运营联合检查小组对深圳地铁 2 号线东延工程进行了现场检查,并查阅了相关资料,有关意见如下:

一、经现场检查,深圳地铁2号线东延工程已建成,线路全长20.65km,设17座地下车站及1座后海停车场,建设内容与环评批复基本一致。该项目已委托深圳市环境科学技术中心开展了施工期环境监理工作,落实了环评报告书及其批复提出的废水处理、风亭和冷却塔消声隔声降噪减振等各项环境保护措施。

二、同意深圳地铁2号线东延工程向省环境保护厅申请办理试运营环保手续。

三、该项目应严格落实各项环保措施,确保项目试运营符合环保要求,并定期将试运营情况向我委和省环境保护厅报告。

深圳市人居环境委员会
2011年5月13日

4) 工程质量专项验收意见书

市发改委:

根据《建设工程质量管理条例》的有关规定和《深圳市2011年轨道交通新线投入试运营验收实施方案》的工作安排,深圳市地铁集团有限公司组织各参建单位对地铁2号线东延工程进行了质量竣工验收,我局对验收进行了监督。现将验收监督情况函告知如下:

一、验收的范围和内容

本次验收的范围是:工作安排,17座车站、17个区间、后海停车场及其附属工程。其中,因故不纳入本次拟开通试运营范围的部分内容,亦不纳入本次验收范围。

验收的内容是:主体结构工程、装饰装修工程、机电设备安装工程(10kV以下配线、动力监控设备安装工程,通风与空调工程、给排水工程等)以及出入口、风亭等附属工程的质量。

二、验收及监督的意见

建设、勘察、设计、施工、监理等单位对工程实体质量和技术管理资料进行了认真检查,一致认为地铁2号线东延工程质量符合设计文件、技术标准和合同约定的要求,同意在完成工程收口并将质量缺陷整改合格后,除甩项内容外的工程竣工验收合格。我局对验收过程进行了监督,认为验收程序合法,在完成工程收口并将相关质量缺陷整改合格后可以投入试运营。

三、对试运营的要求

(一)深圳市地铁集团有限公司应督促相关单位加紧完成未完成的部位(如华强北站1号出入口基本未完成;……),加紧处理以下质量缺陷:

(1)影响使用安全的问题。部分站厅层和出入口扶梯、楼梯边应采取防护措施;疏散楼梯栏杆垂直栏杆净距过大;局部防护栏杆安装不牢固,个别处栏杆易攀爬;部分栏杆或扶手的金属固定件有尖角、边缘锋利;敞开式出入口应增加护栏高度或按原设计要求增加遮盖构件;个别站点设备用房应急疏散楼梯宽度不足;接地系统未完善等。

(2)影响使用功能的问题。部分车站扶梯口和周边地面部分存在明显高差;人防门缝处钢板地面部分拱起过高;部分楼梯踏步的踏步面向下倾斜;个别出入口人行楼梯行李坡道过近、盲道标示凸起过高等。

以上质量缺陷特别是影响使用安全的质量缺陷,应予6月23日前整改合格,并提交书面整改材料报我局确认。

(二)请深圳市地铁集团有限公司尽快补充完善相关竣工验收资料:室内环境污染监测报告、部分灯具功能测试资料和节能验收所需材料(照度、低压配电电源质量、通风与空调系统等的节能系统性能测试报告)等。

(三)请深圳市地铁集团有限公司尽快组织东延线部分系统设备和专用设备的竣工验收,并在试运营期间组织相关单位完善设备和系统的调试维护工作,确保地铁车辆顺利运行。

附件:地铁2号线东延工程甩项内容清单
(1)侨城北站1号、2号出入口。
(2)香梅北站2号出入口。
(3)景田站2C号出入口。
(4)市民中心站2号出入口。
(5)湖贝站1号出入口。

深圳市住房和建设局
2011年6月15日

5)卫生防疫专项验收意见书

市轨道交通工程政府验收委员会办公室:

根据《关于印发〈深圳市2011年轨道交通新线投入试运营验收实施方案〉通知》和《关于印发〈深圳市2010~2011年轨道交通新线投入试运营卫生防疫验收实施方案〉通知》要求,我委已于2011年6月22日出具了《关于深圳市轨道交通2号线东延工程(世界之窗站—新秀站)卫生防疫专项验收初步意见的函》。日前,深圳市疾病预防控制中心提交了《深圳地铁2号线东延工程竣工卫生学评价报告》,经审核,我委同意报告书提出的卫生学评价结论,地铁2号线东延工程(世界之窗站—新秀站)基本符合卫生防疫要求。针对报告中提出的问题和建议,请深圳市地铁集团有限公司认真研究,加以整改。

深圳市卫生和人口计划生育委员会
2011年7月4日

6)工程档案专项验收意见书

市轨道交通工程政府验收委员会办公室:

根据市轨道交通建设指挥部第十四次工作会议的部署以及市发改委《关于印发〈深圳市2011年轨道交通新线投入试运营验收实施方案〉通知》的要求,我局于2011年5月17日至6月3日组织了深圳地铁2号线东延工程投入试运营档案专项验收工作。

此次档案验收采取监理及施工单位自检、建设单位全面检查、市档案局抽查的方式进行,我局重点抽查了2228标、2222标、2225标、2226标、安装装修标等五个标段的工程档案。经检查,本工程建设单位深圳市地铁集团有限公司重视项目档案工作,把档案工作纳入项目建设整体计划和管理程序中,与项目建设实行同步管理,建立了项目档案工作领导责任制和相关人员岗位责任制,形成了较为完备的档案工作管理体系。在我局抽查的工程档案中,项目工程文件质量较好,收集基本齐全,分类科学,案卷目录和卷内目录基本规范,档案总体情况良好。

综上所述,我局认为,深圳地铁2号线东延工程档案基本满足开通试运营要求,同意该工程项目通过投入试运营档案专项验收。同时,我局也要求建设单位和参建各方抓紧进行后续档案资料的收集和案卷整理工作,以确保各合同工程档案在竣工验收后三个月内移交市城建档案馆。

深圳市档案局
2011年6月9日

7) 试运营安全评价专项验收意见书

市轨道交通工程政府验收委员会办公室:

根据市轨道交通建设指挥部第十四次工作会议审查通过的《深圳市2011年轨道交通新线投入试运营验收实施方案》相关工作安排以及《关于印发深圳市轨道交通二期工程试运营安全验收评价工作方案的通知》要求,深圳市地铁集团有限公司报请对地铁2号线东延工程进行试运营安全验收,市轨道交通建设办公室于2011年6月8日组织了地铁2号线东延工程试运营前安全验收评价报告专家评审会。市政府各有关部门与专家小组审查了中国安全生产科学研究院完成的《深圳地铁2号线东延工程试运营前安全评价报告》,并进行了现场检查,形成了《深圳地铁2号线东延工程试运营前安全评价报告审查及现场安全设施检查专家组意见》(见附件1)。

根据评审专家组和政府有关部门意见,深圳市地铁集团有限公司已对总共37项安全问题进行了整改(详见附件2,其中,16项已完成整改,21项正在整改,预计6月25日完成全部整改),确保地铁2号线东延工程达到设计标准规定要求。经中国安全生产科学研究院和专家组评估,认定地铁2号线东延工程安全设施及安全管理符合试运营基本条件。

深圳市地铁集团有限公司应按照附件要求,继续加强安全隐患排查整治工作以及相关项目应急预案演练工作,进一步为试运营创造良好条件,确保试运营安全。

深圳市交通运输委员会
2011年6月14日

附件1:深圳地铁2号线东延工程试运营前安全评价报告
审查及现场安全设施检查专家组意见

经深圳市地铁集团有限公司申请,深圳市轨道交通建设办公室于2011年6月8日在深圳组织召开了深圳地铁2号线东延工程试运营前安全评价报告审查及现场设施检查会议,参加会议的有深圳市轨道交通建设办公室、深圳市交通运输委员会、深圳市住房和建设局、深圳市轨道交通督查组、深圳市地铁集团有限公司、中铁二院工程集团有限公司、中国安全生产科学研究院,以及工程设计、施工、监理单位的代表和会议邀请的专家,会议成立了专家组(名单附后)。

专家组在会议期间审查了《深圳地铁2号线东延工程试运营前安全评价报告》(以下简称《评价报告》),对深圳地铁2号线东延工程的侨香站、岗下北站及后海停车场的安全设施进行了现场抽查,并查阅了有关技术资料。与会代表、专家经过认真讨论,形成如下意见:

(1)《评价报告》按照国家现行法律、法规和标准进行了编制。《评价报告》对建设项目的主要危险有害因素分析全面,评价单元划分合理,评价方法科学,根据现场情况提出的安全整改措施明确、可行,评价结论正确。

(2)深圳地铁2号线东延工程在设计及建设过程中,认真贯彻执行国家、地方及行业有关安全生产的法律、法规和标准,对工程的相关设施和现场存在的危险有害因素采取了切实可行的防护、治理措施,采用了较先进的工艺设备,监控手段科学,管理方法合理。

(3)深圳市地铁集团有限公司运营安全生产管理组织架构健全、制度完善,并制定了各类事故(突发事件)应急预案。

(4)专家组一致通过《评价报告》审查,认为深圳地铁2号线东延工程安全设施及安全管理符合试运营基本条件。

(5)意见和建议:

①评价单位应根据评审专家意见对《评价报告》进行修改完善。

②建设单位应根据《评价报告》及评审专家意见进行整改落实。

专家组长:(签名)
2011年6月8日

附件2:深圳地铁2号线东延工程试运营前安全设施评价验收存在问题整改汇总表(内容略)

序号	专家意见	整改措施	整改落实情况		
			完成时限	责任部门	责任人

2.4.2 投入试运营条件评估报告

深圳市交通运输委员会:

受贵委的委托,上海市交通运输行业协会根据深圳市交通运输委员会《关于委托开展深圳市轨道交通新线投入试运营条件评估的函》的要求,组织了北京、天津、广州、深圳、成都、宁波和上海的轨道交通总体、土建、车场、车辆、供电、通信、信号、环控、给排水与消防、机电设备和运营等方面的26名专家,于2011年6月13日至6月16日在深圳市召开了深圳地铁2号线东延段工程(世界之窗站—新秀站)试运营基本条件专家评审会。深圳市发展和改革委员会、市交通运输委员会、市轨道交通建设办公室、市规划国土委员会、市人居环境委员会、市卫生和计划生育委员会、市住房和建设局、市公安局消防监督管理局、市人民政府应急管理办公室(市民防委员会办公室)、市气象局、市档案局、深圳市地铁集团有限公司以及建设、运营、设计、施工、设备、安装、监理等单位的领导和代表共180余人参加了会议。

深圳地铁2号线西起赤湾站,东至新秀站,线路全长35.78km,车站29座。2号线工程由初期工程和东延段工程两部分组成,其中初期工程赤湾站—世界之窗站,线路长15.13km,12座车站,已于2010年年底建成试运营。东延段工程世界之窗站—新秀站,全长20.65km,17座车站。工程投资概算114.04亿元。计划2011年6月28日正式投入试运营。开通初期,根据信号系统提供的条件,制订了三个运行图,分别安排13列、15列、16列电客车上线,行车间隔均为10min,安排的输送能力为1.12万人次/h。

专家们观看了深圳地铁2号线东延段工程(世界之窗站—新秀站)试运营基本条件评审的录像;听取了深圳市地铁集团有限公司关于《深圳地铁2号线东延段工程(世界之窗站—新秀站)建设情况综合报告》和《深圳地铁2号线东延段工程(世界之窗站—新秀站)试运营准备综合报告》以及深圳市交通运输委员会关于《深圳地铁2号线(蛇口线)东延段工程(世界之窗站—新秀站)公交接驳方案》的介绍;考察了侨城北站、安托山站、侨香站、景田站、福田站、市民中心站、大剧院站、黄贝岭站和新秀站等9座车站及后海停车场和控制中心;全线乘坐列车考察了局部区间、轨道等。专家共分成总体、土建、设备(1)、设备(2)、试运营准备5个小组,进行了提问、讨论,审阅了送审材料,最终形成了专家组的评审意见。

我会原则上同意专家组意见,并向贵委作如下报告:

一、评审依据

(1)《地铁设计规范》(GB 50157—2003)、《地下铁道工程施工及验收规范(2003版)》(GB 50299—1999)、《城市轨道交通技术规范》(GB 50490—2009)、《城市轨道交通工程项目建设标准》(建标104—2008)等国家有关法律、法规、规章和技术标准。

(2)深圳市交通运输委员会(深交〔2011〕271号)《关于修订深圳市城市轨道交通工程试运营基本条件(试行)的通知》(深交〔2011〕271号)及附件,以及《深圳市地铁运营管理暂行办法》《深圳市轨道交通公共标志系统实施方案》《深圳市轨道交通公共标志系统实施方案的补充通知》等文件。

二、评审重点

确保深圳地铁2号线东延段工程(世界之窗站—新秀站)试运营安全,满足基本服务要求。

三、评审范围

世界之窗站北端至新秀站,线路全长20.65km,全部为地下线路;车站17座;区间17个;后海停车场和出入线;车辆;机电设备系统;各单位工程验收、核准、备案;运营接管和全线试运营各项准备工作;线路沿线公交接驳方案。

四、总体评价

深圳地铁2号线(蛇口线)东延段工程(世界之窗站—新秀站)验收资料基本齐全、准备充分;车站、区间、停车场符合设计要求,已通过竣工验收,并已取得工程质量专项验收意见;

消防已组织专项验收,取得消防验收意见书;车辆、部分机电设备基本完成测试验收及系统调试;信号尚未通过安全认证;部分电扶梯未取得安全检验合格证;运营准备较充分,人员培训到位,措施预案明确;公交接驳方案总体可行。

深圳地铁2号线东延段工程的实体工程、车辆、大部分机电设备和运营准备已基本具备了试运营基本条件。在试运营前应做好道床面排水,确保转辙机坑无积水;应完成工程收口,质量缺陷整改合格;应取得信号安全认证,完成尚余系统设备与既有线的联调。

五、试运营前必须完成的整改项

(一)政府认可文件

(1)试运营前应完成工程质量竣工验收监督意见(深建函〔2011〕436号)中提出的部分未完工程收口以及质量缺陷的整改,并取得相关政府部门的确认。

(2)试运营前应取得市卫生和计划生育委员会专项验收意见。

(3)试运营前,应按市交通运输委员会的深交函〔2011〕1088号文要求,完成安全问题的整改;应取得技监部门出具的电扶梯等特种设备的安全检验合格证。

(二)总体与土建

1. 线路

全线列车运行总体感觉比较平稳,个别小半径曲线地段晃动明显,应复查。

2. 限界

除了运用二库外,后海停车场及出入场线的限界未见检测资料,应对上述地段进行限界检查,并对超限地段进行整改。

3. 轨道

(1)应完成轨道验收提出的整改项,应通过后海停车场及出入场线轨道验收。

(2)安托山站、新秀站前后区间正线道床迷流端子有多处没有连接,应及时连接。

(3)轨旁垃圾、铁丝等杂物较多,并有多根废弃预埋钢管高出轨面,应全线检查,及时清理。

(4)全线排水沟大部分都有积水,特别是安托山站道岔区范围内,有2~3处地下涌水点,水量很大,道岔转辙机坑内积水面接近转辙机,威胁运行安全,试运营前应及时清除积水。

(5)应对全线的钢轨接头焊缝及钢轨探伤情况进行核查,以确保钢轨的安全使用状态。

4. 车站建筑

(1)车站的部分出入口、风井、装饰工程收尾及与地面道路衔接尚在施工中,应在试运营前完成。

(2)车站内公共厕所及残疾人专用厕所内的设施尚未全部实施,残疾人厕所与室外地坪有高差,与城市盲人导向系统尚未很好衔接,部分无障碍电梯正在进行现场施工和安装,应在试运营前完成。

(3)区间与车站连接区段、防淹门等位置处的电缆孔应进行防火封堵。

(4)车站内的导向及疏散指示系统应完善;出入口及通道处离地疏散指示标志设置数量较少,宜加密和补设;出入口处站名牌、地铁标志以及周边路口的地铁指引牌应及早安装。

(5)应核查室外电梯入口地坪标高。

(6)为防止攀爬,应在有盖出入口平台楼扶梯的两侧增设隔离设施。

(7)为方便加设安检设施,应预留电源,并落地到位。

(8)站台楼扶梯四周均设有挡烟垂壁,应检查排风口下是否能形成储烟仓,满足防排烟设计要求。

(9)部分车站出入口楼梯踏步偏小,应核实是否满足相关设计规范的要求,必要时应采取前端的防滑措施;站厅与站台扶梯穿越楼板或结构梁防止碰、夹的提醒装置,应在开通前安装到位。

(10)侨城北站车站两端自动售票机与出入口通道距离偏小,应核查其距离是否满足5m的规范要求;站台层中间楼梯下部装修后净高偏低,应核实其通行高度是否满足要求。

(11)景田站、新秀站的站厅层两个出入口间距较大,应核实其疏散距离是否满足消防设计规范的要求。

(12)福田站三线共用一个站厅公共区,其面积近1万 m^2,未采取防火隔断措施,应按每个防火分区不超过$5000m^2$划分及配置相应满足规范要求的安全疏散口。

(13)新秀站2号出入口为无盖出入口,设置的集水沟盖板开槽宽度仅为50mm,不能满足暴雨时排水功能,应整改;连接站厅通道地坪有一定坡度,应采取有效的防滑措施。

5. 结构工程

(1)部分矿山法施工区间漏水严重,应加强观察,确保排水顺畅,确保结构的整体稳定。

(2)应对验收中存在的问题,特别是渗漏水等质量问题进行核查备案,查明原因,采取措施,确保逐项整改满足工程质量和运营安全要求。

(3)垂直电梯井道内有积水;局部明挖区间现场有不明水源;局部排水沟满溢;信号转辙机位置积水较多,可能影响今后设备安全使用。应核查水源位置,如为结构渗漏,应采取有效的措施。

(4)新秀站端部站厅中楼板开孔封堵尚未完成,应进行封堵,其余各站应予以核查。

(三) 车辆、机电设备

1. 供电系统

(1)杂散电流腐蚀防护系统的监测部分中参比电极尚未安装,景田站变电所开关室孔洞未封堵,应予整改。

(2)站牵引变压器上方有金属管线穿越及照明灯具,应整改。

(3)应在试运营前完成剩余的部分接触网工程。

(4)供电系统大多数备品备件尚未移交运营公司,应在试运营前完成。

2. 通信系统

(1)应加强专用无线系统应急与降级使用实训。

(2)试运营时,公众移动通信应同时开通。

3. 信号系统

(1)试运营前,应获得独立第三方或信号承包商出具的安全证书。

(2)应尽快完成相关遗留工作,以达到合同规定的各项功能要求。

4. 自动售检票系统

(1) AFC 系统初验报告中的整改消缺工作,应在试运营前完成。

(2) 试运营前应完成车站和中央系统联合调试及路网票务功能测试工作。

5. 环控系统

(1) 冷冻机房内的冷却水和冷冻水进/出水温度偏高,与名义额定工况条件下温度相比高出 4~5℃,应调整。冷水机组、冷冻泵、分水器与集水器均存在冷桥现象,在机组加肋部位和放水阀处应完善保温工程,并在试运营前通过验收。

(2) 在安托山站车控室 IBP 盘上操作关闭屏蔽门首尾活动门时,一直未能响应,只能采用人工关闭方式,应核查并对该系统进行调试。

(3) 按竣工验收问题汇总表,区间射流风机侧墙安装尚未加装安全钢丝绳,应加强对这些设备的安全性检查。

6. 给排水、消防系统

(1) 安托山站的污水泵房尚未完成设备调试,污水冒溢严重,应检查全线所有污水泵房,尽快完成设备调试工作。

(2) 部分车站消火栓箱内水枪以及香梅北站以东的区间消火栓尚未安装,试运营前必须安装到位。

(3) 应对车站的气体灭火系统钢瓶间内的保护区和气体流向做标识,全线气体灭火系统各保护区均应设置到自动灭火控制状态。

(4) 停车场地下车库及一层办公楼内的水喷淋灭火系统,其末端试水装置与试水阀均设置在靠近消防泵房的一端,不够合理,应设置在远离消防泵房的系统最不利点处,试运营前应做整改。

(5) 消防泵房内各类阀门应做开和关的标识,常开的阀门应设置锁定装置。

7. 乘客资讯系统(PIS)

加快与 ATS 调试进度,试运营前应能提供列车预计到站时间信息。

8. 综合安防系统

应在试运营前,解决对曲线车站司机立岗处视频监视不全的问题,完成车地无线图像传输的调试。

9. 屏蔽门

(1) 试运营前,应完成屏蔽门系统与信号、车辆等系统的联调工作。

(2) 试运营前,应抓紧完成部分车站屏蔽门诸如应急时活动门打开及应急门标志等收尾工作。

10. 自动扶梯、电梯

(1) 对通过验收的自动扶梯和电梯,应尽快取得"安全检验合格证"。应加紧完成尚未验收的 39 台自动扶梯、35 台电梯的工程验收工作。

(2) 为不降低车站服务的质量标准,试运营时应至少保证每个车站两个出入口的自动扶梯和电梯的开通。

(3) 试运营前,应完成车站的车控室中电扶梯监控屏的联调和开通工作。

(4) 试运营前,应完成诸如扶梯急停开关警示标志贴挂等收尾工作。

(四) 试运营准备

(1) 运营分公司尚有电扶梯未能取得使用证,综合监控系统未完成联调工作,试运营时需开通 IBP 盘紧急控制功能。

(2) 由于资产交接时间较迟,部分系统设备还在调试,建议在开通运营前还需进一步组织员工对规章制度进行培训,以熟悉设备设施及其操作。

(3) 运营分公司为验证应急预案可行性,已全面启动以东延段为主的全线突发行车事件、设备故障、突发公共事件等 45 个科目共 75 项演练。目前共完成 73 项,尚余 2 个项目,应在试运营前完成。

(4) 通过演练共发现各类问题 115 项。目前已整改完成 98 项,其余 17 项问题试运营前完成整改。

(5) 应按《城市轨道交通技术规范》(GB 50490—2009)、《深圳市轨道交通工程试运营基本条件》(修订版)的要求进行试运行,抓紧行车演练,及时总结、不断改进、合理确定试运营开通时间,保障试运营安全顺利。

六、大运会前应完成的整改项

(一) 土建

1. 限界

车辆司机室与站台边缘间隙较大,建议增设橡胶条。

2. 轨道

(1) 应对全线钢轨进行一次磨轨作业。

(2) 应完成验收提出的整改问题。后海停车场及出入场线轨道验收工作应抓紧完成。

(3) 经现场查勘,安托山站、新秀站前后区间正线道床过轨底的金属管尚未做绝缘处理,应对全线道床防迷流进行检查,及时做绝缘处理。

(4) 波导管近距离安装在钢轨外侧,对钢轨焊接、换铺存在不便,应做好相关应急预案。

3. 车站建筑

(1) 出入口和区间的人防门均已安装,但出入口通道人防段处地坪铺设的不锈钢盖板有明显高差,且安装不密实,应整改。

(2) 对所需设置防淹门槽的出入口,应配置挡淹板;电梯和消防出入口处应设防淹闸槽,且配齐挡淹板,并就近安放。

(3) 出入口通道内横截沟盖板铺设不平整,且盖板开槽偏小,建议整改完善。

(4) 车站公共区内所有墙面阳角构造不合理,易使乘客碰撞受伤,应采取包角或倒圆角等处理措施。

(5) 当敞口新排风井相距 5m,侧向进、排风井风口底小于 2m 时,应加设高绿篱进行阻隔。

(6) 全线地下区间均未设纵向疏散平台,道床面为唯一的疏散通道,需将道床整改成连续、无障碍疏散通道。

(7)市民中心站换乘通道内疏散指示标志为单一方向,应调整为双向;站厅层近换乘通道侧墙处的疏散指示标志,建议调整至面向出站闸机方向的柱身。

(8)大剧院站换乘通道两端均应设置防火卷帘,两线应分别控制;换乘通道内疏散指示标志应调整为双向;站台导盲带设置不合理,应整改完善。

4.结构工程

侨城北站邻近区间在车站、区间接口部位渗漏水处理时采用了聚氨酯进行堵漏,聚氨酯材料本身强度较差,今后该接口位置仍有再次渗漏的可能性。试运营期间应注意加强区间渗漏水、沉降监测和运营维护管理。此外,该位置结构修补痕迹明显,局部混凝土有剥落现象,应进行整改。

5.停车场

(1)后海停车场,抓紧完成各项收尾工作,以提供地列入库和检修条件。

(2)综合楼北端设有横穿出入段线的消防平交道,存在安全隐患,该消防通道应移至停车场北端的运用二库南端通道处,与库外部巡逻道接通形成消防环形通道,或者该路西端设置专门门禁装置,平时无特殊情况禁止人员、车辆通行。

(3)抓紧已到停车场设备的安装、调试、验交工作,尽快形成生产能力。

(4)抓紧各专业之间的接口工作,尽早形成系统的运转能力。抓紧DCC控制室的建设,为地铁列车进场、运转创造条件。

(5)应尽快完成工程竣工验收的整改项,查勘中发现的三相电线裸露在外、检查坑多处积水等问题,应按有关要求进行整改。

(6)停车场处于大平台结构之下,库内结构立柱较多,前后瞭望不便,应在主要道路的交叉处、转角处加装反光镜,以保障行车、人员安全。

(二)机电设备

1.车辆

(1)车辆客室应加贴全线线路图。

(2)应进一步完善应急疏散门打开操作步骤和图示,并提出注意事项。

2.供电

后海停车场牵引降压混合变电所内的通风百叶窗和玻璃窗应设置防止小动物进入的金属网罩。

3.自动售检票系统

完善维护保修期内合同管理,督促备品备件及时到货。

4.通风与空调系统

新秀、大剧院、市民中心、深康4座车站采用立式TVF风机。检查新秀站TVF机房时,发现立式风机机座均无走行机构,风机四周无检修位置,风机检修困难,存在安全隐患,应提供检修方案。

5.给排水、消防系统

污水泵房的透气管就近接入排风管,应将透气管接至排风井口部,避免在风机未开时废气在风管内滞留,影响车站内空气质量。

6. 屏蔽门

（1）对于列车门与屏蔽门轨道侧之间的防夹措施，采用了司机观察列车尾LED光带和活动门下端加设小三角挡块的方法，但曲线站台如侨香站的防夹措施尚在技术论证中，应抓紧落实并实施。

（2）初步验收中发现屏蔽门对地绝缘尚未达标，系统控制软件存在显示缺陷等问题，应整改。

7. 公交配套

（1）应加快规划方案中尚未实施的场站和线路建设，在试运营期间应重视对公交出行诉求的了解，及时调整和完善公交配套的相关方案。

（2）部分车站出入口周边配套设施尚未实施，如非机动车停放场地、出租车停靠站、公交车站等，应加快落实、建设。

（3）建议完善"公交应急联动预案"，根据地铁运能、客流增长情况逐步调整沿线公交线路。针对大运会制订可能带来的突发客流预案，以及换乘站大客流疏解预案；调整安排好轨道交通与公交接驳的时间。

七、后续整改项

（一）总体土建方面

1. 线路

（1）经现场查勘，疏散通道范围内车站人防门处及沿线信号轨旁设施附近未做缓坡处理、浮置板前后水沟无盖板，对紧急疏散安全存在隐患。建议对全线类似情况进行检查，增加盖板和缓坡处理。

（2）部分地段经调坡调线后，仍存在限界偏紧的情况。由于施工期短，结构在运营期间仍有不均匀变形的可能性。建议加强调坡调线地段运营期间观测，确保线路安全通畅。

2. 车站建筑

（1）楼梯扶手与电扶梯间距太小，应予整改。

（2）部分车站在站厅通道口附近安装有LED广告电视屏，极易引发乘客滞留而影响客流疏解，应引起高度重视。

（3）安托山站、市民中心站、大剧院站均为地下三层站，根据《城市轨道交通技术规范》（GB 50490—2009）规定，消防楼梯应按防烟楼梯间进行改善，站台至站厅楼扶梯穿越设备层，在该层楼梯洞口应设防火隔断，中间平台不能作为设备层的安全出口。

（4）安托山站墙面出站导向牌靠近出站闸机，侨香站、黄贝岭站站台层楼扶梯侧墙上站名牌设置偏低。建议调整。

（5）黄贝岭站连接站厅与物业开发区通道内的设备管理用房外开门，开启时易与乘客相撞，建议调整为内凹式。站厅局部导盲带与闸机错位，站厅层导向指示牌多，且较混乱，建议优化调整。双岛四线站厅付费区较大，在两个非付费区联系通道侧设客服中心和检票机并不合适，建议适时调整，以扩大非付费区。

3. 结构工程

（1）本工程建设周期较短，轨道敷设时结构工后沉降尚未全部完成，今后存在进一步沉降的可能性,建议运营期间加强结构、轨道、道床的沉降监测和运营维护管理。

(2)安托山站1号风亭位于小边坡下,且边坡地质较差,建议对此边坡予以处理。

4. 停车场

(1)运用二库采用尽端式布置,而每股道设有三列位,使用不便。建议做好预案,尽量减少一股道三列位带来的问题。建议停车列检线每列位均设置牵引接触网隔断开关,并应有通、断电的指示灯装置,以确保生产安全。

(2)查勘中发现库内牵引网通、断无指示灯等问题,应按有关要求进行整改。

(3)停车场处于大平台结构之下,库内结构立柱较多,前后瞭望不便。建议在综合楼北侧的出入段线区,运用一、二库的南端道岔区等处加装监控装置。

(4)后海停车场及出入段线位于填海区,建议运营期间加强监测。

(二)机电设备

1. 车辆

(1)车辆客室内位于座位上方的水平扶手不连续。建议优化调整,并适时增加扶手杆拉环。

(2)车门防夹和再开门功能正常。建议在维修中加强对车门尺寸的调整复核,防止检测盲区。

(3)逐步完善车辆高级修程的维修规程及相应验收规程的编制。

2. 供电

(1)个别车站变电所低压配电柜柜后围护通道仅800mm,部分开关柜侧面通道还有排风管侵入,对今后日常维护造成不便。

(2)黄贝岭站车站牵引降压混合变电所地面高低不平,修箱安装在牵引变压器栅栏内不便检修,应整改。

(3)后海停车场库内接触网隔离开关应配备相应的带电显示灯,并保证检修、工作人员在最远端清晰可见。

3. 通风与空调系统

结构片式消声器壁面侧均未贴实半片式消声片,不符合消声器工艺要求,影响消声效果,适时修改完善。

4. 乘客资讯系统(PIS)

建议根据网络运营状况,乘客资讯系统统一制作、播发信息,结合实用效果,对系统技术包括车载子系统视频图像传输做进一步完善和提高。

八、结论与建议

(1)深圳地铁2号线东延段的实体工程、车辆、大部分机电设备和运营准备已基本具备试运营基本条件。在试运营前应做好道床面排水,确保转辙机坑内无积水;应完成工程收口、相关质量缺陷整改合格;应取得信号安全认证,完成尚余系统设备与既有线的联调。

(2)对渗漏水区间,尽早认真排查,找出原因,采取切实可行的方案,做好防水堵漏,保证排水沟通畅及道床面、转辙机坑无积水,以确保区间干燥和区间结构的稳定。

(3) 深圳地铁2号线东延段工程三分之一以上为地下三层车站,车站埋深深度大,提升高度高。建议加快电扶梯调试,保证每个车站不同方向两个出入口相应的电扶梯开通,以满足基本服务要求。

附件:《深圳地铁2号线东延段工程(世界之窗站—新秀站)试运营基本条件专家评审意见》(略)

上海市交通运输行业协会
2011年6月19日

2.5 深圳地铁7号线建设情况综合报告

一、工程概况

深圳地铁7号线工程线路起自西丽湖站,经南山、福田、罗湖三个行政区,连接西丽湖、桃源村、车公庙、上沙、皇岗口岸、华强北、八卦岭及笋岗片区,至太安站。线路总长约30.2km,共设车站28座,全部为地下站,换乘站12座。设深云车辆段1座(含文体公园站)、安托山停车场1座。控制中心设于深圳市轨道交通网络运营控制中心(NOCC)内。7号线新建体育北主变电所,扩容西丽主变电所(与既有地铁5号线共用),与9、11号线共用侨城东主变电所。

7号线的初、近、远期最大高峰小时断面客流分别为2.59万人次、3.78万人次、4.07万人次;初、近、远期高峰小时列车开行对数分别为18对/h、26对/h、28对/h;初、近、远期采用一贯制6辆编组A型车运营组织方案,全列6辆编组定员1608人;列车最小行车间隔为2min,线路通过能力每小时30对;最高运行速度为80km/h;系统供电采用集中供电的110/35kV两级供电方式,牵引供电制式采用DC1500V架空接触网受电,隧道内采用刚性架空接触网,地面线及车场线采用柔性架空接触网。

二、工程评审范围

(一)范围

评审范围为轨道、限界、车站、区间、主变电所、控制中心、车辆、供电、通信、信号、通风空调、给排水与消防等机电设备系统,设备系统的调试、联调、试运行,系统测试检验的抽查,各单位工程验收、核准、备案、验收后的整改,运营接管和全线试运营各项准备工作,线路沿线公交配套方案以及实施情况。

(二)重点

确保试运营安全,满足基本服务要求。

(三)难点

(1)工程规模大、专业全、工法多,线路交叉频繁,换乘站和Ⅰ级风险源多。
(2)建设用地条件紧张,部分车站因地制宜设置为叠线车站、错位站台等,主变电站充分利用立交桥下空间设计为地下结构形式,以减少拆迁、降低扰民,但施工难度大、风险高。

(3)地上、地下环境复杂,全线下穿既有重要建(构)筑物20余栋,下穿河流湖泊5处,上跨高速铁路1处,下穿既有铁路2处,下穿既有运营地铁线路4处,下穿桥梁8处(桩基托换2处,彩虹桥1处)。协调及施工难度大,工程风险高。

(4)车站多位于老城区和繁华商圈,施工场地狭小,因此交通疏解、管线改迁、绿化迁移等前期施工难度大。难点主要有临近建筑的西丽湖站基坑石方微震爆破;Ⅰ级风险源石厦站"T"形换乘节点的变形控制;福民站盖挖逆做叠合墙;皇岗口岸站与市政变电站合建的59m宽超大深基坑,建成后形成集地铁车站、地下变电站、口岸设施、地下商业开发和休闲综合体,开辟了国内地铁车站与地下变电站相结合的先例;立交桥下多次交通疏解的黄木岗、洪湖站分段局部盖挖顺做、桩基托换等。

(5)穿越日客流量高达50万以上的"中国电子第一街"华强北,并在此下穿地铁1、2、3号线,同步建设地下商业空间。华强北地下商业空间总建筑面积4.4万m^2,是目前深圳地铁在建和已建正线综合开发项目中结合最为密切的,同时也是近年来国内地铁建设带动城市整体更新升级的典型案例。

(6)矿山法隧道零距离下穿运营地铁车站(福民站),近距离下穿富水软弱地层的浅基础建筑群(西丽幼儿园、壮丽商厦)和古建筑(庄氏祠堂),下穿淤泥质、杂填土层的广深高速公路和北环大道,大断面(最大318m^2)偏压和富水砂层冷冻法扩挖隧道等。

(7)地铁盾构区间国内首例叠线下穿准高速运营铁路多股道(广深铁路26股道),长距离、上软下硬、高强度全断面硬岩(最高达180MPa)、孤石等复杂环境下穿多栋楼房及西丽水库(区间月掘进最高进尺660m),盾构机分体始发、平移始发或吊出、整体顶推过站、钢套筒、竖井填土接收,长距离空推质量控制等,且隧道多次在富水砂层、孤石群等地质条件下下穿超高压燃气管道、铁路和地铁线路、河流湖泊、交通繁忙的市政道路、立交桥梁和重要建(构)筑物。

表2-2是车站类型及规模统计表,表2-3是区间工程情况统计表。

三、工程建设主要节点(大事记)

2012年10月23日,7号线开工。
2013年12月09日,桃深区间首台盾构始发。
2014年03月21日,上沙站、珠光站率先实现主体结构封顶。
2014年04月22日,上沙区间率先实现首个盾构隧道贯通。
2015年10月19日,7号线实现全线洞通。
2015年12月18日,7号线实现全线轨通。
2015年12月29日,7号线实现全线电通。
2016年01月28日,7号线完成限界检查。
2016年03月22日,7号线深云车辆段接车。
2016年04月22日,7号线完成热滑试验。
2016年06月28日,7号线完成土建及安装装修工程竣工验收。
2016年07月06日,7号线完成轨道及系统设备工程竣工验收。
2016年08月30日,7号线完成"三权"移交。

车站类型及规模统计表

表 2-2

| 序号 | 车站名称 | 车站属性 ||||| 计算站台中心里程 | 平均覆土厚度(m) | 车站轮廓 ||| 标准段结构形式 | 配线形式 | 车站总建筑面积(m²) | 备注 |
		预测客流(人/h)	空间关系	类别换乘关系	站台形式	站台宽度(m)			外包长度(m)	标准段宽(m)	标准段高(m)				
1	西丽湖站	7526	地下二层	无	岛式	10.4	DK0+390.926	3.63	318.95	19.4	13.44	明挖单柱双跨	站前单渡线及站后折返线	18680(含停车线)	已考虑与15号线分摊
2	西丽站	17448	地下二层	与5号线"T"形换乘	双岛	12+12	DK2+495.000	3.50	244.5	41.6	13.24	明挖三柱四跨	单渡线	12870	
3	茶光站	6535	地下二层	无	岛式	10.4	DK3+199.875	3.00	236.4	19.4	13.49	明挖单柱双跨	无	11869	
4	珠光站	5740	地下二层	无	岛式	10.4	DK4+356.791	3.00	239.9	19.4	13.49	明挖单柱双跨	单渡线	12230	
5	龙井站	5090	地下二层	无	岛式	10.4	DK5+883.627	3.00	220.65	19.4	13.49	明挖单柱双跨	无	11082	
6	桃源村站	8096	地下二层	无	岛式	11	DK6+761.401	3.11	211.7	20.0	13.39	明挖单柱双跨	无	11683	
7	深云站	5473	地下二层	无	双岛	8+8	DK8+074.184	2.00	375.68	28.4	13.29	明挖双柱三跨	出入场线	19156	
8	安托山站	12787	地下二层	与2号线十字换乘	侧式	8.2	DK9+914.982	3.19	182.1	29.85	13.54	明挖三柱四跨	出入段线	12117	
9	农林站	9140	地下二层	无	岛式	10.4	DK11+885.131	3.80	210.4	19.4	14.34	明挖单柱双跨	无	11305	
10	车公庙站	28517	地下二层	与1,9,11号线平行+通道换乘	岛式	11.5	DK13+391.365	2.9	315	41.3	22.7	三柱四跨	无	77932	该站由11号线设计施工
11	上沙站	13318	地下二层	无	岛式	10.4	DK15+025.588	3.00	297.36	19.6	13.24	明挖单柱双跨	单渡线	14888	
12	沙尾站	22528	地下二层	无	岛式	11	DK15+788.098	3.70	228.5	20.2	14.09	明挖单柱双跨	无	11775	
13	石厦站	13443	地下三层	与3号线"T"形换乘	岛式	11	DK17+124.991	3.00	179.95	20.3	25.71	明挖双柱三跨	无	11289	
14	皇岗村站	17325	地下三层	无	岛式	10.4	DK17+713.607	4.00	272.3	20.0	19.49	明挖单柱三跨	停车线	23989	
15	福民站	19521	地下三层	与4号线通道换乘	岛式	12.4	DK18+379.713	3.60	204.58	21.8	20.94	盖挖双柱三跨	无	16264	

续上表

序号	车站名称	预测客流 (人/h)	车站属性 空间关系	车站属性 类别	车站属性 换乘关系	站台形式	站台宽度 (m)	计算站台中心里程	平均覆土厚度 (m)	车站轮廓 外包长度 (m)	车站轮廓 标准段宽 (m)	车站轮廓 标准段高 (m)	标准段结构形式	配线形式	车站总建筑面积 (m²)	备注
16	皇岗口岸站	10191	地下三层		无	岛式	12	DK19+250.233	2.30	164.80	22.60	20.2	明挖双柱三跨	无	16766	
17	福邻站	6738	地下三层		无	岛式	10.4	DK20+285.125	4.00	294.7	21.8	21.04	明挖单柱双跨	单渡线	21538	
18	赤尾站	18108	地下三层		无	岛式	11	DK21+064.537	3.30	228.8	21.6	15.09	明挖双柱三跨	无	12741	
19	华强南站	8476	地下二层		无	岛式	12	DK21+860.187	3.50	212.7	21.0	15.59	明挖双柱三跨	无	12714	
20	华强北站	23885	地下三层		与2号线通道换乘	岛式	12	DK22+439.750	4.50	268.1	21.6	21.84	盖挖双柱三跨	无	14496	不含地下一层预留空间
21	华新站	12600	地下三层		与3号线十字换乘	岛式	12	DK23+128.789	3.88	278.1	21.6	22.89	明挖双柱三跨	停车线	17853	
22	黄木岗站	16991	地下三层		与14号线通道换乘	侧式	6~15	DK23+857.466	3.50	232	21.85	23.89	明挖单柱双跨	无	19761	
23	八卦岭站	15579	地下二层		与6号线换乘	岛式	10.4	DK25+120.672	3.769	252	19.40	13.49	明挖双柱三跨	无	12540	
24	红岭北站	17288	地下三层		与9号线十字岛侧换乘	侧式	12.5	DK25+934.401	2.6	169.6	23.1	20.04	明挖三柱五跨	单渡线	15109.41	该站由9号线设计施工
25	笋岗站	12259	地下三层		无	侧式	10.4	DK26+739.201	3.763	228.83	16.0	21.84	明挖单柱双跨	无	14245	
26	洪湖站	7611	地下三层		无	侧式	10.4	DK28+028.612	3.0	157.0	16.0	22.04	明挖双柱三跨	无	14696	
27	田贝站	8115	地下二层		与3号线"T"形换乘	岛式	12	DK28+745.300	3.2	181.26	21.3	22.27	明挖双柱三跨	无	12818	
28	太安站	12929	地下三层		与5号线叠落换乘	岛式	11	DK29+867.446	3.5	621.4	20.2	24.65	明挖单柱双跨	停车线	40889	该站已由5号线施工完毕

区间工程情况统计表　　表2-3

序号	区间名称	明挖法(m)		矿山法(m)		盾构法(m)	
		左线	右线	左线	右线	左线	右线
1	西丽湖站—西丽站区间	12.6	12.6			1699.863	1705.093
2	西丽站—茶光站区间			442.695	445.855		
3	茶光站—珠光站区间					866.799	827.614
4	珠光站—龙井站区间					1319.745	1310.635
5	龙井站—桃源村站区间			674.802	674.839		
6	桃源村站—深云区间					974.148	1023.87
7	深云站—安托山区间	288.052	335.676	1756.064	1708.44		
8	安托山站—农林站区间	102.577	105	16.656	16.848	1631.344	1655.159
9	农林站—车公庙站区间					1372.17	1366.375
10	车公庙—上沙站区间					1127.166	1138.303
11	上沙站—沙尾站区间					546.24	545.55
12	沙尾站—石厦站区间					1141.868	1152.92
13	石厦站—皇岗村站区间					410.473	410.467
14	皇岗村站—福民站区间			392.357	395.955		
15	福民站—皇岗口岸站区间					675.893	672.593
16	皇岗口岸站—福邻站区间					844.972	873.826
17	福邻站—赤尾站区间					441.998	497.977
18	赤尾站—华强南站区间					581.707	591.067
19	华强南站—华强北站区间	272.1	272.1			245.5	245.5
20	华强北站—华新站区间	690.878	660.878			98	128
21	华新站—黄木岗站区间					532.27	530.125
22	黄木岗站—八卦岭站区间	38.627	38.137			890.69	869.366
23	八卦岭站—红岭北站区间					807.469	807.475
24	红岭北站—笋岗站区间	14.6	14.6	42.825	134.832	413.088	324.311
25	笋岗站—洪湖站区间					1045.391	1044.49
26	洪湖站—田贝站区间					573.088	571.448
27	田贝站—太安区间			927.676	865.998		
28	深云车辆段出入线	60.859	128.897	1890.719	1814.894		
29	安托山停车场出入线	241.033	279.206	1572.407	1534.234		
30	7、5号线联络线			311.507			
31	2、7号线联络线			300			
	总计(双线/m)	1784.21		7959.802		18266.02	

四、基础条件

(一) 工程基本条件

深圳地铁7号线工程已经完成车站、区间、停车场、车辆段、主变电所、机电设备、装饰装修等工程,在相关政府部门监督下组织了各类工程验收。工程建设符合国家规范、规程和验收标准,具备试运营所要求的工程基础条件。

(二) 主管部门批准文件

1. 规划建设批复

(1) 立项批复

2011年4月5日,国家发改委印发《关于深圳市城市轨道交通近期建设规划(2011—2016年)的批复》(发改基础〔2011〕852号文件),批准深圳地铁7号线工程建设规划。

(2) 工程可行性研究报告批复

2012年8月15日,国家发改委印发《关于深圳市轨道交通7号线可行性研究报告的批复》(发改基础〔2012〕2473号),批准深圳地铁7号线工程建设可行性研究报告。

(3) 初步设计批复

2014年5月26日,深圳市发改委、市规划国土委❶、市交通运输委和市住建局印发《关于深圳市轨道交通7号线工程初步设计的批复》(深发改〔2014〕877号),批准深圳地铁7号线工程初步设计。

2. 工程用地和建设许可

(1) 建设用地预审意见

2012年2月23日,国家国土资源部印发《关于深圳市城市轨道交通7号线工程建设用地预审意见的复函》(国土资预审字〔2012〕34号),许可深圳地铁7号线工程建设用地。

(2) 建设项目选址意见书

深圳市规划和国土资源委员会批准了深圳地铁7号线建设项目选址意见书。

(3) 建筑工程施工许可证

深圳市住房和建设局对深圳地铁7号线的施工活动进行了许可批复。建筑工程施工许可文件见表2-4。

建筑工程施工许可文件　　　　　　　　　　　表2-4

序号	文件号	发证单位	文件题名	发文日期
1	深建质安〔2012〕118号	深圳市住房和建设局	关于同意开展地铁7号线部分工程施工活动的复函	2012年7月16日
2	深建质安〔2012〕139号			2012年7月27日
3	深建质安〔2012〕155号			2012年8月28日
4	深建质安〔2012〕174号			2012年9月19日
5	深建质安〔2012〕180号			2012年9月26日

---

❶ 全称为市规划和国土资源委员会。

3. 质量验收（含行车及服务设施）

在市住建局及市建设工程质量监督总站监督下，我司于2016年5月30日至2016年7月6日分五批次完成了深圳地铁7号线工程全线车站、车辆段、停车场、体育北主变电站的土建及安装装修工程、轨道工程、系统设备综合安装工程的质量竣工验收。市住建局同步完成了7号线质量专项验收工作，认为工程质量验收程序合法合规，已于2016年8月31日取得验收许可，可以投入试运营。

4. 特种设备验收

截至2016年10月10日，深圳地铁7号线工程227台自动扶梯已取得广东省深圳市特种设备安全检验研究院出具的检验合格报告和使用标志，87台垂直电梯已取得检验合格报告和使用标志。验收结论均为"合格"。其余在10月28日前全部取得检验报告和使用标志，均可在试运营时投入使用。

5. 消防验收

深圳市公安局消防监督管理局根据相关消防法规，完成了对深圳地铁7号线工程全线各车站、区间、停车场及车辆段的建筑防火、给水、气体灭火、报警、供电等消防设施，以及车站防排烟、消防联动控制等方面的消防专项验收工作。于2016年7月9日完成首批车站（西丽湖等7个站点）的消防验收，于2016年7月27日完成对西丽站等11个站及停车场、车辆段的消防验收，于2016年8月17日完成对石厦站等7个站点及区间的消防验收。

市公安局消防监督管理局根据检查及整改情况，于9月6日形成消防专项验收意见，同意通过深圳地铁7号线工程消防专项验收。

6. 安全设施验收

我司委托中安安科（北京）科技发展有限公司对深圳地铁7号线工程进行了安全评价，评价机构组织进行了现场检查，开展了热烟测试，编制了《深圳市城市轨道交通7号线工程试运营前安全评价报告》（以下称《评价报告》）。2016年9月7日至9日市交通运输委（轨道办）组织专家对《评价报告》进行了评审并对7号线现场安全设施进行了抽查验收。专家组出具了《〈深圳市城市轨道交通7号线工程试运营前安全评价报告〉审查及现场安全设施检查专家组意见》，认为深圳市城市轨道交通7号线工程安全设施满足试运营基本条件，并同意《评价报告》通过评审。根据专家组意见和现场实际情况，市交通运输委（轨道办）于2016年9月19日同意《评价报告》备案。

7. 人防工程验收

深圳市应急管理办公室（市民防委员会办公室）于2016年4月25日至2016年6月13日分三批次完成了深圳地铁7号线工程全线车站及区间人防设施验收，并召开了人防工程验收大会。市应急管理办公室（市民防委员会办公室）于2016年8月9日出具了人防工程专项验收意见，同意通过人防工程专项验收。

8. 公共卫生验收

2016年7月18日至7月27日，深圳市疾病预防控制中心对全线各站点进行冷却水、冷凝水、生活用水、空气质量、噪声、通风系统等方面进行检测，并于8月11日组织进行复查，所有检测项目均为合格。卫生学评价单位根据复测结果编制了卫生学评价报告，并组织了专家评审。深圳市卫生和计划生育委员会于2016年9月6日出具了检测合格、可投入试运营的卫生学评价意见。

9. 环保验收

深圳市人居环境委员会于2016年8月25日对深圳地铁7号线工程进行了现场环保检查验收,于2016年9月5日印发了"广东省污染物排放许可证"。

10. 防雷接地验收

深圳地铁7号线工程防雷专项验收由深圳市气象局防雷中心负责。7号线工程防雷专项验收按土建标段大地网检测、常规与系统标段设备设施检测、防雷资料报审三个阶段实施。2016年3月30日,深圳市气象局印发了《深圳市城市轨道交通7号线工程的防雷装置设计核准意见书》(深雷审〔2016〕第032404002号)。2016年7月8日大地网检测和设备设施检测已完成。2016年8月26日,深圳市气象局印发了《深圳市城市轨道交通7号线工程的防雷装置意见书》(深雷验〔2016〕第082405004号),"经验收,上述改、扩建防雷装置符合国家有关标准和国务院气象主管机构规定的使用要求"。

11. 票价批复

深圳市发展和改革委员会于8月29日印发《深圳市发展和改革委员会关于发布我市轨道交通三期网络票价表(1~5、7、9、11号线)的通知》(深发改〔2016〕1059号),批准深圳轨道交通(1~5、7、9、11号线)的票价表。

12. 档案验收

2016年5月4日至7月1日期间共完成了深圳地铁7号线全部12个土建标段、6个安装装修标段、2个轨道标段、4个系统标段和2个主变电所标段的档案专项验收。市档案局于7月29日出具了档案专项验收备案回执(编号:20160008),认为7号线工程档案基本满足开通试运营要求,同意该工程项目通过投入试运营档案专项验收。

(三) 信号载客运营的安全认证

深圳地铁7号线信号系统经过一系列测试及认证工作后,于2016年9月5日正式取得由国际第三方认证机构英国里卡多咨询公司授权的CBTC信号系统载客试运营的安全认证证书。该证书的取得标志着深圳地铁7号线信号系统已经具备SIL4的安全载客目标,具备CBTC无线移动闭塞系统开通载客运营的条件及功能。

(四) 工程移交

自2016年7月28日至2016年8月30日,建设总部已将深圳地铁7号线工程调度指挥权、属地管理权和设备使用权顺利移交给了运营总部。

五、限界基本条件

按合同及相关法规要求,以设计文件为依据,深圳地铁7号线限界检测车的检测装置数据由中铁十一局集团电务工程有限公司深圳地铁测量队进行核实。结论为,限界检测装置轮廓坐标点与设计值差值为:$X(宽)\leq 8mm$,$Y(高)\leq 9mm$,满足要求。2016年1月28日对全线车站、区间、出入段线等建筑限界通过限界车测试验证,经过全面检查,深圳地铁7号线限界满足设计要求。

六、土建工程基本条件

(一) 线路工程

深圳地铁7号线西起于南山区西丽湖路,经西丽、安托山、车公庙、上沙、石厦、皇岗口岸、华强北、八卦岭、笋岗、田贝至太安路。线路全长约30.2km。其中,华强南站至华强北站间距最小约为0.580km,西丽湖站至西丽站间距最大约为2.034km,平均站间距约为1.091km。区间工法有盾构法(16534双延长米)、盾构空推法(1956双延长米)、矿山法(7648双延长米)及明挖法(691双延长米)。轨道线路及附属设施、结构工程、车站建筑、轨道、接触网系统设施设备符合GB 50157、GB 50490的规定,轨道线路与周边设施设备的间距符合CJJ 96的要求,满足线路绝缘和设施设备的维护条件。

全线设车站28座(换乘站12座),车辆综合基地按1段1场布置,深云车辆段位于南山区龙珠大道以北,安托山停车场位于南山区深云路东侧。车站平均站间距1.091km,正线最小曲线半径为350m,辅助线最小曲线半径为200m,最大坡度为30‰。另有安托山停车场出入段线和深云车辆段出入段线,最小曲线半径为200m,最大坡度为30‰。道床形式,地下线采用短轨枕式整体道床、现浇隔离式减振垫浮置板道床和预制板式道床(深安区间试验段)。正线及辅助线采用60kg/m钢轨9号直线尖轨单开道岔和交叉渡线,道岔采用短轨枕式整体道床。

车站配线分布统计见表2-5。

车站配线分布统计表　　　　　　　表2-5

序号	车　　站	配线形式	折返功能配线长度(m)	停车功能配线长度(m)
1	西丽湖站	站后折返线,单渡线	153	0
2	深云站	停车线、出入段线	0	152
3	皇岗村站	停车线	0	152
4	华新站	停车线	0	152
5	太安站	站后折返线,停车线	153	0

(二) 轨道工程

深圳地铁7号线正线采用温度应力式无缝线路,地下线道岔前后各设两对25m长的缓冲轨,正线铺设钢筋混凝土整体道床、9号道岔及5m间距交叉渡线,采用双层非线性减振扣件、道床垫浮置板道床及钢弹簧浮置板道床进行减振。除试车线外,车辆段及停车场采用有缝线路。试车线采用60kg/m钢轨9号直线尖轨道岔,车场线采用50kg/m钢轨7号道岔及7号5m间距交叉渡线。

钢轨:正线、配线及试车线采用60kg/m、U75V普通热轧钢轨,车场线采用50kg/m、U71Mn钢轨。采用标准轨距:1435mm,小半径曲线地段按规范要求进行加宽。

扣件:正线中等减振地段采用双层非线性减振扣件,其余地段采用DT-Ⅲ型扣件;车场线采用弹条Ⅰ型分开式扣件及弹条Ⅰ型扣件。

轨枕:地下正线普通道床段、减振扣件段及道床垫浮置板段均采用钢筋混凝土桁架式轨枕,钢弹簧浮置板道床段及浮置板道床前后过渡段采用钢筋混凝土短轨枕。正线按1680根

(对)/km布置,辅助线按1600根(对)/km布置;车场线按1440根(对)/km铺设。

道岔:正线、辅助线及出入线共含9号单开道岔41组,9号5m间距交叉渡线6组;车辆段含7号单开道岔35组,9号单开道岔1组,7号5m间距交叉渡线1组;停车场共含7号单开道岔23组,7号5m间距交叉渡线4组。

道床:一般地段采用DT-Ⅲ型扣件,钢筋桁架轨枕式整体道床;中等减振地段采用双层非线性减振扣件,钢筋桁架轨枕式整体道床;高等减振地段采用道床垫浮置板,钢筋桁架轨枕式整体道床;特殊减振地段采用钢弹簧浮置板整体道床。车辆段库外线采用碎石道床,库内线根据工艺要求采用相应形式的整体道床。停车场均采用整体道床。

减振降噪措施:根据环评要求,本线减振设计按中等、高等、特殊三种等级进行划分。正线铺设总长度约59.360km(不含道岔),减振地段铺设总长度合计约29.89km,约占正线铺设长度的50.35%。其中,双层非线性减振扣件9.978km(单线),道床垫浮置板道床11.440km(单线),钢弹簧浮置板道床8.472km(单线)。

另外,还铺设垫浮置板岔区道床,其中单开道岔22组,交叉渡线3组;铺设钢弹簧浮置板岔区道床,其中单开道岔3组,交叉渡线1组。

轨道附属及安全设备:按照相关规范并结合运营意见设置线路及信号标志。正线、配线及试车线线路末端采用液压缓冲滑动式挡车器;车场库外线采用框架式固定车挡,库内线采用月牙车挡。

本工程全线轨道系统已于2016年3月16日进行了初验,并于2016年7月6日进行了竣工验收。轨道质量符合设计及施工规范,满足行车要求。

(三)车站与区间建筑

1.车站

深圳地铁7号线车站建筑遵循"服务运营、以人为本"的设计理念,最大限度地吸引客流,方便乘客,方便运营管理。车站出入口、风亭的位置及形式均满足功能、规划、环保和城市景观的要求。每个车站均有不少于2个不同方向、满足消防疏散功能的直通地面的出入口投入使用。站厅层设置至少1个无障碍检票通道,并已通过深圳市残疾人联合会组织的无障碍设施验收(评测)。车站站厅根据使用功能分为公共区和设备区两部分。公共区布置在车站中部,根据客流流线和运营管理需要,通过自动检票闸机划分为付费区与非付费区。其中,非付费区包含售票机、自动检票闸机、ATM自动取款机、商业店铺等设施,为社会客流提供服务的主要区域。设备及管理用房分布在车站两端,用于车站运营与维护,不对外开放。站台长度按照6节列车编组考虑,站台宽度根据客流量、站厅站台之间楼扶梯布置及换乘等因素设置,7号线车站站台宽度一般设置为10.4~16m。

7号线(西丽湖线)设计主题:

7号线整体设计体现"中国梦——缤纷生活梦"的设计理念,以"满足功能、美观大方、经济适用、重点突出、一般点缀"为设计原则。综合三期一线一景、裸装为主的设计理念,7号线整体以简洁、开放、标准化为主。地面采用灰麻花岗岩,墙柱面主要采用搪瓷钢板,天花以铝合金方通为主要材质。车站装修按标准站、重点站分类,在标准站风格、造型、选材一致的基础上,重点站结合车站周边区域文化属性、车站艺术品塑造彰显个性的车站空间。

7号线共设置28个车站,车站装修等级分普通车站24个,重点车站4个(桃源村站、皇岗口岸站、华强北站、洪湖站);在装修材料上,创新性地采用了水泥纤维板、微晶石、水磨石等新材料,为开创低碳环保型装饰装修积累了经验。

全线标准站提取6种几何元素和色彩:代表"水"的绿色圆,代表"数位"的蓝色方块,代表"鱼"的黄色三角,代表"互联网"的橙色六边形,代表"居屋"的紫色方框,代表"生态"的蓝绿叶形。这6种不同颜色的造型元素结合天花LED灯具、同色柱体和门套依次呈现在7号线的标准车站,特色鲜明的塑造了线路设计主题。

桃源村站设计理念:提取桃花花瓣的特色,通过灯具造型、渐变色彩及墙面花瓣图案点缀表达车站周边特有的环境。

华强北站设计理念:呼应电子商业的区域特色,以连续的弧形和电子蓝贯穿空间体现具有现代科技特色的车站。

皇岗口岸站设计理念:作为7号线的清水混凝土试点站,站点空间在建筑原始状态的基础上采用暖色的木纹天花及艺术品呈现深圳口岸的前卫性及现代特色。

洪湖站设计理念:空间以生态有机的吊顶形式结合墙面绿色的彩釉玻璃及玻璃上的荷花图案充分展示了洪湖公园的荷花特色。

2. 区间

本次开通试运营的深圳地铁7号线工程线路总长30.2km,地下区间主要采用盾构法、矿山法、明挖法施工。标准盾构管片内径5400mm,外径6000mm,管片厚度300mm,管片宽度均1500mm,盾构管片混凝土强度等级为C50,抗渗等级为P12。每单环衬砌由6块组成(1封顶块+2邻接块+3标准块),采用错缝拼装、螺栓连接。两条单线区间隧道之间,当隧道长度大于600m时,设置联络通道,并在通道设置双扇的甲级防火门。同时,7号线所有中间风井内均设置有不同功能的变电所,如牵引降压混合所、跟随所等,为列客车或区间设备提供电源。

全线区间设疏散平台,疏散平台设置在正线行车方向的左侧。疏散平台采用水泥基混凝土板和平台钢支架组合结构形式,每个平台钢梁用7个M12定型化学锚栓固定于盾构管片之上。明挖或矿山法施工的隧道,平台支架固定在二次衬砌上。每个区间第一个和最后一个以及联络通道左右12m处采用A型钢梁,便于连接钢扶梯。在疏散平台范围内的盾构管片之上安装镀锌钢管扶手,扶手的安装高度为疏散平台之上950mm。

7号线车站、区间建筑、装修工程目前均已完成竣工验收,取得政府验收意见,满足试运营要求。

(四)结构工程

深圳地铁7号线工程共包括28座(含福邻站)地下车站,车站主体结构主要采用明挖法、盖挖法施工。车站主体结构及其附属结构均采用以钢筋混凝土自防水为主、柔性防水层相结合的防水方式。车站主体结构、出入口通道及机电设备集中部位防水等级为一级。盾构法区间隧道结构防水等级为二级,防火等级为一级。

目前,全线主体结构均已完成了实体检测,检测结果均为合格,2016年6月28日全线车站、区间主体结构工程均完成了竣工验收工作,工程质量满足要求,满足试运营要求。

(五)人防门

深圳地铁7号线地下车站、地下区间均设置人防门,其中区间人防门共计74扇,具体情况见表2-6。

深圳地铁7号线区间人防门统计表　　　　表2-6

序号	部位	人防门位置描述	数量(扇)	备注
1	安托山停车场	左SDK0+168.847 左SDK0+193.904	2	2樘
2	出入线	右DK8+357.000 右DK8+382.000	2	2樘
3	安农区间	左DK10+067.740	1	1樘
4		右DK10+070.000	1	1樘
5	安托山站	车站小里程端	2	左右线各1樘
6	2、7号线联络线	左ADK0+000.000	1	1樘
7	茶光站	车站大里程端	2	左右线各1樘
8	西茶区间	DK2+600.000	2	左右线各1樘
9	5、7号线联络线	LIDK0+150.000	1	1樘
10	龙桃区间	龙井站大里程端	2	左右线各1樘
11	农林站	车站大里程端	2	左右线各1樘
12	沙尾站	车站大里程端	2	左右线各1樘
13	上沙站	车站大里程端	2	左右线各1樘
14	深安区间	右DK8+375.450、右ADK0+213.343 左KD8+375.041、左SDK0+175.838	4	左右线各2樘
15	深云车辆段出入线	SDK1+563.900	4	左右线各2樘
16	石厦站	车站大里程端	2	左右线各1樘
17	桃源村站	车站大里程端	2	左右线各1樘
18	西丽湖站	车站大里程端	1	左线1樘
19	西丽站	车站小里程端	2	左右线各1樘
20	西西区间	西丽湖站大里程端	1	右线1樘
21	珠光站	车站大小里程端	4	左右线各2樘
22	皇岗村站	车站小里程端	2	左右线各1樘
23	福民站	车站小里程端	2	左右线各1樘
24	皇岗口岸站	车站小里程端	2	左右线各1樘
25	福邻站	小里程端	2	左右线各1樘
26	赤尾站	车站小里程端	2	左右线各1樘
27	华强南站	小里程端	2	左右线各1樘
28	华强北站	车站大、小里程端	4	左右线各2樘
29	华新站	车站大里程端	2	左右线各1樘
30	黄木岗站	车站小里程端	2	左右线各1樘
31	八卦岭站	车站小里程端	2	左右线各1樘
32	笋岗站	车站大、小里程端	4	左右线各2樘
33	洪湖站	车站小里程端	2	左右线各1樘
34	田贝站	车站小里程端	2	左右线各1樘
35	田太区间	区间小里程端	2	左右线各1樘

目前7号线全线人防门均已安装完成,并已取得验收合格证书,满足试运营要求。

七、车辆和车辆基地基本条件

(一)车辆

深圳地铁7号线工程共采购41列车(246辆),最高速度80km/h,采用6辆编组,4动2拖。本工程地铁列车由中车长春轨道客车股份有限公司自主研发、设计和集成,表明了我国城市轨道车辆自主设计、制造已达到了更高水平,对提高A型车的国产化率、降低车辆成本、促进轨道交通可持续发展起到积极作用。

车辆技术借鉴了深圳地铁车辆成熟平台,并进行了结构优化。列车端部采用准流线型,车体为A型鼓形车体,采用大断面铝合金型材,整体焊接式结构,部分部件采用搅拌摩擦焊技术,外表面喷漆。客室侧墙墙板采用整块铝板压模成形,并采用高度环保、防火性能极好且防刻划的陶瓷喷涂工艺,阻燃及烟毒性达到英国BS6853-1a防火标准。

车体结构为轻型、整体承载薄壁鼓形全焊接铝合金结构,实现了最大限度的轻量化设计,能大幅度减低车辆耗电量和全寿命成本。中车长春轨道客车股份有限公司取得了EN15085的焊接质量体系认证,并取得了等级C1级(最高级)的证书。

牵引系统由江苏常牵庞巴迪牵引系统有限公司提供,采用新一代技术成熟、先进、功能强大、性能稳定的牵引逆变器产品。该产品采用成熟可靠的大功率IGBT开关元件,DCU直接转矩控制,保证了良好的牵引制动特性。

转向架采用CW4000型转向架,该型转向架是根据引进的江苏常牵庞巴迪牵引系统有限公司地铁转向架研制开发的成熟产品,源自欧洲广泛应用的U系列地铁转向架,先后应用在上海、深圳、广州、北京、沙特麦加、新加坡等城市的A型地铁车辆上,经过多年的运用考验,表现出优秀的运行平稳性、安全性和可靠性。转向架为无摇枕结构,采用传统的H型构架。构架采用低合金钢板和铸钢件混合焊接结构。每个转向架的两个空气弹簧支承着车体的重量,并降低车辆的振动和冲击,使旅客乘坐的更加舒适。一系悬挂由一对圆锥形金属橡胶弹簧组成。这种定位结构可使转向架安全地通过不规则的线路,减少车轮通过曲线时的磨耗,同时确保车辆的稳定性。在车体和转向架之间采用单牵引拉杆传递牵引力和制动力。

空调机组采用变频控制技术,制冷量可自动进行无级调节,不仅能够减小室内温度波动,实现客室及司机室内更高的舒适度,而且能够节约能源。每台机组内安装有两台光等离子空气净化装置,具有杀菌、消毒、防霉、分解化学气体、去除异味、清新空气等功能,有效改善客室内空气质量,进一步增加了乘客乘坐的舒适性。

客室照明采用长寿命LED光源,发光均匀性好、结构简单、易清洁、安装方便、维护极少。

乘客信息系统采用全数字化传输,系统抗干扰能力强,传输信息量大。动态地图采用长条形LCD显示屏,界面更加人性化,且已经在国内多条线路应用,系统稳定可靠。

车辆采用有效的节能措施和手段。空调系统采用变频技术,有效降低了空调能耗20%以上。照明系统采用更优的LED集中供电专利方案,可进一步节电10%以上。

车辆采取有效的降噪措施,提高乘客乘坐舒适度。车辆侧墙、车顶、端墙都粘贴吸声隔热材料,对车门、车窗、贯通道进行合理设计,避免孔隙结构的传声影响;采用铝蜂窝浮置地板结构,与普通地板结构相比,具有更好的减振和隔声性能;采用带阻尼环组合的的降噪车轮,有效降低车辆运行时产生的轮轨噪声;采用大断面空调风道,外表面粘贴吸音隔热材料,铝地板表面粘贴降噪阻尼片,空调机组下方粘贴专用吸音材料,有效阻隔机组噪声向客室传递。

截至目前,7号线地铁车辆已到15列车,调试完成14列车,计划开通运营时上线12+1(备用)列车,能够满足开通试运营10min间隔的用车需求。

(二) 车辆基地(含停车场)

1. 安托山停车场

安托山停车场位于深圳市南山区安托山南麓,安托山公园内,友邻路以北,深云路东侧,深康村以西。总用地面积为12.81hm^2(其中工艺用地9.59hm^2)。停车场地块呈西北—东南走向,安托山停车场按洗车线与停车列检线纵列贯通式布置,其他为尽端式布置,为双层停车场,整个停车场的基地形状为狭长的弧线形,总长约880m,最宽处约120m,出入线分别从深云站及安托山站接轨,为八字线,长度分别为1.336km和1.935km。段内主要包括运用库(双层)、工程车库、洗车库、综合楼、牵引降压变电所、污水处理站和门卫等建筑单体以及轨行区上盖,总建筑面积92505m^2。常规设备安装部分包含环控、给排水及消防、动力照明三个专业。轨道工程主要包括碎石道床、整体道床,铺轨线路长度10.2km。

安托山停车场于2012年10月23日开工,2016年5月30日组织完成竣工验收。

2. 深云车辆段

深云车辆段位于南山区龙珠大道以北,南坪快速路东侧的塘朗山公园内,总用地面积为31.8hm^2(其中工艺用地16.35hm^2)。车辆段地块呈南北走向,尽端式布置,长度为620m,宽约240m。车辆段主体结构为单层框架结构,段内主要包括运用库(含停车列检库及附属用房)、综合库(含物资库、定临修库、双周季检库、静调库、吹扫库及附属用房)、车辆段综合楼、NOCC、工程车库及材料棚、洗车库及镟轮库、试车间及污水处理站、易燃品库、垃圾间、汽车库、门卫等建筑单体以及轨行区上盖,总建筑面积约为160891m^2。轨道工程主要包括碎石道床、整体道床,铺轨线路长度13.2km。

深云车辆段于2012年10月23日开工,2016年5月30日组织完成竣工验收。

目前,7号线的车辆基地均已移交运营分公司,运营各专业已进驻,车辆调试、检修的功能均已具备,满足试运营的要求。

八、运营设备系统基本条件

(一) 供电

深圳地铁7号线工程供电系统采用集中式、110/35kV两级电压供电方式,其中包含1座110kV主变电所建设,2回110kV外部进线电源,12座牵引降压混合变电所,1座牵引变电所,15座降压变电所,29座跟随降压变电所的设备和约472km 35kV环网电缆安装、调试,全线及车辆段、停车场的杂散电流防护监测系统安装、调试。低压设备主要包括0.4kV低压开关柜、环控电控柜、应急照明电源装置、配电箱等。

7号线工程新建1座体育北地下主变电所,同时利用5号线已建成的西丽主变电所、9

号线同期建设的侨城东主变电所,共3座主变电所为7号线全线供电。110kV体育北主变电所主接线采用线路变压器组接线方式,设置2台110kV主变压器,每台容量为50MV·A;35kV侧采用单母线分段接线方式,35kV系统为小电阻接地系统。

主变电所通过35kV出线电缆向车站(或区间)牵引降压混合变电所、牵引变电所及降压所供电,车站变电所(或区间所)通过35kV电缆与相邻车站变电所组成环网,构成供电分区。全线设4个供电分区,西丽主变电所负责第一分区供电,侨城东主变电所负责第二分区供电,体育北主变电所负责第三、四分区供电,各供电分区之间设置联络开关相互支援供电。

车站(或区间)变电所35kV侧采用单母线分段接线方式,其中一段35kV母线上设置两套整流变压器组,整流变压器组并列运行,构成等效24脉波整流。1500V侧正、负母线均采用单母线接线。每段35kV母线上设置1—3回动力变压器馈线,向本所及跟随所35/0.4kV动力变压器供电。

7号线工程体育北主变电所于2015年8月建成并通过了初步验收。其中110kV笋铁线于2015年12月投产送电运行,110kV卦铁线于2016年2月投产送电运行。

35kV供电系统于2015年12月全线电通,1500V直流牵引供电系统于2016年1月全线电通。全线各站400V配电系统已于2016年2月完成送电。本安装工程于2016年5月31日通过初步验收。

7号线供电系统工程于2016年7月6日通过竣工验收。工程功能达到设计标准,满足为全线牵引供电系统和低压动力照明系统负载供电和安全运行要求。两个系统的特点及节点工期如下:

1. 牵引供电系统实施情况

7号线牵引供电系统采用DC1500V架空接触网供电、走行轨回流方式。其中地下段及试车线隧道采用刚性架空接触网,车辆段及停车场采用架空柔性接触网。

7号线接触网工程于2015年8月20日开工,2016年1月28日接触网贯通,2016年2月28日接触网具备热滑条件,2016年4月10日完成全线接触网冷滑试验,2016年4月22日完成全线正线热滑是设备状态良好,2016年5月31日通过初步验收,2016年7月6日通过竣工验收。开通时能达到设计的功能水平,以满足电客车正常取流及安全运行的需要。

2. 低压动力照明系统实施情况

(1)低压配电系统

7号线变电所400/220V低压配电系统采用单母线分段运行,正常情况下,两台动力变压器同时运行,母线分段断路器断开,当一台变压器故障或停电时,自动切除三级负荷,母线分段断路器自动投入,由另一台变压器向两段母线一、二级负荷供电。各段母线均设有三级负荷总开关。全线各站及场段400/220V低压配电系统已于2016年1月实现电通,全线各站及场段低压动照安装工程已于2016年6月30日通过竣工验收,工程功能达到设计标准,满足为全线低压动力照明系统负载供电和安全运行及运营的要求。

变电所0.4kV低压进线开关、母联开关及三级负荷总开关控制与监视纳入电力监控系统,设现场和集中遥控两种控制方式。各馈出回路设现场控制。

环控电控室低压系统采用单母线分段运行,正常情况下,两段母线同时运行,母线分段断路器断开,当一段母线故障或停电时,母线分段断路器自动投入,由另一段母线向两段母线的负荷供电。

变电所0.4kV开关柜、环控电控柜设置能源管理系统和电气火灾报警系统。

(2)配电原则

低压动力和照明设备的配电,根据负荷性质和重要程度按以下配电方式配电:

①一级负荷

从0.4kV变电所两段母线上分别馈出一路供电回路向负荷末端双电源切换箱供电,两路电源在切换箱内自动切换,以实现不间断供电。环控电控室主接线采用单母线分段,环控一级负荷从环控电控室的Ⅰ、Ⅱ段母线以单回路引至用电设备。

②二级负荷

从0.4kV降压变电所、环控电控室、照明配电室馈出单回供电线路至末端配电箱,当一台变压器退出运行时,降压变电所的0.4kV母线分段断路器自动闭合,退出运行变压器所带的二级负荷将由另一台变压器供电。

③三级负荷

由三级负荷母线以一路电源供电,当一台变压器退出运行时,将其切除。

(3)照明控制及灯具选用

①车站公共区照明控制

车站公共区正常照明、广告照明、导向标志照明采用西门子instabus Ⓡ KNX/EIB分布式总线控制系统,主要包括液晶触摸屏、线路耦合器、电源供给器、智能化面板、DALI调光器、可视化软件、接口设备、KNX总线电缆等。智能照明控制系统实现了车站公共区照明的调光控制、开关控制、延时控制、场景控制等。

车站公共区应急照明由应急照明电源装置(EPS)供电。

②车站设备区照明控制

设备管理用房照明分为工作照明和应急照明。工作照明设就地开关控制;应急照明由EPS装置供电,具备FAS强启功能。

③区间照明控制

区间照明分为工作照明和应急照明。工作照明由区间照明箱供电;应急照明由EPS装置供电,具备FAS强启功能。

④车辆段、停车场照明控制

道路照明及库区非应急照明采用西门子instabus Ⓒ KNX/EIB分布式总线控制系统,实现智能控制。

应急照明由EPS装置供电,具备FAS强启功能。

⑤照明灯具的选择

LED综合节能照明装置安装于车站公共区、车控室、设备区走廊、站台板下及车辆段、停车场的库区、道路等处。LED综合节能照明装置的寿命(光通量降至初始值的70%)不低于50000h。车站公共区LED综合节能照明装置与建筑装修协调匹配。疏散指示灯采用通过消防型式检验的LED金属外壳灯。区间隧道内照明灯具选择防水、防尘、防震型的三防荧光灯。其他场所采用荧光灯。

(二)通信系统(含 PIS)

深圳地铁 7 号线通信系统包括专用通信、公众通信及乘客资讯系统(PIS)。

专用通信系统是以专用传输系统(采用华为 MSTP 多业务传送平台)为核心,有专用无线、专用电话、公用电话、时钟、广播、综合 UPS 等多个独立子系统的组合,提供语音、数据和视频、无线通信、乘客信息等综合业务。专用无线通信系统采用具有自主知识产权的国产设备,为地铁运营管理人员提供安全、可靠、稳定语音的数字通信系统,为列车调度指挥管理提供重要保障,同时,其与信号系统的共同使用实现了地铁列车运行安全的"人机联控"。

公众通信系统包括公众传输、移动通信引入、电源子系统,以满足乘客在地下空间进行民用无线通信联络、拨打公用电话及其他多媒体通信的需求。

PIS 系统是以车站和车载显示终端为媒介向乘客提供信息服务的系统。同时,该系统可在紧急情况下,提供动态辅助性提示。

深圳地铁 7 号线通信系统(含 PIS)集成了最先进的通信技术,确保了系统的可靠性、可用性、维修性、安全性(Reliability,Availability,Maintenance,Safety,简称 RAMS),使整个通信系统安全可靠。

通信系统设备于 2016 年 4 月 20 日开通,6 月 29 日通过初步验收,7 月 6 日通过竣工验收。目前各子系统运行基本稳定,设备运行状况良好,通信系统已经具备了为运营提供通信服务的条件。

(三)信号系统

深圳地铁 7 号线信号系统始发站为西丽湖站,途经车公庙站、华新站等站,终点站为太安站,全线共设车站 28 个(全部地下车站,含预留站 1 个)。本工程包括一套完整的信号系统设备、41 列车车载设备、试车线、控制中心、车辆段和停车场联锁设备、维修中心、培训中心、电源和备品备件等。

深圳地铁 7 号线信号系统采用的是交控科技股份有限公司自主知识产权的 LCF-300 系统,具备列车自动驾驶 ATO、列车自动开关门、列车自动保护等基本功能。该系统基于的是无线通信的 CBTC 系统,采用的移动闭塞原理使其能够在系统可靠性、安全性、可用性、可维护性以及运行间隔、定点停车性能和可扩展性等方面达到所要求的性能。

深圳地铁 7 号线工程信号系统由以下子系统组成:

(1) ATS 子系统(北京市华铁信息技术开发总公司)。

(2) ATP/ATO 子系统(交控科技股份有限公司)。

(3) 计算机联锁(CBI)子系统(北京市华铁信息技术开发总公司)。

(4) 维修支持(MSS)子系统(交控科技股份有限公司)。

(5) 数据通信(DCS)子系统(交控科技股份有限公司)。

信号系统于 2015 年 8 月开始进场安装,2015 年 12 月开始单体调试,2016 年 3 月完成安装并经竣工验收,2016 年 6 月 6 日开始试运行。至今已完成了全线设备安装、系统单体测试、动车调试、系统联调等工作。

并于 2016 年 7 月 31 日完成所有系统功能的测试工作,9 月 5 日取得独立第三方安全机构授权的可载客试运营安全认证证书及报告。开通运营时，信号系统可实现在CBTC模式下以全功能ATO方式运行。

（四）通风空调系统

7号线工程环控系统分车站通风空调系统、隧道通风系统、车辆基地通风空调系统。

车站通风空调系统包含公共区通风空调系统、设备管理用房通风空调系统和空调水系统。车站公共区通风空调系统在车站两端环控机房内各设置1台组合空调器、1台回排风机、1台排烟风机。站厅公共区气流组织为上送上回，站台公共区气流组织为上送上回。设备管理用房通风空调采用空气处理机组及家用分体空调系统。空调水系统采用分站供冷，在冷水机房内设置冷水机组、冷冻循环水泵、冷却循环水泵、反冲洗过滤器等设备及相应的管道和零部件，地面上设置冷却塔。

隧道通风系统包含区间隧道通风系统、车站轨行区排热系统。本工程活塞通风优先采用双风井设置，在部分困难站点设置单风井。车站两端区间隧道通风机房内各设置2台TVF风机。车站两端排热风道捏各设置1台U/O排热风机。

车辆基地通风空调系统包含库区通风空调系统、库区设备用房区通风空调系统、综合楼通风空调系统。通风空调风管采用冷轧钢板与镀锌钢板，空调风管保温采用离心玻璃棉板外贴双层铝箔贴面；车站空调水管采用离心玻璃棉管壳保温；车辆基地空调水管采用泡沫玻璃保温。

车站空调通风系统由中央级、车站级、就地级三级组成，车辆基地空调通风系统由集控级、就地级二级组成，就地控制优先。

通风空调专业设备主要包括各类风机、冷水机组、组合式空调柜、柜式风机盘管机组、风机盘管、空调水泵、冷却塔、各类风阀及水阀、消音器等。

（五）给排水及消防系统

7号线全线消防给水和生产、生活给水均采用城市自来水，每个车站引入2路DN150的消防给水（安托山站、石厦站、华新站和田贝站由于是与既有线的换乘站，因此消防给水接自既有车站），消火栓系统在车站内布置成环状管网，在车站两端分别向每个地下区间隧道引入一条DN150消防给水干管，使相邻车站和区间的消防管网相连。全线地下车站的消火栓系统均不设置消防泵房，车辆段和停车场的室内外消火栓系统和自动喷水灭火系统设置有消防水池和消防泵房。生产、生活给水系统在车站内与消火栓系统分开设置，自成独立系统，布置成枝状管网。车站内主要用水包括冷却塔补水、卫生间用水、环控机房和冷水机房用水、污水和废水泵房冲洗用水、公共区冲洗用水等。

车站及区间排水系统包括车站污水系统、车站废水系统、车站出入口及风井的雨水排水系统、车站局部排水系统、地下区间废水排水系统等。车辆段排水系统包括生活污水排水系统、生产废水排水系统和雨水排水系统等。

给排水及水消防专业主要包括给水、排水、消防管道及附件安装，消防泵、废水泵、污水密闭提升装置等给排水设备安装，各类阀门安装，卫生洁具安装等工作。

7号线给排水系统工程于2016年5月31日开始竣工验收，2016年6月30日通过全线竣工验收。

深圳地铁7号线的车站、停车场、车辆段、网络运营控制中心(NOCC)的监控设备室、专用通信设备室、信号设备室、警用通信设备室、公用通信设备室、弱电电源室、环控电控室、蓄电池室、高压控制室、屏蔽门控制室、35kV开关柜室、整流变压器室、1.5kV直流开关柜室、0.4kV开关柜室、区间跟随变电所等重要设备房设置七氟丙烷气体自动灭火系统,采用固定灭火管网组合分配方式和无管网气体灭火系统。七氟丙烷气体自动灭火系统由灭火子系统和控制子系统组成。为了便于集成管理,控制子系统被统一纳入火灾报警系统(FAS)之中。

在7号线气体灭火系统合同执行期间,七氟丙烷气体自动灭火系统的设计联络及技术审查主要确定了系统设计优化、设备性能参数、与火灾自动报警系统的接口要求、定型产品结构改进和优化等。对于七氟丙烷气体自动灭火系统设备,建设单位和监理单位人员进行了监督和检验(包括样机试验、重要设备外协件检查、出厂验收等),产品质量受控,且满足合同要求,并于2016年8月通过消防专项验收。

7号线七氟丙烷自动灭火系统的应用创新与技术改进的主要特点简述如下:

(1)首次采用气瓶低压报警装置。在7号线气体灭火系统中每个气瓶间均设置了一套气瓶低压报警装置,用于监测灭火剂储存容器和启动气体储存容器的压力状态。当一个或多个气瓶压力下降到正常值90%以下时,该装置即向FAS输出一个集中报警信息,并启动声光报警功能,提示运营维护人员有气瓶处于泄露状态。运营维护人员到达现场可根据气瓶间低压报警装置提示的详细信息马上找到具体是哪个气瓶压力处于非正常状态并进行维护更换。该装置的设置极大地方便了运营维护人员对气体灭火系统的维护管理。

(2)首次采用具有动作反馈功能的电磁启动阀。为提升气体灭火系统关键设备的可靠性,在7号线气体灭火系统初步设计阶段,建设方即组织运营方、设计方共同对电磁启动阀的功能改进、材料工艺等方面进行讨论,并将相关技术要求纳入招标文件中,招标完成后在设计联络阶段设计、运营、监理各方最终对电磁启动阀产品定型进行了审核确认。电磁启动阀的主要特点是:电磁启动阀收到FAS的联动指令后该装置正常动作,位于其接插件处的指示灯亮启,运营维护人员可在气瓶间现场核实电磁启动阀动作情况,同时电磁启动阀将动作反馈动作信号传输至FAS,气体灭火控制盘、气体灭火主机上均能显示电磁阀动作的反馈信息,大大加强了气体灭火系统整体的可靠性。

(六)火灾自动报警系统

车站火灾报警系统(FAS)作为综合监控系统的一个内部子系统,集成了火灾自动报警系统(包含气体灭火控制部分)、感温光纤系统、电气火灾预警系统和吸气式烟雾探测系统。在车站用房及出入口等区域设置点式探测器,在电缆通道、电缆沟等区域设置感温光纤,在重要电气设备设置电气火灾探测器,在车站公共区、设备区走道等区域设置吸气式烟雾探测系统。

FAS按两级管理、三级控制的方式设置。第一级为中心级,作为FAS集中监控中心,设置于全线控制中心中央控制室;第二级为车站级,作为本地FAS监控中心,设置于车站控制室;第三级为现场就地控制级。全线消防系统所有的指挥调度权在中心级。

火灾报警系统(FAS)和环境与设备监控系统(BAS)间设有可靠的通信接口。防排烟系统等与正常的通风系统合用的设备由 BAS 统一监控,火灾工况由 FAS 发布火灾模式指令,BAS 优先执行相应的控制程序。紧急情况下可通过设在车控室的综合后备盘(IBP 盘)直接控制现场与消防相关的设备,完成消防水泵的启动、安防系统门禁的紧急释放、闸机的紧急打开等功能。通过各系统间的自动联动快速启动模式,并联动广播和乘客资讯系统,达到火灾预警和火灾处理及人员疏散的目的。

车场消防系统由火灾自动报警系统、气体灭火系统、吸气式火灾报警、电气火灾报警、感温光纤、图像型火灾探测六部分组成。场段消防控制中心分别设置在综合楼首层,设有区域报警主机,联动区域风机、风阀、声光、警铃,通过控制中心联动广播、门禁、消防水泵。大库区设置吸气式火灾报警,变电所设置电气火灾报警,电缆沟设置感温光纤火灾报警,内燃机车库设置图像型火灾报警,易燃品库设置可燃气探测报警,综合楼地下电气房间设置气体灭火保护。

网络运营控制中心(NOCC)由火灾自动报警系统、气体灭火系统、吸气式火灾报警、电气火灾报警、感温光纤、图像型火灾探测、线型光束感烟火灾探测、喷射型自动射流灭火装置、高压细水雾系统九部分组成。消防控制中心分别设置在裙楼二层,设有火灾报警主机,联动区域风机、风阀、声光报警器、电梯,通过控制中心联动广播、门禁、消防水泵。调度大厅、NCC 监控室、运管办监控室设置高压细水雾系统。调度大厅大空间设置图像型火灾探测、线型光束感烟火灾探测、喷射型自动射流灭火装置。调度大厅吊顶内、工艺竖井内、变电所内设置感温光纤火灾报警系统,变电所内设置电气火灾报警系统,电缆沟、重要设备机房内设置气体灭火保护。

火灾自动报警系统完成了设计联络、设备安装、单机调试等工作,安装工程通过了初步验收与竣工验收,2016 年 8 月通过政府消防专项验收。

(七)环境与设备监控系统(BAS)

环境与设备监控系统作为一个内部子系统集成于综合监控系统。BAS 系统设控制中心、车站两级管理(中心为主控级,车站为分控级),实现中心、车站、就地三级控制,负责全线所有车站设备的日常管理,在满足环境调控的同时还要达到节约能源的目的。

BAS 系统为基于分层分布式系统结构的集散控制系统,分成站级监控层、实时控制层和现场层。站级监控层位于车站控制室,包括 IBP、BAS 系统与 FAS 系统的接口、BAS 系统与综合监控系统的接口等;实时控制层位于车站两端环控电控室,包括冗余 PLC 控制器、车站实时监控网、现场总线、通信接口网关等;现场层位于车站各就地监控点或数据采集点,具体包括各类传感器、执行器、远程 I/O 模块等。BAS 系统通过智能配电系统监控或直接监控的对象主要包括隧道通风系统、车站通风空调系统、车站冷冻水系统、冷却水系统、给排水系统、自动扶梯、电梯、照明系统、人防门/防淹门等机电系统设备。

BAS 系统的中央级和车站级功能分别由中央级和车站级综合监控系统完成。BAS 系统完成部分车站级和全部现场级功能,实现综合监控系统对车站 BAS 系统的监控功能,同时在中心综合监控系统的统一调度和协调下实现车站级 BAS 系统之间的联动功能。火灾时接收 FAS 系统的火灾模式号,完成车站火灾模式的联动控制功能,并将相应的火灾报警信息上传给综合监控系统。

综合监控系统(包括环境与设备监控系统)于2015年5月完成设备合同签定,2015年9月完成设计联络,2016年5月完成设备安装,2016年6月完成单机调试,2016年6月1日完成初步验收,2016年7月6日完成竣工验收。7号线开通前满足试运营各项系统功能要求。

(八)自动售检票系统(AFC)

深圳地铁7号线全线共有28座车站,是深圳地铁三期工程中换乘站最多的线路,共设换乘站12座。同时,在深云车辆段设ливаr维修车间、培训系统,在深云车辆段NOCC大楼CLC系统规划设置的检测中心内安装7号线检测中心设备。7号线的自动售检票系统(AFC)不单独设置线路中心系统,在27座车站(不含福邻站)新设AFC车站计算机系统,各车站接受CLC系统的统一控制,实现7号线全线AFC系统的运营、管理需求。

7号线采用计程计时票价制,实行全封闭式的票务管理方式,全线配备自动售检票系统。该系统是以计算机及信息传输网络为基础,以非接触IC卡为车票信息载体,实现地铁车票的自动和半自动售票、自动检票、计费、收费、统计、结算全过程的自动化管理系统。系统满足与其他地铁线路之间的无障碍换乘的要求,并可与深圳市公交系统实现一卡通用。

7号线自动售检票系统(AFC)有以下特点:

(1)采用多线路车站接入CLC系统集中管控模式属国内首创

深圳地铁三期工程线路AFC系统架构发生变化,各车站接入多线路共享中央CLC系统,实现全线网的集中统一管控,是国内城市轨道交通领域的首创,将引领城市轨道交通AFC系统的进步。

(2)终端设备首次采用先进技术模块提升购票速度

自动售票机集成采用了高可靠性的纸币循环找零模块和硬币"一把投"及循环找零模块,实现了纸币及硬币找零双循环功能,乘客可使用大面额纸币购票,大大提高了购票速度,同时采用了高清晰度一体化乘客购票触摸屏,提升了乘客购票体验。

(3)终端设备首次采用业务下移模式的大读写器设计

7号线的大读写器是目前轨道交通行业内性能最强、硬件配置最高的读写器,同时对各种车票标准的兼容性处于全国领先地位。大读写器的采用,可大大降低未来深圳轨道交通扩展新的支付工具和颁布新的要务政策时,AFC系统改造的技术风险和实施难度。

(4)新线与既有线换乘站的兼容与互联技术属国内首创

7号线多达12座换乘站,需与既有1、2、3、4、5、11号线换乘,为实现兼容与互联,技术难度及工程实施难度很大,在攻克了各种技术难关后实现了网络化运行下AFC系统的互联互通,其技术实现方式属国内首创。

7号线AFC系统于2016年8月16日完成设备安装,2016年8月24日完成安装工程验收,2016年8月31日完成系统初步验收,9月5日完成单机调试和单站调试,9月15日完成车站和CLC系统联调,9月23日完成与既有线和ACC系统联合联调,9月26日满足试运营各项系统功能要求。

(九)自动扶梯、电梯

深圳地铁7号线电、扶梯系统工程的范围为西丽湖站—太安站(不包含车公庙站及红岭北站)及车辆段和停车场。所有设备均采用经验成熟、性能先进、结构简单、维修方便、质量稳定、运行可靠、外形美观的产品。

7号线全线车站站台与站厅间均设有电梯和自动扶梯,各站主要出入口均设有扶梯和供残障人士使用的电梯。

自动扶梯选用公共交通重载型,全变频调速,设有语音播报提醒功能。

站内设置透明电梯,轿厢采用夹层安全玻璃,美观大方,内设摄像监控,所有电梯按残障人士使用要求设计,附带扶手、盲文指示的按钮及语音到站提醒。扶梯和电梯的运行状态均纳入了综合监控系统。

7号线工程全线共有348台电、扶梯(垂直电梯87部,自动扶梯261部)拟投入运营。

(十)站台屏蔽门系统

深圳地铁7号线工程屏蔽门系统工程的范围为西丽湖站—太安站,全线共设28座车站,均为地下站,采用全高封闭式屏蔽门系统。屏蔽门以站台中心线为基准向两侧对称布置,纵向组合长度为135.76m,每侧站台设置30个滑动门单元与6辆编组A型车车门一一对应。

本工程设置全高封闭式站台门系统,有效提高了乘客候车的安全性,减少了站台与区间的热交换,使得空调能耗大幅降低,同时减少了列车运行噪声、活塞风和粉尘对车站的影响,提高了乘客候车舒适度。门体设备安装在顶梁侧下方,利于吸收土建施工误差,避免结构渗水直接进入顶箱,增加了站台侧管线敷设路径;端门采用标准宽度2400mm设计,简化了与土建的接口,提高了设备生产效率。

站台屏蔽门系统是由机械结构与电气自动化完美结合的机电一体化设备,适用于地铁高强度、大客流的工作环境,满足地铁各种运营模式,是地铁非常重要的组成部分。

7号线屏蔽门系统工程于2016年8月中旬完成设备单系统调试及144h连续通电测试,2016年8月24日组织完成初步验收,满足试运营各项系统功能要求。

(十一)门禁子系统

门禁子系统由控制中心核心管理层、车站区域管理层和现场终端设备层组成。门禁子系统分为三层设备结构,即中央级、车站级和现场设备,划分为控制中心和车站两级管理。

区间变电所、区间紧急疏散通道、主变电所的门禁设备作为现场设备接入相邻车站管理。中央管理级与车站管理级通过安防传输通道实现互联通信,车站管理系统与现场设备间通过现场总线环网或TCP方式连接。

门禁子系统对轨道交通车站设备管理区通道门和设备管理用房进行统一监控和管理,同时可用于地铁人员的考勤自动化管理,提高运营管理水平。门禁子系统设备采用可靠性高、技术先进、扩展方便、智能化程度高、便于调试维护和管理、布线简便的工业级设备。

门禁子系统采用集中管理分散控制模式,并且采用二级数据库管理,即中央级数据库和车站级数据库。车站级服务器的本地系统能够独立运行,而不依赖于中央级系统或系统网络。中央级系统数据对车站级系统数据做冗余设置,车站级服务器定时、实时或人工将本地数据上传至中央级服务器,同时,中央级服务器更新过的数据信息也会回传至各车站级服务器,实现两级数据库的同步。

7号线门禁子系统于2016年7月1日通过安装工程的初步验收,2016年7月6日通过竣工验收,9月28日完成系统联调,可满足试运营各项系统功能要求。

(十二)控制中心

深圳市行车调度指挥中心(NOCC)位于7号线深云车辆段内西南侧。NOCC承担深圳市所有地下铁路、地面轨道交通的指挥工作,具备各线路的运营控制、自动售检票系统清分、应急指挥等功能。按照深圳市轨道交通规划,NOCC将按照远期集中设置25条轨道交通线路的规模进行规划建设,包括三期工程7、9、11号线的投入使用和已开通运营的5条线路OCC(运营控制中心)接入。NOCC工程包括建筑主体工程、系统工程两部分(专业细分:土建结构、装饰装修、常规设备、系统设备、园林绿化)。建筑形式为3栋塔楼加裙楼形式,其中AB塔楼为主要NOCC的机房,C塔楼为7号线车辆段综合维修办公用房,控制中心调度大厅布置在裙楼内。NOCC系统集成1标设备主要有高压细水雾系统、气体灭火系统、楼宇智能化系统、骨干光环网、工艺大屏、调度台、工艺UPS、通风空调配电箱、35/0.4kV动力变压器、40.5kV气体绝缘开关柜、交直流电源装置;系统集成2标主要包括NCC系统和通信系统。

NOCC工程于2016年4月15日完成竣工验收,4月28日完成政府消防验收。运营人员于2016年7月提前进驻NOCC调度指挥大厅,NOCC开通前满足试运营各项系统功能要求。

(十三)系统联调

7号线工程于2015年11月开始各单系统调试,2016年6月开始系统联调,目前系统联调工作已基本完成,具备试运营条件。

1. 系统联调过程

2015年12月35kV供电系统设备完成调试,实现35kV全线电通。全线各站400V配电系统于2016年3月完成送电,为系统联调提供了条件。1500V直流牵引供电系统于2016年4月全线电通,并实现接触网热滑。

2016年2~6月,完成屏蔽门、通信系统、信号系统、综合监控系统、综合安防系统、乘客资讯系统、车辆等专业的单系统调试,为系统联调创造了条件。

2016年4月底完成7号线接触网热滑,供电系统、轨道、接触网满足行车要求,并组织车辆上线联调。

2016年6月开始,以综合监控系统为主线进行车站系统就地、车站、中央级联调。至2016年9月,各项系统联调项目基本完成,具备试运营条件。

2016年8月,完成行车和安全相关的功能调试。

2. 主要系统试运营开通功能

7号线主要系统试运营开通功能有:

(1)轨道、接触网、35kV变配电、屏蔽门、通信系统、安防系统、自动售检票系统(AFC)等系统均已完成设备调试和系统联调,满足开通试运营所需各项功能水平。

(2)7号线信号系统联锁模式调试于2016年3月15日完成。至今已完成信号系统与IBP和屏蔽门的功能调试,以及CBTC模式下的ATO功能精调、ATS系统与各接口的功能调试等。2016年9月5日,7号线工程取得了信号系统由独立第三方提供的CBTC全功能(含

ATO)可载客试运营的安全认证报告证书。

(3)乘客资讯系统已完成单系统调试和系统联调,能够开通站台列车到站信息显示和控制中心、车站发布紧急信息功能。

(4)综合监控系统已完成单系统调试和系统联调,能够开通SCADA、FAS气体灭火控制,实现防排烟联动控制及IBP盘紧急控制功能。

九、工程特色及技术创新

(1)地下连续墙预制钢套筒导向嵌岩施工工艺,解决了冲击钻机冲击成孔过程中,遇坚硬岩层、斜向岩面冲击孔洞偏斜和进尺难的技术难题。预制钢套筒导向嵌岩系统已申请国家实用新型专利。

(2)盾构区间孤石微动剖面探测技术,通过现场实践研究对比,微动剖面探测+地质钻探相结合的方法比传统地质补勘经济效益显著。

(3)地铁车站临时格构柱定位。7号线部分车站设计有临时格构柱,为保证定位准确,防止定位时产生位移偏差,现场使用了专用定位器。定位器由基座和定位盘两部分组成,在定位器上8个螺杆用于格构柱角度确定,在4个角有4个千斤顶用来调节格构柱的垂直度。

(4)冷冻法施工。施工中成功运用水平冻结法加固地层,矿山暗挖法施工;冻结加固体强度高,可以做到不漏水,洞内施工环境较好。

(5)盾构机钢套筒接收。在区间端头加固工作无法正常开展的情况下,采用钢套筒盾构接收技术可在不进行端头加固的情况下完成盾构机接收。

(6)叠线隧道施工加固技术。7号线共有叠线隧道5处,隧道间距最小距离1.5m。施工采用"先下后上"的原则进行。下线隧道施工完成,利用盾构管片上预留额外的注浆孔,从注浆孔中插管灌注水泥浆。在上线隧道掘进时,在盾构机下方的下层隧道内设置活动支架支撑盾构管片,以确保下层隧道的安全。支撑范围为盾构机及其前后10m范围。本项目5处叠线隧道施工顺利完成,施工质量符合要求。

(7)仿真模拟施工技术。全线车站进行常规设备安装及装饰装修施工前,采用仿真模拟施工BIM技术,建立模型并进行优化设计,解决各个专业管线之间以及与装饰装修的冲突。

(8)地铁车站地下连续墙锚杆锚索快速切割施工工法。地铁车站地下连续墙锚杆锚索快速切割施工工法是应用一套新型专用设备,在地下连续墙施工过程中针对泥浆下既有锚索进行快速切割施工的一种新工法。

(9)地铁车站与市政变电站合建。皇岗口岸站是国内首个地铁车站与市政地下变电站合建项目,兼顾周边空间及公共市政设施同步。建成后形成集地铁车站、地下变电站、口岸设施、地下商业开发和休闲的综合体。在设计角度上,开辟了国内地铁车站与地下变电站相结合的先例。

(10)清水混凝土施工技术研究及其应用。研究地铁车站结构清水混凝土施工技术,降低后期装修费用,并形成独特的建筑外观风格。

(11)地铁预制纤维混凝土管片可靠性及耐久性关键技术研究。研究盾构管片采用钢纤维混凝土技术的可行性,以节约钢材,提高管片耐久性,同时使管片重量减轻,便于运输、安装。已在西西区间右线安装15环纤维管片。

(12)地铁交叠盾构隧道下穿准高速铁路轨道群施工。研制了交叠隧道盾构掘进下层隧道自行移动式支撑台车、车站中板穿行式液压模板支架,解决了交叠隧道盾构始发、接收和同时施工的技术难题。提出了软土路基加固、铁路线路加固、小净距叠线隧道中间土体加固、自动化监测、掘进参数动态调整等交叠隧道下穿准高速铁路轨道群综合配套技术,有效控制了广深铁路站场(含道岔)的路基沉降(最大沉降轨道4mm、地表5.9mm,小于10mm允许值),确保了盾构施工与铁路运营安全。

(13)浅埋小间距大断面并行顶管上跨运营线施工技术。针对繁华城区地铁项目隧道施工中,上方有不同埋深管涵,下方有地铁运营线的复杂工况条件下研究的创新型超小净距(594mm)矩形顶管施工工法。

(14)国产信号系统在深圳地铁的实践应用。7号线信号系统采用了交控科技股份有限公司提供的成熟的全自主知识产权的LCF-300型以ATP/ATO为核心的CBTC信号系统,为深圳地铁首次使用国产的"大脑"和"中枢"系统,采用目前国际领先的列车运行控制技术,能够对地铁运行中的安全、效率及成本问题进行有效的统筹控制,是国产信号系统在深圳地铁的首次实践。

7号线自建设以来,一直以争创"国家优质结构工程奖"为目标,在建设过程中均将这项目标进行了贯彻,目前已取得以下成果:

(1)安全质量建设成果:7号线自开工建设以来,安全质量全面受控。"深圳质量""品质交通"是深圳地铁高水平建设的内在要求,始终以创建"国家优质结构工程奖"为目标,强化安全质量管理。建设全过程认真履行社会责任,绿色施工理念贯穿生产各个环节,真正做到了"绝泥水、抑扬尘、压噪音、靓围挡、降能耗、不扰民"。截至目前,7号线全线共有44个工地获得深圳市安全生产和文明施工优良工地称号,6个工地(华强北片区、华新站、华强北站—华新站区间、深云车辆段、安托山停车场和出入线)获得"广东省房屋市政工程安全生产文明施工示范工地"及"省AA级安全文明标准化工地"称号。同时,华强北片区创建"国家AAA级安全文明标准化诚信工地"已通过评审。全线正线、出入线、场段及NOCC土建工程已获得"深圳市优质结构工程奖",并通过了广东省优质结构工程评价。深圳地铁7号线已获得中国建筑业协会"第4批全国建筑业绿色施工示范工程"称号。

(2)设计科研成果:7号线形成了"复杂环境及地质条件下地铁修建关键技术研究"科研课题,该课题涵盖34项子课题,并与西南交通大学、同济大学、山东大学等重点院校开展联合攻关,增强技术创新能力,并已组织专家进行了审查,目前正在对成果进行修改完善;同时根据各项课题成果形成发明专利1项、实用新型专利7项,并获得中国铁道工程建设协会科学技术奖三等奖1项,中国施工企业管理协会科学技术一等奖1项、二等奖5项。

附件:主要设计及参建单位(略)。

2.6 深圳地铁三期工程投入试运营验收特点

深圳地铁三期工程投入试运营验收,由广东省交通厅负责组织实施。省交通厅通过招标委托第三方进行投入试运营条件评估。

在深圳地铁二期工程投入试运营验收工作的基础上,深圳地铁三期工程投入试运营验收工作更加规范,各政府部门及建设单位对验收流程、重点内容更加明确,与二期工程相比,主要特点有三:

1) 无障碍验收

在国务院《无障碍环境建设条例》(2012年8月1日正式实施)发布前,《深圳市无障碍环境建设条例》(简称"深圳条例")已于2010年3月1日出台实施。在深圳地铁二期工程投入试运营时,首次开展了无障碍验收,主管部门及各参建单位都处于摸索阶段。到了三期工程,深圳市残疾人联合会对无障碍验收工作的程序、标准更加明确。在验收开始前,建设单位就积极与主管部门保持沟通,编制工作方案,确保现场验收工作正常推进;对验收过程中发现的问题,认真记录、总结,并及时整改,市主管部门还对整改情况进行复查,核实结束后,签发《无障碍设施试用评测报告》。相对二期工程,三期工程的验收工作更加规范、高效。

城市轨道交通工程的无障碍验收重点有:

(1)车站出入口与市政道路接驳情况。

(2)无障碍电梯的残疾人坡道设置情况。

(3)站内盲道设置情况,轮椅过AFC闸机情况。

(4)无障碍洗手间施工情况(重点是洗手台、标识、栏杆、呼叫器等)。

2) 环保验收

近年,由于生态环境部对《中华人民共和国环保法》《中华人民共和国环境影响评价法》的接连修订,原试生产期(对于地铁项目来说,就是试运营期)的行政许可取消了,改为由主管部门签发的短期排污许可文件,待环保设施竣工验收后,再申领正式的排污许可文件。这就要求建设单位必须在地铁项目投入试运营前,与政府主管部门沟通,确定短期排污许可文件的有效期、涵盖范围等,以确保满足投入试运营基本条件评审及后续环保设施竣工验收的需要。

3) 卫生防疫验收

深圳地铁三期工程的卫生防疫验收在一期、二期工程的基础上,要求更高。2016年1月13日国务院第119次常务会议审议通过了《国务院关于修改部分行政法规的决定》。根据该文件决定,地铁项目也应当及时向卫生行政部门申请办理"卫生许可证"。该证两年复核一次。因此,在项目投入试运营时,地铁车站就应满足相应的卫生标准和要求。

卫生防疫验收工作的重点内容有:

(1)审查车站选址情况,如车站出入口、冷却塔、风井、污水井等方位设计是否合理,是否存在外界污染。

(2)审查车站平面布置是否符合公共交通等候室的要求,如车站层高、客流组织、洗手间设置、吸烟区、员工更衣等区域。

(3)审查车站空调通风系统设计方案是否合理,考虑空调运行工况、空调设计参数、客流量、人均新风量、各风口位置、设施设备等情况是否能满足国家卫生规范的要求。

（4）审查车站通风系统初步设计方案是否合理，考虑公共区域、办公区域、卫生间、设备房、隧道等通风排气（排热）设施设计是否满足室内空气交换的要求。

（5）审查车站消声防震设施设计是否能减少对室内环境噪声的影响。

（6）审查车站给排水设施设计是否存在对室内环境污染的影响，同时考虑是否设计直饮水等特殊饮用水，是否满足国家标准的要求。

（7）审查车站照明设施设计是否满足国家卫生标准的要求。

（8）对于车站的建筑材料和室内装修材料，建议对其进行放射性、有害物质等检测和审查。

（9）对于轨道交通的使用车辆，建议对车辆的通风设施、内饰材料等进行检测和审查。

第3章 试运营总结

试运营评审,是地铁工程国家竣工验收的重要项目之一。在此之前,地铁工程建设单位应对试运营情况进行总结,编制试运营总结报告。试运营总结报告的基本内容应当包括但不限于:总体评价、安全管理情况、设备情况、运营组织与管理、突发事件处置以及服务表现情况。本章以深圳地铁5号线为例介绍试运营总结。

3.1 总体评价

3.1.1 试运营总体情况

深圳地铁5号线位于前深圳特区内,前海湾站—黄贝岭站,正线40.001km,设27座车站、塘朗车辆段、上水径停车场及西丽主变电所,总投资概算200.58亿元。5号线从2011年6月22日开通试运营,截至2013年12月31日,达两年半时间。

5号线在试运营期间共安全运送乘客32444.16万人次,日均客运量达到35.11万人次,累计列车开行29.5万列次,运营里程7015.82万车公里,正点率99.92%,运行图兑现率99.93%。最小行车间隔由开通初期的13min压缩到5min,满足客流增长需求。2013年9月19日,5号线安全有序地运送了62.9万人次,创下了运营以来的单日最大客运量。

5号线试运营期间安全状况良好,无责任行车重大、大事故,无责任设备重大事故,无责任乘客伤亡事故,无员工因工死亡、重伤事故。运营分公司还积极推行卓越绩效管理,并在2013年度"深圳市市长质量奖"角逐中,取得第四名的好成绩,荣获"鼓励奖"。

3.1.2 试运营基本条件评审意见执行情况

《5号线工程试运营基本条件评审报告》的总体评价是:5号线工程验收资料基本齐全、准备充分;线路、车站、区间、车辆段、主变电所符合设计要求,已通过工程竣工验收,取得工程质量专项验收意见;消防已组织专项验收,取得消防验收意见书;试运营所需车辆、部分机电设备完成测试验收、系统调试;信号已通过第三方评估;电扶梯尚未取得安全检验合格证;运营准备充分、人员培训到位、措施预案明确;公交接驳方案总体可行。

评审报告称,5号线的实体工程、车辆、大部分机电设备和运营准备已具备了试运营基本条件,但在试运营前尚需完成工程收口,并将相关质量缺陷整改合格,完成尚余机电设备调试、联调和验收。评审报告根据专家意见,确定试运营前及后续整改项总共 114 项。

1) 试运营前需完成的整改项

专家意见要求试运营前完成的整改项目共 66 项,深圳市地铁集团有限公司逐一进行了现场核实、整改或采取应对措施予以弥补。目前已完成 61 项,完成率 92.4%。

2) 大运会前应完成整改项

专家意见要求大运会前应完成的整改项共 26 项,深圳市地铁集团有限公司逐一进行了现场核实、整改或采取应对措施予以弥补。目前已完成 21 项,完成率 80.8%。

3) 后续整改项

专家意见要求后续整改项共 22 项,深圳市地铁集团有限公司逐一进行了现场核实、整改或采取应对措施予以弥补。目前已完成 20 项,完成率 90.9%。

3.2 安全管理情况

深圳市地铁集团有限公司运营分公司成立了安全管理委员会(简称"安委会"),全面负责运营安全生产管理工作,下设专职的安全管理部门(安全监察部),在各部门设立了安全监察组,车间、班组配备专、兼职安全员,建立了"公司级—部门级—车间级—班组级"四级安全管理网络;依据国家安全法律、法规建立了以危险源管控为核心的安全管理体系。

3.2.1 安全生产制度

1) 安全生产管理机构

深圳市地铁集团有限公司安全生产委员会,是地铁公司的最高安全管理机构,运营分公司安全管理委员会是其下属机构。目前,运营分公司根据整体运作的模式,结合"统一管理,分级负责"的安全管理原则,已设立了专门的以预防、监督、检查、落实为责任主体的安全归口管理部门,成立了以分公司领导、各部门经理及专职安全管理人员为管理主体的分公司最高安全管理机构——运营分公司安委会。

运营分公司安委会下设安全监察部,负责落实和执行安委会制定的各项安全生产管理制度和条例,管理整个地铁运营的安全工作,主要负责完善职业健康安全管理体系及其运行维护,监察行车安全、设备安全、消防安全、职业安全与健康的运行情况,负责组织安全教育培训、安全宣传、组织分公司权限内的事故调查分析、客伤处理等工作。

截至 2013 年年底,运营分公司共有安全管理人员 433 名。其中,专职 63 名,兼职 370 名,有 12 人取得了注册安全工程师证书,242 人取得了安全主任资格证书。在安全管理组织架构上,分公司在各部门分别设立部门安全工作小组,形成了以各部门专(兼)职安全员、各专业技术骨干为核心力量的安全管理网络。

2) 安全生产责任制

运营分公司组织制定了《运营分公司安全生产责任制》,内容包括分公司安全管理机构安全职责(安委会)、生产部门安全职责(车务部、维修工程部、自动监控部、票务部、调度中心、车辆部)、职能部门安全职责(办公室、党群工作部、计划经营部、技术部、物资部、人力资源部、财务部)、生产车间(室)安全职责(站务室、票务室、乘务室、OCC、通号车间、自动化车间、工建车间、机电车间、设备车间、大修车间、检修车间等)、岗位安全职责(总经理、副总经理、总工程师、工会主席、车间主任、生产操作人员等)。

每年地铁公司和各单位层层签订安全责任书,分公司总经理与各部门领导签订安全责任状,运营一线每个职工签订岗位安全承诺书,把安全生产责任制落实到每个工作岗位和每个人。此外,地铁公司从2006年起设立安全责任风险抵押金,坚持领导干部安全责任追究制度,对无理由造成列车15min以上晚点的情况,追究相关单位和领导责任,进一步强化安全激励、约束机制。

3) 安全生产指标控制

地铁公司每年初制定安全责任目标,并组织公司各部门逐级签订安全责任状,全面落实安全责任。安全生产指标及其控制情况见表3-1。

安全生产指标及其控制情况　　　　表3-1

序号	指标名称	指标	控制情况	表现
1	百万车公里乘客死亡率(%)	<0.06	0	良好
2	年度百万车公里等效事故率(%)	≤0.65	0.03	良好
3	地铁运营生产范围内火灾事故	0	0	良好
4	运营单位职工工伤事故死亡率(%)	≤0.003	0	良好
5	100万~500万及以上直接经济损失的运营事故	0	0	良好
6	中断行车时间60min及以上的行车事故	0	0	良好
7	本单位从业人员(包括运营人员)未按有关规定履行岗位职责而导致运营安全责任事故	0	0	良好

3.2.2　生产运营事故控制

为杜绝生产运营事故的发生,坚持从事故的源头抓起,编制了各种设备和系统的操作规程,以指导和规范员工的操作行为。

2012年和2013年,责任行车重大、大事故,责任设备重大事故,责任重大火灾事故的计划指标值均为零。责任行车险性事故、一般事故运营里程的计划值从2012年的28万车公里,提高到2006年的120万车公里,提高了328.57%。

3.2.3　安全教育培训

地铁公司设立有培训中心,对应各部门配有专职培训师,对员工进行技能和安全培训。设定了"以高水平的管理、合理的成本投入,实现安全、正点、可靠运行,完成各项服务指标"的安全总目标,确立了全员、全过程参与安全的文化基调。

地铁公司安全主管部门制定了《运营分公司安全教育培训管理办法》,规定了各级、各岗位工作人员应该进行的安全教育种类、内容、方式、方法及应达到的水平和效果等。

运营分公司重点加强了对行车、消防岗位和基本安全技能的培训。根据安全培训管理办法、新员工培训管理办法和各工种上岗考核大纲,2013年,运营分公司按年度安全培训计划,组织开展了安全教育培训、业务技能培训等共计7684批次,合计受训83590人次,涉及的部门包括车务部、维修工程部、自动监控部、车辆部、物资部、票务部、调度中心、安全监察部等。

3.2.4 日常生产安全管理

为了保证安全生产,运营分公司按ISO9000标准要求,组织编写了20多个设备系统的安全操作规程、维护规章和维护作业指导书共184份,其中操作规程74份,维护规章28份,维护作业指导书82份,为地铁的安全运营提供了技术保证。

运营分公司注重加强各方面的安全管理,包括危险源的识别与控制、专业管理、消防管理、危化用品管理、保护区内施工项目的安全管理等。此外,地铁运营分公司有计划、有步骤地开展了"6S"管理,即整理(Seiri)、整顿(Seiton)、清扫(Seiso)、清洁(Setketsu)、素养(Shitsuke)、安全(Security),创造了一个干净、整洁、舒适、合理、安全的工作环境和乘车环境。

1) 安全检查

运营分公司组织编写了《运营分公司安全生产检查制度》,确定了"上下结合、自检与抽检相结合、全面检查和重点检查相结合"的安全检查原则,按照"基层自检、逐级上报、上级抽查、总结讲评、考核兑现"的程序进行,并规定安全技术部负责分公司级的各项安全生产检查,各部门根据自身实际情况组织安全生产检查。

运营分公司还采取适时召开月度、季度安全例会,分享安全管理成果等措施,确定下一步工作重点,指出存在的问题及解决办法,使安全隐患得到及时发现和整改,杜绝事故重复发生,做到考核率100%,事故结案率100%。

2013年,共组织各类安全检查活动284次,其中月度/季度暨节前安全检查10次,消防安全隐患大排查等专项检查4次。累计通报各类问题544项,整改完成532项,整改完成率97.79%,另外12项未整改问题已采取了安全控制措施。

在设备方面,根据设备的具体情况,参照行业标准,制订了年度设备检修计划,自检自修、委外维护有效结合,全年设备系统总体状态保持良好。

2) 危险源管理

运营分公司按照《运营分公司危险源识别、风险评价及控制程序》的要求,建立了完善的"识别—评价—控制—改善"危险源管理体系。

工程介入和接管期间,专项控制人身、消防危险源。

开展新旧设备差异对比,提前完成危险源识别工作。

开展危险源的辨识、控制工作,最终形成运营分公司5号线危险源清单434项,其中高级别(R1)4项,较高级别(R2)10项,一般级别(R3)172项,可接受级别(R4)284项,并对所有危险源制订了控制措施。

组织全面隐患排查和遗留隐患整改工作。接管后,多次开展全面排查,排查出影响运营开通的安全隐患4468项,通过地铁公司建立的工程验收运营签字确认制度,促使施工单位加快整改进度,确保运营开通前重要安全隐患基本得到整改。

在运营后,根据设备状态和验收情况,梳理排查遗留问题284项目。通过督促建设单位整改和运营主动整改,全力推动危险源整改工作。截至2013年年底,5号线施工遗留危险源基本整改完成,危险源总数由434项降低到401项。

3）消防管理

运营分公司组织制定了消防工作的纲领性文件《运营分公司消防管理办法》，明确消防安全管理组织、消防安全责任、消防安全管理、防火检查、火灾隐患整改、消防安全宣传教育和培训、火灾应急预案制定及演练组织、动火管理等要求，从制度上规范了消防安全管理工作。

运营分公司建立了三级义务消防队组织，其中分公司义务消防队1支、部门义务消防队6支、义务消防分队114支，共3726名义务消防队员，覆盖了地铁1、2、5号线沿线86个车站（含换乘站）及整个地铁车辆段，并定期组织义务消防队员培训和训练。

运营分公司非常重视应急预案演练工作，每年根据76个演练课目制订演练计划。在2012年和2013年，组织员工共进行分公司级、部门级、车间级等各项演练335项和357项。2012年7月、2013年11月，分别与市应急指挥中心、市消防局等单位，在宝安中心站、留仙洞站进行了车站火灾、防恐的联合演习，检验了地铁运营的应急预案及消防系统，并以此增强消防人员的的专业技能，丰富实战经验。

运营分公司组织制定了《运营分公司消防设施联合测试管理办法》，定期对所有消防设施进行全面测试。同时，定期开展防火检查，针对检查中发现的火灾隐患，按"三定"原则组织落实整改。

4）危化用品管理

运营分公司组织制定了《运营分公司危险品管理办法》和《运营分公司危险化学品事故应急处理预案》，规定了危险品的采购、验收、储存、运输装卸、发放和使用方法，明确了相关部门的职责，建立了详细的危险化学品应急处理和控制措施表，从制度上规范了危险化学品的管理和应急处理。

根据物品的种类和性质，设置相应的通风、防爆、泄压、防火、防雷、防晒、调温、消除静电等安全设施，并视危险化学品的危险性质不同，提出不同的储存要求，实行现用现取、统一管理，并在各维修工班配备专用防火柜用于临时存放维修用的危险化学品。同时定期组织危险化学品的专项安全检查，坚决杜绝危险品的遗失和外漏。

5）保护区内施工项目的安全管理

地铁安全保护区是指地下车站与隧道结构外边线外侧50m范围内，地面、高架车站及区间结构外边线外侧30m范围内，出入口、通风亭、变电站等建筑物、构筑物外边线外侧10m范围内。

地铁公司制定了《深圳市地铁集团有限公司地铁运营安全保护区和建设规划控制区工程管理办法》。同时，地铁安全保护已经在《深圳市基坑支护技术规范》《深圳市城市轨道交通工程周边环境调查导则》等地方规范中得到体现。

为加强地铁保护区内施工项目的监管，地铁公司于2010年6月成立地铁安全保护办公室，负责对安保区内的施工项目进行监管、巡查。对每个施工项目，每周巡查一次。

受深圳市住建局委托，深圳市地铁运营管理办公室安保区执法大队负责对深圳地铁安保区内的施工项目进行监管。

地铁公司总工办组织对安保区内因施工对地铁设备设施造成损害后的修复处理。

3.2.5 安全生产投入

运营分公司组织制定了《运营分公司劳动防护用品管理规定》，规定了每个工种、每个岗位的劳动防护用品配置标准。地铁公司投保涉及地铁运营的险种有财产一切险条款、机器损坏险条款、利润损失险条款、第三者责任险及公众责任险条款。

运营分公司对5号线工程投入运营的建筑物、构筑物及机器设备设施等财产投保了财产一切险、机器损坏险;对5号线工程投入运营所属范围内因自然灾害、运营生产活动或与运营生产相关的活动导致第三者人身伤害或财产损失的责任投保了公众责任险。

3.2.6 安全标志与宣传

1) 公众安全教育

地铁公司充分利用网站、车站乘客信息系统,通过图像、文字、声音等方式,采取多种形式向公众宣传安全知识。

开展地铁排队日、"安全出行,你最行!"等安全乘车活动,编辑、制作35万份《乘客服务指南》小册子及《安全小册子》,用简单易懂的文字配上形象插图的方式,加强对乘客安全、文明乘坐地铁的宣传。

在各站出入口、电梯、电扶梯等显著位置,粘贴"关于使用电梯、电扶梯的注意事项"的地铁卡通人安全警示贴。

在列车内,粘贴有关禁烟、防车门夹伤等安全警示,同时充分利用列车内的电子信息屏向乘客滚动播放乘车注意事项。

运营分公司定期组织安全文化活动,如进行"安全月"和"安全百日""向违章说NO"等宣传活动。定期举办安全知识竞赛、安全"金点子"征集、安全征文,举办安全专刊和板报、典型安全案例分析活动,通过设立运营安全成绩揭示牌、板报、宣传画、标语、开设语音课堂等形式,及时传播"人人、事事、时时、处处讲安全""管理要强硬、技术要过硬"的运营安全管理理念。

2) 安全标志、标识

设置了各种安全标志。各标志牌清晰醒目,指示明确。运营分公司还编写了《运营分公司安全标志手册》,内容包括标志牌型号的选用、标志牌的设置高度、标志牌的使用要求、标志牌的检查与维修。根据国标,详细列举了禁止烟火、禁止通行和限制高度。

3.2.7 事故与救援

1) 事故报告处理

运营分公司组织编写了《运营分公司运营事故处理规则》《生产事故应急处理预案》《深圳地铁乘客伤亡事故处理实施细则》《运营分公司危险化学品事故应急处理预案》,并提出了具体运营事故的报告、事故的调查、事故的责任判定和处理、事故的统计分析和总结报告、事故的处罚原则等处理程序。

在运营分公司安委会领导下,开展具体的调查分析工作及提供定性、定责及处理建议。认真调查分析,查明原因,分清责任,吸取教训,制定对策。对事故责任者,应根据事故性质和情节,予以批评教育、经济惩罚、行政处分直至追究法律责任。

根据事故性质、情节的严重性,按有关规定逐级追究责任。较大事故以上的调查处理根据国务院令第493号《生产安全事故报告和调查处理条例》及省、市、公司有关规定进行调查处理。当事故调查交由上一级部门或地铁集团公司负责时,运营分公司积极做好协作配合工作。

2）应急预案、应急处理救援队伍、装备和抢险演练

（1）应急预案

在运营筹备阶段，运营分公司安全技术部组织分公司生产部门编写了突发事件应急处理预案及供电、机电、通信、信号、车辆、轨道、隧道及特种设备的应急抢修预案，并根据预案进行了近80次演练。通过演练对预案多次的完善、修改，形成了地铁运营的系统预案。

运营分公司及时组织制定了《运营伤亡事故处理暂行办法》《车辆故障应急处理时间标准》等应急制度。相继编制了《地铁水灾应急处理预案》《深圳市地铁集团有限公司运营突发公共事件应急分预案》等24个涉及需要市应急指挥中心、市交通委共同处理的应急预案。

《深圳市地铁集团有限公司运营突发公共事件应急分预案》提出了"高度集中，统一指挥、逐级负责；先救人，后救物，先全面，后局部"的应急处理原则。根据风险评价理论，对突发公共事件进行了科学的分类和分级，将地铁突发事件分为自然灾害、事故灾难、突发公共卫生事件、突发社会安全事件四大类。根据可能造成的危害程度、波及范围、影响大小、行车中断时间、人员伤亡及财产损失等情况，由高到低将突发公共事件划分为特别重大（Ⅰ级）、重大（Ⅱ级）、较大（Ⅲ级）、一般（Ⅳ级）四个等级。

《深圳市地铁集团有限公司运营突发公共事件应急分预案》从人员、设备、供电、通风、交通运输、物资和经费等方面提出了具体的保障措施。例如，在人员方面，根据事件发生地点，指定不同的现场临时应急处理负责人。在经费方面，规定公司财务部必须在年度预算中按本级支出额的1%～3%安排预备费用。

目前，地铁公司已形成了一整套较完善的三级预案体系，包括指导性的《深圳市地铁集团有限公司运营突发公共事件应急分预案》、综合类的《深圳地铁运营突发公共事件专项预案》以及《变电系统应急抢修预案》和《车辆紧急救援预案》等12个专业应急预案，涉及火灾、自然灾害、爆炸、毒气等26项突发公共事件综合处理预案和有关车务运作及车辆、设备设施系统故障、事故等应急处理的185项专业预案。

（2）应急处理救援队

5号线应急处理救援队以运营控制中心为指挥中心，现场专业力量为依托，后续支援为保障的应急抢险体制，组建涵盖车辆、供电、信号等22个专业抢险队，共664名队员。各生产部门24h值班，各级管理、技术人员保持24h手机开机。

运营分公司应急处理救援队，由安全监察应急支援大队、维修救援队、自控救援队、车辆救援队、车务救援队、票务救援队组成，各队长分别由专业主任或部长担任，队员包括所属抢险救援所需各专业技术业务主管人员、安全员和班组技术骨干。

应急处理救援队全面负责地铁消防安全、生产安全和自然灾害抢救救援工作，主要职责是：当火灾、生产事故和自然灾害发生时，第一时间报告上级有关部门，及时安全疏散乘客，在队长现场指挥下，协助现场应急处理负责人进行救援抢险工作；作为地铁设备系统各专业代表，向现场应急处理负责人提供相关设施设备救援抢险的技术支持；提供救援抢险物资、器材的供给、运输和人员运送等；在突发事件现场关键控制点组织参与救援抢险工作、落实现场应急处理负责人的指令；与市有关部门建立应急联动机制，做好协调、配合工作。

（3）抢险装备

运营分公司5号线抢险装备按专业配备了救援机车、车辆故障专业救援车、LUKAS车辆

起复工具、接触网抢险车、抢险指挥车和各专业的抢险专用工器具共653件,抢险运输车辆76台。车辆、自控、维修等专业在沿线车站设置了抢险救援值班点,配备了抢修备品、备件,轨道、隧道、接触网、站务等专业在隧道内合适地点存放了必要的抢修工具,以满足快速反应要求。

各专业配备的主要装备有救援机车、车辆故障专业救援车,接触网作业抢险车,运输平板车、铝热焊成套装备,信号备用电子板卡、转辙机等,防洪沙袋、防淹挡板,沿线配备大功率发电机、水泵、水管等应急物资。

(4)应急前期处置能力(应急响应)

建立了突发事件对内对外快速信息通报响应机制,实行24h应急值班制度。配置了运营控制中心信息发布系统和各生产部门二级信息发布系统,管理和技术骨干人员手机24h开机。重大节假日、早晚高峰及周六日实行公司管理层和技术骨干人员值守制度。

具备应急前期处置能力——与外部联动机制、细化的应急手段。开展关键系统应急"三板斧"。开展重点部位、特殊时段技术骨干值班制度。

(5)事故救援能力(平战结合的维修抢险模式)

根据网络运营的特点,合理设置一线值班点,明确车辆段基地抢险职责分工。建立了现场人员第一时间快速出动,抢险队后续支援,按员工居住地分包范围加强支援的"平战结合"的抢险应急机制。

3.3 设 备 情 况

3.3.1 线路(轨道、隧道)、房建系统

1)基本情况

(1)轨道系统基本情况

5号线前海湾站—黄贝岭站,线路全长40.001km,其中高架线路3.424km,地下线路35.801km,过渡段(U形槽)0.776km。

正线轨行区设计范围:轨道线路K0+000~K39+811,计79.622km,1、5号线联络线,2、5号线联络线,5、10号线联络线,5、15号线联络线,塘朗车辆段国铁联络线。单开道岔64组,交渡5组;塘朗车辆段:出入段线2条,计1.897km,场内股道56条(含Ⅰ、Ⅱ、Ⅲ道及三条渡线),计19.795km(含联合车库、停车列检库、镟轮库、吹扫库、试车线、洗车库等);60kg/m钢轨9道岔单开4组,50kg/m钢轨1/9道岔单开1组(与国铁联络线,建设中),7道岔单开51组,交渡2组。

2011年5月9日通过竣工验收,2011年6月22日开通试运营。设备情况基本满足运营需求,在试运营期间暴露的问题正在逐步整改。

(2)建筑(桥隧、房建)系统基本情况

5号线西起前海湾站,经宝安中心站、西丽站、大学城站、龙华新区站、坂田站、布吉站至黄贝岭站,共设车站27座,其中高架站2座,地下站25座,其中前海湾站、宝安中心站、西丽站、深圳北站、五和站、布吉站、太安站、黄贝站等8站为换乘站,平均站间距约1.454km,车站总面

积约440623.72m²。全线设塘朗车辆段和上水径停车场各一座,新建西丽110/35kV主变电所一座。

5号线地下车站主要采用明挖法施工,局部采用盖挖法施工,少量具备放坡条件的车站采用土钉墙围护,其他车站主体主要采用地下连续墙、钻孔咬合桩、钻孔桩+旋喷桩等围护结构形式;地下区间主要施工方法有矿山法、盾构法、明挖法、暗挖法;5号线高架车站房建主体采用现浇钢筋混凝土框排架结构,各榀框架下部拟采用群桩基础;高架桥梁基础采用钻孔灌注桩。

2) 管理制度

(1) 轨道系统管理制度

5号线轨道专业实行部门、车间、专业技术组、工班四级管理。部门及车间为主要管理层级,负责人员、物资等内容的全面管理、调度;专业技术组主要由主管工程师、工程师组成,牵头处理整条线路日常故障抢修、设备更新改造,分析设备运行状态,协助车间编制相关维修规程、工艺卡及预案等文本资料;工班主要负责轨道设备检修,现场第一时间抢修设备故障。

在专业管理方面:编写及完善《深圳地铁轨道维修规程》《深圳地铁轨道探伤规程》《维修工程部工建车间轨道专业工艺卡汇编》《轨道系统应急预案》,并按照规程及工艺卡的要求执行设备的日常检修及标准化作业;建立设备故障管理台账,跟踪重点病害的发展及规律。工班管理执行技术人员包保制度,落实责任制,每季度由专业技术组、车间综合组人员组成对工班进行一次全面检查,提高工班的安全生产管理。应急抢修,一是严格执行车间节假日高峰值班制度;二是通过培训、技术比武及应急演练,提高员工业务技术水平及应急处理故障能力,保证运营期间的设备安全。

人员配备,按照既有线设备养护人员配备和维修模式,设置轨道专业组1个、轨道维修工班4个和轨道探伤工班1个。5号线(环中线)轨道专业全员共计50人,其中主管工程师1人,工程师2人,助理工程师1人,工班长5人,工班员工41人。每个工班按线路和车站数量划分区段进行管理,探伤工班负责全线轨道设备。

(2) 建筑(桥隧、房建)系统管理制度

5号线建筑专业由隧道、桥梁、房建专业合并为一个建筑专业,实行部门、车间、专业技术组、工班四级管理。部门及车间为主要管理层级,负责人员、物资等内容的全面管理、调度;专业技术组主要由主管工程师、工程师组成,牵头处理整条线路日常故障抢修、设备更新改造,分析设备运行状态,协助车间编制相关维修规程、工艺卡及预案等文本资料;工班主要负责建筑设备检修,现场第一时间抢修设备故障。

在专业管理方面:编写及完善《深圳地铁桥隧检修规程(B版)》《深圳地铁桥隧系统应急抢修预案(B版)》《维修工程部工建车间建筑专业桥隧系统工艺卡汇编(A版)》《深圳地铁房建维修规程(A版)》《维修工程部工建车间建筑专业房建系统工艺卡汇编(B版)》等管理制度。按照规程及工艺卡的要求执行设备的日常检修及标准化作业;建立病害台账,跟踪重点病害的发展及规律。执行技术人员工班包保制度,落实责任制,每季度由专业技术组、车间综合组人员组成对工班进行一次全面检查,提高工班的安全生产管理。应急抢修,一是严格执行车间节假日高峰值班制度;二是通过培训、技术比武及应急演练,提高员工业务技术水平及应急处理故障能力,保证运营期间的设备安全。

5号线建筑专业(含房建、隧道专业)共设立1个专业组、5个建筑工班。专业组设置在塘朗车辆段:隧道技术人员3名、房建技术人员8名。工班主站点分别为翻身站、留仙洞站、民治站、坂田站及布吉站。

3)维护检修情况

(1)轨道系统维护检修情况

试运营期间,按照正式运营模式,遵照轨道检修规程要求,按时完成巡检、月检、季检、年检以及各种临时检查等。

运营维修人员负责养护保养及临时修、故障修等工作,涉及大修、更新改造、技术改进由专业技术人员询价、招标有资质的单位进行施工。

(2)建筑(桥隧、房建)系统检修情况

工班负责对隧道、桥梁桥面系设施、车站建筑及附属设施进行月检、半年检、故障维修。车站防火门由车站人员和地盘管理要求进行属地日检和周检,发现故障向车站人员反映,并录入故障联系单进行报修。桥墩、支座、隧道、车站建筑及附属设施年检由包保区段技术人员进行。运营维修人员负责中小修工作,涉及大修、更新改造、技术改进由专业技术人员询价、招标有资质的单位进行施工;对结构渗漏水封堵、玻璃破碎后补充进行委外维修。

4)试运营期间设备运行情况

(1)轨道系统运行情况

5号线轨道设备在试运营期间基本满足运营需求,在试运营期间也暴露出一系列建设和原材料供应等方面问题,经过全面养护,轨道设备试运营期间基本平稳,满足运营要求,类似兴留区间道床上拱、钢轨接触焊缝重伤、高架段钢轨伸缩调节器螺栓折断、塘朗车辆段碎石道床缺渣等问题已经得到解决,病害得到控制,其他问题(太怡区间道床上拱及减振道床隔振器积水,道床伸缩缝翻浆,轨枕剥离等)正在逐步整改,运营也主动跟踪督促相关责任部门。

(2)建筑(桥隧、房建)系统运行情况

运营初期渗漏水处所较多:渗漏水故障较多的区段主要有灵芝站—洪浪北站、兴东站—留仙洞站、长岭陂站—深圳北站,杨美站—上水径站、太安站—怡景站,经过重点堵漏整,隧道设备质量稳步提高,其中,太怡区间道床上拱正在逐步整改。地铁公司组织对全线隧道进行变形监测,全线隧道沉降均匀,无不均匀沉降引起的隧道病害,隧道工程质量可靠,达到设计要求。

车站房建系统在开通运营初期存在车站土建结构渗漏水处所较多,门锁故障多、防火门质量问题多等影响运营服务质量问题。经过重点整治,房建设施质量有所提高,故障大幅减少,满足车站正常运作使用要求,现房建设施无大的病害和故障影响设备正常运行和车站正常运作,房建设施处于正常的状态,达到设计要求。

3.3.2 供变电系统

1)基本情况

5号线设有变电所30座,其中设有1座主所,1座开闭所,15座牵引变电所及13座降压变电所。采用集中供电方式,由西乡、后西丽2座110kV电压等级的主变电所和布吉1座35kV电压等级的开闭所对各个变电所供电,城市广场1座110kV电压等级的主变电所作为备用,由各站35kV交流开关柜组成独立开环供电网络,该网络以双回路馈电电缆分区域向各牵引降压混合变电所和降压变电所供电,由各牵引混合变电所1500V直流开关柜向轨行区接触网进行供电,通过钢轨回流,并设有杂散电流防护系统。

2)管理制度

5号线变电专业编制、修订了《5号线变电系统检修规程》《5号线变电系统应急抢修预案》《5号线变电系统设备检修工艺卡》等一系列标准文本,对各项检修作业的流程、安全卡控、技术要求进行了详细的规定。其中,检修规程为整个变电系统检修管理打定基础,内容包括设备的日常巡检要求、记录、设备检修项目、检修周期规定及检修试验报告等规范标准;应急抢修预案根据以往设备出现的各类故障,制订了"故障预判""三板斧"及"故障抢修流程"等指导方案;工艺卡则是对设备的检修进行标准指导,根据检修工艺卡内容,完成设备的正常检修任务。

人员架构方面,主任1人、副主任1人,主管工程师1人,工程师3人,助理工程师5人,技术员1人,工班长6人,工班员工58人,共计76人。整个专业分为技术组与工班两大部分。技术组主要负责日常事务性工作:针对工作、作业进行计划性安排,对设备管理、技术方面进行优化、整改,及对工班给予技术力量支持等。工班具体负责变电设备日常巡视、计划性检修、设备故障抢修、工程整改等。

3)维护检修情况

变电系统的维护按照周期修的模式,由专业工程师制订年度检修计划,工班按照技术组的作业计划,对设备按照技术要求进行周期性检修,含周巡、班月检、月检、季检、半年检、年检,对关键性和普遍性问题,通过加强巡检等手段施行重点监控和预防。

设备在使用过程中出现缺陷时进行故障检修,对发生故障的设备进行诊断、测试、修复,排除设备故障,从而保证设备的正常运行。

工程项目整改方面,针对35kV馈线柜,进出线柜出线误跳的缺陷,进行了REF542主机加装隔板;针对蓄电池压差过大、内阻偏高、容量不足的缺陷,进行了充放电活化及性能测试,对不合格站点蓄电池进行了更换,共计19处次;针对变电所内设备上方风管滴水的缺陷,在设备上方有风管的设备顶部加装的防水挡板;针对整流器接地线误碰带电部分,在整流器下方加装了绝缘挡板。

4)试运营期间设备运行情况

5号线开通至今共处理故障532项。

试运营期间,积极处理各类突发事件及施工遗留问题,深入挖掘设备系统存在的缺陷及安全隐患,有针对性地开展工程项目改造,使供电系统设备的稳定性、可靠性得到提高。

2011~2013年变电设备故障率逐年降低,设备运行稳定性逐年提高,确保了供电系统的稳定运行,满足深圳地铁运营条件。

3.3.3 接触网系统

1)基本情况

5号线正线区域含高架段及隧道内两种接触网类型,其中隧道内采用架空刚性接触网,隧道外为架空柔性全补偿简单链型悬挂形式,采用单承双导加腕臂定位。在各牵引所设置上网点,共含 8 处存车线/折返线。

试运营期间,5 号线接触网总体情况稳定,未出现重大事故,接触网系统中刚性及柔性接触悬挂等设备均稳定可靠,满足安全行车的要求。

2)管理制度

为规范接触网专业作业流程,特制定了以下相关技术标准:《接触网系统设备检修规程》是针对接触网系统各项检修内容及设备技术要求进行规定,是接触网系统各项技术指标的指导文本;《接触网系统工艺卡汇编》是针对接触网检修规程中规定的具体各项检修内容而制定的文本,对各项检修作业的流程、安全卡控、技术要求进行了详细的规定;《柔性接触网应急抢修预案》《刚性接触网应急抢修预案》是针对不同类型故障情况做出预想、判断而整理出的故障处理流程。以上各规章制度全面保障了接触网系统高质量、安全运行。同时在设备现场运行中,根据运行情况,定期对各项规章制度和技术文本进行修订更新。

5 号线采取车间管理专业的方式,专业内设置专业技术组和工班,两者既分工又合作。专业技术组有专业技术人员共 6 人,工班共 6 个 54 人。接触网检修工班采用大四班循环值班的检修形式,24h 值班。同时在正线设有 2 个驻站点,以方便抢修出动。

3)维护检修情况

接触网系统的维护主要是设备周期检修,接触网检修规程中针对不同的接触网系统设备规定了相应的检修周期。由专业组制订年度检修计划、预防性维修计划、周期性维修计划、巡视计划等。接触网各检修工班按照年度计划,在检修周期内对设备进行检修,含季检、半年检、年检,对关键和惯性问题,通过添乘、双周巡、网检车等手段进行重点监控和预防。

4)试运营期间设备运行情况

5 号线接触网系统设备在试运营期间各项性能指标稳定可靠,能够满足日常运营需求。接触网专业严格按照设备检修周期对设备进行维护、保养,保障设备安全、可靠运行。经过各级相关人员的努力,接触网设备稳定性得到提高,故障率逐年下降。

在做好设备维护检修工作的同时,对全线的安全隐患问题进行排查,发现如下重大安全隐患问题并已整改:隔离开关加引线整改、高架防雷缺陷整治、长大吊柱加固整治项目。

试运营期间发生两个故障:一是因雷击接触网,导致绝缘子闪络,引起断路器跳闸;二是隔离开关内部零件质量问题,制动器失灵,隔离开关拒动。

3.3.4 电扶梯系统

1)基本情况

5 号线自动扶梯共有 186 台。其中,前海湾站—长岭陂站及黄贝岭站 13 号自动扶梯由蒂森克虏伯电梯(中国)生产,共 90 台;深圳北站—黄贝岭站(1~12 号)自动扶梯由广州奥的斯电梯公司生产,共 96 台。5 号线电梯共有 63 台,由广州奥的斯电梯公司生产。

5 号线电扶梯设备于 2011 年 6 月 22 日接管,正式投入使用时间为 2011 年 6 月 22 日。

2)管理制度

5 号线电扶梯系统设备管理制度标准共 7 本(包括沿用的通用文本、修订的通用文本、新增专用文本),分别为《环中线自动扶梯系统设备检修规程(A 版)》《环中线自动扶梯系统设备操作规程(A 版)》《环中线电梯系统设备检修规程(A 版)》《环中线电梯系统设备操作规程(A

版)》《环中线维修工程部机电车间屏电专业工艺卡汇编》《环中线机电设备车站操作指南》《环中线机电设备应急抢修预案》。

5号线电扶梯系统按部门、车间、专业技术组、工班四个层级分层管理。部门及车间为主要管理层级,负责人员、物资等内容的全面管理、调度;专业技术组主要由主管工程师、工程师组成,牵头处理整条线路故障抢修、设备更新改造,分析设备运行状态,编制相关维护规程、工艺卡及预案等文本资料;工班是机电混合工班,具体负责低压、环控、屏蔽门电扶梯、给排水四个专业设备检修,现场第一时间抢修设备故障。专业技术组实施正常班制,工班倒班人员实施白夜休休的倒班模式,24h 不间断工作制。

3)维护检修

5号线电扶梯设备系统维护检修管理,分为预防性维修、故障性维修和工程整改项目三类。其中,预防性维修包含日检、半月检、季检、半年检和年检。

电扶梯设备维护保养采取委外维修模式,由设备原厂家负责,前海湾—长岭陂站及黄贝岭站13号自动扶梯由蒂森克虏伯电梯(中国)公司负责维护保养,深圳北站—黄贝岭站(1~12号)自动扶梯、全线电梯设备由广州奥的斯电梯公司负责维护保养。

工程整改项目三项:蒂森电扶梯因电阻箱温度过高,存在火灾隐患,另选电阻箱,共更换了51台站内梯;蒂森电扶梯未按全同设置梯级防跳保护开关,后续对90台梯加装了防跳保护开关;蒂森电扶梯基座螺栓强度不满足要求,后续对90台梯基座螺栓进行了更换。

4)试运营期间设备运行情况

5号线电扶梯系统可靠程度逐年提升:2011年7~12月为98.5597%,2012年为99.7727%,2013年为99.8983%。电梯系统可靠程度也逐年提升:2011年7~12月为99.2541%,2012年为99.4459%,2013年为99.8239%。

3.3.5 屏蔽门系统

1)基本情况

5号线屏蔽门系统由西屋月台屏蔽门(广州)有限公司生产,前海湾站—黄贝岭站,共27个车站,共59侧,1770档屏蔽门。屏蔽门设备接管时间为2011年6月22日,正式投入使用时间为2011年6月22日。

2)管理制度

5号线屏蔽门系统设备相关标准文本共5本,分别为《环中线屏蔽门系统设备检修规程(A版)》《环中线屏蔽门系统设备操作规程(A版)》《环中线维修工程部机电车间屏电专业工艺卡汇编》《环中线机电设备车站操作指南》《环中线机电设备应急抢修预案》。

5号线建设工程电扶梯系统按部门、车间、专业技术组、工班四个层级分层管理。部门及车间为主要管理层级,负责人员、物资等内容的全面管理、调度;专业技术组主要由主管工程师、工程师组成,牵头处理整条线路故障抢修、设备更新改造,分析设备运行状态,编制相关维护规程、工艺卡及预案等文本资料;工班是机电混合工班,具体负责低压、环控、屏蔽门电扶梯、给排水四个专业设备检修,现场第一时间抢修设备故障。专业技术组实施正常班制,工班倒班人员实施白夜休休的倒班模式,24h 不间断工作制。

3)维护检修情况

屏蔽门设备系统维护检修管理,分为预防性维修、故障性维修及工程项目改进三个方面。

预防性维修包含日检、月检、半年检及年检。屏蔽门设备维护保养采取委外维修模式,由设备原厂家西屋月台屏蔽门(广州)有限公司负责。

在工程项目改进方面,为保乘客乘车安全,对屏蔽门系统进行地槛加装光带、胶条改进,缩小了站台与客车间隙,同时采用蓝色 LED 光带警示。

4) 运营期间设备运行情况

2011~2013 年,5 号线屏蔽门系统可靠程度是:2011 年 7~12 月为 99.9194%,2012 年为 99.9813%,2013 年为 99.9914%。屏蔽门系统故障统情况是:2011 年 7~12 月 688 次,2012 年 448 次,2013 年 196 次。设备通过一段时期的调试与磨合,运行稳定,故障率低,达到了设计要求。

3.3.6　低压电气系统

1) 基本情况

5 号线低压系统设备主要有低压配电柜、环控电控柜、EPS 事故照明装置、双电源箱、动力配电箱、照明配电箱、车站及区间的照明灯具、检修插座箱、疏散指示灯等低压动力、照明设备。其中,低压配电柜采用的是白云电气集团有限公司生产的 Energin 型柜体,环控电控柜采用的是深圳达实智能股份有限公司生产的 MNS3.0 柜体,事故电源装置采用的是北京动力源科技股份有限公司生产的 DUYD 系列和德克 12V 电池。低压设备接管时间为 2011 年 6 月 22 日,正式投入使用的时间为 2011 年 6 月 22 日。

2) 管理制度

5 号线低压系统设备检修规程有《环中线低压配电和照明系统操作规程》《环中线低压配电和照明系统检修规程》《环中线维修工程部机电车间低压动照专业工艺卡汇编》。

5 号线低压配电系统按部门、车间、专业技术组、工班四个层级分层管理。部门及车间为主要管理层级,负责人员、物资等内容的全面管理、调度;专业技术组主要由主管工程师、工程师组成,牵头处理整条线路故障抢修、设备更新改造,分析设备运行状态,编制相关维护规程、工艺卡及预案等文本资料;工班是机电混合工班,具体负责低压、环控、屏蔽门电扶梯、给排水四个专业设备检修,现场第一时间抢修设备故障。专业技术组实施正常班制,工班倒班人员实施白夜休休的倒班模式,24h 不间断工作制。

3) 维护检修情况

维护检修分为故障修与计划修两个方面。对计划修而言,低压柜、环控电控柜分为日检、两年检,站用事故照明电源装置分为日检、月检、半年检和年检,区间动照设备分为月检和季检等。

为了保障可靠运行,主要整改项目有车站高空照明灯具委外维修,区间联络通道加装疏散指示,照明灯具与车站加装疏散指示灯具整改,变频电机排热风扇供电工程整改等。

4) 试运营期间设备运行情况

5 号线低压配电系统设备通过一段时期的调试与磨合,运行稳定,故障率低,达到了设计要求。2011 年下半年、2012 年、2013 年发生重要元器件故障分别为 3 次、2 次、2 次,所有故障均未造成列车晚点,运行安全。

3.3.7 给排水、消防系统

1) 基本情况

5号线车站给水系统为生活给水与消防给水独立设置,一路生活进水,两路消防进水。主要的给排水设备包括潜污泵、消防水泵、排油注氮灭火设备、七氟丙烷气体灭火系统、室内外消火栓及其阀门、密闭式污水提升装置及卫生间设施、管道和附件。

5号线车站排水系统设有潜污泵500台,主要负责车站、区间废水的排除;污水密闭提升装置48套,主要负责车站污水的排除;消防水泵52台,主要负责车站、西丽主变电所的消火栓系统供水;排油注氮灭火系统1套,主要负责西丽主变电所变压器的灭火。至目前为止,潜污泵、消防水泵等消防供水设施使用完好率为100%,密闭式污水提升装置及其卫生间设施使用完好率为99.6%。

5号线车站给排水设备于2011年6月15日接管,2011年6月22日正式投入使用。

2) 管理制度

为规范设备维护保养,5号线试运营期间根据设备的类型分类制定了以下规程:《环中线给排水及水消防系统操作规程》《环中线给排水及水消防系统检修规程》《环中线给排水及消防系统检修作业工艺卡汇编》。针对应急抢险,制定了《站外市政进水管漏水应急抢修预案》《车站内管道漏水应急抢修预案》《轨行区消防水管漏水应急抢修预案》《区间排水泵故障应急抢修预案》《区间大面积水应急抢修预案》。

5号线给排水及消防系统按部门、车间、专业技术组、工班四个层级分层管理。部门及车间为主要管理层级,负责人员、物资等内容的全面管理、调度;专业技术组主要由主管工程师、工程师组成,牵头处理整条线路故障抢修、设备更新改造,分析设备运行状态,编制相关维护规程、工艺卡及预案等文本资料;工班是机电混合工班,具体负责低压、环控、屏蔽门电扶梯、给排水四个专业设备检修,现场第一时间抢修设备故障。专业技术组实施正常班制,工班倒班人员实施白夜休休的倒班模式,24h不间断工作制。

3) 维护检修情况

5号线给排水及消防系统维护检修分为计划修、故障修两个方面。消防及给排水系统主要检修周期为日检、周检、月检和年检,直接或间接影响行车的设备,如车站及区间主废水泵、供水管道,实行定期月检、年检加故障修。大流量及水垢严重的区间,实施周检。与消防相关的设备,如消防供水管道,实行日检、月检、年检加故障修。影响车站服务的设备,如密闭式污水提升装置及卫生间设备设施,实行日检、月检、年检和故障修。

4) 试运营期间设备运行情况

5号线给排水、消防系统自开通以来,共发生设备故障1009起,其中2013年故障占总数的40.93%,2012年占39.25%。试运营期间,设备的可靠性较好,运行较稳定,有故障但未造成列车晚点,主要是区间水泵故障,排水管道堵塞,其中洗手间设备故障率较高,但均能满足运营要求。

3.3.8 环控系统

1) 基本情况

5号线环控系统设备主要有48台冷水机组、98台冷冻冷却水泵、48台冷却塔、24台反冲洗过滤器、106 台 TVF 风机、51 台 U/O 风机、94 台射流风机、492 台大小系统风机、566 台组合式风阀、4155 台防火阀、95 台空气处理机、10 套 VRV 空调机组、若干消声器、组合式空调箱、风机盘管、分体空调、全热交换机组、吊扇、诱导风机及附属控制箱、电缆等。设备使用完好率为 100%。

5 号线环控设备于 2011 年 6 月 22 日接管,2011 年 6 月 22 日正式投入使用。

2）管理制度

5 号线环控系统规章制度有《环中线环控系统操作规程》《环中线环控系统检修规程》《环中线维修工程部机电车间环控专业工艺卡汇编》。环控系统按照检修规程、工艺卡展开计划修及故障修。

5 号线环控系统按部门、车间、专业技术组、工班四个层级分层管理。部门及车间为主要管理层级,负责人员、物资等内容的全面管理、调度;专业技术组主要由主管工程师、工程师组成,牵头处理整条线路故障抢修、设备更新改造,分析设备运行状态,编制相关维护规程、工艺卡及预案等文本资料;工班是机电混合工班,具体负责低压、环控、屏蔽门电扶梯、给排水四个专业设备检修,现场第一时间抢修设备故障。专业技术组实施正常班制,工班倒班人员实施白夜休休的倒班模式,24h 不间断工作制。

3）维护检修情况

按照企业检修规程及相关规范要求,除每日设备巡检外,安排对设备进行周期性维护检修,包含月检、半年检、年检或双年检。5 号线环控专业应完成计划检修 1134 项,实际完成 1134 项,完成率为 100%;应处理故障 696 项,实际完成 696 项,完成率为 100%。检修计划定期安排,如期完成。

4）试运营期间设备运行情况

在试运营期间,通过一段时期的调试与磨合,环控系统运行稳定,故障率低,站台站厅及设备房温度、风量满足舒适性要求,消防联动测试达到设计要求。开通以来,环控系统未造成列车晚点。针对常见故障,结合定期检修,加强各环控系统设备的维护管理,保证设备可靠运行,稳定性满足运营需求。

3.3.9 信号系统

1）基本情况

5 号线正线信号系统采用了卡斯柯信号有限公司生产的基于无线通信移动闭塞的信号控制系统,塘朗车辆段采用了卡斯柯信号有限公司生产的 iLOCK 型微机联锁系统。其中,正线信号系统包括列车自动监控子系统（ATS）、列车安全防护和自动驾驶系统（ATC）、联锁系统（CBI）、无线传输系统（DCS）及维护支持系统（MSS）。

正线信号系统设备数量为道岔 84 组、计轴磁头 311 个、计轴机柜 15 套、信号机 200 架、轨旁 TRE135 个、工作站 22 台、联锁机柜 24 个、DCS 机柜 11 个、LATS 机柜 11 个、ATS 接口机 16 个、轨旁 ZC/LC 计算机合计 4 台、SDM 维护端终 11 台、计轴维护终端 11 台、MSS 维护终端 6 台、组合架（含继电器）51 架、车载 ATP/ATO 64 套、电源屏 60 个、UPS 27 套、发车表示器 66 套等。

车辆段微机联锁系统设备数量为道岔 63 组、50HZ 轨道区段 160 个、信号机 155 架、工作站 2 台、联锁机柜 4 个、SDM 维护端终 11 台、组合架(含继电器)29 架、电源屏 3 个、UPS 1 套。

2) 管理制度

5 号线信号专业按部门、车间、专业技术组、工班四个层级分层管理。部门及车间为主要管理层级,负责人员、物资等内容的全面管理、调度;专业技术组主要由主管工程师、工程师组成,牵头组织设备计划性维修,负责整条线路设备故障抢修、设备更新改造,分析设备运行状态及编制《5 号线信号系统设备维护规程》《5 号线信号系统设备工艺卡》《5 号线信号系统故障抢修预案》等文本资料;工班具体负责设备检修、现场第一时间设备抢修。

信号系统按专业划分为正线、车载、ATS 及车辆段四大专业。5 号线正线设置 4 个工班,配备人员 38 人,分区域管理全线正线设备。车载设置 1 个工班,配备人员 12 人,管理 32 列列车。ATS 设置 1 个工班,管理 5 号线的中央 ATS 设备,配备人员 7 人。在塘朗车辆段设置 1 个车辆段工班,配备人员 11 人,负责车辆段内信号设备检修及维护。

5 号线信号专业管理方面主要参照《自动监控部生产组织程序》来组织生产,完善计划性检修、故障维修、施工作业、工单执行以及设备质量控制等方面的要求。对于故障备品备件,则参照《自动监控部备品备件维修、研制和故障板卡封存管理实施细则》执行。

3) 维护检修情况

5 号线信号设备计划性检修,按照《自动监控部通号车间 5 号线信号工班年度检修作业计划表》(简称《年月表》)执行。《年月表》提前一年由技术组编写,班组第二年按照《年月表》计划,每月对信号设备实施检修。设备检修修程含日检、周检、双周检、月检、季检、半年检、年检等。

在工程整改方面,截至 2013 年年底,完成了正线 69 组道岔基坑积水整治和车地通信受 Wi-Fi 干扰整改(第一阶段)。

4) 试运营期间设备运行情况

5 号线信号系统自一次开通 CBTC 系统功能(包括列车自动驾驶 ATO)以来,历经多次修改时刻表,于 2012 年 8 月,将运营追踪间隔时间从开通时的高峰期 8min 修提升至高峰期 6min,在满足了系统初期设计要求的同时,也符合客运需求。系统经受了劳动节、暑假、国庆节、春节、第 26 届世界大学生夏季运动会等特殊时间段的大客流考验,运行稳定,达到设计要求。

正线专业故障占总故障的 6.5%,车载专业故障占总故障的 86.1%,ATS 专业故障占总故障的 6.7%,车辆段专业故障占总故障的 0.7%。

2013 年信号系统设备故障累计 711 件,其中正线专业故障占总故障的 10.27%,车载专业故障占总故障的 67.51%,ATS 专业故障占总故障的 16.88%,车辆段专业故障占总故障的 5.34%。

2011~2013 年,系统软件多次升级。通过一系列的升级改进,设备运行稳定性大幅提高,2013 年比 2012 年的故障数量降低 44.3%。

3.3.10 通信系统

1) 基本情况

在 5 号线通信系统中,交换系统有 2 台 IXP2000-LX 型、27 台 IXP2000-C512 型数字程控交换机。传输系统有29台S385传输设备、29套PCM设备。专网无线系统有26台TB3基站、1台无线交换机。广播系统有29套设备。时钟系统有29套设备。所有设备于2011年6月开通并投入运行,现运行平稳。

2)管理制度

(1)规章制度及文本编制

5号线通信系统在开通前已完成《5号线通信系统抢修应急预案》《5号线通信系统设备维护规程》《5号线通信(综合安防)专业工艺卡》《5号线通信系统设备操作规程》的文本编写。2013年,根据设备运行及人员状况,将上述文本升级为B版。

(2)维修模式

5号线通信系统的维护主要按照《自动监控部生产组织程序(D版)》《5号线通信系统设备维护规程》《5号线通信系统工艺卡汇编》的要求执行,采用故障修与计划修相结合的模式。通信系统计划性检修,主要是日巡检、周巡检、双周检、月检和年检。

(3)组织架构及人员配置

5号线通信专业(含综合安防),按部门、车间、专业技术组、工班四个层级分层管理。部门及车间为主要管理层级,负责人员、物资等内容的全面管理、调度;专业技术组4人,设小组牵头人1名,负责对小组内人员及通信设备的总体管理,3名工程师分别分管相应通信(综合安防)专业并实行工班的包保管理,牵头处理整条线路故障抢修、设备更新改造,分析设备运行状态及编制《5号线通信系统设备维护规程》《5号线通信系统设备工艺卡》《5号线通信系统故障抢修预案》等文本资料;根据实际生产需要,设置4个综合工班,1个网管工班,共计56人,按区域对通信系统设备进行维护和管理。

3)维护检修情况

试运营期间,通信专业除了按照维护规程进行日巡检、周巡检、双周检、月检、年检及日常故障维修外,还针对各系统的调试情况,进行了全线的设备功能检验工作,并对备品备件定期测试,检验结果满足运营要求。

4)试运营期间设备运行情况

通信设备在试运营期间年均发生115起故障,其中大多为终端故障和线路故障,核心设备运行稳定,未发生人身伤亡事故、设备事故、火灾事故,未发生影响列车晚点的故障,通信系统保持安全稳定运行,满足运营需求。

3.3.11 电力监控系统(SCADA)

1)基本情况

5号线电力监控系统(SCADA)由西丽主变电所综合自动化系统、布吉开闭所综合自动化系统、塘朗车辆段变电所综合监控系统、车站变电所综合监控系统和中央级控制系统组成。SCADA系统采用分层分布式控制方式,车站级和中央级控制通过综合监控骨干网的光纤连接。系统包括通信控制器29套,其中车站通信控制器27套、车辆段变电所通信控制器1套、开闭所通信控制器1套。系统设置实时服务器2台,采用IEC104规约与通信控制器通信。系统维护工作站2台、复示系统工作站2台、电调工作站2台、主变电所通信控制器2台以及主变电所监控单元4套。系统于2011年6月经过144h测试后投入使用。

2) 管理制度

5号线SCADA专业按部门、车间、专业技术组、工班四个层级分层管理。部门及车间为主要管理层级,负责人员、物资等内容的全面管理、调度;专业技术组主要由主管工程师、工程师组成,牵头处理整条线路故障抢修、设备更新改造,分析设备运行状态及编制《5号线SCADA系统设备维护规程》《5号线SCADA系统设备工艺卡》《5号线SCADA系统故障抢修预案》等文本资料;工班具体负责SCADA设备的计划性检修、现场第一时间抢修。SCADA专业在塘朗车辆段1个工班具体负责系统的计划性检修、现场第一时间抢修,包括维修、技术人员共10人,负责5号线全线车站、OCC、塘朗车辆段、布吉开闭所、西丽主变电所SCADA系统设备的检修及维护。

5号线SCADA专业管理方面主要参照《自动监控部生产组织程序》来组织生产,完善计划性检修、故障维修、施工作业、工单执行以及设备质量控制等方面的要求。对于故障备品备件,则参照《自动监控部备品备件维修、研制和故障板卡封存管理实施细则》执行。

3) 维护检修情况

5号线SCADA系统设备检修按照《自动监控部自动化车间5号线SCADA检修作业计划表》(简称《年月表》)执行,《年月表》提前一年由技术组编写,班组第二年按照《年月表》计划每月对SCADA系统设备实施检修。设备检修含月检、季检、年检等检修修程。

4) 试运营期间设备运行情况

5号线SCADA系统在试运营期间,多次进行了遥控、程控、冗余等测试,试验结果符合该系统工艺设计要求。2011年6月逐步实现了35kV、DC1500V、400V设备监控等功能。程控、紧急停电功能经过调试已投入使用,已连续正常运行近1100天,达到设计要求。

3.3.12 综合监控系统(ISCS)

1) 基本情况

5号线综合监控系统(ISCS)采用分层分布式控制结构,由三层网络组成,包括中央级监控网络层、车站级监控网络层和底层设备级分散控制网络层。中央级和车站级之间,通过综合监控专用骨干网连接。综合监控系统包括1套中央级监控设备和28套车站级监控设备。车站级综合监控系统(SISCS)有26套综合UPS、56台以太网交换机、52台冗余的实时服务器、52套综合监控系统双屏工作站、27台BAS前置通信机、54台互联前置通信机、25套综合后备盘(IBP)等设备。综合UPS为通信、AFC、PIS、ISDS、ISCS系统提供电源。车站级综合监控系统冗余骨干网,采用基于TCP/IP标准协议,双环冗余设置,通信速率为1000Mbit/s,同时具备环网自愈功能。BAS通信控制器互为冗余,通过骨干网交换机连接BAS系统的PLC和FAS系统,互联通信控制器提供约10个RS-232/422/485电气接口,4个标准RJ-45以太网接口,实现与电扶梯、屏蔽门、事故电源、AFC、ISDS、PIS、PA、综合UPS等系统之间的互联。PLC采用冗余控制网连接全部控制柜(箱)的分布式I/O模块,速率5Mbit/s,可挂99个节点。2011年6月通过144h测试后投入正常运行。

2) 管理制度

5号线综合监控专业按部门、车间、专业技术组、工班四个层级分层管理。部门及车间为主要管理层级,负责人员、物资等内容的全面管理、调度;专业技术组主要由主管工程师、工程师组成,牵头处理整条线路故障抢修、设备更新改造,分析设备运行状态及编制《5号线 ISCS 系统设备维护规程》《5号线 ISCS 系统设备工艺卡》《5号线 ISCS 系统故障抢修预案》等文本资料;工班具体负责综合监控设备的计划性检修、现场第一时间抢修,BAS 和 FAS 合设2个 ISCS 工班,负责27个车站、OCC 和塘朗车辆段的系统设备检修及维护。

5号线综合监控专业管理方面主要参照《自动监控部生产组织程序》来组织生产,完善计划性检修、故障维修、施工作业、工单执行以及设备质量控制等方面的要求。对于故障备品备件,则参照《自动监控部备品备件维修、研制和故障板卡封存管理实施细则》执行。

3) 维护检修情况

5号线综合监控系统设备检修按照《自动监控部自动化车间5号线 ISCS 检修作业计划表》(简称《年月表》)执行,《年月表》提前一年由技术组编写,各班组第二年按照《年月表》计划每月对综合监控设备实施检修。通常,设备检修含月检、季检、年检等检修修程。

4) 试运营期间设备运行情况

5号线综合监控系统在车站消防验收和运营演练中,多次用冷烟进行公共区火灾模式测试,试验结果符合环控工艺设计要求。2011年6月逐步实现了单控、群控、时间表和火灾模式联动控制等功能。环控系统变频、PID 调节控制得到了改进并投入使用,系统运行正常,达到设计要求。

3.3.13 防灾报警系统(FAS)

1) 基本情况

5号线防灾报警系统主要以预防火灾为主,在火灾初期及早报警并确认火情,联动消防设施进行防灾救灾,将灾害危害程度降至最低。系统按两级管理、三级控制的方式设置。第一级为中央级,作为 FAS 集中监控中心,设置于全线控制中心中央控制室。第二级为车站级,作为本地 FAS 监控中心,设置于车站控制室以及车辆段等的消防控制室。第三级为现场就地控制级。

5号线防灾报警系统有28套 FAS 系统设备(含报警控制器、各类智能火灾报警探测器、智能手动报警按钮、消防电话插孔、监视模块、控制模块、警铃、消防对讲电话等)。主要分布在沿线各车站、主变电所和车辆段及停车场,承担火灾自动探测、报警及自动联动功能。火灾时,联动垂直电梯、消防水泵、防火卷帘/挡烟垂壁等接口设备。报警主机采用美国爱德华 EST3 系列产品。车站级主机与气体灭火系统主机之间通过 RS-485 组成环网。系统报警主机通过其中一个 RS-232 串口与 GCC 工作站通信,GCC 工作站通过 RJ-45 接入综合监控172网,实现信息上传。系统报警主机通过另一个 RS-232 串口与 BAS 系统网关模块通信,实现火灾模式通信。当探测到火灾时,触发相应的火灾模式号并发送给 BAS 系统执行防排烟程序,并切断三级负荷。系统具有全站的火灾报警监控、气体灭火系统监控、感温光纤设备监测、电气火灾监测、消防设备状态和故障监测等功能,实现了防灾报警信息的集中监控。各车站、主变电所和车辆段 FAS 系统,已深度集成到综合监控系统中。控制中心实现了对全线火灾报警、故障、状态信息的集中监控和管理。2011年6月完成过144h测试后投入正常运行,目前系统运行稳定、功能正常,满足运营需求。

5号线有25套电气火灾监测系统设备(含监测主机、数据采集器、蓝牙发射器、点式温度探测器以及剩余电流探测器等）。主要安装在沿线各车站、区间跟随变电所，承担电气设备的剩余电流、温度过热监测。电气火灾监测系统采用广州天赋人财光电科技有限公司产品。电气火灾报警主机通过 RJ-45，分别接入综合监控 171 网和 172 网，实现双网冗余。电气火灾监测系统具有点式温度监测、剩余电流监测、设备故障监测和火灾报警功能。各站电气火灾监测系统已接入综合监控系统互联，控制中心实现了对全线火灾报警、状态信息的集中监控和管理。2011 年 6 月完成 144h 测试后投入正常运行，目前系统运行稳定，功能正常，满足运营需求。

2）管理制度

5 号线 FAS 专业按部门、车间、专业技术组、工班四个层级分层管理。部门及车间为主要管理层级，负责人员、物资等内容的全面管理、调度；专业技术组主要由主管工程师、工程师组成，牵头处理整条线路故障抢修、设备更新改造，分析设备运行状态及编制《5 号线防灾报警系统设备维护规程》《5 号线防灾报警系统设备工艺卡》《5 号线防灾报警系统故障抢修预案》等文本资料；工班具体负责 FAS 设备的计划性检修、现场第一时间抢修，FAS 和 BAS 合设 2 个 ISCS 工班，负责 5 号线 27 个车站及西丽主变电所的 FAS 设备检修及维护。

5 号线 FAS 专业管理方面主要参照《自动监控部生产组织程序》来组织生产，完善计划性检修、故障维修、施工作业、工单执行以及设备质量控制等方面的要求。对于故障备品备件，则参照《自动监控部备品备件维修、研制和故障板卡封存管理实施细则》执行。为保障防灾报警系统安全可靠运行，FAS 专业制定了系统操作规程、维护规程、检修工艺卡，为了更好地服务生产及指导员工作业，共进行了 3 次文本修编。

3）维护检修情况

5 号线防灾报警系统由运营自动化车间 FAS 专业负责自主维修，按照技术组编制的《5 号线防灾报警系统设备维护规程》《5 号线防灾报警系统检修工艺卡》《自动监控部自动化车间 FAS 检修作业计划表》执行。设备检修分为故障修和计划修。其中，计划修分为月度检修和年度检修。目前系统设备维护正常，设备完好率 100%。

4）试运营期间设备运行情况

5 号线防灾报警系统运行初期，存在一些报警描述错误、线路接地、图形位置错误等问题，经过运营维护人员的全线对点测试整改，问题得到解决。目前系统运行正常，火灾报警及联动功能准确率达到 100%，系统安全可靠，满足设计要求。

5 号线电气火灾监测系统运行初期，存在一些报警描述错误、误报警等问题，经过运营维护人员的全线对点测试整改，问题得到解决。目前系统运行正常，安全可靠，满足设计要求。

3.3.14　气体灭火系统

1）基本情况

5 号线气体灭火系统，主要由 25 套气体灭火系统设备（气体灭火报警控制器、气体灭火控制单元、各类智能火灾报警探测器、监视模块、控制模块、声光报警器、警铃、放气指示灯、紧急喷气按钮、紧急止喷按钮、手自动转换开关、现场回路总线、防火阀集中控制箱及其他相应现场设备等）组成。

系统主要分布在沿线各车站，承担重要设备房的火灾报警任务和执行气体灭火保护功能。

气体报警主机采用美国爱德华 EST3 系列产品,车站级气体灭火系统 EST3 主机与 FAS 系统 EST3 主机之间通过 RS-485 组成环网。气体灭火系统报警主机通过其中一个 RS-232 串口与 FEP 通信控制器通信,FEP 通信控制器通过 RJ-45 接入综合监控 171 网,实现信息上传;气体灭火系统报警主机,通过另一个 RS-232 串口与打印机通信,实现实时打印。气体灭火系统具有火灾报警监控、设备状态和故障监测等功能。

5 号线各站气体灭火系统已深度集成到综合监控系统中,控制中心实现了对全线火灾报警、故障、状态信息的集中监控和管理。2011 年 6 月通过 144h 测试后投入正常运行,目前运行稳定,功能正常,满足运营需求。

2)管理制度

5 号线 FAS 专业按部门、车间、专业技术组、工班四个层级分层管理。部门及车间为主要管理层级,负责人员、物资等内容的全面管理、调度;专业技术组主要由主管工程师、工程师组成,牵头处理整条线路故障抢修、设备更新改造,分析设备运行状态及编制《5 号线防灾报警系统设备维护规程》《5 号线防灾报警系统设备工艺卡》《5 号线防灾报警系统故障抢修预案》等文本资料;工班具体负责设备的计划性检修、现场第一时间抢修,FAS 和 BAS 合设 2 个 ISCS 工班,负责 5 号线 27 个车站及西丽主变电所的 FAS 设备检修及维护。

5 号线 FAS 专业管理方面主要参照《自动监控部生产组织程序》来组织生产,完善计划性检修、故障维修、施工作业、工单执行以及设备质量控制等方面的要求。对于故障备品备件,则参照《自动监控部备品备件维修、研制和故障板卡封存管理实施细则》执行。为保障 FAS 系统安全可靠运行,FAS 专业制定了系统操作规程、维护规程、检修工艺卡,为了更好地服务生产以及指导员工作业,共进行了 3 次修编。

3)维护检修情况

5 号线气体灭火系统由运营自动化车间 FAS 专业负责自主维修,按照技术组编制的《5 号线火灾报警系统设备维护规程》《5 号线火灾报警系统检修工艺卡》《自动监控部自动化车间 FAS 检修作业计划表》执行,设备检修分为故障修和计划修,其中计划修分为月度检修和年度检修。目前系统设备维护正常,设备完好率 100%。

4)试运营期间设备运行情况

5 号线气体灭火系统运行初期,存在一些报警描述错误、线路接地错误、图形位置错误等问题,经过运营维护人员的全线对点测试整改,问题均得到了解决。目前系统运行正常,火灾报警及联动功能准确率达到 100%,系统安全可靠,满足设计要求。

3.3.15 隧道光纤温度监测系统

1)基本情况

5 号线隧道光纤温度监测系统,主要由 26 套感温光纤测温系统设备(含光纤测温主机、感温光纤以及维护工作站等)组成。主要安装在沿线各车站、主变电所,监测范围包括所有区间隧道、电缆夹层、电缆通道、站厅站台公共区吊顶的温度探测和火灾报警。感温光纤报警主机采用广州科思通产品。感温光纤报警主机通过 RJ-45 分别接入综合监控 171 网和 172 网,实现双网冗余。系统具有温度监测、火灾报警、光纤故障监测等功能。

5 号线各站隧道光纤温度监测系统已接入综合监控系统互联,控制中心实现了对全线火灾报警、故障、状态信息的集中监控和管理。2011年6月完成系统调试并通过144h测试后投入正常运行,目前系统运行稳定、功能正常,满足运营需求。

2)管理制度

5号线FAS专业按部门、车间、专业技术组、工班四个层级分层管理。部门及车间为主要管理层级,负责人员、物资等内容的全面管理、调度;专业技术组主要由主管工程师、工程师组成,牵头处理整条线路故障抢修、设备更新改造,分析设备运行状态及编制《5号线防灾报警系统设备维护规程》《5号线防灾报警系统设备工艺卡》《5号线防灾报警系统故障抢修预案》等文本资料;工班具体负责计划性检修、现场第一时间抢修,FAS和BAS合设2个ISCS工班,负责5号线27个车站及西丽主变电所的FAS设备检修及维护。

5号线FAS专业管理方面主要参照《自动监控部生产组织程序》来组织生产,完善计划性检修、故障维修、施工作业、工单执行以及设备质量控制等方面的要求。对于故障备品备件,则参照《自动监控部备品备件维修、研制和故障板卡封存管理实施细则》执行。

为保障隧道光纤温度监测系统安全可靠运行,FAS专业制定了系统操作规程、维护规程、检修工艺卡,为了更好地服务生产及指导员工作业,共进行了3次文本修编。

3)维护检修情况

5号线隧道光纤温度监测系统,由运营自动化车间FAS专业负责自主维修,按照技术组编制的《5号线火灾报警系统设备维护规程》《5号线火灾报警系统检修工艺卡》《自动监控部自动化车间FAS检修作业计划表》执行。设备检修分为故障修和计划修,其中计划修分为月度检修和年度检修。目前系统设备维护正常,设备完好率100%。

4)试运营期间设备运行情况

5号线隧道光纤温度监测系统运行初期,存在一些报警描述错误、误报警等问题,经过运营维护人员的全线对点测试整改,问题得到解决。目前系统运行正常,火灾报警准确率达到100%,系统安全可靠,满足设计要求。

3.3.16 综合安防系统

1)基本情况

5号线工程综合安防系统包含安防设备29套,敷设光缆、电缆及泄漏电缆各80余千米。所有设备于2011年6月开通并投入运行。

综合安防系统于2013年7月18日完成竣工验收,目前仍然未完成的主要竣工遗留项如下:塘朗车辆段周界入侵探测报警系统未全部实现报警及报警联动功能;列车安防系统(车载电视监控系统)与车辆系统联动功能暂未全部实现;控制中心运管办设备未安装,个别摄像机、监视器及门禁设备缺失未补全;控制中心安防服务器未完成主备配置,电子地图、预案管理功能及各车站智能分析单元未完成全部配置。系统达到基本设计要求。

2)管理制度

(1)规章制度及文本编制

综合安防系统与通信系统共用规章制度及文本,开通前已完成《5号线通信系统抢修应急预案》《5号线通信系统设备维护规程》《5号线通信(综合安防)专业工艺卡》《5号线通信系统设备操作规程》的文本编写。2013年,将上述文本升级为B版。

(2)维修模式

5号线综合安防系统的维护主要按照《自动监控部生产组织程序(D版)》《5号线通信系统设备维护规程》《5号线通信系统工艺卡汇编》的要求执行,采用故障修与计划修相结合的模式。系统的计划性检修主要是日巡检、周巡检、双周检、月检和年检。

(3)组织架构及人员配置

5号线通信(含综合安防)专业按部门、车间、专业技术组、工班四个层级分层管理。部门及车间为主要管理层级,负责人员、物资等内容的全面管理、调度;专业技术组4人,设小组牵头人1名,负责对小组内人员及通信设备的总体管理,3名工程师分别分管相应通信(综合安防)专业并实行工班的包保管理,牵头处理整条线路故障抢修、设备更新改造,分析设备运行状态及编制《5号线通信系统设备维护规程》《5号线通信系统设备工艺卡》《5号线通信系统故障抢修预案》等文本资料;根据实际生产需要,设置4个综合工班,1个网管工班,共计56人,按区域对通信系统设备进行维护和管理。

3)维护检修情况

试运营期间,综合安防专业除了按照维护规程进行日巡检、周巡检、双周检、月检、年检及日常故障维修外,还针对各系统的调试情况,进行了全线的设备功能检验工作,并对备品备件定期测试,检验结果满足运营要求。

4)试运营期间设备运行情况

试运营期间出现的故障大多为终端故障和线路故障,核心设备运行稳定,未发生人身伤亡事故、设备事故、火灾事故,未发生影响列车晚点的故障,系统保持安全稳定运行,满足运营需求。

3.3.17 乘客资讯系统(PIS)

1)基本情况

5号线乘客资讯系统(PIS)采用三级结构:控制中心、车站、终端;两级控制:控制中心和车站。控制中心与车站之间通过PIS专用骨干网连接。骨干网络为冗余星型结构,在全线27个车站和上水径停车场,各设2台互为备份的千兆以太网交换机。在塘朗车辆段和控制中心,各设2台互为备份的万兆以太网交换机。利用通信系统提供的干线单模光纤光缆,构成控制中心、塘朗车辆段与车站之间的骨干传输网,并为综合安防、办公自动化等系统提供传输通道。系统由1套核心设备、27套车站及30套车载接入设备、27套车站及30套车载显示设备组成。核心设备包括6台万兆以太网交换机、3台接入以太网交换机和1套中央级PIS播控设备。车站接入设备包括27套千兆接入以太网交换机和27套车站级播控设备等。中央级播控设备通过网络设备与车站级播控设备进行互联,实现中心至车站、列车的数字视频信号实时播出控制与传输。车站及列车显示终端接收数字视频信号后实时播放。

2011年6月乘客信息系统通过168h测试后投入正常运行。2011年12月完成系统初步验收,共有高架站无线网络不稳定等15项遗留问题至今尚未解决,目前因合同纠纷问题尚未竣工验收。

2)管理制度

5号线PIS专业按部门、车间、专业技术组、工班四个层级分层管理。部门及车间为主要管理层级,负责人员、物资等内容的全面管理、调度;专业技术组主要由主管工程师、工程师组成,牵头处理整条线路故障抢修、设备更新改造,分析设备运行状态及编制《5号线PIS系统设备维护规程》《5号线PIS系统设备工艺卡》《5号线PIS系统故障抢修预案》等文本资料;工班具体负责计划性检修、现场第一时间抢修,共设置2个PIS工班,一工班负责黄贝岭至民治共13个车站、30辆列车和塘朗车辆段PIS系统的设备检修及维护,二工班负责深圳北至前海湾共14个车站和竹子林中心PIS系统的设备检修及维护。

5号线PIS专业管理方面主要参照《自动监控部生产组织程序》来组织生产,完善计划性检修、故障维修、施工作业、工单执行以及设备质量控制等方面的要求。对于故障备品备件,则参照《自动监控部备品备件维修、研制和故障板卡封存管理实施细则》执行。

3) 维护检修情况

系统设备检修按照《自动监控部自动化车间5号线PIS专业检修作业计划表》(简称《年月表》)执行。《年月表》提前一年由技术组编写,各班组第二年按照《年月表》计划每月对PIS设备实施检修。通常,设备检修含月检、季检、半年检、年检等检修规程。

4) 试运营期间设备运行情况

5号线PIS系统已于2011年6月实现对全线PIS设备监控及本地高清及标清视频播放功能,设备均正常投入使用,运行稳定。2012年12月,逐步完成全线PIS显示终端直播播放、紧急信息和自定义信息发布等功能。

3.3.18 自动售检票系统(AFC)

1) 基本情况

5号线自动售检票系统(AFC),由1个中心主机系统(竹子林车辆段)与25个车站子系统组成。其中,中心主机系统包括8台服务器、4个工作站、1台加密机、1台磁盘阵列、1个防火墙、1台入侵检测设备及若干网络设备。车站子系统中包括25台服务器、25台票务终端、25台单程票清分机、540个闸机通道、261台自动售票机、56台自动增值机、84台票务处理机以及若干网络设备。2011年6月22日正式投入运营。

2) 管理制度

AFC系统的维护维修模式为委外维修,质保期两年内由承包商执行,维保方式为全保,范围包括中心系统、车站服务器(SC)、车站各终端AFC设备、运营工器具、培训中心AFC设备、制票中心设备、网络设备、系统设备软件及数据库等。承包商按照运营制定的相关规程、作业工艺卡等开展维护维修工作,并接受运营AFC专业工程师的管理及考评。

中心系统的维护维修由系统管理组负责,设置中心主机、数据库、网络技术管理等专业维护人员,与承包商的系统维护人员一起,完成中心系统的日常维护、故障维修、应急抢修等工作。车站设备的维护维修工作由设备管理一组负责,将线路车站划分为多个区段进行管理,设置区段管理工程师,承包商也按区段设置驻站维修员,完成对现场设备的日常维护、故障维修、应急抢修等工作。设备维修中心主要负责部件、板卡级的维修及定期保养以及备品备件的管理,同时需兼顾培训中心设备、运营工器具的维护维修管理等工作。

AFC专业对5号线25个车站配置5名区段管理工程师,负责对现场设备的日常管理和承包商现场维护人员的管理。配备专业维护人员统一对中心AFC系统进行维护。承包商配备车站设备维修员 22 人(包括 16 名现场维修员、2 名备件配送员和 4 名工区长)和中心系统维护员 1 人,负责 5 号线所有 AFC 系统的维护维修工作。

针对系统的维护维修,建立了较为完善的规章制度。制定了相关文本,包括 AFC 系统维修规程、AFC 系统作业工艺卡、中央 AFC 设备操作手册、车站 AFC 设备操作手册、AFC 系统故障车站处理指南、AFC 系统应急预案等。定期组织现场维护人员及承包商维护人员进行培训及故障处理技术的交流。每月对本月工单进行记录、分析,纠正和制订下月的预防措施和重点,对系统的可靠度、故障发生率、故障维修时间、备品备件消耗等进行分析等。

3) 维护检修情况

AFC 系统的维护维修采用故障维修和计划性检修相结合的模式。承包商在日常设备维护维修的基础上,还按照票务部制定的维修规程对中心和车站设备进行定期的巡检和保养。

中心 AFC 系统方面,包括对小型机系统、加密机、数据库、应用服务器、网络设备的日检、月检和年检工作。小型机系统,主要对其关键模块硬件状态、系统运行指标、错误日志、性能指标开展检查,并对其操作系统进行备份归档。数据库主要对其运行状态、异常交易、性能指标等开展检查,并对其分区表进行维护、全备磁带进行备份。应用服务器,主要对其硬件状态、系统运行指标、错误日志、性能指标开展检查,并对其应用程序进行备份归档等。

车站 AFC 设备方面,涵盖所有设备的日巡、月检、月度保养、半年检、年检和纸币模块专项检修。闸机方面,主要开展对读写器、扇门、传感器、机芯、回收机构、漏电保护开关、紧急放行等模块的检测和保养。TVM 和 AVM 方面,主要开展对纸币模块、硬币模块、单程票模块、工控机、漏电保护开关的检测保养。BOM 方面,主要开展对打印机清洁和线路整理工作。在日常的计划检修中,还开展对各类设备内部以及配电箱/柜内外的除尘保养工作。

2011 年 7 月~2014 年 1 月,完成月度检查约 28014 台次,半年检 5646 台次,年检 1788 台次,完成故障维修工单 2089 条,计划检修兑现率 100%,工程项目计划完成率 100%。

AFC 系统运作初期,存在一些车站设备布局不合理以及设备、系统达不到设计要求等问题。针对存在的问题,地铁公司对车站 AFC 设备的数量及布局进行了调整,并督促承包商对近百项 AFC 系统二期遗留问题进行了分类分级整改,多次组织建设单位和承包商等相关部门召开遗留问题整改推进会议,到目前为止,已组织完成了各类软硬件遗留问题整改变更 80 余项,整改遗留问题 60 余个,涉及软件优化版本约 71 个,提高了系统的安全性和稳定性。目前,除 AFC 应用系统、初始化机、AVM 仍需要进一步整改优化外,系统功能正常,运行稳定,基本满足设计要求。

4) 试运营期间设备运行情况

5 号线 AFC 系统中各类终端设备及票卡相互兼容,实现了深圳地铁轨道交通线网各线路间的互联互通,满足了真正意义上的无障碍一卡换乘。

AFC 系统于 2011 年 6 月 22 日开通,2011 年 7 月~2013 年 12 月运行期间,总体运行情况良好。自动售票机可靠度 99.90%,自动增值机可靠度 99.92%,出入闸机可靠度 99.97%。系统可靠性、故障时间、故障发生率、平均修复时间等数据均满足深圳地铁运营分公司制订的目标要求,系统运行稳定,能够满足运营的要求,系统运行质量和安全情况良好。

3.3.19 车辆系统

1) 基本情况

(1) 车辆基本情况

5号线配置30辆列车(501~530号),由中车株洲电力机车有限公司制造。2012年从2号线调拨2辆列车(212号、213号),由中车长春轨道客车股份有限公司制造,目前共计32辆列车。5号线地铁列车在一期列车的设计基础上,采用许多世界先进技术。

(2) 车辆段基本情况

塘朗车辆段设检修库和停车列检库。检修库共配置车辆股道9个,其中检修台位6个(31~36道),架车台位、称重台位、吹扫台位各1个。停车列检库配置停车股道28个(1~28道每个股道分A、B段,共计56个停车台位),其中2号道A段、4号道A段、6号道A段共3个台位,装有车顶受电弓简易检修平台。另外,还配置有洗车、镟轮、试车线各1个。

(3) 设备基本情况

塘朗车辆段配备工程车辆、机加工、检修设备等。工程车辆包含2台JMY600型内燃机车、2台JMY420型轨道车、2台JW-7型接触网作业车组、2台接触网放线车、1台平台车、2台吊机平板车、4台蓄电池车、7台叉车、1个过渡车钩等;机加工及特种设备包括机加工设备、起重机、固定式空压机;检修设备包括1台不落轮镟床、2台公铁两用车、1台固定架车机、6台静调电源柜、1台列车自动清洗机等。

2) 管理制度

(1) 车辆维修组织架构

运营分公司车辆部是地铁列车、工程车及检修设备维修管理的主要责任部门,通过合理设置、优化部门组织架构,构架优良的维修团队,保障供车质量。

车辆部下设综合技术室、大修车间、检修车间、设备车间。其中,检修车间分为竹子林、塘朗、前海、蛇口共4个检修基地。设备车间目前按专业化方向设置工程车专业组、设备专业组和机加工专业组开展各项管理工作,管理范围分别是竹子林、前海、蛇口、塘朗车辆段。

(2) 车辆维修管理文本的编制

车辆部统筹部署,制订管理文本编制计划,以部门协调组织讨论的形式,统一编制各级部门级、车间级管理文本,使维护工作有章可循、有据可依,具备地铁车辆、工程车辆及设备维护工作的理论指导依据。

通过及时修订《质量管理办法》,编制《塘朗车辆段车厂控制中心运作程序》等管理文件,使车辆段检修工作有章可循、有据可依,并根据日常的维修经验,定期组织修订完善,保障供车质量。

(3) 员工培训管理

车辆部员工培训管理体系采用统一管理、分级实施、分工负责的原则,实行部门、车间二级管理,做到持证上岗,以保证员工作业水平、作业质量。

部门成立培训管理工作小组,组长由主管培训的副部长担任,组员由部门培训管理员、各车间(室)主管培训的主任或副主任及车间人事培训管理员组成。培训管理工作小组在分公司培训工作领导小组的领导下,按分公司及部门培训管理制度及相关工作要求,全面负责部门培训管理工作的指导和决策,对部门培训管理工作的管理规定、组织形式、工作要求、工作检查、车间(室)及员工个人培训评比与考评拥有最终裁定权。

培训的对象有两类:在岗员工和新员工。

(4)安全管理

车辆部安全管理实行部门、车间、车辆段、班组逐级负责制,下一级安全员受上一级安全员领导并对其负责,其中根据工作责任范围的不同,由各层级专职安全员和兼职安全员形成了一个紧密联系的安全管理网络,以确保车辆部安全生产。

(5)地铁车辆维修模式、生产组织管理及优化

车辆部在保证既有线路运用车辆日常检修运作管理(包括日检、双周检、月检、三月检、年检)的基础上,一方面继续通过优化一期工程既有列车的检修工艺、深化列车检修作业的深度和广度,提升车辆检修水平;另一方面通过总结一期车辆检修运作管理经验,安排专人全面介入二期工程新购车辆项目的招标、合同谈判、设计联络及审查、车辆监造、调试验收等工作,来有效推进对新购车辆检修能力的形成和检修技术的掌握,进而保障了二期工程车辆顺利的接管并安全可靠地投入运营。

(6)车辆专项技术改造

自二期工程地铁车辆投入运营以来,对于存在的一些疑难问题,一直都不能通过例行的计划性检修和故障维修进行有效处置,严重影响到地铁列车正线运营。车辆技术人员通过长期的跟踪调查,结合自己的专业技术能力,有针对性地对原列车的技术设计方案或产品技术特性进行改造提升,以达到从根本原因上解决所遇到的惯性疑难问题,使列车具备上线运营技术条件。从目前所实施的项目来归类,可分为自主性技术改造和合作性技术改造两个方面。

3)维护检修情况

(1)合理安排检修周期

5号线地铁列车投入运营的初期,依据维修手册的要求,结合一期地铁车辆检修模式,制订列车合理的计划性检修周期,即日检、双周检/月检、三月检、年检共四级检修修程。每级检修修程均配备部门级标准化作业工艺卡、部件拆装工艺卡、特殊作业工艺卡等。日检为每个运营日进行一次,月检为每30天进行一次,三月检为每90天进行一次,年检为每365天进行一次。

工程车辆维修模式采用计划性检修、故障维修和关键部件委外维修相结合,以计划性检修为主的维修制度。工程车辆计划性检修修程分为月检、季检、半年检、年检。对不同类型工程车辆计划性检修的周期各有不同。

(2)开展关键项点检查

分析、提炼车辆各系统检修相关作业,形成质量控制关键项点,进行监控,有效地降低了继电器、车门等关键系统的故障率,确保车辆计划性检修质量。

(3)落实三级质量控制措施,严格控制车辆质量

作业完工后的查验是整个检修工作的重要环节,落实三级检验制度是提高车辆检修质量的重要手段。一级是抓好工作者自检,完工后作业者对自己的检修范围全面检查一遍,预防漏检漏修;二级是强化工班长或作业负责人的互检,班组作业完工后,工班长对本班组的检修范围全面复查,保证工作质量完好;三级是落实他控专检,充分发挥技术人员专业带头人的作用,

对作业技术标准进行核查,卡控检修质量。

(4) 积极推动整改工作,保障车辆质量

501~530号车自车辆调试阶段起,调试人员共发现列车存在共性问题一百多项,通过主动督促厂家制订措施进行整改,现余40余项开口项未关闭,计划于2014年6月30日前全部完成。按计划解决牵引电机烧损、抗侧滚扭杆异响、辅逆驱动板故障、受电弓部件开裂等严重危及行车安全的问题,提高列车运行可靠性。

4) 试运营期间设备运行情况

(1) 地铁列车正线表现情况

2011年:截至2011年12月25日,地铁列车(501~530号)累计走行187.58万公里。2011年地铁列车(501~530号)共发生正线故障392次,正线故障频率为20.90次/十万公里。2011年度因车辆原因造成了晚点0次,清客11次,下线23次。

2012年:截至2012年12月25日,地铁列车(501~530号、212~213号)累计走行617.63万公里,2012年地铁列车(501~530号、212~213号)总走行393.6万公里。2012年地铁列车(501~530号、212~213号)共发生正线故障566次,正线故障频率为13.88次/十万公里。2012年度因车辆原因造成了5~10min晚点3次,2~5min晚点9次,下线15列,清客3列。

2013年:截至2013年12月25日,地铁列车(501~530号、212~213号)总走行423.8万公里。2013年度地铁列车(501~530号、212~213号)共发生正线故障403次,正线故障频率为9.51次/十万公里。2013年度因车辆原因造成了5~10min晚点0.6次,2~5min晚点5次,下线22列,清客6列。

到2013年,正线故障频率下降至9.51次/十万公里,车辆正线故障较之开通初期2011年度下降了54.50%。经过大量的整改工作,列车各系统状态良好,运行稳定。

(2) 工程车辆、设备设施表现情况

5号线自开通以来,工程车辆、设备总体表现情况较好,具体如下:

工程车辆平均每年运行时间约为1759h,2012年度运用故障率为1.66次/每百台小时,2013年度运用故障率为0.27次/每百台小时,故障率逐年下降,质量总体处于可控范围内。其中,整改过的问题包括二期工程车辆存在的裂纹传动轴、不合格中心销套、滴油传动箱等质量问题。

检修设备平均每年发生运用故障21起,2013年同比下降68.8%,目前运用状态稳定。

综上所述,车辆部通过持续改善管理,开展安全文化建设,建立了二期工程地铁车辆、工程车辆保障的维修团队,确保维修生产有序可控。在全面执行地铁列车预防维修制度,优化检修工艺和流程,积极整治车辆惯性故障等手段的有力保障下,5号线地铁车辆试运营期间各项运营指标良好,车辆运行状态趋于稳定,具备正式运营条件。

3.4 运营组织与管理

3.4.1 运营组织架构及人员情况

1) 运营组织架构

单线时的运营组织架构,在各生产车间采取按照线路或专业配备相应的干部职数,以达到分线管理的目的。运营分公司层面共设16个部门,分别为车务部、调度中心、票务部、车辆部、维修工程部、自动监控部、安全监察部、技术部、物资部、计划经营部、合约法律部、新线办、人力资源部、党群工作部、办公室及派驻财务部。

2)运营人员及资格

5号线运营人员共1644人,其中副主任及以上管理人员39人,占员工总数的2.4%;职能支持类人员92人,占员工总数的5.6%;专业技术人员157人,占员工总数的9.6%;生产岗位人员1353人,占员工总数的82.4%。从人员的学历构成来看,研究生学历占1%,本科学历占28%,大专学历占54%,中专、技校、高中学历占17%。从人员的用工形式来看,正式合同工占80%,编外短期工占2%。

按照国家、省、市相关法规组织开展特殊工种取证培训及年审660人次,确保特殊工种从业人员100%持证上岗。另外,根据各工种的培训大纲,组织地铁特有工种上岗证培训班40个2050人次,培训周期2~9个月不等。根据考核大纲开展理论知识考试和实操技能考核,对合格者发放岗位合格证,共发放证件1960本。特有工种从业人员持证上岗率为100%。

3)人员培训

人员培训根据时间节点,分为岗前培训和在岗培训两种。培训方式有军训及入司培训、供货商培训、在岗培训等。通过精心组织、周密安排,圆满完成既定培训计划,确保员工综合素质不断提升,在满足岗位需求的同时,实现了人力资本的不断增值。

3.4.2 规章制度体系及执行情况

1)运营标准体系及文本情况介绍

根据ISO 9000、ISO 14000、OHSAS 18000标准以及"写我所做,做我所写,检查所做,纠正做错"的要求,在运营过程中建立了不断改进完善的标准化制度体系。

运营分公司标准化质量体系分为三级,一级文件是管理手册和企业标准,二级文件是程序文件及各类管理标准及应急预案,三级文件是作业指导类文件(操作规程、检修维护规程、故障处理指南、标准工艺卡等)。有管理手册1个、企业标准32个、程序文件12个、管理标准123个、技术标准268个、应急预案131个、标准工艺卡4232个。其中,1号线续建段专用标准124个、2号线首通段专用标准74个、2号线东延段专用标准74个、5号线专用标准66个。

规章文本日常管理,主要遵循地铁公司《运营分公司文件控制程序》《运营分公司记录控制程序》《运营分公司标准化管理办法》《标准化工作导则 第一部分:制定标准的规定、程序及标准编号的规定》《标准化工作导则 第二部分:标准的发放、实施及检查程序》《标准化工作导则 第三部分:标准的修改、修订及废止程序》《标准化工作导则 第四部分:标准资料管理规定》《运营分公司标准信息系统管理细则》等。

每个部门均设有标准化管理员,负责本部门规章制度的编制审核、其他规章会签及部门级规章的审核发布。在运营分公司设有标准化工作组,负责公司规章制度的标审,对各级标准化管理员进行培训管理。

2)规章制度的执行及完善

日常工作流程严格按照规章制度执行,相应留下对应的受控记录。每年进行多次质量检查,一次内审、外审及管理评审,收集梳理整改制度执行中的问题,不断完善优化规章制度。

3.4.3 调度指挥

1)行车组织架构

运营控制中心行车组织架构见图3-1。

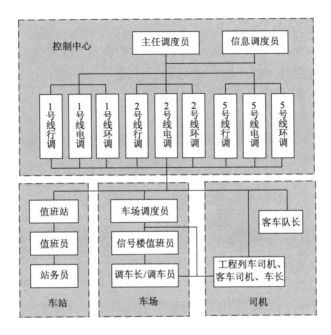

图3-1 运营控制中心行车组织架构

深圳地铁1、2、5号线在竹子林车辆段合设一个运营控制中心(OCC),由运营分公司调度中心负责管理,代表运营分公司经理指挥运营工作,代表地铁公司与外界协调联络地铁运营支援工作,对各线列车运营和设备运行情况进行总的监视、控制、协调、指挥和调度,负责运营信息的收发。

OCC现有5个轮值调度班组,实行五班三运转倒班模式,3条线共设主任调度员和信息调度员,5号线分别设有行调、电调、环调。

运营调度工作遵循逐级负责、统一指挥的原则。控制中心负责行车组织及调度指挥工作,车站、车厂负责各自范围内的行车组织,司机负责实施列车安全、正点运行。运营二级调度及行车有关人员服从控制中心统一调度指挥,执行有关调度命令,共同维护运营安全。

2)调度指挥

行车工作由行调统一指挥。供电设备运作由电调统一指挥。环控和防灾报警设备运作由环调统一指挥。信息调度员负责运营信息的收发。

主任调度员是OCC轮值调度班组长,各调度员由主任调度员统一协调指挥。在处理突发事件、事故时,各调度员须及时报告相关信息,并向主任调度员提供本岗位的应急处理方案。在主任调度员的统一指挥及管理下,各工种调度各司其职,又紧密配合、协同运作,及时处理设备故障,尽快恢复列车正常运行,共同确保地铁的运营安全。

(1) 列车运行远程监控

行车调度员通过 MMI(中央级列车自动监控人机接口),对列车运行进行实时监控。MMI 可实时监视列车运行位置和状态,通过信号的 ATS(列车自动监控系统),实现对列车运行的监控。在行车组织的实施过程中,控制中心运用大屏幕显示系统、MMI、SCADA(电力监控系统)、ISCS(综合监控系统)、CCTV(闭路电视监控系统)等远程监控系统对列车和设备运行全过程进行实时监控。

(2) 电力设备远程监控

电力调度员通过 SCADA 工作站,可实现全线所有变电所及车辆牵引供电设备运行的远程监控。供电设备发生故障时,电力调度员通过 SCADA 系统,采取主所支援供电、越区供电等方法恢复受影响区域的供电。

(3) 环控设备远程监控

环控调度员通过 ISCS 系统,可实现对全线车站空调系统、隧道通风系统、给排水系统以及车站照明系统等设备的远程监控。

同时,监视全线各区域的火灾报警信息。环控调度员通过 ISCS 系统,保障车站舒适的乘车环境,车站或列车发生火灾时,及时启动相应的火灾排烟模式,帮助乘客疏散。

(4) 闭路电视监控

控制中心可通过 CCTV,实时监视列车到发情况及重点车站的客流情况。根据需要,及时加开备用车上线疏导客流。

3) 行车组织

5 号线开通试运营时,列车采用双线单向运行。前海湾站与黄贝岭站均采用站后折返方式,其中前海湾站使用上行折返线进行折返,黄贝岭站使用下行折返线进行折返。

客车从塘朗车辆段经长岭陂站出厂。当信号系统具备 CBTC 模式时,运行到出入段线的转换轨自动接收到时刻表信息后,自动转换为 CBTC-MCS 或 CBTC-AMC 驾驶模式运行,到正线投入运营。运营结束后,回厂检修。

开通试运营时,信号系统基本达到了设计要求,有 CBTC 模式和联锁后备模式。当信号系统为 CBTC 模式时,采用移动闭塞法组织行车,客车凭车载信号显示或调度命令运行。

当信号系统不具备 CBTC 模式,但有联锁后备模式时,采用进路闭塞法组织行车。客车凭地面信号机的显示或调度命令运行,一条进路内两个同方向相邻信号机间,只允许一列车占用(列车救援时除外),列车驾驶模式为 NRM。

当一个联锁区的信号系统不具备联锁后备模式时,采用电话闭塞法组织行车,客车凭行车许可证运行,每一站间区间及前方站接车站线只允许一个列车占用,客车驾驶模式为 RM。当两个及以上联锁区的信号系统不具备联锁后备模式时,在故障影响区域内停止客车服务,改用地铁公交接驳运输,其他区域采用小交路运行。

3.4.4 客运管理

1) 车站情况

5 号线共有 27 个车站,依次为前海湾站、临海站、宝华站、宝安中心站、翻身站、灵芝站、洪浪北站、兴东站、留仙洞站、西丽站、大学城站、塘朗站、长岭陂站、深圳北站、民治站、五和站、坂田站、杨美站、上水径站、下水径站、长龙站、布吉站、百鸽笼站、布心站、太安站、怡景站、黄贝岭站。其中,塘朗站、长岭陂站为高架站(2座),其余为地下(25座)站。

设有道岔及联锁设备、具有站控功能的集中站有11个,分别是前海湾站、宝安中心站、兴东站、大学城站、长岭陂站、民治站、坂田站、下水径站、百鸽笼站、太安站、黄贝岭站。其中,连接车厂的是长岭陂站及下水径站(下水径站因工程建设延后短期内不开通使用)。

5号线设置了5座换乘车站:前海湾站和宝安中心站是1、5号线换乘站,深圳北站为地铁4、5号线及铁路深圳北站(高铁)的换乘站,布吉站为地铁3、5号线及铁路布吉站的换乘站,黄贝岭站为2、5号线换乘站。

2) 车站管理

站务管理结构及岗位设置情况如图3-2所示。

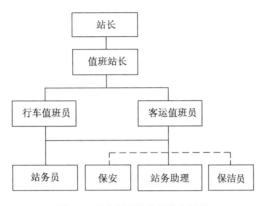

图3-2 站务管理结构及岗位设置

车站实行由上至下管理,由下至上层级负责制度,各层级人员须服从指挥,对本岗位工作负责。

站长代表地铁公司在车站行使属地管理权,组织车站员工全面开展车站工作,包括安全管理、行车、客运和票务管理、乘客服务、班组管理、员工培训以及对外协调等工作。

站务专业采用了部门、车间、线段、班组四级管理模式。在车间设立专职综合管理人员,分别为安全管理、人事培训管理、材料管理、计划考核管理、客服、票务等专业人员。车站站长由站务室主任由上至下管理,站务室主任由车务部部长由上至下管理。

车站岗位主要有站长、值班站长、行车值班员、客运值班员、站务员、站务助理、保安、保洁员(站务助理、保安、保洁员为外包人员)。

3) 站务运作规章制度及执行情况

5号线站务运作主要依据的规章制度有《环中线行车组织规则》《环中线站务运作手册》《环中线行车组织应急预案》《环中线车务部站务作业标准汇编》《票务管理规章》《车站票务运作手册》《突发公共事件应急预案》《突发公共事件、设备故障应急预案》《5号线车务应急处理程序》等。

(1) 行车组织

车站行车组织工作,由车站当班值班站长统一负责。正常情况下,实行CBTC模式下的行车组织。

各集中站值班站长/行车值班员,通过 HMI 监视本联锁区列车运行情况,根据列车运行情况,对照当日"运营时刻表",通过 CCTV 监控列车进出车站,监视站台乘车秩序。

(2)客运组织

客运组织工作坚持集中领导、统一指挥的原则。OCC 负责全线的客运组织工作,站长/当班值班站长全权负责本站的客运组织工作。在大客流的情况下,由车站站长/当班值班站长根据现场客流情况决定是否采取实施一级、二级、三级客流控制。

(3)票务组织

深圳地铁票务组织是借助于 AFC 系统的管理操作平台,严格遵守现金管理"收支两条线""账实相符"的要求。

车站定期汇总月度差错及长短款台账并进行分析,制订相关方案。每季度对车站票务工作进行总结和反思,有效制订杜绝票务违章的措施,确保车站票务收益安全。

(4)突发应急方面

对于车站发生设备故障和影响运营的突发事件时,应按"先通后复"的原则处理,在 OCC 的指导下,应坚持"先救人,后救物;先全面,后局部"的原则,同时兼顾重点设备和环境的防护,将损失降至最低限度。

5 号线各车站均建立车站应急处理程序,主要涉及电话闭塞法、道岔故障、火灾处理、车站水淹、大客流、车站疏散等突发事件。

员工在应急事件处理时,以突发事件应急处理程序及突发公共事件、设备故障应急处理程序为指导,有序展开各项应急处理工作,并坚持对外宣传归口管理的原则。

4)站务培训情况

站务人员培训按层级分为分公司级、部门车间级和车站级。

车站的培训工作以车站级自主培训为主,培训方式有桌面级演练、跑位演练、行车专项技能演练、交接班会的培训、消防的复训、体检式的测评以及根据车站员工的薄弱项制订的培训计划。车站日常培训主要为交接班培训及体检卡培训。

5 号线续建段的员工按照层级持证上岗,持证上岗率100%。值班员以上人员均取得"自动消防系统操作人员资格证",车站人员均取得"卫生知识培训合格证""健康证""岗位合格证"。

车站每月按照部门下发演练计划,跑位与桌面演练、行车基本技能演练并存,完全覆盖每一位员工。

行车基本技能演练由 OCC 负责组织,车站员工在接到通知后按真实故障来进行演练。

技术比武严格按照年度计划要求落实,预选参加率达100%。

车站目前在培训管理方面采取了体检式、视频化、日常考试系统培训相结合的培训方式,引进开发并完善基于网络平台的"站务5号线考试系统题库",以"应知应会类""岗位技能类题库"为内容的4000道的业务题。以周为单位开展全员的自测练习及业务月考。并统一制作了内部培训PPT课件,目前已完成30个PPT专业课件制作。

大力开发"视频教学",已完成站务部分专业系列的视频培训教材共32个,并下发"正线联锁故障应急处理视频培训教材""屏蔽门故障应急处理""火灾应急处理"等视频资源,分为电脑版及手机版视频供员工培训学习。

在日常培训中以实操培训为主、文本规章为辅,期间组织了屏蔽门、公关能力、客伤、客服、票务案例、服务提升、手摇道岔、服务礼仪等 30 个培训项目和 12 项技术比武,全员覆盖率为 100%。

5)安全管理

车站安全管理工作包括贯彻实施各项安全管理制度和措施,制订、落实各项安全工作计划;按照安全制度,检查车站安全情况,及时消除安全隐患;参与处理各类事件、事故;积极参与每月组织召开的班组月度安全工作会议,进行本岗位月度安全工作总结和安全教育,在《安全会议记录本》上做好记录;各层级岗位签安全生产责任状,落实安全生产责任制,以危险源为核心,强化"以预防为主"的安全文化理念;组织各车站/班组开展危险源识别、评价、验证,实现危险源动态、三级管理,实现 R1、R2、R3、R4 等 28 项危险源管理;加强检查,防患于未然,降低和控制安全事件/事故的可能性或减弱危害性;每月开展至少 1 次的线级安全系列联合检查;检查每月不少于 4 次(包括至少 1 次的夜间检查)。建立整改专项台账,对各级安全检查发现的问题,在 5 个工作日内制订出整改措施和整改期限,整改完成后进行复查。

通过飞信、微信等通信工具,迅速提升安全事件应急响应时间,实现对现场更有效的应急支援体系。同时,成立以"5 号线应急支援队"为核心的应急管理机制,实现应急支援。开展季度星级安全员、标杆班组、技术能手评选,树立员工安全学习典型。

6)乘客服务

(1)客服管理

车站客运服务由站长/当班值班站长负责,包括负责监督车站乘客服务工作,为乘客提供优质服务,受理并处理乘客投诉、来信、来访,汇总服务案例,总结服务技巧,分享服务心得,日常工作中加强车站优质服务窗口建设,树立规范、标准的优质服务车站典型,以点带面,开展服务明星、明星车站、服务能手以评选服务。

规范客服中心窗口服务,严格执行文明用语,做到来"三声"服务,即来有迎声,问有答声,走有送声。在每个客服中心张贴热线服务电话,接受市民的监督。

(2)乘客投诉管理

乘客如对人员服务的态度、设备设施的运作、规章制度的执行感到不满,均可通过致电服务热线、填写"乘客意见表"、向车站当班的最高负责人进行投诉。对于乘客的投诉,按照实事求是、多方查证、按章操作的方式进行分析,本着客观、公平、公正的原则进行处理,5 号线站务的乘客投诉回复率 100%。

(3)乘客安全管理

注重乘客安全宣传教育,在各处显眼的位置粘贴安全教育告示、设置安全警示标识,并不断改进宣传方式,提升宣传效果。

通过各种方式,在列车上不断播放安全教育、文明乘车等视频,使乘客在乘坐地铁的同时不断加深了解地铁设备运用的方式、地铁应急方案执行的运作。

最大限度地降低乘客受伤事件的发生频率,执行客伤管理员、线段、站长三级联动响应和处置机制,使得乘客更多地了解地铁应急知识,促使市民能够遇事处变不惊,主动配合车站工作人员的指引,提高了自身的自救互救能力。

(4)提升服务质量措施

通过加强服务礼仪、客伤处理、行车、票务等日常业务培训,提升员工业务水平;通过突发演练、技术比武等实际操作,提升员工的心理素质;通过理论与实操的相互结合、规章指导与实际情况的相互更新,确保员工业务技术过硬,心理素质过关,做到处事临危不乱,有效地提升服务能力;通过评选服务明星、微笑使者、明星车站等良性竞争的方式,激发员工的主动服务意识,增强其服务责任感;以规章制度为准绳,绩效考核为介质,加强员工各方面的监督管理,实行有效的奖惩制度。

积极主动改变服务方式,如通过对日常客流的分析、乘客意见的收集、广大市民的调查,推出了早晚高峰的区间列车运行模式,在提高能源利用的同时更好地满足乘客的出行需要。

7)车站大客流组织

5号线各车站都按照车站自身的结构设计特点,结合实际的客流客运运作,制定各自的大客流组织预案,合理实施车站客流三级控制,高效体现客流三级控制原则。

8)便民服务措施

在各个车站都设有垂直电梯方便有需要的乘客使用,设立了男、女及残疾人专用的各类免费厕所,并设立了无障碍盲道,方便视力疾病人士出行。

设有银行自动取款机、"深圳通"自助充值点,为乘客提供自助取款、充值服务。

各站配发了免费雨伞、应急医药箱,以便对有需要的乘客提供无偿的帮助。

9)客运管理评价

5号线试运营以来,顺利完成了春节、清明节、劳动节、端午节、暑运、中秋节及国庆节期间的客流组织,第26届世界大学生夏季运动会举办期间的客运服务,深圳北站、深圳东站的启用及后续客运服务保障,均得到广大市民及市政府的认可。

"用心服务、为爱到达"是深圳地铁顺应时代发展而孕生的新的服务理念,以服务市民为依归,人性化服务、集中式管理、独立性运营,务求更好、更快、更高效地为广大市民带来新地铁时代的热心服务。

在试运营阶段,高质量地兑现了运营服务质量的八项承诺,服务水平在深圳市窗口单位行业满意度调查中名列前茅。

3.4.5 乘务管理

1)乘务运作概述

5号线设有塘朗车辆段和上水径停车场。塘朗车辆段为尽端式设计,共有停车列位56个,是深圳地铁5号线客车、工程车及其他车辆停放、整备、清洗、日常技术检查、维修及行车设备设施、机电设备维护检修,器材、材料、备品仓储保管、供应的综合性基地。上水径停车厂为预留未建工程,设计功能上弥补了塘朗车辆段的部分不足,分担5号线电客车的列车检修任务,满足列车出入厂的各项功能需求。

乘务专业隶属于运营分公司车务部管理,下设工程车司机、车厂、客车三大专业,主要担负深圳地铁列车的驾驶任务,组织段内客车及工程车上线运行,负责组织实施车厂行车有关设备的施工、检修、架修计划。

2)乘务架构及运作管理

设置合理的乘务岗位和配备足够的司乘人员是列车运行安全的前提。

为使乘务各岗位管理规范化,运营分公司按照岗位和工作时间不同,对工作职责进行了明确的划分。

截至 2013 年 12 月,共有员工 235 名(含学员),其中已取证 169 人。

乘务专业综合管理人员实施 8h 工作制,工程车专业生产人员实施 6 班 2 运转轮班制,车厂及客车专业生产人员实施 4 班 2 运转轮班制。

3)乘务规章制度及执行情况

(1)行车组织

乘务工作场所分车辆段及正线,整个行车组织主要以《环中线行车组织规则》《塘朗车辆段车厂运作手册》《客车司机手册》《工程车司机手册》为依据开展工作。

车辆段内的行车组织,由车厂调度统一指挥。正线上的行车组织,由行调统一指挥。列车进出厂,由行调与厂调通过 ATS 进行联锁控制。

(2)司机运作

乘务专业编制了《环中线客车司机手册》《环中线客车司机一次乘务作业标准》等作业指导文本,以及根据现场环境变化情况下发了《乘务室 5 号线信息管理办法实施细则》《防止列车"冒进、越出"和越站事故安全措施》等强化现场安全保障的制度文件。

乘务专业在前海湾站、长岭陂站、黄贝岭站分别设有换乘室。司机除在终点站换乘休息外,在驾驶列车运行至全线中段(长岭陂站)时,也进行换乘间休。在司机运作上,由队长全权负责管理,督导协助管理。

(3)车厂运作

车厂专业分别设有车厂调度及信号楼值班员岗位。日常作业时,车厂调度根据列车运行时刻表、车辆检修计划、车厂施工计划及上级命令指示等,下达行车、施工相关指令,信号楼值班员根据指令及时排列进路、设置防护,车厂调度负责监控。遇设备故障需现场人工准备进路时,由信号楼赶赴现场准备进路,工程车司机现场协助配合。车厂调度留守信号楼担任指挥等工作。

(4)车厂司机运作

车辆段设有工程车班组,配置 13 名工程车司机,乘务专业编制了《工程车司机手册》《工程车运输管理办法》等,并严格督促工程车司机落实。

乘务专业要求工程车司机必须熟悉 5 号线所有工程车机型及正线、车辆段线路情况,白班安排 3 名司机值班,晚班也是安排 3 名司机值班。如遇工程机车跨段运输或夜间开行工程列车时,由 2 名司机担当正线运输任务,另 1 名司机在车辆段待乘。

(5)突发应急方面

车务部编制了《5 号线车务应急处理程序》等文本制度,乘务专业编制了《车厂行车组织应急预案》《深圳地铁工程车故障救援应急预案》《地铁列车在线"无法动车"处理指引》等文本制度。

遇突发事件时,能实现就近人员快速赶到现场支援,各管理者能及时利用网络进行信息共享及技术指导。

对于编制的预案,乘务专业每月均开展演练并形成培训记录作为总结提升。乘务专业在突发事件应急管理方面体现了六化,即预案体系化、指引简单化、支援梯队化、指挥网络化、演练常态化、事务预案化,有效提高了突发事件的处置效率。

4）乘务培训管理

为确保培训质量，乘务专业下发了《乘务室 5 号线培训网络管理实施细则》《客车司机师徒带教工作安全指引》等管理办法，对培训方式及要求进行严格规定，在培训手段上也逐步迈向科技化。

（1）新员工培训

乘务专业根据专业特点制订详细的新员工理论培训计划，安排骨干、综合管理人员进行授课，为期 2 个月。在日常阶段考试及上岗理论考试中采用了"末位淘汰制"。在通过上岗理论考试之后，乘务室会安排员工进行跟岗前的安全培训。经过跟岗前的安全培训后新员工便签订"师徒带教合同"，进入了师徒带教学习阶段，使新员工逐渐掌握客车司机各项岗位技能。学习司机一般经过 4～6 个月的跟岗培训之后，就会安排参加上岗实操考试。新司机取证后，会安排 1 周的岗前强化培训，然后进行评估，只有经过评估合格后才安排双人搭班上岗。

（2）日常复训

月度重温培训，各专业组长把业务重难点制作成标准课件，培训方式注重理论与实践相结合。偶发的设备故障及人为失误事件培训，乘务专业从实际出发，利用交接班或班中空闲时段采取 1 对 1 专项培训。乘务专业通过开展三级安全教育、事故教育、安全复训等，提高员工的安全意识及自我保护能力。为了便于管理，乘务专业对各种培训的时间、内容和培训对象等都有详细的台账记录。

（3）要求取证情况

2013 年共完成新司机上岗培训 25 人，取证 25 人，取证率 100%。

（4）演练、技术比武

乘务专业高度重视突发事件处理能力的培训，主要以行车基本技能演练、桌面演练及技术比武等方式进行。在比武前一月，编制出具体的比武方案上报部门审核。比武分预赛和决赛，其中预赛覆盖率不得低于班组人数的 90%。比武结束后评委集中讨论，对存在问题进行总结并下发到相关班组学习，要求员工学习覆盖率 100%。

2013 年，乘务专业组织 288 次桌面演练、7 项技术比武以及参与分公司级大型运营演练，使员工应急处理技能得到了快速的提升。

（5）培训方式的创新管理

通过"体检式培训""视频化教学""远程考试系统""正线实操培训"等创新方式培训，有效解决了乘务培训"实操设备借用难""人多体量大"等问题，能快速提升新司机应急心理素质，员工学习业务的积极性及效果明显得到增强。

5）安全管理

（1）出勤安全管理

5 号线塘朗车辆段及正线长岭陂站分别设有运转值班，由客车队长（或督导）在各出退勤室为司机办理出退勤作业。队长（或督导）将时刻使用情况、重要运行要求等制作成清晰明了的运行揭示粘贴在各出退勤室内。司机根据排班表，提前 10min 到达运转值班室全面了解重要文件、运行揭示、行车命令等。

在司机清楚全面了解生产情况后，由队长（或督导）对当值司机进行酒精测试及血压测量（抽检覆盖率，酒精测试≥20%、血压测量≥40%，遇节假日均需覆盖100%），并将抽检情况在

"乘务员出勤状况询问表"上做好记录,发现血压测量值不在正常范围内或酒精测试值＞0时,立即停止其执乘,由队长调派司机替换。

出勤办理完毕后,司机按照交路表到达相应换乘室待乘,并对照运营时刻表提前10分钟到达换乘室,准备立岗接车。乘务专业出退乘室设置合理,体现人性化管理;出勤作业有制度规范,体现管理安全严谨,为乘客出行提供了安全保障。

（2）列车整备要求

乘务专业不仅参照《环中线客车司机手册》编辑制作"检车作业程序"视频学习资料,统一检车标准,还下发了《关于规范电客车早班整备作业程序的通知》等文件,规范列车整备步骤。要求厂调根据当日运营时刻表和发车计划单遵循"全检优先,车底检查顺序安排"的原则合理编制检车计划。每日4:30前,2名整备司机到车厂调度处领取检车计划单和状态卡后,按计划顺序及检车标准分工开展运营列车整备作业。整备中发现故障或异常立即报告厂调,厂调根据故障处理情况调整检车计划,确保首班列车出厂前能完成指定列车的整备作业。

（3）正线作业要求、监督、故障处理"三板斧"

乘务专业对司机正线行车要求严格执行,动车前确认"天、地、人""灯、岔、路"及站台确认"车门/屏蔽门关好、站台安全、无夹人夹物"等标准化作业。

客车督导采取跟车、调取站台和司机室监控录像等手段,动抽查司机标准化作业执行情况,对存在的问题及时整改落实。

列车两端驾驶室,均配备了一台400M和800M无线便携台。当车辆发生故障或突发事件时,在行调指挥下,司机根据相关应急处理预案处理。

在整个地铁司机驾驶运行过程中,作业有标准,执行有检查,故障有支援,应急有预案。

（4）人为因素分析、事后分析、关键班组和关键人管理

乘务各专业班组对本组员工均建有员工信息档案,班组管理人员每月对人员流失、思想动态、不安全行为等方面进行分析并在室月度安全例会上提出预警,由室管理人员展开讨论、制订应对措施,做到事前预防。

生产中发生突发事件、典型事件或可能存在人为失误及安全隐患的事件时,乘务专业安排专人调取相关录像、录音、到车站查看站台安防录像,了解事发现场处理情况并进行分析,对分析结果采取"分析通报""检查通报"等文件形式下发各班组学习,对责任人严格进行绩效考核,整个事件分析处理过程严格PDCA循环管理。

乘务室每月对专业班组人为失误、班组管理、人员流失率、劳动纪律及思想动态等方面进行综合分析,排查出隐患最大的班组定为次月关键班组,提出整改要求,并安排室安全员检查落实整改情况。室月底对关键班组进行一次综合评估,对进步较大、员工队伍稳定的班组撤除关键班组。

要求班组每月梳理出责任心不强、业务薄弱、态度消极、劳动纪律差、思想波动较大、新员工上岗等问题及现象的员工,安排专人进行重点盯控、培训、谈心。通过录音、录像、检字牌、添乘检查等了解关键人的值乘状态;通过书面考试、实操来提高关键人的业务技能;通过谈心、家访来转变关键人的思想动态。班组长根据关键人的实际转变是否达到预期目标及评估情况决定是否解除关键人,对不合格者继续纳入次月安全关键人,直至检查及评估合格。

通过事前分析预防、事后分析提升、关键班组/人帮教等安全管理活动的开展,乘务专业安

全短板及隐患能得到有效减少,安全生产平稳可控。

(5)员工绩效管理

乘务专业建立起每个司机的安全成绩台账,并制定了《乘务司机安全公里统计考核办法》,要求司机的安全成绩以"公里"为单位计算,每月度安全公里=当月实际行车公里+当月备班换算公里-当月事故或违章核减公里,日积月累达到十万公里时,将给司机颁发纪念奖牌并给予物资奖励。在遇司机晋升、评先或加薪时,安全公里也是重要参考依据。

(6)各线乘务管理的特色

在员工队伍建设方面坚持以室引导为主,班组独立组织开展的思路,让各班组积极主动开展文化建设活动,丰富员工生活、解决员工困难、团结员工力量。

倾听心声、及时引导、互助竞争、业务比拼、人文关怀、劳逸结合。

6)生产指标表现情况

5号线2012年、2013年年度指标实现情况见表3-2。

5号线2012年、2013年年度指标实现情况　　　表3-2

生产指标		2~5min晚点	5~10min晚点	10~15min晚点	15~30min晚点	责任清客
2012年	指标	60	6	1	1	2
	消耗	19	1	1	0	0
	比例	32%	16.7%	100%	0	0
2013年	指标	32	4	1.5	0	2
	消耗	19.5	3	0	0	1
	比例	61%	75%	0	0	50%

7)乘务管理评价

乘务管理围绕"安全重预防、培训强实效、管理求创新、文化促和谐"的工作思路开展运营服务工作。在安全管理方面,重点是通过控制人的不安全行为与物的不安全状态来落实安全管理决策与目标;在控制的方法与手段上,乘务专业根据生产的特点,采取重点工作深化分析、经验教训点滴共享、三级安全教育严格落实、关键人员月度帮教、操作标准标识指引、特殊节日关键盯控、安全检查常态化等多种方式进行。

5号线2013年安全运营256万km、防止安全事件126件、接发列车约2.16万列次、审批施工约0.11万件、调车0.81万钩、调试约361趟次,虽然任务繁重,但通过加强员工业务培训,严格落实各项安全管理制度,各项年度指标均控制在允许范围内,满足地铁运营安全服务要求,在乘务管理上能够为乘客提供安全、顺畅的出行服务。

3.4.6 票务管理

目前深圳轨道交通票价实行里程分段计价票制。起步价为首4km,2元;4~12km,每1元可乘坐4km;12~24km,每1元可乘坐6km;超过24km,每1元可乘坐8km。乘客每次乘车从进闸机到出闸机最大时限为180min。

深圳轨道交通实行一人一票制,车票种类主要包括单程票、区段计次票、区段定期票、儿童票、行李票、轨道日票、轨道赠票、深圳通卡、深圳通优惠卡、员工卡等。

乘客购票乘坐地铁,可在线网中实现付费区内换乘,不用出站就可以换乘别的线路。线路的客流和票务收益,按照清分中心制定的《深圳市轨道交通清分中心清分规则》进行清分。

1) 票务管理体系

票务规则:公司定期修订票务规则、票务政策,线路中心和车站负责执行最新版票务规则。

车票管理:线路中心负责深圳轨道交通专用车票和"一卡通"车票等票种的储存、保管、配发、监控等工作。

收益管理:主要是通过设备交易数据、设备寄存器数据和统计数据、人工台账数据对设备和BOM操作员的收益情况进行核对,查找差异并分析原因,同时负责监督、核对、检查、指导车站票务运作。

AFC系统运维管理:系统维护人员负责线路中心AFC系统的运维工作,包括系统定期巡检、日常系统维护等。

中心AFC维护维修管理:维修中心负责各线路AFC备品备件的库存管理,以及对中心部件维修工作的监管。

车站票务运作管理:监管车站人员所参与的车站票务运作工作,包括现金、车票、AFC系统、设备及报表等管理。

车站AFC维护维修管理:对车站AFC终端设备、服务器、网络设备的维护维修管理,包括定期维护、故障维修等。

2) 票务管理架构

深圳地铁票务组织借助于AFC系统管理平台,遵循票务政策,实现对地铁车票及票款的管理,确保地铁收益安全。

票务管理可以分为三部分,即中心票务管理、车站票务管理及AFC系统运维管理。票务部负责中心票务管理及整个AFC系统的运维管理,车务部负责车站的票务管理。

AFC系统的运维管理是整个票务管理的基础和保障,由系统管理组统一负责中心AFC系统的管理,三个设备管理组分别负责各线路车站AFC系统的管理。

车站票务管理由车站负责,按照票务管理各项规章制度及作业流程,管理车站票务运作。

中心票务管理分为车票管理、收益管理(含对外结算管理)。收益管理采用分线管理的模式,每条线路配备一个收益管理组。车票管理及对外结算管理采用统一管理的模式,统一负责所有线路。

3) 票务管理机制

深圳地铁制定了完善的管理制度,包括《票务管理规章》《中心票务运作手册》《车站票务运作手册》等文本,规定了票务管理工作的职责、工作制度及工作流程等。

现有的票务收益管理从建立案例培训机制、收益分析机制、流程管理机制、稽查考核机制"四大机制"着手,加强内部控制,确保系统的运作规范,保障票务收益的安全准确。

(1)案例培训机制:开展"典型案例""点滴教育"等多种形式培训,班组每月至少组织1次业务培训,增强员工严格执行规章文本的意识;执行月度抽问考试、季度考试制度,检验和督促日常培训效果;对票务不规范操作行为建立票务差错台账,深入探讨票务违章事件,做到警钟长鸣。

(2)收益分析机制:建立统一的票务收益分析制度,从设备、系统、人员、票务政策、票务违章行为等方面进行分析,按月提报分析报告,提出相关解决措施和合理化建议。

(3)流程管理机制:在严格执行规章文本票务流程的基础上,从车站报表核对、中心差异审核、登记中心台账、反馈系统设备、提交票务稽查等各个环节完善管理,衔接好各个接口,及时跟进解决发现的问题与异常情况,使票务流程中每个阶段的收益工作有序开展。

(4)稽查考核机制:及时发现违章违纪行为,并结合现场管理,对车站作业流程、票款、备用金等的检查配合开展票务稽查工作,加强票务管理,杜绝票务安全隐患。

4)车站票务管理

车站设置了专用的票务管理用房(票务室),用于车站车票、备用金和票款存放,以及相关票务的日常管理工作。

车站设有专门的客运值班员,每班清点及核对车票、备用金和票款,通过车站AFC票务系统给售票员配备票卡和备用金,给自动售票机配备票卡和备用金;并在售票员下班的时候回收票卡、票款和备用金,回收自动售票机的票卡、票款和备用金等,并把相应的记录录入车站AFC票务系统,建立相应的票务台账和报表。所有的交易数据和台账数据通过车站AFC系统上传到AFC中心系统。

车站现金票款解行,由银行提供现金押运的人员和车辆,每天定点定时到车站收取票款,上交银行,存入公司财务账户。

5)中心票务管理

中心票务管理分为车票管理和收益管理(含对外结算),确保整个地铁票务运作的有序进行和收益安全。

(1)车票管理:设有车票监控员、车票库存管理员、车票编码员、员工票管理员,负责车票的申领、车票的保管及车票的配送工作,对车站车票整体运作进行监督,确保所有车站车票充足并可控。

(2)收益管理:设有收益核对员、收益管理员A、收益管理员B,负责对车站每日票务运作与收益进行监督及核对,确保票务收益的安全性、准确性,为地铁运营票务收益提供保障及控制票务成本。

6)票务安全

深圳地铁分别从技术及管理上采取措施,保证票务安全。主要措施是AFC系统具备现金识别和伪钞鉴别功能;逐步完善规章文本,提高关键业务办理要求;工作现场安全检查;核查管理与稽查管理一体化。

3.5 突发事件处置

3.5.1 应急指挥体系

运营分公司在地铁公司突发事件应急处置领导小组的统一领导下,分公司安委会具体负责分公司突发事件应对工作。

成立分公司突发事件现场抢险救援领导小组,并视需要成立综合协调组、技术专家组、应急监测组、行车客运指挥组、抢险救援组、资源保障组、救治善后组和新闻信息组等工作组。负责群死、群伤和列车冲突、列车脱轨、列车分离、火灾、爆炸、毒气袭击、大面积停电、自然灾害（破坏性地震、水灾）等可能造成短时间内运营难以恢复的严重事件或分公司认为有必要响应的突发事件的抢险救援组织工作。

3.5.2 应急预案体系

根据深圳地铁设备设施特点，通过不断演练、总结，经过多次修改、修订，在运营分公司层面上，建立了一套较为完善、操作性较强的突发事件、设备故障处理应急预案体系，其中包括《运营分公司突发事件应急处置总体预案》《突发公共事件应急处理预案》《行车指挥应急预案》《电力调度应急预案》《突发行车事件/设备故障应急处理预案》《车务应急处理预案》《AFC系统应急预案》《特种设备应急处理预案》《生产事故应急处理预案》及各设备设施专业等9个系列的应急预案，涉及自然灾害（地震、恶劣天气）、公共卫生事件（传染病疫情）、社会安全事件（恐怖袭击、炸弹恐吓、毒气、劫持人质、放射性物质扩散等）、运营生产事故（火灾、爆炸、列车脱轨、列车冲突、列车颠覆、信号系统故障、供变电系统故障等）等应急处理、应急抢修的201个子预案。

3.5.3 应急演练

在建立健全各类预案的基础上，积极开展应急预案演练工作，逐步建立适应深圳地铁设备设施特点的演练机制，目前演练工作已成为运营安全管理的重要组成部分。自开通至2013年12月30日，共开展441次演练。

3.6 地铁服务表现情况

3.6.1 运能与运力

1）运能

5号线全线于2011年6月22日开通试运营，截至2013年12月，共有A型列车32列投入运营。每列列车编组6辆，坐席载荷288人，定员载荷1920人，超员载荷2502人。运行技术速度80km/h，列车旅行速度36.9km/h，列车运行周期138min，首站黄贝岭站到末站前海湾站单程运行时间63.5min。

5号线不断优化行车组织，持续提高运营服务水平，发车时间间隔由开通初期的13min压缩至高峰时段的5min和平峰时段的8min，高峰时段及平峰时段的单向断面运能分别为23040人次/h、14400人次/h。目前，5号线运能已能较好地满足乘客出行需求，为安全、快速、舒适地运送乘客提供了重要保障。

2）运力供给情况

5号线信号系统已具备CBTC功能，CBTC列车运行采用移动闭塞法组织行车，运行交路采用前海湾站至黄贝岭站双线单向运行，前海湾站和黄贝岭站均采用站后折返方式。工作日和双休日运营时间为6:30~23:00，每天运营16.5h；节假日的运营时间为6:30~24:00，每天运营17.5h。

5号线试运营开通后,出色完成2011年8月举办的第26届世界大学生夏季运动会期间的地铁运输任务。为满足乘客出行需求,不断提高运营服务水平,地铁公司不断优化列车运行图,先行压缩了列车运行周期,并在此基础上再次压缩运营行车间隔,开通试运营到现在共计进行了5次提速。

截至2014年3月31日,5号线工作日、双休日及节假日分别开行载客列车288列次、280列次、317列次。5号线现有运力供给已能较好地满足乘客出行需求。

在运力应急储备方面,5号线在日常状态下共有9列列车作为后备急需用列车。在元旦、劳动节及国庆节等大客流时期,会临时增开列车及加大发车频率。临时应急运力供给能力较强,能够及时应对突发性大客流情况。例如,2013年9月19日,5号线安全、有序地运送了62.9万人次,创下了运营以来的单日最大客运量。

3)运力利用情况

5号线运营初期属客流培育期,2011年下半年深圳地铁各条线路都已开通拉动了线网客流,7月满载率达到15.4%,8月提速后,满载率得到有效下降。

2012年7月,满载率也达到最高峰16%,8月提速后,满载率也得到有效下降。

2011年和2012年,5号线平均满载率分别为12%、14%。

2013年,客流已日趋稳定,日常出行客流增长,平均满载率保持在15%左右,最高满载率为7月的17%。

5号线开通至今,总体列车平均满载程度不高,不过在上下班及节假日等高峰时段,列车满载率较高,偶尔存在列车乘客爆满、少部分乘客挤不上车的现象。

3.6.2 服务指标表现情况

5号线开通运营以来,各项运营服务指标持续优化,运营情况良好,具体表现见表3-3。

2011～2013年5号线运营服务指标比较表　　　　表3-3

序号	项　目	单　位	2011年	2012年	2013年
1	列车运行正点率	%	99.92	99.90	99.94
2	运行图兑现率	%	99.90	99.92	99.96
3	列车服务可靠度	万车公里	180	172	300
4	自动售票机可靠度	%	99.86	99.92	99.89
5	自动充值机可靠度	%	99.98	99.92	99.89
6	出入闸机可靠度	%	99.95	99.98	99.96
7	屏蔽门可靠度	%	99.92	99.98	99.98
8	自动扶梯可靠度	%	98.50	99.80	99.89
9	垂直电梯可靠度	%	99.16	99.42	99.82

1)列车运行正点率

2011年,5号线正点率目标值为90%,实际完成值为99.92%。

2012年和2013年,5号线的列车正点率目标值分别为98%和99%,实际值则分别为

99.90%和99.94%,都较好地实现了预定目标。

2)运行图兑现率

2011年,5号线运行图兑现率目标值为90%,实际完成值为99.90%。

2012年和2013年,5号线的运行图兑现率目标值分别为98%和99%,实际值则分别为99.92%和99.96%,超额完成了预定目标。

3)列车服务可靠度

2011年,5号线列车服务可靠度目标值为40万车公里,实际完成值为180万车公里。

2012年和2013年,5号线的列车服务可靠度目标值分别为60万车公里和70万车公里,实际值则分别为172万车公里和300万车公里,超额完成了预定目标。

4)设备服务可靠度

设备可靠程度,一般由设备在一年或者一个月内,可供正常使用时间与计划投入使用时间之比值来反映。

(1)自动售票机可靠度

2011年,自动售票机可靠度为99.86%,比当年计划值的90%高出了11%。

2012年和2013年,自动售票机可靠度目标值为98%,实际值则分别为99.92%和99.89%,超额完成了预定目标。

(2)自动充值机可靠度

2011年,自动充值机可靠度为99.98%,比当年计划值的90%高出了11%。

2012年和2013年,自动充值机可靠度目标值为98%,实际值则分别为99.92%和99.89%,超额完成了预定目标。

(3)出入闸机可靠度

2011年,出入闸机可靠度达到了99.95%,即全年所有出入闸机的累计正常服务时间达到全年计划运行时间的99.95%,比计划值90%增加了11%。

2012年和2013年,出入闸机可靠度目标值分别为98%和99%,实际值则分别为99.98%和99.96%,超额完成了预定目标。

(4)屏蔽门可靠度

2011年,屏蔽门可靠度为99.92%。

2012年和2013年,屏蔽门可靠度均达到99.98%,超额完成了预定目标。

(5)电扶梯系统可靠度

2011~2013年,自动扶梯可靠度分别为98.50%、99.80%、99.89%,垂直电梯可靠度分别为99.16%、99.42%、99.82%,均超额完成了预定目标。

3.6.3 客流情况

1)客流整体情况

2011~2013年,5号线客运量逐年攀升。

2013年,客运量11615.9万人次,为2011年4980.5万人次的2.1倍。

2)客流时间变化分析

一周客流分布的基本情况是五个工作日内,5号线客流比较平均,周一、周五的客流稍微偏高,周末两天的客流量呈现上升态势。

3.6.4 行政执法情况

1)基本情况

深圳市地铁运营管理办公室(以下简称"运管办")是根据《深圳市地铁运营管理暂行办法》以及市政府三届142次常务会议纪要和深圳市机构编制委员会深编〔2005〕11号文件,于2005年8月17日正式挂牌成立的综合执法管理机构。作为深圳市人民政府的特设机构,其职能是接受市交通运输委、市城市管理局、市住建局等有关行政管理部门的委托进行行政执法,对危害地铁运营安全、妨害运营服务或者扰乱运营秩序的行为实施行政处罚,其行为接受政府有关部门的指导和监督。

2)组织架构

运管办领导班子编制6人(其中主任1名、党总支书记1名、副主任3名、工会主席1名),下设5个职能部门(综合党群工作部、人力资源部、法律事务部、管控部、安全保卫部/内部保卫部)和6个执法大队(一号线执法大队、二号线执法大队、三号线执法大队、五号线执法大队、枢纽执法大队、安保区执法大队)。其中,各线路大队下设3个中队,每个中队下设3个分队。

3)人员配置

运管办在岗人员272人。其中,男性197人,女性75人,男女比例为72∶28。党员80人,占29%。硕士7人,占3%;本科152人,占55%;大专及以下113人,占42%。复转军人46人,占17%。30岁以上65人,占24%;30岁(含)以下208人,占76%。所有人员均由地铁公司统一招聘分配,学历为大专以上且为法律专业的优先考虑;员工均为企业编制,全员参加市法制办举办的执法资格培训,考试后取得市政府颁发的行政执法证上岗。

4)执法装备

运管办在竹子林站、横岗站、塘朗站、前海车辆段以及深圳北站设置了各大队部。大队部设置行政执法标识、政务公开栏及公示栏,执法设施设备硬件配备到位。共配备应急处理车7辆、人货车2辆,共9辆执法用车。一线执法人员还配备了照相机、摄像机、录音笔、对讲机、强光手电、钢盔、防刺背心和防割手套等执法器具。

5)执法模式

运管办各一线执法大队采取三班两运作的执法模式对地铁各车站、线路进行巡查。早班为7:30～15:30,晚班为14:30～22:30;元旦、春节、劳动节、国庆节等节假日按照地铁公司要求安排值班。重点控制时段当班执法人员增加巡查密度。遇到紧急情况或突发事件时,当班时间执法人员应当在30min内到达现场,非当班时间应当在50min内赶到现场。

安保区执法大队为行政班。对安保区范围内各工程建设活动进行日常监督检查、飞行检查、专项执法检查、综合执法大检查,对破坏地铁设施、影响地铁运营安全的施工单位进行查处,并24h待命,随时接报案赶赴施工现场处理突发事件。

安全保卫部采取2人一组负责一条线路的安全工作巡查模式,负责各地铁车站治安检查(包括安检)的组织实施和监督管理工作,并配合地铁公司有关部门做好内部保卫、反恐、维稳等综合治理工作。

6)执法成效

运管办在日常执法中始终坚持教育与行政处罚相结合的原则,"文明执法,热情服务",做到了"打不还手,骂不还口",执法成效显著。连续 4 年被市城市管理局评为"标兵执法单位",连续 2 年被地铁公司评为"安全生产先进集体"。

执法情况是:2011 年 6 月 22 日至今,共查处各类违章案件 2337 宗,罚款 197490 元(其中城市管理类 2115 宗,罚款 115350 元;交通类 222 宗,罚款 82140 元)。

专项清理整治情况是:从 2011 年年初至 2013 年年底,运管办严格按照市委市政府相关工作部署,坚决落实市联合整治办关于"雷霆行动"的专项工作要求,共组织开展专项整治行动 308 次,出动执法人员 3500 人次,依法查处非法营运、违规载客电单车 1410 余辆,罚款 157500 余元。有效打击了"拉客仔"暴力抗法行为,遏制了非法营运猖獗的势头,地铁出入口周边环境进一步好转。

安保区执法情况是:自运管办成立以来,安保区执法大队严格按照市住建局委托执法要求,认真履行工作职责,对安保区在建工地开展日常巡查和监督管理工作,严格按照法定程序开展行政执法工作。2005 年至今监管在建工地约 480 个,开出执法文书 80 余份,罚款人民币 80 万元。

安保安检和维稳情况是:2013 年 6 月 11 日~8 月 31 日,11 月 1~30 日,运管办按照地铁公司相关部署开展安检工作,共检查大件行李 101324 件,查获违禁物品 4671 件,没收并阻止可疑危险物品 3091 件,排查可疑人员 2766 人次,抓获犯罪嫌疑人并移交地铁公安 162 人。出色地完成了安检、维稳工作,受到了市政府有关部门、地铁公司领导表扬。

票务稽查情况是:从 2013 年年初开始,运管办根据地铁公司相关工作要求,积极协助运营部门处理使用假证、违规使用深圳通、优惠卡等行为 809 宗,查处乘客逃票行为 786 宗,暂扣违规使用学生卡 345 张,补罚票款 29350 元。

3.6.5　乘客满意度情况

2013 年地铁乘客满意度调查主要结果:全市地铁线路服务满意度评分为 79.59 分,其中 1 号线 79.88 分,2 号线 80.38 分,5 号线 80.31 分;全市地铁站点服务满意度评分为 79.89 分,其中 1 号线 80.11 分,2 号线 80.57 分,5 号线 80.61 分。

非地铁乘客意见调查主要结果:"无法直达""就近公交方便"是非地铁乘客不选择地铁出行的主要原因,"地铁票价比公交高""高峰拥挤""换乘不便"是非地铁乘客不选择地铁出行的重要原因,"地铁导向不注""购票不便""空气较差"是非地铁乘客不选择地铁出行的次要原因。

5 号线乘客对其线路服务满意度的综合评分为 80.31 分,在 5 条地铁线路的线路服务满意度综合评分中排名第 2。

5 号线线路满意度评价的 8 个评价指标中,5 号线乘客对其人员服务指标评分最高,为 81.36 分;其次是线路总体服务评分,为 81.17 分。此外,对车站环境、乘客指引、车厢服务和车站客流秩序的评分分别为 80.97 分、80.89 分、80.30 分和 80.20 分;另外其他的 2 个指标评分则处于 80 分以下,评价最低的是列车运行,仅 78.21 分。

据统计数据可知,5 号线在列车运行指标的得分较低的原因在于,其列车高峰和平峰时段发车间隔和列车拥挤情况得分较低,分别为 77.06 分和 75.10 分,其对应的满意率分别为 91.78% 和 87.75%。此外,5 号线在车厢视频方面的满意率也相对较低,为 91.26%。

5号线各个指标的满意率中,乘客对线路总体服务、站点总体服务和车厢卫生三个指标的满意度较高,其满意率分别为99.15%、98.52%和98.59%。对列车发车间隔、车厢视频和车厢拥挤情况三个指标的满意度较低,分别为91.26%、91.78%和87.75%。

由5号线各指标满意度测算结果来看,乘客对车厢卫生、车站卫生和热线人员服务三个指标的满意度评分较高,其满意度得分分别为82.82分、82.37分和81.51分;对车厢视频、列车发车间隔和列车拥挤情况三个指标的满意度评分较低,其满意度得分分别为77.64分、77.06分和75.10分。

5号线乘客对其站点服务满意度的综合评分为80.61分,在5条地铁线路的站点服务满意度综合评分中排名第1。

在地铁站点满意度评价的6个单项评价指标中,5号线乘客对其人员服务指标的评分最高,为81.36分;其次是对车站环境、乘客指引和站点总体服务评分,它们分别为80.97分、80.89分和80.44分。车站客流秩序和售票检票评分较低,评价得分最低的是售票检票服务,仅为79.75分。该线路在售票检票指标的得分较低的原因在于该线路在站点服务、工作人员服务和客流组织服务指标处得分较低,尤其是在三级指标"站台/站厅秩序"的得分,仅为76.04分,其对应的满意率为93.71%。

5号线24个站点服务满意度评分排名,排在前三名的分别是塘朗站、上水径和坂田站,它们的站点服务满意度综合评分分别为82.43分、81.96分和81.86分;而排在最后三名的分别是长龙站、百鸽笼和民治站,它们的综合评分分别为79.89分、79.37分和78.15分。

根据乘客满意度调查情况报告,对报告结果进行专题分析,查找分析原因,提出改进建议,并认真落实整改措施,进一步全面提升服务指标,努力提高服务水平,为市民提供优质服务,打造地铁运营服务品牌。

第4章 国家竣工验收

4.1 概 述

国家竣工验收，是指在城市轨道交通工程项目试运营期满后，按照基本建设程序，由国家有关主管部门组织或委托地方政府组织成立验收委员会，对工程项目的各项条件是否达到批准的要求进行认定，综合评估其实现的经济效益和社会效益。

国家竣工验收，包括规划、人防、消防、环境保护、卫生防疫、工程档案、工程质量、安全和试运营评估、竣工决算审计等项目。

国家竣工验收，是政府验收的第二阶段工作，包括组织工程竣工验收、履行建设项目竣工决算审计、办理固定资产移交手续等程序。

国家验收工作的主要依据是：

(1) 国家及地方有关法律、法规、规章和技术标准。

(2) 有关行业主管部门的规定。

(3) 经批准的工程立项、初步设计、概算批复等行政许可文件。

(4) 经批准的设计文件及相应的工程变更文件。

(5) 主要设备技术规格书等。

国家验收的成果文件是各类竣工专项验收意见和竣工验收鉴定书。

国家验收活动所需的必要费用列入工程投资，在政府批准的初步设计概算中列支。

4.2 组织架构

国家竣工验收工作的组织架构，有两种情况：

第一种情况，由国家主管部门直接组织验收工作。此时，市政府各职能部门依据相关规定完成职责范围内验收工作的基础上，积极配合项目竣工验收工作。

第二种情况，由国家主管部门委托地方政府组织验收工作。此时，由市政府成立的项目竣工验收委员会负责验收工作，制订验收方案，设立各专业验收组并组织实施，召开项目竣工验收大会，审查通过项目竣工验收鉴定书。第二种情况的组织架构如图4-1所示。

在第二种情况下，市领导（如常务副市长或副市长）担任项目竣工验收委员会主任，市相关职能部门（如发改委等）的主要领导担任项目竣工验收委员会委员。项目竣工验收委员会负责统筹领导验收工作,协调解决验收过程中的重大问题。

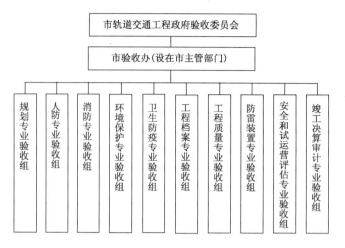

图4-1 国家竣工验收组织架构

项目竣工验收委员会下设办公室,办公室主任由市主管部门(如发改委)主要领导兼任,成员由市相关职能部门分管领导组成。项目竣工验收委员会办公室设在市主管部门(如发改委),负责处理验收期间日常事务。

项目竣工验收委员会办公室下设专业验收组,由相应职能部门人员组成,分别负责各专业验收的组织实施。

4.3 工 作 流 程

根据《深圳市城轨交通工程政府验收管理办法(试行)》规定,国家竣工验收工作流程如图4-2所示,包括申请、实施方案下达、验收全面开展、验收委员会审查、验收大会审查、签发竣工验收鉴定书、备案及移交等工作环节。

1)建设单位提交竣工验收申请报告

工程项目试运营期满,建设单位应对全线土建、机电设备和试运营各项性能指标进行系统性检查和评估,如已具备工程项目竣工验收条件,应及时向市主管部门(如发改委)提交项目竣工验收申请报告。报告内容应包括工程项目竣工验收范围、开通试运营管理情况、建设单位竣工验收组织机构、项目竣工验收工作初步计划等。

2)市政府向国家主管部门申请竣工验收

市主管部门(如发改委)自接到建设单位提交的项目竣工验收申请报告后,应在1个月内组织审核,通过审核后,正式向国家主管部门申请工程项目竣工验收。

3)竣工验收实施方案下达

如国家主管部门委托地方政府组织验收,市主管部门(如发改委)应及时牵头制订验收工作实施方案,内容包括项目竣工验收委员会组织机构、验收范围、工程竣工决算时点、竣工资料组织编制、验收时间安排及验收工作要求等。验收工作实施方案呈报市政府审定后正式下达。

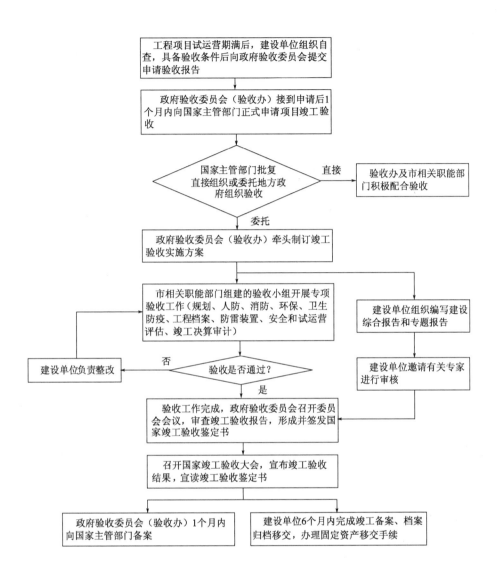

图4-2 国家竣工验收工作流程图

4）验收工作全面开展

市相关职能部门根据验收实施方案,按验收办要求成立的验收小组及时开展各专项验收工作,在规定时间内完成验收任务。

在专项验收过程中,若验收不通过,则由建设单位负责整改直至验收通过。

5）报告的编制与审查

建设单位负责组织编制竣工验收报告,包括工程项目的建设综合报告和专题报告。编制过程中可邀请有关专家进行审核,编制完成后提交政府竣工验收委员会审查。

6）召开政府验收委员会会议

政府验收委员会在各专业验收任务全部完成后,应及时召开委员会会议,审查国家竣工验收报告,形成国家竣工验收鉴定书。

7)召开国家竣工验收大会

完成上述各项任务后,由政府验收委员会召开国家竣工验收大会,宣布国家竣工验收结果,宣读国家竣工验收鉴定书。

8)备案和移交

政府验收委员会(验收办)在国家竣工验收大会召开后1个月内,向国家主管部门备案。建设单位应在国家竣工验收大会后6个月内,按相关程序要求完成工程项目国家竣工验收备案、竣工资料移交归档,办理固定资产移交手续。

4.4 国家竣工验收文件齐套性

国家竣工验收文件齐套性见表4-1,包括文件名称和编制单位。

政府竣工验收文件齐套性　　　　　　　　表4-1

序号	文　件　名　称	编　制　单　位
1	竣工验收申请报告	建设单位(地铁公司)
2	竣工验收实施方案	政府竣工验收主管部门
3	专项验收小组验收意见	各专项验收小组
4	建设综合报告	建设单位(地铁公司)
5	建设专题报告	建设单位(地铁公司)
6	建设综合报告和建设专题报告专家审核意见	专家审核小组
7	国家竣工验收鉴定书	政府验收委员会
8	向国家主管部门备案报告	政府验收委员会

主要文件有竣工验收申请报告、竣工验收实施方案、专项验收小组验收意见、建设综合报告和建设专题报告及其专家审核意见、国家竣工验收鉴定书。

其中,建设综合报告由正文和附件两部分组成,正文的主要内容应包括但不限于:

(1)工程建设概况。

(2)建设前期工作。

(3)设计工作管理。

(4)工程管理。

(5)车辆和机电设备。

(6)验收与移交。

(7)试运营情况。

(8)竣工财务决算与审计。

(9)申报竣工验收准备情况。

(10)经验与教训。

(11)建设大事记。

建设综合报告的附件应包括:
(1)工程项目建设依据文件。
(2)政府专项验收文件。
(3)建设图片。
建设专题报告分为若干专题进行编制,主要内容应包括但不限于:
(1)基建工作报告。
(2)勘察工作报告。
(3)设计工作报告。
(4)科研工作报告。
(5)工程质量管理工作报告。
(6)工程安全管理工作报告。
(7)消防工作报告。
(8)环境保护工作报告。
(9)设备材料管理工作报告。
(10)征地拆迁工作报告。
(11)试运营管理工作报告。
(12)建设档案工作报告。
(13)竣工决算与审计工作报告。

4.5 竣工专项验收报告要求

国家竣工验收包括10个专项:规划、决算审计、环保、工程档案、人防、消防、卫生防疫、工程质量、防雷装置、安全和试运营评估(分为安全评价和试运营评估两个子项目)。

其中,后6项是对试运营前验收存在问题的整改情况进行复查,对试运营期间的相关情况进行检查和确认;前2项(规划、决算审计)为新启动项目(投入试运营验收时未开展);第3、4项(环保、工程档案)分别由市生态环境、档案部门对试运营前验收存在问题的整改情况进行初步复核后,协同国家生态环境部、省档案局组织现场验收并出具验收意见。

地铁工程国家竣工专项验收报告编制的责任单位是地铁建设单位。

地铁工程国家竣工专项验收报告要求见表4-2。

地铁工程国家竣工专项验收报告要求 表4-2

序号	验收项目	责任部门	验收内容及要求
1	规划	市规划和国土资源委员会	对规划要求的竣工测绘、各建筑主体规划验收合格证办理情况,以及是否满足规划设计要求等进行检查与确认,并出具验收意见
2	人防	市人民政府应急管理办公室应急办	对试运营验收存在问题的整改落实情况进行检查与确认,并出具验收意见

续上表

序号	验收项目	责任部门	验收内容及要求
3	消防	市公安消防监督管理局	对试运营验收存在问题的整改落实情况进行检查与确认，并出具验收意见
4	环境保护	市人居环境委员会（协调生态环境部）	对试运营验收存在问题的整改落实情况进行初步检查与确认，协助生态环境部现场验收并出具验收意见
5	卫生防疫	市卫生和计划生育委员会	对试运营验收存在问题的整改落实情况、试运营期间卫生检测情况进行检查与确认，并出具验收意见
6	工程档案	市档案局（协助省档案局）	对试运营验收存在问题的整改落实情况进行初步检查与确认，协助省档案局现场验收并出具验收意见
7	工程质量	市住房和建设局	对试运营验收存在问题的整改落实情况进行检查与确认，并出具验收意见
8	防雷装置	市气象局	对试运营验收存在问题的整改落实情况进行检查与确认，并出具验收意见
9	竣工决算审计	市政府投资专业局	依据政府投资项目审计监督有关规定，对工程项目的竣工决算进行审计，并出具竣工决算审计报告
10	安全及试运营评估	市交通运输委员会	分为安全评价和试运营评估两个子项目，对试运营期间验收存在问题的整改落实情况进行检查与确认，对试运营安全和服务进行调查评估，分别出具安全验收和试运营评估意见

4.6 竣工验收报告编制

建设专题报告和建设综合报告的编制过程，实质上是对整个工程的全面回顾与总结，不仅重要且工作量较大，应当组织熟悉情况的相关人员特别是主管人员参与编制或审查。

建设专题报告和建设综合报告的编制有两种方式：

第一种方式是由建设单位负责完成，各参建单位要极积承担、密切配合。

第二种方式是由建设单位和咨询单位合作完成。

在两种方式下，咨询单位的主要任务是：

①建设专题报告文整；②建设综合报告编制；③建设综合报告和建设专题报告印刷装订。

在两种方式下，建设单位应负责提供编制建设综合报告的相关资料，包括正文所需的经验教训、建设大事记和三个附件资料。

在两种方式下，各参建单位也要根据建设单位要求密切配合，极积承担相关编制任务。图4-3 是第二种方式下的专题报告和综合报告编制工作流程。

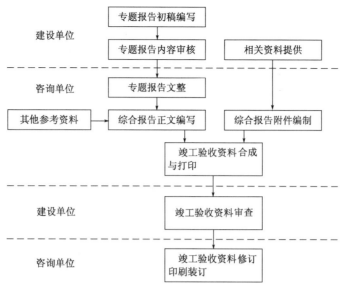

图 4-3 专题报告和综合报告编制工作流程图

4.7 竣工专业验收组织实施

各专业验收组根据项目竣工验收实施方案,确定专人及时开展各专项验收工作,在规定时间内完成验收任务。

1) 规划专项验收

由市规划主管部门负责组成专业验收组实施,主要对规划要求的竣工测绘、各建筑主体规划验收合格证办理情况,以及是否满足规划设计要求进行检查和确认,出具该专项通过正式验收的意见书。

2) 人防工程专项验收

由市人防主管部门负责组成专业验收组实施,主要对投入试运营验收存在的遗留问题的整改落实情况、相关措施到位情况进行检查和确认,出具该专项通过正式验收的意见书。

3) 消防专项验收

由市消防主管部门负责组成专业验收组实施,主要对全线工程各建筑主体完成消防验收、复验收的情况,以及试运营期间消防安全的整改落实情况进行检查和确认,出具该专项通过正式验收的意见书。

4) 环保专项验收

由市环保主管部门负责组成专业验收组实施,主要对项目环保验收监测、落实环评提出的环保措施,以及环保审批手续完备情况进行初步检查和确认,协助国家生态环境部门组织项目环保现场验收,跟踪国家生态环境部门出具该专项通过正式验收的意见书。

5) 卫生防疫专项验收

由市卫生主管部门负责组成专业验收组实施,主要对项目卫生学评价、试运营期间经常性卫生监督监测情况进行检查和确认,出具该专项通过正式验收的意见书。

6）工程档案专项验收

由市档案主管部门负责组成专业验收组实施，主要对工程文件的形成、收集、整理、归档、移交进馆，以及工程档案的完整性、系统性等情况进行检查和确认，出具该专项通过正式验收的意见书。

7）工程安全专项验收

由市交通主管部门负责组成专业验收组实施，主要对安全验收评价、安全设施整改落实情况，以及试运营期间安全运营管理情况进行检查和确认，出具该专项通过正式验收意见书。

8）工程质量专项验收

由市建设主管部门负责组成专业验收组实施，主要对轨道交通验收工作中的组织形式、程序、验评标准的执行情况和验收结果进行检查和确认，对试运营期间的质量保修（整改）工作进行监督，出具该专项正式验收的意见书。

9）试运营评估验收

由市交通主管部门负责组成专业验收组实施，主要对试运营期间的安全和服务进行调查分析，对项目是否处于良好状态并达到正式运营水平进行评估和确认，出具该专项通过正式验收的意见书。

10）竣工决算审计

由市审计部门负责组成专业组实施，依据政府投资项目审计监督的有关规定，对工程项目的竣工决算进行审计，出具竣工决算审计报告。

审计报告的主要内容包括建设项目基本情况、资金来源及支出情况、项目概算执行情况、项目交付使用资产情况、尾工工程及预留投资情况、存在主要问题、审计评价等。

4.8 竣工专业验收意见案例

在深圳地铁一期工程国家竣工验收过程中，共进行了16项专业验收。作为典型案例，现将其专业验收意见摘要汇编如下：

4.8.1 工程规划验收意见

深圳地铁一期工程由1号线东段和4号线南段组成，设有车站19座，区间18个，变电站2座。一期工程于2004年12月28日投入试运营，并进行了测绘，已具备规划竣工验收条件。我局根据行政许可法的有关规定，依申请于2006年7月至2008年7月，对19座车站、18个区间和2座变电站进行了规划验收，并分别核发规划验收合格证。具体内容如下：

一、车站部分（含规划验收合格证编号，略）
二、区间部分（含规划验收合格证编号，略）
三、变电站部分（含规划验收合格证编号，略）

综上所述，深圳地铁一期工程满足规划设计要求，符合规划验收条件，予以全部工程通过竣工规划验收。

深圳市规划局（盖章）
2008年8月7日

4.8.2 供电工程验收意见

2007年9月19日至9月29日,深圳地铁一期工程国家竣工验收供电工程验收组,对深圳地铁一期工程供电工程进行了竣工验收。验收范围为110kV城市广场、110kV文化中心主变电所及对应的110kV线路。现将具体情况汇报如下:

一、工程概况

供电工程建设单位是深圳市地铁集团有限公司,11kV主变电所总包单位是中国能源建设集团广东电力工程局有限公司,110kV电缆承包单位是黑龙江省送变电工程公司,设计单位是广东省电力设计研究院,监理单位是中国国际工程咨询有限公司。

110kV城市广场、110kV文化中心两个主变电所主接线相同。每个主变电所高压侧有两路独立的110kV电缆进线,采用线路变压器组加外跨条接线方式。城市广场为地下主变电所,文化中心为地面主变电所。每站两个主变,主变容量为40MkV,额定电压为110/35kV。110kV电缆线路为景铁线、雅铁线、中铁线、广铁线。

两个主变电所及110kV电缆线路,分别于2003年11月和2004年6月送电,2004年12月投入运营。

二、验收情况

工程完工后,由监理单位组织工程初步验收。初步验收合格后,申请进入正式竣工验收。

2004年6月、11月,深圳市地铁集团有限公司验收委员会组织建设、设计、施工、监理单位,邀请市质检站、档案局在其监督下,对深圳地铁一期供电工程进行了竣工验收。验收结论合格。

2007年12月14日,由广电集团有限公司深圳供电分公司等组成的供电工程验收组,对深圳地铁一期供电工程进行了验收。验收结论为:验收合格,准予投入试运营。

深圳地铁一期工程,自110kV城市广场、110kV文化中心主变电所及110kV线路投入运营以来,系统稳定、运行状况良好。

三、验收意见

(1)深圳地铁一期工程供电工程设计合理、供电电源可靠,能满足地铁系统的运行需求。

(2)电气设备符合有关电气设备交接试验和预防性试验标准,电气设备性能先进、质量较好。

(3)工程建设资料和运行记录资料基本齐全。

四、结论

深圳地铁一期工程供电工程设计合理,供电可靠性较高,工程质量合格,设备运行状况良好,资料基本齐全,符合规程、规范要求。

同意深圳地铁一期工程供电工程申报国家竣工验收。

深圳地铁一期工程国家竣工验收供电工程验收组
(广电集团有限公司深圳供电分公司代章)
2007年10月9日

4.8.3 供水验收意见

9月24日上午,深圳地铁一期工程供水工程验收专项会议在深圳地铁大厦举行。深圳市水务局、水务集团及深圳市地铁集团有限公司等单位的相关人员,以及建设、设计、施工、监理方代表参加了会议。会议对深圳地铁一期工程供水工程进行了评议,形成了如下验收意见:

一、地铁一期工程18个站点的供水工程(市政接口至地铁站外供水水表段部分)已完成施工,并通过初步验收。投入使用后运行状况良好,无工程质量问题。

二、每个站点的供水工程均采用两路供水方式,且消防和生活用水分表计量,水压和水量均满足要求。

三、供水工程建设满足施工规范和设计要求,所采用的管材设备符合国家有关规范和技术标准要求。

四、施工单位已按初步验收意见,对供水工程进行了整改和完善。

五、鉴于上述情况,经验收小组评议,同意工程质量通过验收。

六、需要进一步完善之处:

(一)应尽快补充完善工程竣工资料,达到归档要求。

(二)在管理上要进一步精细,对总进水阀门的开启状态应明确标识。

深圳市水务局办公室
2007年10月23日印发

4.8.4 人防验收意见

我办于2007年10月12日召集深圳市地铁集团有限公司及地铁一期设计、施工、监理等相关单位进行了专门部署,随后深圳市地铁集团有限公司就有关工作做了具体安排,并向我办报送了《深圳地铁一期工程人防专项验收准备工作情况报告》。

10月25日下午至26日凌晨,我办深圳地铁一期工程人防专项验收小组赴地铁一期有关车站何和区间进行查验,并重点对试运营人防初步验收中存在问题的整改落实情况进行了现场核查。从有关文件资料和现场总体情况来看,深圳地铁一期工程人防部分自2004年通过我办初步验收以来,其后续工程已基本完成,整改措施也基本到位,同意其竣工验收。

同时,深圳市地铁集团有限公司应严格依照既定方案、设计图纸和时间节点,继续组织相关单位完成以下工作(略)。

深圳市民防委员会办公室(盖章)
2007年10月30日

4.8.5 消防验收意见

我局于2007年7月17日派出监督检查人员,会同设计、施工、监理等单位,参加了你单位组织的该工程项目的竣工消防复验收。在前期验收的基础上进行了抽查,并对各站存在

的问题进行了现场检查,复核了报验的有关竣工资料。判定该工程满足其防火设计要求,在消防方面具备使用条件。并提出以下要求:

(1)对消防设施应定期维修保养,保证功能良好完整有效。

(2)已经验收的建筑如有改建、内部装修、用途变更等,应向公安消防监督机构申报审批。

深圳市公安局消防监督管理局(盖章)
2007 年 8 月 1 日

4.8.6 工程质量验收意见

根据《深圳地铁一期工程国家竣工验收工作实施方案》的要求,工程质量验收组对深圳地铁一期工程进行了工程质量的专项验收,相关情况如下:

一、验收范围

深圳地铁一期工程1号线东段和4号线南段,共计正线21.866km及车站全部土建、机电设备安装工程、1座车辆段和综合基地、2座变电站、15个机电设备系统及控制中心安装工程。

二、验收过程

按土建、装修、常规设备安装、系统设备安装四个类别,依照合同标段逐一进行了三个层次的验收:(1)施工单位自检;(2)监理单位组织初验;(3)地铁公司组织竣工验收。

每个验收阶段提出的质量问题得到整改后,方能进入下一阶段的验收。初验和竣工验收有完整的验收申请报告、验收会议纪要及存在质量问题的整改落实情况。

通过层层把关,质量隐患得到整改。到目前为止,工程质量完全满足设计和相关验收规范要求。

三、工程质量监督过程

市建设工程质量监督总站,对深圳地铁一期工程建设的全过程进行了质量监督。

在日常监督工作中,发现质量隐患及时下达整改文件,对重要分部工程、单位工程的初验和竣工验收过程进行了重点监督,并对竣工验收结果当场宣读了监督意见。所有的竣工验收顺利,程序合法,各方责任主体验收意见一致,验收一次通过。

四、试运营期间的质量状况

深圳地铁一期工程自2004年12月28日试运营(皇岗站于2007年7月1日投入使用)以来,未发现严重质量隐患,设备、设施运行正常,结构稳定可靠,完全满足运营要求。

因此,验收小组同意深圳地铁一期工程质量通过正式验收。

附件:深圳地铁一期工程质量验收小组名单(略)

工程质量验收小组 组长(签名)(深圳市住建局代章)
2008 年 8 月 7 日

4.8.7 工程安全验收意见

现将深圳地铁一期工程安全专项竣工验收情况函告如下：

1. 基本情况

深圳地铁一期工程于2004年12月28日投入试运营。2005年11月，深圳市地铁集团有限公司委托中国安全生产科学研究院按照相关要求如期完成《深圳地铁一期工程安全验收评价报告》。

2. 验收情况

2007年5月17~18日，国家安全生产科学研究院安全评价评审中心组织深圳地铁一期工程安全竣工验收评审会。

邀请专家进行评审。专家组认为，深圳地铁一期工程安全设施符合竣工验收条件，同意通过安全设施竣工验收，同意通过《深圳地铁一期工程安全验收评价报告》。

会后，安全验收评价单位对评审会上专家意见和建议的落实情况进行了复查，形成了《深圳地铁一期工程安全验收评价报告（备案稿）》。国家安全生产监督管理总局监督二司于2007年10月17日复函同意《深圳地铁一期工程安全验收评价报告》备案。鉴此，我局认为，深圳市地铁集团有限公司严格执行国家、广东省和深圳市关于重大建设项目安全设施和安全验收评价的有关规定，深圳地铁一期工程已通过国家安全竣工验收，并依法办理了相关手续。

深圳市安全生产监督管理局（盖章）
2007年10月30日

4.8.8 卫生防疫验收意见

根据市政府安排，受深圳市地铁集团有限公司委托，深圳市卫生局成立了深圳地铁一期工程卫生防疫专业验收组，分别于2004年11月15日和2007年5月30日至6月12日，对深圳地铁一期工程19个车站进行了卫生防疫专业验收，并出具了《关于深圳地铁一期工程卫生防疫验收情况的报告》《关于深圳地铁一期工程皇岗站卫生防疫专业验收的批复》。卫生防疫专业验收组同意深圳地铁一期工程申报国家竣工验收。

附件：1. 关于深圳地铁一期工程卫生防疫验收情况的报告（略）
2. 关于深圳地铁一期工程皇岗站卫生防疫专业验收的批复（略）

深圳地铁一期工程卫生防疫专业验收组（深圳市卫生局代章）
2007年10月15日

4.8.9 环境保护验收意见

我部于2008年11月14日对该工程进行了竣工环境保护验收现场检查。经研究，现函复如下：

一、深圳地铁一期工程位于深圳市，由1号线东段和4号线南段组成，其中1号线正线长17.446km,设15座地下车站;4号线正线长4.007km,设5座地下车站。工程实际总投资为115.7亿元,其中环保投资1.11亿元,占总投资的0.95%。工程于1999年12月开工,2007年6月全部建成。

二、中国环境监测总站提供的《深圳地铁一期工程竣工环境保护监测报告》表明:

(一)工程施工期取、弃土符合地方政府的统一规划要求,施工结束后,对临时占地进行了硬化或植被恢复。对检修车辆段等采取了绿化措施,效果良好。

(二)工程在竹子林车辆段、风亭、冷却塔,采取了设置隔音屏障、消声器等多种方式的降噪措施,夜间不开展试车作业。车辆段、风亭、冷却塔厂界噪声监测值,均符合《工业企业厂界环境噪声排放标准》(GB 12348—2008)。

(三)工程对沿线振动敏感地段,采取了设置钢弹簧浮置板道床、橡胶浮置板道床、弹性短枕式整体道床的减振措施。振动监测结果均符合《城市区域环境振动标准》(GB 10070—1988)相应标准。

(四)竹子林车辆段建设了生产处理废水系统和中水回用系统,废水经处理后回用。车站生活污水经处理后进入市政管网。处理后的生产废水和生活污水各监测值,均符合广东省《水污染物排放限值》(DB 44/26—2001)。

(五)风亭、站台周围环境空气质量监测值,符合《环境空气质量标准》(GB 3095—1996)二级标准。食堂油烟废气监测结果符合《饮食业油烟排放标准》(GB 18483—2001)。

(六)2座中心变电所、1座牵引变电所工频电场强度监测值,最大为2.7kV/m,小于4kV/m的推荐标准限值。

(七)80.9%被调查对象,对工程的环境保护工作表示满意和基本满意。

三、工程环保审批手续齐全。经整改,落实了环评及其批复提出的主要环保措施和要求,工程竣工环境保护验收合格。

四、工程投运后应做好以下工作:进一步健全环境管理制度;加强各项环保措施的日常管理和维护,确保污染物稳定达标;对工程沿线噪声敏感点跟踪监测,发现问题及时采取有效措施,避免噪声扰民。

五、我部委托广东省环境保护厅和深圳市人民环境委员会负责该工程运营期的环境监管。

六、你公司应在20日内,将审批的验收申请报告及验收监测报告,送地方各级环境保护行政主管部门。

中华人民共和国环境保护部(盖章)
2008年12月18日

4.8.10 特种设备验收意见

根据《深圳地铁一期工程国家竣工验收工作实施方案》的要求,2007年9月27日我局特种设备安全监察人员组成的深圳地铁一期工程特种设备专项验收小组,于2007年9月27日对深圳地铁一期工程特种设备进行了专项验收检查,现将有关情况函告如下:

专项验收小组在听取该项目建设单位及特种设备管理单位工作汇报的基础上,认真查阅了相关安全技术管理档案,并现场抽查了部分特种设备的使用情况。经查,深圳地铁一期工程共有323台特种设备,其中电梯291台、起重机械22台、厂(场)内车辆8台、压力容器2台,另还有压力管道170m。上述设备均由有资格的检验机构进行了验收检验,且在安全检验有效期内运行。有32名特种设备作业人员经过考核取得了"特种设备作业人员证"。

我局于2006年3~8月,对深圳地铁运营分公司进行了特种设备使用和安全管理要求及评价工作,经组织专家评审,深圳地铁运营分公司特种设备管理机构健全、制度完善、设备良好、使用规范,被评为"特种设备使用和管理安全要求一级达标单位"。

因此,专项验收小组同意深圳地铁一期工程特种设备通过正式验收。

附:深圳地铁一期工程特种设备验收小组名单(略)

验收组长:(签名)
深圳地铁一期工程特种设备专项验收小组
(深圳质量技术监督局代章)
2007年10月15日

4.8.11 统计专业验收意见

受国家发改委委托,根据市发改局的安排,深圳市统计局组织的深圳地铁一期工程统计专业验收组,于2008年3月6日对深圳地铁一期工程统计专业进行了检查验收。

验收组听取了深圳市地铁集团有限公司关于深圳地铁一期工程建设概况和统计工作情况的汇报,仔细审阅了关于一期工程的统计台账,对外上报国家发改委、广东省统计局和市统计局历年统计报表,各类建设项目部分基层统计报表及公司建立的统计制度、统计持证上岗人员培训情况和历年统计表彰情况。在此基础上,验收组对照验收标准对深圳地铁一期工程统计工作进行了验收,形成验收意见如下:

一、深圳市地铁集团有限公司领导对统计工作重视,配备了专职统计人员,并做到了持证上岗、运作规范。

二、思想重视,统计报表、台账、统计制度均符合统计规范化的标准要求,统计基础工作扎实。

三、数字可靠,基础资料真实、完整,上报数据及时、准确。同时,统计法规宣传到位,有效指导和规范了统计工作。

四、同意该工程统计专业通过正式验收。

附件:深圳地铁一期工程统计专业验收组成员名单(略)

深圳市统计局深圳地铁一期工程统计专业验收组
2008年3月10日

4.8.12 档案验收意见

受国家发改委委托,根据市发改局的安排,深圳市档案局组织的深圳地铁一期工程档案验收组,于2007年9月4日依据国家档案局、国家发改委制定的《重大项目档案验收管理办法》,对深圳地铁一期工程档案进行了验收。

验收组听取了深圳地铁一期工程建设单位和主要监理、施工单位关于工程档案管理工作的汇报,仔细审阅了有关于工程的档案管理印证材料,实地检查了工程档案管理情况。在此基础上,验收组对照验收标准对深圳地铁一期工程档案管理工作进行了综合评价,形成此验收意见。

验收组认为,深圳地铁一期工程是深圳市有史以来最大的市政工程项目,也是深圳市第一个国家重点工程项目。该工程规模大、涉及专业多、建设周期长、应归档和移交的工程文件涉及面广、数量庞大。为了切实做好工程文件收集、归档、移交和工程档案管理工作,自工程开工伊始,市档案局就指定专门部门和人员,依法对工程文件和档案管理进行全面跟踪监督和指导:建设单位深圳市地铁集团有限公司从成立开始就明确了分管工程档案工作的领导,设立了专门的技术资料室,配备了6名专职档案人员和良好的室库设施,面积达到510m^2,建立了由技术资料室、工程部、驻地监理及施工单位四方共同参与的档案管理体系,制定了一系列规章制度,对工程文件的形成、积累、整理、归档和档案的管理、移交提出了规范要求,在工程建设过程中很好地履行了监督指导职责;各监理单位在管理好监理文件和档案的同时,较好地履行了工程文件和档案的监督、审查职责;各施工单位能够按照要求管理工程文件和档案,并及时整理归档和移交进馆。2004年工程试运营之前,市档案局组织分别对土建工程、常规设备安装工程、装修工程档案进行了专项验收,认为"深圳地铁一期工程的档案管理符合试运营要求"。工程试运营两年多来,深圳市地铁集团有限公司和各参建单位根据市档案局提出的整改意见和试运营中发现的问题,对工程文件进行了补充完善、系统收集和整理,并及时移交给市城建档案馆保存,迄今已有6092卷工程竣工档案移交进馆。

目前,深圳地铁一期工程档案管理存在的主要问题是:一、建设单位的部分综合管理档案以及个别工程的竣工档案尚未移交进馆;二、建设单位档案库房的"八防"措施没有全部落实,缺少阅档室;三、建设的档案信息化管理水平较低,档案整理、编目等工作有待进一步规范。

综上所述,验收组认为,深圳地铁一期工程档案管理到位,工程文件形成、积累、归档和移交与工程建设同步,形成的工程档案完整、准确、系统,竣工图编制符合规范要求,能够按时归档和移交进馆,移交进馆的档案整理规范。工程档案能够满足工程运营、维护和管理的需要并已经发挥了重要作用,也为陆续开工的深圳地铁1号线续建工程和其他线工程建设提供了宝贵的经验。验收组同意深圳地铁一期工程档案通过正式验收。

验收组希望深圳市地铁集团有限公司及各参建单位对工程档案管理中存在的问题及时进行整改,确保应移交给市城建档案馆保存的档案按时移交进馆,进一步提高工程档案管理的规范化、现代化水平,更好地为地铁的运营、维护和管理服务。

附件:深圳地铁一期工程档案验收组成员名单(略)

深圳市档案局深圳地铁一期工程档案验收组
2007年9月11日

4.8.13 竣工决算验收意见

我局派出审计组自2007年12月2日至2008年3月10日,对深圳地铁一期工程项目竣工决算进行了就地审计,现已完成相关的审计工作,出具以下验收意见(摘要):

一、建设项目情况(略)

二、资金来源及支出情况

地铁一期工程总投资为115.53亿元,资金来源的70%为市财政性资金,30%为银行贷款。

截至2007年12月31日,该项目实际收到建设资金961542.5万元,其中财政拨款727130万元,银行借款234412.5万元。

该项目竣工决算送审金额为1093667.42万元,经审计,总造价为1105911.92万元,核减37755.50万元,核减率为3.45%。

截至2007年12月31日,该项目实际基建支出924668.56万元。

三、项目概算执行情况

该项目实际建造成本较原概算115.53亿元节约9.94亿元,节约率为8.60%。

四、项目交付使用资产情况

截至2007年12月31日,该项目交付使用资产998387.70万元,其中固定资产为986062.99万元,流动资产为9722.87万元,无形资产为255.38万元,递延资产为2346.46万元。

五、尾工工程及预留投资情况

这部分共计57524.23万元。

六、存在的主要问题(略)

七、审计评价

在财务管理方面,能执行基建财务会计制度,能基本做好资金的筹集、使用、监督和核算工作。通过开具买方付息银行承兑汇票,或向其他银行提取流动资金贷款等形式,有效地降低了资金成本。

深圳市审计局政府投资审计专业局
2008年4月10日

4.8.14 试运营评估意见

我局委托深圳大学对深圳地铁一期工程的试运营安全和服务情况进行了评估,并对运营执法情况、客流以及乘客满意度进行了调查分析,提出了评估结论和改进意见。

第4章 国家竣工验收

2007年10月10日,我局组织召开了深圳地铁一期工程国家竣工验收——《深圳地铁一期工程运营情况评估报告》专家评审会,参加会议的有上海地铁运营有限公司❶、北京市地铁运营有限公司、广州地铁运营事业总部❷、西南交大交通运输学院、南京地铁运营有限责任公司、港铁轨道交通(深圳)有限公司的专家七名。在听取了项目承担单位深圳大学的详细汇报后,专家组通过提问答疑、集体讨论等形式,对评估报告内容进行了详细、认真的评估工作。与会专家一致认为,深圳地铁一期工程各项运营情况处于良好状态,达到了设计的初始运营要求,符合国家竣工验收要求,同意申报国家竣工验收。

附件:深圳地铁一期工程运营情况评估报告(略)

深圳市交通局❸(盖章)
2007年8月18日

4.8.15 无线通信验收意见

由深圳市无线电管理局负责组成的深圳地铁一期工程国家竣工验收无线通信验收组,于2007年10月17日在试运营验收的基础上,对深圳地铁一期工程无线通信系统进行了验收。验收结果报告如下:

一、深圳地铁一期工程无线通信系统概况

深圳地铁一期工程无线通信系统包括深圳地铁内部使用的专用通信网(以下简称"专网")和为市民提供移动通信服务的公众通信网(以下简称"公网")。专网有400MHz常规对讲系统以及800MHz数字集群通信系统。公网包括运营商各自建设的基站及其共用的地铁内部分布系统。400MHz常规对讲系统设计在竹子林站的地面车场以及各站站厅、站台使用,只在竹子林站设置了固定台。800MHz数字集群通信系统及公众移动通信系统,则在地铁沿线的19个车站建设了基站(或直放站),覆盖隧道内及站厅、站台。无线通信验收组对上述专网、公网进行了验收测试。

二、验收测试结果

(一)专网部分

(1)深圳地铁800MHz、400MHz专网使用频率符合规定。

(2)深圳地铁专网使用的无线电设备通过了制造厂商的出厂检验,具有国家工业和信息化部核发的无线电发射设备型号核准证,发射功率等技术指标符合规定,无线电台照齐全。

(3)800MHz数字集群通信系统信号电平测试大于-95dB·m,达到设计要求。

(4)800MHz数字集群通信系统呼叫通话(单呼、组呼、群呼)及状态信息传输等功能可满足使用要求,ATS系统、列车无线广播正常,列车运行中紧急呼叫通话功能正常,越区信道

---

❶ 现为上海申通地铁集团有限公司。
❷ 现为广州地铁集团有限公司。
❸ 现名为深圳市交通运输委(深圳市港务管理局)。

切换通信功能正常,车台、固定台与调度台之间通话、故障弱化通信功能正常,录音功能正常,网管中心对系统设备故障检测显示功能正常。

(5) 400MHz 常规对讲系统通信正常。

(6) 专网工程设备安装质量良好。

(二) 公网部分

(1) CDMA800、CDMA1900 通话清晰,无噪声、无断续、无串音、无单通,效果满意。总能噪比 Ec/Ic 全部合格,具有较大富裕量。下行帧错率 FFER 全部合格。

(2) GSM900、GSM1800 通话清晰,无噪声、无断续、无串音、无单通,效果满意。下行接收电平和误码率等级合格。

(3) 多网下行信号合路产生的互调干扰合格。

(4) 公网工程设备安装质量良好。

三、验收结论

验收组一致认为,深圳地铁一期工程无线通信系统已经达到设计要求,同意通过验收。

深圳市无线电管理局(盖章)
2007 年 10 月 22 日

4.8.16 有线通信验收意见

现将有线通信专业验收组的验收结论报告如下:

一、系统的验收

有线通信专业验收组共分 6 个验收小组,即:传输、时钟系统验收小组,视频、广播系统验收小组,光缆验收小组,电源验收小组,电缆验收小组以及交换验收小组。

各验收小组针对初验问题,调阅了深圳地铁一期工程有线通信相关子系统的试运行报告,在地铁公司等单位人员的配合下,对各有线通信子系统从设备机房到地铁站厅甚至隧道,开展了全面系统的终验工作。

二、系统的总体评价

通过验收测试,验收组认为:深圳地铁一期工程有线通信各子系统经过两年多的试运行,系统的各项功能运行正常,能满足地铁公司的需求,一致同意有线通信系统通过终验。

三、有关建议

各子系统还需整改的问题,在各子系统验收评估报告中列出,虽不影响通过终验,但应在系统维护中继续整改。

深圳地铁一期工程有线通信专业验收组
(中国电信股份有限公司深圳分公司代章)
2007 年 10 月 30 日

4.9 竣工验收会议组织实施案例

4.9.1 概述

受国家发展和改革委员会委托,深圳市人民政府成立深圳地铁一期工程国家竣工验收委员会,负责本工程竣工验收的组织工作。

按照国家竣工验收一般要求,制定了深圳地铁一期工程国家竣工验收工作流程如图4-4所示。

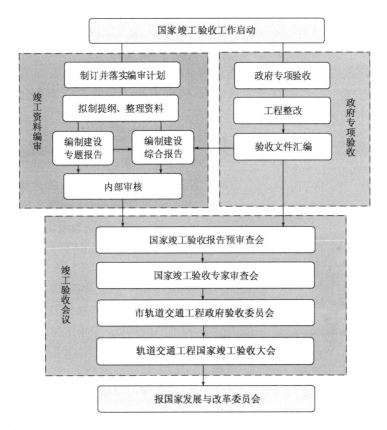

图4-4 深圳地铁一期工程国家竣工验收工作流程

1) 竣工验收筹备阶段

2007年2月,按照市政府部署,市发展和改革委员会牵头组织深圳地铁一期工程的竣工验收筹备工作。按照"谁审批,谁验收"的原则,2007年5月23日,市发改委专文呈报国家发改委正式申请对深圳地铁一期工程实行竣工验收。2007年7月20日,国家发改委正式批准委托深圳市组织该项目的竣工验收工作。

2007年8月13日,经市政府同意,市发改委印发《深圳地铁一期工程国家竣工验收工作实施方案》。根据该实施方案,市政府成立深圳地铁一期工程国家竣工验收委员会,主管副市长担任委员会主任,市政府各主要职能部门为委员会成员单位,同时聘请5位国内地铁专业的知名专家为验收委员会专家委员。验收委员会下设办公室,为验收期间组织处理日常事务的专职机构。验收委员会同时下设16个专业验收组,由各职能部门按照国家和地方有关法律法规、专业技术规范及职能划分,分别负责工程质量、规划、试运营评估、供水工程、卫生防疫、环境保护、统计、特种设备、安全、消防、竣工决算、民防、档案管理、无线通信、供电工程、有线通信的专项验收工作。

2)正式竣工验收阶段

按照政府验收委员会要求,地铁公司组织有关人员进行了全面的回顾和总结,编制了深圳地铁一期工程建设综合报告1份,以及基建工作、勘察工作、设计工作、科研与创新工作、工程质量管理、工程安全管理、环境保护工作、消防工作、设备材料管理工作、征地拆迁工作、试运营管理工作、工程档案管理工作、竣工财务决算报告共13份专题报告,比较全面地反映了深圳地铁一期工程建设各方面的基本情况。

根据国家竣工验收工作流程,在深圳地铁一期工程国家竣工验收资料编审完成后,召开了三次大会,分别是国家竣工验收报告预审查会、国家竣工验收专家审查会和国家竣工验收大会。

4.9.2 国家竣工验收报告预审查会

2008年12月4日,深圳市发改委在深圳麒麟山庄主持召开了深圳地铁一期工程国家竣工验收报告预审查会(图4-5)。会议邀请了来自广州、天津、深圳等城市的8位地铁专家组成专家组进行审查,市轨道办、规划局、住建局、交通委、财政局、环保局、审计局、地铁公司等单位的领导和代表参加了会议。

图4-5 深圳地铁一期工程国家竣工验收报告预审查会

专家组、政府部门及与会代表认真阅读了深圳地铁一期工程的《建设综合报告》、《专题报告》(上、下册)和《竣工验收鉴定书》(讨论稿),听取了地铁公司的汇报。专家组成员及政府部门领导进行了热烈讨论,形成咨询意见如下:

一、总体评价

(一)报告材料《建设综合报告》和《专题报告》(上、下册)从建设概况、前期工作、设计管理、工程管理、车辆设备采购、验收移交、试运营、财务决算审计、政府专项验收、工程整改、工程档案、经验教训12个方面,对深圳地铁一期工程项目的建设过程及试运营进行了回顾总结,内容充实,概括全面,基本符合申报国家竣工验收应准备的文件要求。

(二)《竣工验收鉴定书》阐述了工程建设的依据、规模和基本情况,包括主要设计单位、主要施工单位、建设内容和工期、主要实物工程量、试运营情况、财务决算和审计、工程评价及政府专项验收情况、经济效益和社会效益,提出了初步的验收意见,对深圳地铁一期工程的评价客观公正。

二、具体修改意见

(一) 报告材料部分

(1) 报告材料内容有关数据、描述要保持统一性,应进行仔细核对和文整完善工作。

(2) 建议深圳地铁一期工程实际总投资确定为 106.536 亿元。

(3) 应补充勘测工作情况的描述。

(4) 投资概算 115.53 亿元来源的依据应补充完整,并核对清楚。

(5) 正线里程有一定变化过程,应在专题报告章节补充正线里程变化说明及有关数据计算过程。

(二) 竣工验收鉴定书部分

(1) 建议全线开通日期定为 2004 年 12 月 28 日,福田口岸站开通时间另做说明。

(2) 建议对主要参建单位进行梳理。

(3) 验收意见应增加工程安全方面的内容。

(4) 应附上国家发改委的委托验收的相关文件。

(5) 鉴定书中的数据应严格校核,文字描述应准确、流畅。

(6) 工程建设过程中的亮点(如技术创新)应增加描述内容。

(7) 应增加对深圳地铁一期工程的综合评价。

《建设综合报告》、《专题报告》(上、下册)及《竣工验收鉴定书》(讨论稿)按照上述意见进一步补充完善后,可提交深圳地铁一期工程国家竣工验收会议审议。

深圳地铁一期工程国家竣工验收报告预审查会专家组
组长(签字):

4.9.3 竣工验收专家审查会

2009 年 4 月 15 日,深圳市发改委主持召开了深圳地铁一期工程国家竣工验收专家审查会(图 4-6)。会议邀请了来自北京、上海、广州、深圳等市的 11 位地铁专家组成专家组进行审查,市发改委、轨道办、地铁公司、设计、监理等单位的领导和代表参加了会议。

专家组、政府部门及与会代表认真审阅了深圳地铁一期工程的《建设综合报告》和《专题报告》(上、下册),听取了地铁公司验收委员会关于竣工验收资料编制及工作情况的全面汇报。专家组成员及政府部门领导进行了热烈讨论,形成主要审查意见如下:

(一) 深圳地铁一期工程《建设综合报告》和《专题报告》(上、下册),从建设概况、前期工作、

图 4-6 深圳地铁一期工程国家竣工验收审查会

设计管理、工程管理、车辆和机电设备、验收及移交、试运营情况、竣工财务决算和审计、申报国家竣工验收准备情况、经验与教训等10个方面,对深圳地铁一期工程项目的建设过程及试运营进行了认真总结,内容翔实、全面,符合国家竣工验收申报文件的要求。

(二)深圳地铁一期工程符合初步设计要求,工期、质量、投资得到了严格的控制,达到了预定的建设目标,并通过了政府相关职能部门的专项验收。

(三)深圳地铁一期工程自2001年3月12日全面开工建设,到2004年12月28日全线建成,经试运营表明:本工程设计合理,装备技术先进,运营筹备工作全面、细致,运行能力已全面达到开通初期的设计标准,较好地缓解了深圳经济特区东西干道、中心区、罗湖口岸区域的城市交通压力,为改善深圳城市交通状况、实现城市规划功能、促进社会经济发展发挥了良好的作用。

(四)深圳地铁一期工程依托多项科研与技术创新成果,整体上提高了地铁工程技术和运营服务水平,工程建设和试运营总体上达到了国内同期地铁工程的先进水平。

基于以上意见,专家组建议深圳地铁一期工程国家竣工验收委员会批准该工程通过国家竣工验收。

深圳地铁一期工程国家竣工验收专家审查会专家组
组长(签名):

竣工验收专家审查会还讨论通过了《竣工验收鉴定书》(建议稿)。

4.9.4 国家竣工验收大会

深圳地铁一期工程国家竣工验收大会(图4-7),于2009年4月16日上午在市民中心隆重举行。

大会顺利通过了深圳地铁一期工程国家竣工验收,这是深圳市地铁建设征程中的一件大事,具有划时代的里程碑意义。

会上,市发改委领导代表验收委员会办公室作《竣工验收委员会工作报告》,地铁公司领导就深圳地铁一期工程《建设综合报告》(图4-8)向大会作了汇报。

大会宣读并通过了《一期工程竣工验收鉴定书》。主管副市长、副秘书长及市发改委领导代表验收委员会签署了《一期工程竣工验收鉴定书》,标志着深圳地铁一期工程国家竣工验收工作圆满完成。

图4-7 深圳地铁一期工程国家竣工验收大会　　　　图4-8 《建设综合报告》

4.10 建设综合报告

4.10.1 建设综合报告编制提纲

根据《深圳市城轨交通工程政府验收管理办法(试行)》规定,《建设综合报告》编制提纲应包括但不限于:

(1)工程建设概况。
(2)建设前期工作。
(3)设计工作管理。
(4)工程管理。
(5)车辆和设备采购。
(6)验收及移交工作。
(7)试运营情况。
(8)竣工决算和审计。
(9)申报国家竣工验收准备情况。
(10)经验与教训。
(11)附件:工程建设大事记、建设依据文件、专项验收文件等。

4.10.2 深圳地铁一期工程《建设综合报告》正文

1)工程建设概况
(1)建设依据与历程
1998年5月25日,原国家计委批准"深港罗湖、皇岗/落马洲口岸旅客过境轨道接驳工程"项目建议书,工程获立项,并更名为"深圳地铁一期工程"。
1998年7月31日,"深圳市地铁集团有限公司"正式成立,"深圳市城市铁路客运系统(地铁)建设领导小组办公室"同时撤消。
1998年12月28日,试验段开工。
2001年3月12日,全线开工。
2003年8月10日,隧道全线贯通。
2003年8月29日,实现"轨通"。
2003年11月28日,实现"电通"。
2004年4月25日,首列车抵深。
2004年6月30日,全线系统设备安装和车站装修完成。
2004年8月1日,列车首次上线热滑成功。
2004年12月28日,工程建成开通投入试运营。
福田口岸站(原皇岗站)受该口岸联检楼建设影响,于2007年6月28日启用。
(2)工程概貌

一期工程由1号线东段和4号线南段组成,正线里程为双线21.453km,设19座地下车站、2座主变电站、1个车辆段及综合基地、1个指挥控制中心。

1号线东段,罗湖站—世界之窗站,正线里程为双线17.446km,设15座地下车站。

4号线南段,福田口岸站(原皇岗站)—少年宫站,正线里程为双线4.007km,设5座地下车站。

会展中心站为1、4号线换乘站。

(3)实施工程量

正线轨道长:21.453km(双线里程)。

混凝土:171.6935万m^3。

钢材钢筋:31.2736万t。

土石方:587.7612万m^3(开挖),125.2642万m^3(回填)。

辅助线轨道长:3.704km。

车场线轨道长:12.466km(含道岔)。

车站总建筑面积:29.7334万m^2。

车辆段房屋建筑面积:42.3709万m^2。

(4)工程投资

批准的投资总概算为115.530亿元。建设总造价为106.536亿元,实际每双线公里造价为4.970亿元。其中,已完成建设投资为100.784亿元,预留尾工工程投资为5.752亿元。建设总造价较总概算节约8.994亿元,即节约7.79%。

(5)建设特点

①深圳市作为经济特区经过近二十年的建设,已由边陲小镇建成初具规模的现代化城市,城市发展与交通运输的矛盾日益突出,东西向展布的狭长带状城市特点又加剧交通运输的紧张状况,口岸交通不畅。本工程建设对缓解城市东西主要交通走廊的交通拥挤状况、增加口岸接驳能力意义重大。

②本工程线路敷设跨越罗湖区、福田区、南山区,工程地质条件复杂,特别是罗湖区的不良地质与特殊岩土比较密集,数条地质断裂带穿过隧道洞身,沿线软土中存在臭味气体。工程建设难度大,建设风险大。

③本工程是国家第一个地铁设备国产化的依托项目,机电设备国产化率目标为70%。同时,深圳市政府对工程建设提出了高起点设计、高标准建设、高水平管理的总体要求,因此本工程建设过程格外引人关注。

④管理创新和技术创新始终贯穿建设全过程,本工程在国内首次采用机电设备总监理和土建总监理的建设管理模式,建立技术委员会,结合工程实际,指导和支持技术创新,有力地推进了科研与咨询工作,研究应用多项新技术、新工艺,取得国家科技进步二等奖和多项"中国企业新纪录",提升了工程的总体技术水平。

⑤本工程所采用的车辆及设备系统,总体技术水平先进,自动化程度高。引进技术在国内合资生产的A型地铁车辆上达到了国际一流水平。

⑥本工程为实现建设节约型地铁的目标,广泛采用各种节能降耗新技术、新方式,节能

效果显著。如设置屏蔽门系统分隔车站与隧道空间减小热损失,广泛采用变频技术以显著节约电能、降低运营成本。

⑦本工程依托先进的运营服务设备,为广大乘客提供高品质的服务。屏蔽门系统、先进的灾害报警和设备监控系统为乘客的出行安全提供保障。投入试运营期间,几次缩短发车间隔,方便乘客快捷出行。

⑧本工程建设过程注重地铁相关资源的开发工作,在学习和借鉴香港地铁公司盈利经验的基础上,不断挖掘新的创收模式,积极拓展地铁资源开发新领域,逐步形成了地产、广告、商贸等多项业务。

2) 建设前期工作

(1) 预先研究及立项审批

1988年10月,预可行性研究开始。1999年4月15日,一期工程获准立项。2003年6月12日,西延线获得批准。

(2) 工程沿线规划

跨越特区内罗湖、福田、南山三个区。1号线连接最繁华的商业、金融中心和旅游景区。

(3) 地铁与地面交通接驳规划

连接既有的罗湖和皇岗两个旅客过境口岸。1号线在罗湖口岸与广九铁路接驳。4号线在皇岗口岸与香港西部铁路接驳。1号线在老街站有地面公交接驳站,在世界之窗站有大型地下公交接驳站。竹子林站与大型长途公交枢纽紧邻。

(4) 工程勘察

工程勘察工作包括地质勘察、勘测和管线探测三个方面。

地质勘察,以钻探为主,勘探量达5.5万余米。地质勘察详细查明了地层岩性、不良地质与特殊岩土等工程地质条件、水文地质条件,对各工点提供了相应的设计参数,并提出了工程处理措施建议。

勘测,主要完成GPS控制网布设、水准、导线、地形等,车辆段基线和断面以及沿线建(构)筑物等测绘内容。完成1:500地形图勘察40km^2,精密导线测量28km,水准控制网65km。

管线探测,共探测地铁穿越范围附近所有地下管线425km,绘制彩色地下管线成果图200余幅,包括埋设于地下的给水、排水、燃气、热力、工业等各种管道以及电力、电信电缆的平面位置、走向、埋深(或高程)、性质、材料等。

参加勘察的单位有中国铁路设计集团有限公司、深圳市地籍测绘大队、深圳市勘察研究院有限公司、深圳市大升高科技工程有限公司、中铁隧道勘测设计院有限公司、中国能源建设集团广东省电力设计研究院有限公司等8家。

(5) 征地、拆迁及管线改迁

共征地30万m^2,借地42万m^2,拆迁民居105户,改迁各种管线约10万m。征地拆迁工作由市规划国土局征地拆迁办负责,地铁公司配合,市审计部门派人全过程参加。

管线改迁的初步设计由各主体施工单位承担,管线改迁的施工图设计由管线业主单位下属的设计单位承担,各管线业主单位下属的施工单位负责管线改迁施工。

(6) 交通疏解

交通疏解时间为1999年12月至2005年年底,任务是对沿线及其周边区域在施工期间的交通进行疏解。分为三个阶段:地铁主体施工前疏解,地铁主体施工过程中的配合疏解,地铁主体施工完成后恢复疏解。范围是:设计和施工涉及40个工段,6个子项。

(7) 建设资金来源

总投资(含1号线延长线):115.53亿元。

资金来源:市财政拨款70%,银团贷款30%。贷款银团有国家开发银行(牵头行)、中国工商银行深圳市分行和中国银行深圳市分行。

3) 设计工作管理

(1) 管理方式

设计的组织和管理:地铁公司。

管理方式:设计总包、委托设计咨询。

设计总包:中国铁路设计集团有限公司。

在地铁公司主管技术的总经理、总工程师领导下,由设计管理部负责对勘察设计、设计监理及其他咨询单位进行技术管理。

(2) 设计过程

设计分为两个阶段:初步设计阶段和施工图设计阶段。总体设计单位提出总体原则方案,各工点设计单位依据原则方案进行初步设计。

1999年10月,初步设计通过审查。随后,施工图设计全面开展。

除设计总包单位外,设计单位共48家,主要有中铁第一勘察设计院集团有限公司、中铁二院工程集团有限责任公司、中铁第四勘察设计院集团有限公司、北京城建设计发展集团股份有限公司、中铁隧道勘测设计院有限公司、上海市隧道工程轨道交通设计研究院、北京全路通信信号研究设计院集团有限公司、中铁电气化勘测设计研究院有限公司、中国能源建设集团广东省电力设计研究院有限公司、深圳供电规划设计院有限公司、深圳市市政设计研究院有限公司、深圳市城市规划设计研究院有限公司、深圳市现代计算机有限公司、中国建筑西南勘察设计研究院深圳分院、深圳市建筑装饰(集团)有限公司、深圳市建筑设计研究总院有限公司、深圳中建建筑设计院有限公司、深圳市燃气集团股份有限公司、深圳市利源供水设计咨询公司和深圳市中世纵横广告有限公司等。

(3) 主要设计特色

①设计工作时间跨度长

自1993年开始,反复进行了多次可行性研究工作。1998年5月,原国家计委正式批复深圳地铁1号线一期工程项目建议书。同年7月,完成了深圳地铁一期工程可行性研究报告,并通过了评审。

1998年10月至1999年10月,完成了初步设计并通过审查。1999年10月至2003年8月,完成了全部施工图设计。

②涉及范围广,制约、影响因素多

本工程和其他城市地铁工程一样,涉及范围广,制约、影响因素多,给勘察设计工作的组织和开展带来了不少困难。

从勘察工作看,由于地铁线路多数是在繁华的城市街道下通过,这主要涉及城市管理、交通、绿化,以及周边的单位、市民等,而设计工作所涉及的范围就更加广泛,主要有市和区规划、国土、建设、环保、城市管理、交通、消防、安全监督管理、供电、供水、排水、信息等公用事业单位。任何一项问题处理不好,都会直接影响设计工作的正常开展。

③设计标准高

深圳地铁技术标准、功能、服务水平定位在国内领先、国际先进的水平上,设计标准相对较高。例如,深圳地铁率先采用了综合监控系统、隧道感温光纤系统、变频控制系统等工程,并且是最早在设计初期就确定采用屏蔽门系统,并一次安装到位的工程。

④地处特区,与香港接驳

本工程位于特区中心地带,其1号线起点罗湖、4号线起点皇岗均与香港接驳,这也是内地所没有的特殊情况。如何结合口岸的特点,做好口岸与地铁的接驳换乘,也是深圳地铁设计中的一个重要环节。

⑤充分考虑地下空间开发与沿线物业的结合,带动周边经济的发展

为了改善地铁亏损运营的状况,并带动周边经济的繁荣与发展,在本工程全线19个站中,大剧院站、会展中心站、市民中心站等3个站都预留了物业开发的空间。老街站、国贸站、科学馆站、华强路站、购物公园站、车公庙站、竹子林站、福民站、世界之窗站、少年宫站等10个站中,都有与周边大型商业连接的通道或预留口。

⑥考虑与周边公共交通的结合

为了实现以人为本的建设目标,在建设过程中,深圳地铁一直主张与周边公共交通密切结合的设计理念。在罗湖站,结合联检、火车站及周边的规划,建设了罗湖交通层;在世界之窗站,建成国内第一个大型地下公交站,实现与地铁的换乘;在竹子林站,结合福田大型长途公交枢纽,实现地铁与市政交通的无缝接驳。

4)工程管理

(1)管理体系

建立"政府监督,建设单位组织,社会监理依法管理,承包商组织、实施施工"的工程组织管理体系。

地铁公司按矩阵式组织结构,设立直接面向承包商、监理单位的一线工程管理部门、二线支持部门,建立职能部室→分管领导→公司党政联席会、公司招标领导小组→市地铁工程建设指挥部(简称"指挥部")的决策体系。同时,根据工程进展,动态调整组织管理机构。

(2)工程招标

所有工程及相关工程监理的招标工作,坚持"廉洁、高效、工程利益第一"的原则,实行指挥部、指挥部办公室、地铁公司三级管理。

地铁公司为项目法人,在地铁指挥部的领导下,负责招标的具体组织实施工作。具体职责主要是编制工程招标计划、组织编写招标文件、编制投标报名条件或资格预审报告、评标办法、组建投标文件审核小组、审定评标办法与标准等。

通过招标,承包土建及建筑装修工程的单位共95家,主要有广东省基础工程集团有限

公司、广深铁路股份有限公司、上海隧道工程股份有限公司、上海市机械施工集团有限公司、上海市基础工程集团有限公司、中铁隧道集团有限公司、中铁一局集团有限公司、中铁四局集团有限公司、中铁十二局集团有限公司、中铁第十五局集团有限公司、中铁第十六局集团有限公司、中铁二十局集团有限公司、深圳市金众地产集团有限公司、中铁隧道集团深圳分公司、深圳市路桥建设集团有限公司、深圳市建筑工程股份有限公司、深圳市市政工程总公司、中国华西企业有限公司、深圳华泰实业有限公司、深圳市恒安兴人防工程有限公司、深圳市建筑装饰(集团)有限公司、广东省源天工程有限公司、深圳茂华建设集团有限公司和深圳市南利装饰集团股份公司等。

(3) 工程监理

工程监理，分土建监理和设备监理两部分。监理单位是中国国际工程咨询有限公司、铁科院(北京)工程咨询有限公司和四川铁科建设监理有限公司。

通过招标，承包车辆、机电设备及安装工程的单位共146家，主要有长春长客-庞巴迪轨道车辆有限公司、西门子信号有限公司、北京和利时系统工程有限公司、中兴通讯股份有限公司、深圳市现代计算机有限公司、深圳市赛格集团有限公司、京信通信系统控股有限公司、深圳市星火电子工程公司、天津奥的斯电梯有限公司、上海三菱电梯有限公司、广州奥的斯电梯有限公司、浙江上风集团有限公司、联合开利(上海)空调有限公司、南京天加环境科技有限公司、国际商业机器(中国)有限公司、顿汉布什(中国)工业有限公司、北京仪表机床厂、深圳华力特电气有限公司、江苏华鹏变压器有限公司等。

通过招标，承包工程监理的单位共10家：中国国际工程咨询有限公司、铁科院(北京)工程咨询有限公司、法国索菲图公司、四川铁科建设监理有限公司、深圳市燃气工程监理有限公司、深圳市翠景园林绿化景观工程监理有限公司、中铁隧道勘测设计院有限公司、深圳市城建监理有限公司、深圳市竣迪建设监理有限公司、深圳市甘泉建设监理有限公司。

系统联调咨询单位是美国柏诚公司-亚洲。

(4) 进度控制

地铁公司工程部是进度控制的组织、管理部门。

①围绕通车目标，搞好工程部署。
②做好前期准备工作，在坚持程序的前提下，灵活运筹，强化进度计划，实施过程协调。
③严格合同管理，强化协调，实施有效控制。
④通过组织"大干120天""大干上半年""大干百天保通车"等劳动竞赛，以及采取物质奖励、精神奖励等多种手段，激发承包商的荣誉感，推动工程的进展。

(5) 质量控制

鉴于工程实施时我国尚未颁布地铁工程施工验收规范，地铁公司组织监理部参考国内有关专业标准，结合深圳地铁一期工程特点，编制了《施工质量验收统一标准》和《施工质量检验评定标准》，用于指导施工并作为全线竣工验收的依据。

在本工程建设中，施工质量自始至终是建设单位严密关注的重点。地铁公司根据工程特点和不同的建设阶段，分别把住设计、设备材料、施工三个主要环节。

(6) 投资控制

投资始终得到有效控制,实际投资比概算有较大幅度的节省,主要得益于完善的投资管理制度体系的建立和执行,以及工程实施过程中设计管理、招投标管理和预结算管理三个环节的控制。

地铁公司制定了计量支付、合同变更、结算管理及投资监控管理等一系列规章制度,有效地控制了投资总额。

落实先进的节约设计原则,从设计源头上控制工程投资。

通过全方位的招投标和规范的合同管理,以及严格控制设计变更和费用支付等手段,对有效控制工程投资起到了决定性作用。

(7)甲控材料管理

为加强原材料选用控制,把好工程质量源头关,本工程对乙方负责采购的运营维护需全线统一、市场行为尚不规范、工程质量难以保证的材料,由甲方进行控制管理,该材料称作甲控材料。

土建结构工程的甲控材料为商品混凝土、钢材、主要防水材料。

装饰工程的甲控材料为搪瓷钢板、铝合金天花、铺装石材。

机电设备安装工程的甲控材料为 0.4kV 低压电缆、电缆桥架、低压母线槽、三箱(配电箱、照明箱和插座箱)、灯具、保温材料、防(排)烟防火阀、点子水处理器和球墨铸铁管。

本工程实行甲控材料管理,达到了保证工程质量、实现工程进度、节约工程投资的三大预定目标。

(8)安全管理

本工程认真贯彻执行国家、地方及行业有关安全生产的法律、法规和标准,严格执行建设项目安全设施"三同时"制度,对存在危险和有害因素的设施和场所采取了合理的、切实可行的防护及治理措施,采用了先进、成熟的施工工艺、设备,科学的监控手段及合理的管理方法。

安全生产文明施工总体形势一直处于受控状态,杜绝了重大安全事故的发生,没有发生火灾事故,没有发生施工之外的断气、断电、断水和交通堵塞等方面的事故。

运营始终坚持"以人为本,安全第一"的工作方针和"安全、正点、热情、周到"的服务理念,通过强化安全管理基础工作,开通以来一直保持责任行车险性以上事故、责任乘客重伤以上事故、员工因工重伤以上事故、责任火灾事故、责任设备重大及以上事故"五无"的良好成绩,保证了运营安全处于受控状态。

5)车辆和设备采购

(1)车辆和机电设备的整体水平达到国际一流

①自主创新实现又好又省又安全

主要体现在车辆和机电设备整体创新成果达到 21 世纪初的信息化的国际先进水平。通过集成创新,用信息化为手段,利用后发优势,围绕着运营起来更安全、更节约、更高效的三大目标,以国产化 70% 的要求为契机,相信和依靠国内企业,对车辆和机电设备进行了全面创新,实现了地铁车辆和机电设备系统的跨越式发展。

与地铁行业同期、同水平、同口径比较,实现了五个方面的突破:信息化自主集成创新系统多,安全控制自动化水平高,环控和电扶梯自动化节电多,平均每公里车辆和机电设备造价低,运营维护费用低。

②国产装备起点高

本工程是国家第一个地铁设备国产化依托项目,机电设备国产化率目标为70%。是深圳市政府主动提出来要实现机电设备国产化的工程,地铁公司按"高起点、高标准、高水平"目标,把机电设备国产化作为创新的目标定位在21世纪初信息化水平,经过几年创新的艰苦努力,全面实现了自主创新的目标。

③开通运营水平高

本工程一次开通ATC的ATP、ATS、ATO功能,并与车辆和屏蔽门实现自动配合,停车精度始终自动控制在0.25m以内,在550天的试运营期间内,列车运行正点率始终稳定在99.95%以上(按2min晚点计算),创造了试运营表现和同类信号系统开通的行业新纪录。

④电扶梯配备数量多

深圳地铁一期工程的19个车站共装有220台电扶梯,到目前为止,仍是国内已建成地铁中配备电扶梯数量最多的地铁。

深圳地铁一期工程的车辆和机电设备系统通过自主创新整体达到了国际先进水平,创出了一条依托重大工程"用户主导创新"的重大系统装备创新的新路。

(2)创新填补国内空白

坚持以国产创新为主,在全国首开先河,是深圳地铁的一大特色。本工程车辆和机电设备填补国内空白及创造了第一的突破有自动售检票(AFC)系统、综合监控系统、通信系统、信号系统、车辆、资产管理系统、光纤感温火灾监测系统、变频节能技术、乘客信息系统、气体灭火系统、柔性接触网系统、司机模拟驾驶培训系统。

安全运行4年时间证明:系统运行可靠,自主创新的信息化系统均是首次面世并直接于2004年12月28日投入商业运营,运营表现的可靠性和设备的可靠性指标同比达到了香港地铁的水平。

深圳地铁造就了具有比较优势的地铁大产品,使我国地铁装备和地铁大产品均跨上了21世纪初信息化的国际水平,这样的水平体现在更先进、更安全、更节能、更高效、更省钱五个方面。深圳地铁作为大产品具备了走向国内外的市场条件,它必将成为我国民族工业的象征。

6)验收、移交和试运营

2003年4月,地铁公司成立一期工程验收工作委员会,下设办公室(以下简称"验收办公室")。验收办公室设立三个工作组,即合同商务与文档验收工作组、建安工程验收工作组和系统设备验收工作组,分别负责合同商务与文档、建安工程和系统设备的验收工作。

2004年10月30日,基本完成了验收和移交工作,保证了2004年12月28日开通试运营。

7)试运营达到先进水平

2004年11月15日,深圳市地铁工程建设指挥部成立深圳地铁一期工程投入试运营验收工作委员会,组成15个专业验收组对本工程投入试运营进行了专业验收。2004年12月25日本工程投入试运营验收工作全部完成,15个专业验收组出具了验收意见,一致同意本工程开通投入试运营。

自2004年12月28日建成开通投入试运营开始,至2006年6月30日,历时18个月,累计列车开行20.3万列次,运营里程1491.9万车公里,运送乘客9685.5万人次,日均客运量达到 17.6 万人次,运行图兑现率 100%,正点率 99.97%,实现客运收入 28203.2 万元。其中,2006 年 5 月 1 日当天创开通以来最高客运纪录,达到 35.9 万人次/日。

试运营期间,每日运营服务时间就一直保持为 16.5h,重要节假日延长服务时间至 17.5h,为乘客提供舒适、优质的服务。实现了安全运营 550 天,无责任行车重大、大事故,无责任设备重大事故,无责任乘客伤亡事故,无火灾一般及以上事故,无员工因工死亡、重伤事故。

2006 年 10 月,深圳市交通运输委员会委托深圳大学对本工程试运营情况进行评估。评估报告认为,深圳地铁一期工程依托高水平的技术创新为乘客提供了安全的设施、方便的服务,地铁设备现阶段是安全的、性能是可靠的、运行是稳定的、国产化设备系统是非常先进的,运营管理、员工素质、服务指标等表现良好。

整个试运营情况表明,本工程建设质量优良,设备系统技术先进、安全可靠,运营筹备工作周密,员工培训满足上岗要求,运营管理制度健全,运行性能全面达到开通初期的设计标准。

8)竣工财务决算和审计

决算时点为 2006 年 6 月 30 日,之前试运营期间运营全部收入与成本支出抵扣,不足部分在工程基建投资中列支。

经审定,深圳地铁一期工程建设总造价为 106.536 亿元,其中已完成建设投资为 100.784 亿元,预留尾工工程投资为 5.752 亿元,建设总造价较总概算 115.530 亿元,节约 8.994 亿元,节约 7.79%。

9)申报国家竣工验收准备情况

(1)政府专项验收组的竣工验收意见

2007 年 8 月,由政府职能部门或行业管理部门人员组成的 16 个专业验收组,按照国家和地方有关法律法规、专业技术规范及职能划分,分别负责工程质量、规划、试运营评估、供水工程、卫生防疫、环境保护、统计、特种设备、安全、消防、竣工决算、民防、档案管理、无线通信、供电工程、有线通信的专项验收工作,各专项验收组按要求全部完成了验收工作,并出具验收意见,均同意通过验收。

(2)工程整改

针对本工程开通前评估报告和政府职能部门或行业管理部门专业验收意见中提出的需要整改的问题,地铁公司均组织了全面的整改工作。对于具备条件进行整改的项目全部完成了整改,并通过了各相关专业主管部门的确认。

(3)竣工验收资料

地铁公司组织有关人员进行了全面的回顾和总结,编制了本工程建设综合报告 1 份,以及基建工作、勘察工作、设计工作、科研与创新工作、工程质量管理、工程安全管理、环境保护工作、消防工作、设备材料管理工作、征地拆迁工作、试运营管理工作、工程档案管理工作、竣工财务决算报告共 13 份专题报告,比较全面地反映了本工程建设各方面的基本情况。

此外,本工程竣工验收资料还收集有政府职能部门和行业管理部门专项验收文件汇编 1 套、工程建设图片 1 套。

10)经验与教训

（1）工程主要经验总结

①领导重视、市民支持、资金到位，是工程顺利、按期建成的前提和保障。

②各建设单位的共同努力和密切协作，是保证达到工程总体水平和预定目标的关键所在。

③采用多项新技术、新工艺、新材料、新设备，既节省了投资，又在系统先进性、可靠性等方面实现了多项重大突破，创造了多项国内地铁建设的第一，实现了真正意义上的按期全功能开通、运营。

④在建设管理上大胆创新，走出了一条具有深圳特色的地铁工程管理之路。

⑤在国内地铁工程中首次成功实行设备监理制度。

（2）工程建设的不足及教训

①工程变更是困扰大型市政工程的一个共同难题，深圳地铁一期工程也不例外。

②前期设计编制时间较早，对城市发展的速度估计不足，造成个别站的规模和容量偏小，限制了远期的出入站客流量。

③在工程管理机构设置方面，应尽量减少内部管理职能交叉，简化工程施工管理的接口，确保指令的唯一性。各种业务应归口管理，以有效堵塞管理漏洞。

④本工程总投资虽然控制在概算批准范围内，并有较大幅度的节省，但是由于初步设计通过政府审查后重大方案变化多、时间段跨度大，导致实际投资与初步设计概算差异较大，引起个别项目出现超概现象。

11）结束语

深圳地铁一期工程是国家第一个车辆和机电设备国产化要求达到70%的依托工程，是深圳市的第一个国家重点工程。深圳市地铁集团有限公司在国家发改委、市委市政府的正确领导下，在深圳市各部门的支持下，在所有参建单位的共同努力下，发扬了深圳敢闯敢试的创业精神，通过管理创新、技术创新、集成创新，创造了地铁建设的许多重大新成果，培育了许多先进的民族企业和产品，许多信息化的产品填补了国内空白，其技术达到了国际先进水平，创造了六项发明专利及若干实用新型专利。

地铁装备国产化创新取得了丰硕成果。通过装备创新的实践，总结出了"用户主导创新"的规律和理论，这个理论适合重大装备的创新。通过创新，提高了地铁的整体技术水平，降低了造价，特别是装备的造价和今后运营的维护费用，工程建设总体上达到同期地铁工程建设、试运营的国内领先水平和国际先进水平，把地铁建设成了一个具有比较优势的大产品，为轨道交通事业的发展起到了示范作用。

深圳地铁一期工程经过一年半试运营考验，整体上地铁工程、装备和运营服务水平获得了业界的好评，通过了政府职能部门或行业管理部门的专项验收，并呈现出良好的发展趋势。在行车客运服务、安全管理、设备运行方面情况良好，各项运营管理指标表现为逐年向好的态势，已具备申报建设工程项目竣工验收条件。现提交此《建设综合报告》及其支持性材料《专题报告》（上、下册），恳请深圳地铁一期工程国家竣工验收委员会予以审议。

4.10.3 深圳地铁一期工程建设综合报告附件

1）政府专项验收文件汇编（附件一）

共收录以下16份专项验收文件（扫描件）：

(1)深圳地铁一期工程建设工程规划验收意见。
(2)关于深圳地铁一期工程质量专项验收的意见。
(3)关于报送《深圳地铁一期工程运营情况评估报告》的函。
(4)关于深圳地铁一期工程供水验收会议的纪要。
(5)关于深圳地铁一期工程申报国家竣工验收的函。
(6)关于深圳地铁一期工程竣工环境保护验收意见的函。
(7)关于深圳地铁一期工程特种设备专项验收的意见。
(8)关于《深圳地铁一期工程统计专业验收意见》的函。
(9)关于深圳地铁一期工程安全专项竣工验收意见的函。
(10)关于深圳地铁一期工程竣工消防验收的意见。
(11)关于深圳地铁一期工程项目竣工决算的验收意见。
(12)关于深圳地铁一期工程人防专项验收的意见。
(13)关于报送《深圳地铁一期工程档案验收意见》的函。
(14)关于深圳地铁一期工程国家竣工验收无线通信验收情况报告。
(15)深圳地铁一期工程供电工程国家竣工验收报告。
(16)深圳地铁一期工程有线通信系统终验报告。

2)工程项目建设依据文件(附件二)

共收录以下10份建设依据文件:

(1)关于呈报深港罗湖、皇岗/落马洲口岸旅客过境轨道接驳工程项目建议书的请示(深计重大〔1997〕182号)。

(2)关于呈报深港罗湖、皇岗/落马洲口岸旅客过境轨道接驳工程项目建议书补充论证报告的请示(深计重大〔1997〕292号)。

(3)印发国家发展计划委员会关于审批深港罗湖、皇岗/落马洲口岸过境轨道接驳工程(深圳地铁一期)项目建议书的请示的通知(计投资〔1998〕939号)。

(4)印发国家计委关于审批深圳市地铁一期工程可行性研究报告的请示的通知(计投资〔1999〕415号)。

(5)国家计委关于下达1999年第三批基本建设新开工大中型项目计划的通知(计投资〔1999〕412号)。

(6)关于同意深圳地铁一期工程初步设计的批复(深府函〔2000〕25号)。

(7)关于请求批复深圳地铁一期工程初步设计的请示(深计重大〔2000〕32号)。

(8)国家计委关于深圳市地铁一期工程方案调整的批复(计投资〔2002〕48号)。

(9)关于同意深圳地铁一期工程1号线延长段(侨城东站—世界之窗站)初步设计的批复(深府函〔2003〕45号)。

(10)关于地铁一期工程试运行期限的复函(深发改函〔2006〕65号)。

3)建设图片(附件三)

共收录以下14类建设彩色图片110幅:重大活动、列车、站台、站厅、车站设施、出入口、隧道、车辆段、运营控制中心(OCC)、变电站/所、地面风亭、导向标识、建设工地、科技成果。

4.11 国家竣工验收鉴定书

4.11.1 国家竣工验收鉴定书编制提纲

根据《深圳市城轨交通工程政府验收管理办法(试行)》附件,国家竣工验收鉴定书编制提纲应包括不限于:

一、工程名称
二、工程地址
三、工程建设及交付验收单位
四、工程建设依据及规模
五、工程建设的基本情况
1. 主要设计单位
2. 主要监理单位
3. 主要施工单位
4. 建设内容与工期
5. 主要实物工程量
6. 试运营情况
7. 工程竣工决算审计
8. 工程评价及政府各主管部门专项验收情况
9. 经济效益和社会效益
六、验收意见(结论)

4.11.2 深圳地铁一期工程国竣工验收鉴定书

一、工程名称

深圳地铁一期工程(以下简称"本工程")。

二、工程地址

本工程位于深圳经济特区内,分为1号线东段(东西走向)和4号线南段(南北走向),两段线路呈十字交叉。1号线东段东起罗湖口岸,西至世界之窗,横跨罗湖区、福田区、南山区;4号线南段南起福田口岸,北至少年宫,纵贯中心城区。

三、工程建设及交付验收单位

深圳市地铁集团有限公司。

四、工程建设依据及规模

(一)建设依据

(1)1998年5月25日,原国家计委《关于印发国家发展计划委员会关于审批深港罗湖、皇岗/落马洲口岸过境轨道接驳工程(深圳地铁一期)项目建议书的请示的通知》(计投资〔1998〕939号),批准深圳地铁一期工程立项。

(2)1999年4月15日,原国家计委《关于印发国家计委关于审批深圳市地铁一期工程可行性研究报告的请示的通知》(计投资〔1999〕415号),批准深圳地铁一期工程可行性研究报告。

(3)2000年5月17日,深圳市人民政府《关于同意深圳地铁一期工程初步设计的批复》(深府函〔2000〕25号),批准深圳地铁一期工程初步设计,总投资概算为105.85亿元。

(4)2002年2月18日,原国家计委《国家计委关于深圳市地铁一期工程方案调整的批复》(计投资〔2002〕48号),批复同意1号线自侨城东西延至世界之窗的方案调整,新增线路长2.13km,建设车站2座。

(5)2003年6月12日,深圳市人民政府《关于同意深圳地铁一期工程1号线延长段(侨城东站—世界之窗站)初步设计的批复》(深府函〔2003〕45号),批准将1号线延长段(侨城东站—世界之窗站)纳入深圳地铁一期工程,与原深圳地铁一期工程统称为"深圳地铁一期工程",总投资概算调整为115.53亿元。

(二)建设规模

本工程项目建设包括地铁1号线东段和地铁4号线南段,正线长为21.453km(双线里程),全部为地下线路,设19座地下车站、2座主变电站、1个车辆段及综合基地、1个指挥控制中心。

五、工程建设的基本情况

(一)主要勘察单位

参加本工程的勘察单位有:中国铁路设计集团有限公司、深圳市地籍测绘大队、深圳市勘察研究院有限公司、深圳市大升高科技工程有限公司、中铁隧道勘测设计院有限公司、中国能源建设集团广东省电力设计研究院有限公司等8家。

(二)主要设计单位

本工程设计总承包单位为中国铁路设计集团有限公司,负责总体设计。

本工程其他主要设计单位有中铁第一勘察设计院集团有限公司、中铁二院工程集团有限责任公司、中铁第四勘察设计院集团有限公司、北京城建设计发展集团股份有限公司、上海市隧道工程轨道交通设计研究院、中铁工程设计咨询集团有限公司、深圳市建筑设计研究总院有限公司、深圳供电规划设计院有限公司等48家。

(三)主要施工单位

承包土建及建筑装修工程的主要单位有广东省基础工程集团有限公司、上海隧道工程股份有限公司、中铁隧道集团有限公司、中铁一局集团有限公司、中铁四局集团有限公司、中铁十二局集团有限公司、中铁第十五局集团有限公司、中铁第十六局集团有限公司、中铁二十局集团有限公司、中国华西企业有限公司、深圳市建筑装饰(集团)有限公司等95家。

承包车辆、机电设备及安装工程的主要单位有长春长客-庞巴迪轨道车辆有限公司、西门子信号有限公司、北京和利时系统工程有限公司、中兴通讯股份有限公司、广州奥的斯电梯有限公司、联合开利(上海)空调有限公司、南京天加环境科技有限公司、国际商业机器(中国)有限公司、深圳华力特电气有限公司、江苏华鹏变压器有限公司等146家。

(四) 主要监理单位

本工程的主要监理单位是中国国际工程咨询有限公司、铁科院(北京)工程咨询有限公司、法国索菲图公司、四川铁科建设监理有限公司、中铁隧道勘测设计院有限公司、深圳市城建监理有限公司等10家。

(五) 建设内容和工期

1. 建设内容

本工程由地铁1号线东段和地铁4号线南段组成，正线长为21.453km(双线里程)，全部为地下线路，设19座地下车站、2座主变电站、1个车辆段及综合基地、1个指挥控制中心。

地铁1号线东段，罗湖站—世界之窗站，正线长为17.446km，设15座地下车站，依次为罗湖站、国贸站、老街站、大剧院站、科学馆站、华强路站、岗厦站、会展中心站、购物公园站、香蜜湖站、车公庙站、竹子林站、侨城东站、华侨城站、世界之窗站。地铁4号线南段，福田口岸站(原皇岗站)—少年宫站，正线长为4.007km，设5座地下车站，依次为福田口岸站、福民站、会展中心站、市民中心站、少年宫站。其中，会展中心站为1、4号线换乘站。

本工程主要设备和系统包括车辆、供电系统、通风及空调系统、给排水及消防系统、通信系统、信号系统、综合监控系统、自动售检票系统、门禁系统、导向标识系统、乘客资讯系统、屏蔽门、电扶梯、车辆段设备等。地铁列车采用四动两拖6辆编组的A型车，配置车辆22列，计132辆。

本工程是国家确定的第一个地铁车辆及设备国产化的依托项目，要求国产化率达到70%，实际达到70.07%。

2. 建设工期

1998年12月28日，地铁市民中心站(原水晶岛站)作为试验站的围护结构工程动工。

1999年7月12日，原深圳市计划局转发《国家计委关于下达1999年第三批基本建设新开工大中型项目计划的通知》(计投资[1999]412号)，正式批复深圳地铁一期开工。

2001年3月12日，本工程全线动工。

2003年8月10日，实现全线隧道贯通。

2003年8月29日，全线隧道铺轨工程完成，实现轨通。

2003年11月28日，全线牵引降压所供电设备调试完成，实现电通。

2004年4月25日，地铁首列车安全顺利抵达竹子林车辆段。

2004年6月30日，全线机电设备系统安装和车站装修完工。

2004年12月28日，本工程建成开通投入试运营(福田口岸站受该口岸联检楼建设影响,于2007年6月28日启用)。

(六)主要实物工程量

本工程完成的主要实物工程量:正线轨道长21.453km(双线里程);土石方587.7612万 m^3,混凝土171.6935万 m^3,车站总建筑面积29.7334万 m^2,车辆段房屋建筑面积42.3709万 m^2,辅助线轨道长3.704km,车场线轨道长12.466km(含道岔)。

本工程征用土地30万 m^2;施工借地面积(含道路绿化等地)42万 m^2;拆迁居民105户,拆迁房屋面积1.5万 m^2。

(七)试运营情况

本工程自2004年12月28日建成开通投入试运营开始,至2006年6月30日,历时18个月,累计列车开行20.3万列次,运营里程1491.9万车公里,运送乘客9685.5万人次,日均客运量达到17.6万人次,运行图兑现率100%,正点率99.97%,实现客运收入28203.2万元。2006年5月1日当天创开通以来最高客运纪录,达到35.9万人次/日。

试运营期间运营服务时间为16.5h,重要节假日延长服务时间至17.5h,为乘客提供舒适、优质的服务,实现安全运营550天,无责任行车重大、大事故,无责任设备重大事故,无责任乘客伤亡事故,无火灾一般及以上事故,无员工因工死亡、重伤事故。

2006年10月,深圳市交通委委托深圳大学对本工程试运营情况进行评估。评估报告认为,深圳地铁一期工程依托高水平的技术创新为乘客提供了安全的设施、方便的服务,地铁设备现阶段是安全的、性能是可靠的、运行是稳定的、国产化设备系统是先进的,运营管理、员工素质、服务指标等表现良好。

(八)工程竣工财务决算及审计

本工程竣工财务决算时点为2006年6月30日,之前试运营期间运营全部收入与成本支出抵扣,不足部分在工程基建投资中列支。

根据《深圳经济特区政府投资项目审计监督条例》,深圳市审计局政府投资审计专业局派出审计组自2007年12月2日至2008月3月10日,对深圳地铁一期工程项目竣工财务决算进行了就地审计。2008年4月10日,审计专业局正式出具《关于深圳地铁一期工程项目竣工决算的验收意见》(深审政投发〔2008〕13号)。

经审定,深圳地铁一期工程建设总造价为106.536亿元,其中已完成建设投资为100.784亿元,预留尾工工程投资为5.752亿元。建设总造价较总概算115.530亿元节约8.994亿元,节约率为7.79%。

预留尾工工程的资金安排主要包括三大类,共计5.752亿元,其中概算内未实施项目1.893亿元,整改项目0.360亿元,新增项目3.499亿元。

经深圳市发改委《对<关于运营开办费纳入地铁一期工程总概算的请示>的复函》(深发改函〔2008〕954号)批准纳入总概算列支的9448.51万元,已计入本工程建设总造价。

(九)工程评价及各专项验收情况

2004年10月,中国国际工程咨询公司和铁科院(北京)工程咨询有限公司组织对本工程开通状态进行了评估。评估结果认为,深圳地铁一期工程建设开通准备工作已经就绪,通过了各单项及专业调试和验收,线路和各设备系统的施工安装及调试已达到了施工图设计的功能标准和技术要求。

2004年11月15日,深圳市地铁工程建设指挥部成立深圳地铁一期工程投入试运营验收工作委员会,组成15个专业验收组对本工程投入试运营进行了专业验收。2004年12月25日本工程投入试运营验收工作全部完成,15个专业验收组出具了验收意见,一致同意本工程开通投入试运营。

2004年12月28日本工程建成开通投入试运营,至2006年6月30日,历时18个月,实现安全运营550天。

2007年8月,根据《深圳地铁一期工程国家竣工验收工作实施方案》(深发改〔2007〕1322号),成立了由政府职能部门或行业管理部门人员组成的16个专业验收组,按照国家和地方有关法律法规、专业技术规范及职能划分,分别负责工程质量、规划、试运营评估、供水工程、卫生防疫、环境保护、统计、特种设备、安全、消防、竣工决算、民防、档案管理、无线通信、供电工程、有线通信的专项验收工作,各专项验收组按要求全部完成了验收工作,并出具验收意见。各专项验收的主要意见如下:

(1)规划(深圳市规划和国土资源委员会主持验收)

根据《中华人民共和国行政许可法》的有关规定,对本工程19座车站、18个区间和2座变电站进行了规划验收,并分别核发规划验收合格证。本工程满足规划设计要求,符合规划验收条件,予以全部工程通过竣工规划验收。

(2)工程质量(深圳市住房和建设局主持验收)

本工程按土建、装修、常规设备安装、系统设备安装四个类别,进行了三个层次的验收,通过层层把关,质量隐患得到整改,到目前为止,工程质量完全满足设计和相关验收规范要求。本工程投入试运营以来,未发现严重质量隐患,设备、设施运行正常,完全满足运营要求。验收小组同意本工程质量通过正式验收。

(3)试运营评估(深圳市交通运输委员会主持验收)

本工程各项运营情况处于良好状态,达到了设计的初期运营要求,同意申报国家竣工验收。

(4)供水工程(深圳市水务局主持验收)

本工程的供水工程已完成施工,并通过初步验收,施工单位已按初步验收意见进行了整改和完善,投入使用后运行情况良好,无工程质量问题。供水工程建设满足施工规范和设计要求,所采用的管材设备符合国家有关规范和技术标准的要求。经验收小组评议,同意工程通过验收,并投入使用。

(5)卫生防疫(深圳市卫生和计划生育委员会主持验收)

卫生防疫专业验收组对本工程19个地铁站开展了卫生工程分析、现场卫生学调查、现场卫生检测与实验室检验,编制了本工程竣工卫生检测报告与卫生学评价报告,组织专家评审后一致通过。验收组同意本工程通过卫生防疫验收,同意深圳地铁一期工程申报国家竣工验收。

(6)环境保护(国家生态环境部主持验收)

本工程环保手续齐全,经整改,落实了环评及批复提出的主要环保措施和要求,工程竣工环境保护验收合格。

(7) 统计(深圳市统计局主持验收)

本工程统计报表、台账、统计制度均符合统计规范化的标准要求,统计基础工作扎实。统计数字可靠,基础资料真实、完整,配备了专职统计人员并做到持证上岗、运作规范,同意该工程统计专业通过正式验收。

(8) 特种设备(深圳市质量技术监督局主持验收)

本工程的特种设备安全管理机构健全、制度完善、设备良好、使用规范。验收小组同意深圳地铁一期工程特种设备通过正式验收。

(9) 安全(深圳市安全生产监督管理局主持验收)

本工程委托中国安全生产科学研究院按相关要求完成《深圳地铁一期工程安全验收评价报告》,组织专家进行评审认为,深圳地铁一期工程安全设施符合竣工验收条件,同意通过安全设施竣工验收。

(10) 消防(深圳市公安局消防监督管理局主持验收)

本工程组织进行了消防复验收。依据国家有关法律、法规、技术规范的规定,判定该工程满足其防火设计,在消防安全方面具备使用条件。

(11) 竣工决算(深圳市审计局政府投资审计专业局主持验收)

审计组自2007年12月2日至2008月3月10日,对深圳地铁一期工程项目竣工财务决算进行了就地审计,完成相关的审计工作。审计认为本工程总的概算执行情况良好,能执行基建财务会计制度,基本做好资金的筹集、使用、监督和核算工作,通过开具买方付息银行承兑汇票、向其他银行提取流动资金贷款等形式,有效地降低了资金成本。

(12) 人防(深圳市民防委员会办公室主持验收)

人防验收小组对本工程有关车站和区间进行了现场核查,从有关文件资料和现场总体情况看,深圳地铁一期工程人防部分自2004年通过初步验收以来,其后续工程已基本完成,整改措施也基本到位,同意其竣工验收。

(13) 工程档案(深圳市档案局主持验收)

本工程档案管理到位,工程文件形成、积累、归档和移交与工程建设同步,形成的工程档案完整、准确、系统,竣工图编制符合规范要求,能够按时归档和移交进馆,移交进馆的档案整理规范,工程档案能够满足工程运营、维护和管理的需要并已经发挥了重要作用。验收组同意深圳地铁一期工程档案通过正式验收。

(14) 无线通信(深圳市无线电管理局主持验收)

本工程专网使用的无线电设备通过了制造厂商的出厂检验,具有国家工业和信息化部核发的无线电发射设备型号核准证,发射功率等技术指标符合规定,无线电台执照齐全,专网工程和公网工程设备安装质量良好。验收组一致认为深圳地铁一期工程无线通信系统已经达到设计要求,同意通过验收。

(15) 供电工程(中国南方电网深圳供电局有限公司主持验收)

本工程的供电工程设计合理,供电可靠性高,工程质量合格,设备运行状态良好,资料基本齐全,符合规程、规范要求,同意深圳地铁一期工程申报国家验收。

(16)有线通信(中国电信股份有限公司深圳分公司主持验收)

本工程的有线通信系统各子系统经过两年多的试运行,系统的各项功能运行正常,能够满足使用需求,验收组一致同意深圳地铁一期工程有线通信系统通过终验。

(十)经济效益和社会效益

本工程自2004年12月28日建成开通投入试运营开始,至2006年6月30日,历时18个月,累计列车开行20.3万列次,运营里程1491.9万车公里,运送乘客9685.5万人次,日均客运量达到17.6万人次,运行图兑现率100%,正点率99.87%,实现客运收入28203.2万元。

本工程建成开通,较好地缓解了深圳经济特区东西干道、中心区、罗湖口岸区域地面的交通压力,连接了深港罗湖口岸和福田口岸,提高了口岸过境客流的通关能力;在解决市民出行难、节省乘客旅行时间、减少地面交通事故、提高旅行舒适度等方面发挥了良好效益。

六、验收意见

受国家发改委委托,深圳市人民政府成立深圳地铁一期工程国家竣工验收委员会,负责本工程竣工验收的组织工作。在有关政府职能部门或行业管理部门通过对该工程16个专业验收的基础上,本工程竣工验收委员会经过认真审查,一致认为:

深圳地铁一期工程建设过程中,认真贯彻执行国家、地方政府的有关规定及各种批复文件,建设期间对工程的质量、工期、投资实施严格控制,推行安全目标管理,积极采用新技术、新工艺、新材料,实现按工期、高质量、高水平、一次性建成开通目标;投入试运营期间,打造运营优质服务品牌,强化运营管理体系、安全责任体系和运营应急预案体系,实现准时、高效、热情、周到的服务保障目标。

深圳地铁一期工程建设符合初步设计要求,工程质量符合国家规范标准,环保、卫生防疫、特种设备、安全、消防、人防、供电工程、供水工程、无线通信、有线通信满足有关规范标准和技术指标;工程统计资料完整、准确;工程档案完整、准确、系统;工程竣工财务决算已通过审计,建设实际总投资控制在批准的总概算投资之内;设备国产化率70.07%,达到国家确定本工程项目国产化率70%的要求。

深圳地铁一期工程开通试运营以来的运行情况表明:本工程设计合理,装备技术先进,运营筹备工作全面、细致,已实现运行性能全面达到开通初期的设计标准,较好地缓解了深圳经济特区东西干道、中心区、罗湖口岸区域地面的交通压力,为改善深圳城市交通状况发挥了良好作用。

深圳地铁一期工程依托多项科研与技术创新成果和多项企业新纪录,整体上提高了地铁工程技术和运营服务水平,工程建设和试运营总体上达到国内同期地铁工程的先进水平。

深圳地铁一期工程国家竣工验收委员会同意深圳地铁一期工程建设项目通过竣工验收。

深圳市地铁集团有限公司在本工程通过竣工验收后,应继续抓紧实施预留工程项目,严格工程管理,注重安全运行,为提高深圳城市运作效率、繁荣特区经济做出贡献。

深圳地铁一期工程国家竣工验收委员会
主　任(签名):
副主任(签名):
二零零九年四月十六日

第 5 章 注意把握的重要问题

在国家竣工验收工作中,值得注意把握的重要问题,主要有规划验收、环保验收、审计验收和正线铺轨总长度计算等。这是因为,规划验收是关系到设计和施工能否按照原规划意图进行落实的重要手段,环保验收直接关系到地铁建设对生态环境以及民众生活环境的影响,审计验收主要检验项目资金控制情况,铺轨长度的准确计算是竣工验收的重要基础之一。

5.1 规划验收问题

规划验收的主要任务包括对规划要求的竣工测绘、各建筑主体规划验收合格证办理情况,以及是否满足规划设计要求等进行检查和确认,并出具验收意见。规划验收一般由市规划部门负责。

5.1.1 规划验收程序

规划验收一般先由市规划部门委托地籍测绘单位,对开展规划验收的线路进行竣工测量,主要包括对车站、区间、车辆段及出入段线、风亭及冷却塔等附属设施的实际建设的红线范围进行详细量测,并与规划红线或范围进行比对,形成《建设工程测量报告》后上报市规划部门组织规划验收。规划部门对测量报告进行审查,对不符合原规划或者与批准图纸不符的,要求建设单位进行整改或及时完善相关用地手续重新申报规划验收。规划验收完成后,由市规划部门将验收及整改情况以正式报告形式上报验收委员会。

5.1.2 规划验收要求

地铁规划验收测量作为监督测绘的最后一个环节,具有很强的法规性,同时城市轨道交通相对一般性建设工程对数据精度有着更高的要求,因此应遵守以下原则及要求:

1) **坐标系统的选择与统一**

由于国家坐标系的各个投影带由西向东规律性分布,其中央子午线不可能正好落在每个城市的地理中心,为了减小投影变形产生的影响,保证轨道交通规划验收测量的高精度要求,一般选用地方坐标系统和高程基准,确保竣工测量与报建实施阶段的统一性,以便准确有效地进行对比分析。

2) 轨道及主体施测条件的可行性与完备性

一般情况下,应确保竣工测量对象的不可变性。轨道交通规划验收测量要求用地范围内的临时设施及应拆除的构建筑物均已拆除完成,车站主体及附属设施外立面装饰完成,配套市政工程建设完成等,并符合建设工程规划许可证的其他要求。由于轨道交通是一项缓解城市交通压力的便捷、有效工具,其早日投入运营使用有着重要的意义。因此,为配合城市规划管理有关部门,亦可在轨道铺设完成和地下主体框架完成之后,提前介入规划验收测量阶段。

3) 现场实测采集与步步检核

轨道交通各竣工信息数据应在控制点检核的基础上,通过全数字化现场测量采集,并量取主要边长及距离进一步核实,通过直接或间接计算求取。

4) 建设单位完善验收相关手续

地铁建设单位必须及时申报所有验收项目的"建设用地规划许可证""土地使用权出让合同书""建设工程规划许可证"及其批准的设计图纸、地籍测绘大队出具的《建设工程竣工测量报告》与《房屋建筑面积测绘报告》,并均能按国家、省市有关规定规划要求与批准图纸实施。如存在未按规划要求实施或存在与批准图纸不符的情况,应完善相关手续后,重新申报规划验收。

鉴于各地铁站点"建设用地规划许可证"规定的建设内容为地铁设施,建设单位应组织各站点经营性空间联合审查,将经营性空间和地铁设施空间相对分割。建设单位应及时清理各站点类型(是否涉及商业),完善用地手续,签订土地使用权出让合同,如涉及商业,需启动市场评估(费时较长)。

5) 重视并处理好设计变更

因地铁工程实施等原因造成设计变更而调整建设用地方案图的,建设单位、设计单位、监理单位、施工单位及施工图审图机构等应首先出具变更原因和意见,方可按竣工实测现状对工程项目予以调整建设用地方案图、规划确认和验收,并报规划管理部门办理建设用地方案图、建设用地规划许可、建设工程规划许可的后续审批。

6) 制订规划验收工作计划

地铁建设单位应制订详细的工作进度计划,估算整个流程的合理时间;及时完成各站点、区间的土地合同签订,补办"建设工程规划许可证"及相关施工图修改变更备案、竣工测绘等手续;及时启动各站点、区间的规划验收申报程序。

5.1.3 规划验收重难点

1) 测量工作应与工程施工进度保持协调同步

地铁建设由于其工期紧等特殊性要求,在规划测量时应主动靠前,保持与工程进度的协调。比如铺轨完成时是进行规划验收测量的最佳时机,应及时投入规划测量,一是可以及时对不符合规划要求的内容进行及时整改,二是一旦投入运营,规划测量的难度就大大增加。如广州地铁在进行线路施工时,根据地铁隧道铺轨完成进度,及时提请规划验收测绘单位开展测绘验收工作,可以提高验收效率。

竣工验收测量要素主要包括:

(1)竣工项目总平面图。必须包括车站的位置、名称、各种地面建筑的层次、地下建筑轮廓线、城市规划控制线、基地范围线等。

(2)竣工项目基地面积图。基地面积以城市规划管理部门正式划定的规划控制线与城市房屋土地管理部门核发的用地范围界址线相结合的用地面积为基准,实地测量建筑工程用地规划控制线和界址线各拐点坐标,根据实地采集的坐标值及其相关数据计算建筑基地的面积。

(3)竣工项目四至尺寸图。以竣工总平面图为底图,标注车站及其附属物对内对外关系的实际间距和规划审批间距。

(4)竣工项目占地面积图。占地面积根据数字化地形图,在计算机上求取车站及其附属设施等建(构)筑物的占地面积,最后累加计算基地内所有建(构)筑物的占地面积总和。

(5)竣工项目建筑单体分层平面图。建筑单体分层平面图根据实测边长参考设计图纸,利用 CAD 或其他成图软件绘制,并计算建筑面积。

(6)建筑工程竣工项目建筑立面标高图。立面标高图根据实测的建筑物高度、层高绘制,并标注每个楼层的绝对标高。

(7)站台及区间地形示意图。站台及区间地形图上要表示站台地形,站台与区间分界线、轨道、轨顶标高及区间中心标高。

轨道交通竣工验收测量报告除包含以上竣工要素图外,还应包含以下内容:

(1)竣工规划验收测量成果汇总表。表中应当载明建设单位和地点、各单体建(构)筑物及地下工程的建筑面积、占地面积。

(2)建筑工程规划批准数据、检测数据对比成果表。表中应当载明实测面积及审批面积及其差值。

(3)建筑工程规划检测成果表。表中应当载明用地界址线坐标及建筑物特征点坐标。

(4)各车站竣工结束后,还要单独编制区间竣工测量报告书。反映轨道交通整条线路中隧道或高架区间的长度及隧道的内径或高架的宽度。

2)与既有法律规定不符情况的处理

由于地铁建设隧道、车站、出入口等设施投入具有不可逆性,或由于其他工程交叉原因导致地铁工程与其他工程红线重叠等问题,出现的与既有法规不符情况,是规划验收的难点问题。

例如,深圳地铁 4 号线在进行国家竣工验收时,4 号线龙华站 D 出入口实施时为了配合周边道路改造工程而进行了调整,导致出入口部用地与周边相邻建筑地块红线重叠。经市政府相关部门积极协调,市规划部门通过在相关地铁空间管理文件中予以修订,将红线重叠问题予以合理解决。

3)规避地铁规划不稳定问题

地铁规划由于其性质决定,往往因城市的快速发展而容易发生变化。因此,应采取合理措施规避规划与工程不符造成验收困难等问题。一是要保持规划的稳定性,要求设计、施工尽可能按照规划落地,在过程中要求规划部门及时参与、检查。其次,在确因城市规划、重点工程影响等要调整规划的,设计、施工单位等应及时调整,建设单位应及时完善相关规划手续,以确保在后续规划验收时有据可查。

5.2 环保验收问题

5.2.1 概述

地铁工程竣工验收工作,是通过应用分析、勘察、调研、监测及报告编制等一系列方法,按照环境影响评价报告、批复文件等相关资料核查项目建设内容、建设规模、项目变更等需要落实的环保工程或措施。对城市轨道交通污染进行分析,包括噪声、振动、电场磁场、废气、废水、固体废物等的产生环节、主要污染因子、相应的环境保护治理设施、处理流程、污染物排放去向。勘察各车站、风亭、冷却塔、变电站以及停车场或车辆段布设情况及各项环境保护设施安装运行情况等。调查项目沿线现存的居民区、学校、医院、疗养院、党政机关办公区等敏感点受噪声、振动、电场磁场的影响情况。实际监测建设项目验收各基本污染因子,建设项目环境保护机构的设置及环境保护管理规章制度的建立,包括环境监测机构的建设及日常性监督监测计划;固体废物综合利用处理要求等,并将环境保护投资计划、项目沿线及所属区域绿化等有关环境影响评价措施落实情况列表备查等,从而为环境保护行政主管部门验收及日常环境管理提供技术依据。

环保验收的主要工作包括对试运营验收存在问题的整改落实情况进行初步检查和确认,一般由市生态环境部门协助国家生态环境部组织环保验收。

5.2.2 环保验收程序

环保竣工验收前需要完成的主要工作,包括建设项目建成后,省级环境保护行政主管部门依据环境影响评价文件及其审批文件、日常监督管理记录、施工期环境监理报告,对环境保护设施和措施落实情况进行现场检查。需要进行试生产的,应在接到试生产申请之日起 30 个工作日内,征求项目所在区域的环境保护督查中心意见后,做出是否允许试生产的决定。试生产审查决定抄送国家生态环境部及环境保护部督查中心。

验收报告受理工作流程:验收报告上报生态环境部评估中心被受理→交送生态环境部评估中心总工办技术审查→提出修改意见反馈给报告编制单位→修改后再交送国家生态环境部评估中心总工办→审查合格后国家生态环境部评估中心总工办出具评估意见,连同验收报告、环境监理报告、公示材料、申请材料报送生态环境部→环境保护部召开现场会,同时环境保护部督查中心邀请专家根据验收报告再一次的核查→通过现场验收和专家审查后,出具验收意见→报审司长专题会,如果存在问题即下达整改通知,否则通过审查进行公示。

由国家环保部组织环保验收的,一般先由生态环境部组织现场踏勘,由省市生态环境部门协助开展。现场踏勘完成后,由生态环境部、省市生态环境部门现场检查组组织召开现场或其他形式审查会议,进一步审查相关问题。环保验收主要对高架段的噪声、车辆段或停车场的污染防治、风亭冷却塔距离敏感建筑距离等进行检查,不符合国家相关环保规定的应及时整改,整改完成后应将整改情况及时上报有关单位复查。验收合格的由生态环境部或者省市生态环境部门出具环保审查意见。

5.2.3 环保验收要求

(1) 地铁试运行过程中应严格落实环境影响报告书、环境影响补充报告书及环评批复提出的各项环境保护措施,确保项目建设符合各项环保要求。

(2) 竣工环保验收由国家生态环境部负责的,验收调查报告须经生态环境部环境工程评估中心进行技术评估,且现场检查后,还须市级和省级生态环境部门出具相关验收意见,程序复杂、周期较长。

(3) 噪声、振动是轨道交通项目最突出的污染源,随着人们环保意识的提高,噪声、振动对环境带来的影响越来越成为大家关注的焦点。轨道交通项目验收中碰到噪声、振动超标而需要整改的情况是较常见的,提出适宜的整改建议是实现环保验收目的的基本要求。

5.2.4 环保验收重难点

地铁工程环保验收的重要内容,是对照验收项目与原环评批复的主、辅工程及环保工程的建设规模、变更情况、相关批复等具体要求的变化情况。核查竣工项目按照环境影响评价报告、初步设计(环保篇)及批复文件核查项目建设内容、建设规模,确定验收监测范围。按照环境影响评价报告及初步设计(环保篇)核查项目实际环境影响因素、污染物产生及排放情况,对周围敏感目标的影响情况。噪声、振动、电磁污染防治及固体废物处置等环保措施落实情况,以及废气、废水等环境保护措施的建设运行情况。核查敏感点分布、人口分布情况,试车线位置和长度等。

1) 高度重视环保验收工作,从规划设计之初就确定验收方案

建设单位应高度重视地铁环境保护工作,在设计之初便委托专业机构对声环境、生态环境以及水环境等从施工到运营全过程进行了评估,并在设计时对评估中提出的问题实施针对性措施,后期施工过程中又由环境监理进行同步监测,确保各项环保措施的落实。在噪声控制方面,通过设计和施工采取多种措施进行减振降噪。选线时与规划结合好可以避免因用地性质问题而被迫换线或绕路,风亭、冷却塔与其他建筑物的控制距离也不会过于敏感,征地搬迁工作更容易进行,运营后公众投诉也更容易处理。因此,在地铁选线规划阶段,地铁建设部门应从规划层面与政府保持对话,争取国土、城市规划部门更多的支持,尤其要为远期的线网发展谋出路、做铺垫。同时在地铁沿线建设项目的审查审批中,要注意与规划地铁风亭、冷却塔及出入口的结合及避让。规划工作做好了,不但能使地铁的资源优势得到最大化,还能为地铁日后验收、运营的顺利进行铺平道路。

2) 建设过程中重视环保工作

在建设过程中应重视环保工作,每条线都应制订环保行动计划,根据环评及批复要求,将建设过程中需要注意的环保问题写入建设承包商合同,这样做的的目的是保证环评及批复中的要求得到落实,切实保护好环境,也有利于环保竣工验收。环保验收工作应及早介入,最好在试运行申请审查阶段就由竣工验收单位全面跟进。同时,有具体单位协助,有助于资料的整理和情况的熟悉,保证在核查阶段资料的有效提交及现场踏勘时对现场情况的清晰介绍。

北京的验收单位自地铁公司申请试运行阶段就开始参与工作,较早的熟悉了情况和资料,为之后的验收做准备。这样做的优势在于能够在试生产审查阶段及早掌握环保设施和措施的落实情况,及时发现存在的重大环境问题并及时帮助地铁公司进行整改,为日后的验收扫清障碍、争取时间。同时,在申请试生产阶段,地铁施工方通常还未完全撤离现场和完成项目交接工作,这样就方便验收单位收集资料,诸如土方去向、文物处理、事故应急、后期绿化等方面的档案资料。

3) 环保验收需重点调研的内容

在环保验收中部分容易被忽视或者通常认为与环保无关的内容也是环保验收的一部分。包括:①执行国家建设项目环境管理制度情况、环境保护管理规章制度的建立及其执行情况。②环境保护机构人员、计划及监测设备配置水平、环境保护档案管理情况。③项目沿线的污染控制区规划范围,环评报告书建议及环评批复要求的落实情况。④项目工程绿化植树(草)种类、数量、绿化面积、绿化系数及景观情况。⑤移民与安置情况。⑥环境风险及应急预案、应急防护措施。⑦污染物排放控制标准、总量控制标准及环境保护设施处理设计指标等。一般要进行两次现场调查,覆盖所有敏感点,逐个排查。第一次主要对照全线的平面图、施工图和竣工图,熟悉沿线的敏感点,风亭和冷却塔的具体位置及变化情况,车辆段废气、污水等处理措施等进行调查,收集资料,有针对性的分析后,对敏感点的调查制订初步方案后,再进行第二次现场调查,核准并确定每部分检测的具体内容和方案。但是对于地下线来说,现场调查存在更多困难。根据现场调查情况制订监测方案,主要监测项目是振动、噪声,如果主变电站设在地下,则电磁辐射监测视情况可以不测;如果废水进入城市污水管网,一般不需要监测。振动、噪声的监测布点应根据环保措施的设计与距离控制、重点敏感点分布情况来综合考虑。

4) 对未拆迁的敏感点的处理

规划拆迁但未拆迁的敏感点在验收阶段应该补上环保措施。风亭和冷却塔距离不足15m的需要置换的产权单位,在环保验收阶段要有书面置换协议。对于车辆段产生的固体废物和危险废物,都需要与有资质的单位签订协议,并确定其处理方法及去向。特别是危险废物,因为在新线运营初期,产生的危险性废物量很少,容易忽视该项工作,但其是环保验收的一项内容,如果没有将无法验收通过。

5) 环保验收要重视国家生态环境部区域督查作用

环保验收在现场的现场会主要由国家生态环境部督查中心主持,而作为国家生态环境部的派出督查机构,目的就是为了督查该区域的环保工作,因此督查中心责任重大,所以督查中心对项目环保工作的审查会更仔细,要求更高,这就要求在平时的环保工作中要加强与督查中心的沟通,让他们熟悉并且了解项目,从而保证验收审查的顺利通过。

6) 重视环保投诉处理

噪声、振动、电磁场等的扰民投诉,在建设和运营期尽量做到无投诉,如果有投诉,在环保验收前,所有的环保投诉必须通过采取措施解决,使得投诉者满意解决方案或者采取了最高级别的环保措施,否则环保验收无法通过。理论上,环保验收通过后,环保投诉已不成为环保的约束条件,但是各级政府对相关的环保投诉都会采取通知地铁建设或运营单位进行整改。由于验收项目都是已开通的线路,同时为了维护地铁形象,环保投诉最好由运营分公司统一对外,以保证熟悉现场情况并口径一致。投诉的处理及监测则由运营分公司与市人民环境委员会商洽监测形式。

5.3 审计验收问题

5.3.1 概述

随着我国轨道交通事业的快速发展,地铁在城市中的建设规模和建设范围不断扩大,但是由于地铁具有造价高、隐蔽工程量大、施工工期长和过程复杂等特点,使得地铁建设项目的财务审计决算工作又区别于其他建设工程。在对地铁建设项目进行竣工决算时,通常以实物总量和货币为计量手段,来综合反映地铁建设项目的整体建设成果和财务状况。地铁建设项目竣工财务决算是整个竣工决算的重要部分,正确、及时编写建设项目竣工决算报告,也是对地铁工程进行科学管理的最后环节。只有认真抓好这一关键环节,才能全面、客观地了解和掌握地铁建设项目的财务状况、投资效益、建设成本支出等方面,对优化地铁建设项目的财务管理工作有着重要的现实意义。

竣工财务决算审计覆盖了拆迁是否违规、招投标是否规范以及资金到位与工程结算情况等诸多环节,对轨道交通工程项目管理的规范化起到促进作用。地铁验收审计工作一般由市审计局负责,也可以由市财政局等部门联合参与。竣工财务决算可以全面、客观地反映地铁建设项目的建设成果、投资效益和财务状况。决算内容除了货币这一硬性指标外,还借助实际工程量、工期、技术条件和投资效益等综合反映地铁建设项目的整个过程和效果,重点对建设施工过程中的资金使用情况进行了客观评价。同时,竣工财务决算是对建设项目工程概算执行状况的有效考核,也是对投资效益分析的重要依据。它不仅反映地铁建设项目的立项依据、规模、工期和建设成本等,还对项目建设完成的实际情况和概算指标进行分析,总结经验教训,提高施工建设单位的施工技术水平,节约建设成本,并对以后地铁建设项目的概预算编制提供了科学的参考信息。

地铁竣工验收审计一般采取竣工决算审计与合法合规审计相结合的方式,虽然能在某个时段发现轨道交通工程存在的问题,但大部分情况下只能在事后发现问题,无法充分发挥审计工作在经济社会运行中的"免疫系统"功能。鉴于轨道交通工程长达四五年的较长工期,部分城市通过借鉴其他工程项目审计经验采取了全程跟踪审计等方法,即在地铁工程开工之际就有专门的审计队伍介入,根据工程进度展开不定期审计。这种"智能化"的跟踪式审计可以及时发现问题,及时纠错。深圳地铁二期工程建设就采取了地铁"建设+审计+督查"三位一体的建设模式,审计工作前移,较好地为后期审计工作奠定了扎实基础。

5.3.2 审计验收程序

竣工财务决算审计一般先由地铁建设单位提交项目竣工决算资料,再由审计部门依据政府投资项目审计监督有关规定,对地铁工程项目的竣工财务决算进行审计,并出具竣工财务决算审计报告。

目前,地铁建设项目的资金来源虽然大多数是财政性资金,但由于管理部门和环节较多,所以在资金的拨付、管理、使用中会产生不少问题,因此必须就其真实性、合法性进行审计,主要审计的内容有:

（1）建设资金是否及时、足额拨付到位，是否存在因拨款不及时影响地铁建设进度及项目效益的发挥等问题。

（2）建设资金是否按规定用途使用，是否存在被截留、转移、挪用、挤占等问题。

（3）政府各职能部门对建设资金拨付、使用和管理等各个环节的监管是否到位、有效。

（4）对地铁建设项目概算执行情况进行审计，是否按概算规定内容建设；有无随意改变建设内容、扩大建设规模、提高建设标准、概算外投资等问题；有无弄虚作假、虚列建设成本等问题。

5.3.3　审计验收要求

（1）地铁建设单位应按时、完整、准确地编制项目竣工决算并及时报送审计部门，是制约轨道交通竣工财务决算审计工作顺利实施的主要因素。

（2）地铁建设项目应在送审竣工财务决算资料前补充完善相关的审批手续，诸如手续不完善、超概算等问题是影响竣工财务决算审计进度的关键，建设单位应及时完善相关手续。

5.3.4　审计验收存在的问题

（1）结算审核期长，自收集资料陆续委托造价咨询公司始，至审核成果报送财政、审计部门止，审核期多在一年以上。

（2）结算书报送资料内容庞杂，分类标准多样，文件格式不统一，需多次调整完善。

（3）工程竣工后，建设单位项目经理部、监理工程师、施工单位熟悉项目各方面情况的人员纷纷转入其他新项目，给汇合编审结算带来沟通协调上的困难。

（4）受专业资质和专业技能影响，建设单位项目经理部人员和监理工程师大都熟悉工程技术和施工管理，但缺乏工程造价管理方面的专业知识，造成一些现场签证、索赔的原始证明资料不够详尽和专业，范围界定不够准确和规范。

（5）地铁工程施工期较长，一般车站工程需三年左右，加上结算得四五年，一些施工细节到结算阶段已无法准确记忆，特别是具体数量、实施准确部位等，从而增加了审核难度。

（6）一些新工艺的现场记录、观摩、研究资料不够详尽，导致定额开项编制和审核资料无从考究，人工、材料、设备使用和消耗的指标判别难度加大。

（7）施工工艺和部位的交叉、协作、工序衔接等涉及总分包之间经济关系的界定缺少当时的准确分割依据，造成结算期间几方争议，给结算带来困难。

5.3.5　审计验收重难点

1）重视并完善审计验收工作手续

由于地铁建设工程复杂、涉及面广，影响因素众多，工程变更较为常见。因此，在一些重大工程变更时一是要注意完善手续，二是应主动邀请审计等部门参与工程变更过程及决策，可避免后续由于变更多、手续不全带来的审计难、进度慢等问题。经统计，深圳地铁一期工程土建34个标段，工程结算造价366981.20万元，工程变更金额19289.42万元，审计发现部分标段工程变更比例较高，如土建15标段竹子林车辆段土石方工程、土建15E标段竹子林车辆段小平台环境景观工程等工程变更金额分别达到合同金额的56.75%和50.25%。勘察设计深度不足、使用功能确定滞后、规划条件变化是产生工程变更的重要原因。

2）审计验收工作应提前介入

审计应保持验收工作介入的及时性、前置性、全程性,从前期立项决策、规划设计、建设管理等实现审计全覆盖,对招投标、施工、监理等环节加强审计监督,实现审计与规划建设的联动。

3）重视投融资模式变化带来的审计验收问题

随着地铁投融资模式的多元化发展,审计工作难度增大,特别是一些PPP建设项目,由于涉及多方的投资主体、建设主体和运营主体,应及时调整审计模式,不仅要重视地铁建设工程本身的审计工作,更要重视国有以及非国有资产的保值增值、相关制度的执行情况等。

4）其他方面

（1）招投标审计

在对土建与安装、材料与设备、服务项目等招标项目的审计中,除了按照常规方法对招标、投标、评标资料进行审查外,还可以通过对投标单位财务支出中相关投标费用的支出、投标保证金的收付等情况进行审计,判定是否存在串通投标、围标等事项。

地铁建设项目的设备采购是跟踪审计的重点。地铁设备包括机电设备、信号设备、环境控制设备和各类必需的车站辅助设备。如果是引进设备,还要注意这些设备是否是国内不能生产的关键性设备,可以用国产设备、产品代替的部件是否尽量采用国产件;引进设备是否适合我国应用环境和能源状况,建设单位是否向外方提出了适合我国运营需要的技术指标和参数,是否原封不动盲目引进;是否注意使用、维修、管理等方面技术同时与设备引进,为国产化做好准备。另外,国家住建部要求1999年后各个地铁系统所使用的车辆必须国内采购,且要求地铁建设必须达到70%的国产化率,这也是审计必须要注意的。审计机关应审查这些项目是否实行招投标制,是否按"公开、公正、公平"的原则进行,有无通过虚假招标、指定分包方式搞违法分包、层层转包,是否存在中标单位资质不够,造成工程重大损失和质量隐患等问题。既要监督是否实行招投标,也要对邀标、评标、竞标及中标各环节程序的真实性、合理性进行全过程监督,避免一家投标多家陪标的现象及人为操作标底的可能,同时必须重视对招标文件的审查,为将来控制工程造价、明确结算编制原则和依据创造条件。

在合同审计方面,要对合同条款严密性进行审查,注意项目有关合同是否真实有效,有无因强行要求承包方垫资或压低标价影响工程进度和工程质量等现象;注意各方面的权利和义务是否明确,奖惩是否分明。还要注意合同变更洽商环节,因为变更洽商涉及项目资金的调整,且资金多属追加,所以对变更的合理性与真实性应特别关注。

（2）工程造价审计

地铁项目施工以隐蔽工程居多,这类工程一经完成又难以通过勘测、测量等手段核实相关事项、工程的真实性与准确性,而且地下施工存在较多的不确定性,如地下地质状况的变化、地下障碍物等均会引起大的设计变更,往往会对工程造价造成较大影响。可以通过相关原始资料的记录、施工单位财务成本支出来相互印证,查明相关特殊工程项目的真实性与工程数量的准确性。

（3）工程转包与违法分包审计

转包与违法分包是目前建筑市场普遍存在的现象。地铁项目施工由于多为地下隐蔽施工,施工难度与风险较大,要求更加注重施工管理以避免事故的发生。目前各施工单位虽已普遍加强了施工管理,但仍存在某些施工单位通过改变合同形式、提供阴阳合同等方式回避转包与违法分包问题。在整个经济活动中唯一不可改变的是,建设项目的资金一定会流向真正承担工程一方。因此在施工单位财务收支审计时,应以资金流向为审核重点,结合分包合同与结算情况,来区分施工单位是否存在转包与违法分包问题。

(4)工程质量与安全的审计

通过财务成本审查项目是否存在偷工减料造成质量与安全隐患,审查安全生产费用使用情况,查明施工单位是否因减少安全投入而造成伤亡事故。通过对施工单位财务成本的检查,一方面查明是否存在减少安全投入、安全措施项目,造成施工过程中的安全隐患;另一方面通过施工单位账面反映的工伤医疗支出、死亡补偿费用支出,查明施工单位是否存在瞒报的工伤事故与死亡事故。

(5)施工过程中损失浪费的审计

因建设单位、设计单位原因(已实施项目设计标准提高后拆除重建、设计失误造成的拆除重建等)引起的损失浪费,在结算中一般不会直接结算,建设单位通常采取其他补偿的方式掩盖损失浪费的事实。但施工单位对于该部分重建的成本,如材料费、机械费、劳务分包费用等,必须据实支出。通过对该部分成本的审计,可以查明上述损失浪费事实。

因施工单位原因造成的损失浪费,主要包括由于放线错误造成的拆除重建、施工质量不合格造成的拆除重建、质量缺陷造成的修复等,可以通过账面材料、分包成本的支出查明因此而造成的损失浪费事项及其金额。

5.3.6 重点关注问题

1)规范会计核算制度,提高建设项目财务管理水平

建议根据建设项目实际情况,按照财政部颁布的《会计基础工作规范》的要求,规范会计核算制度,提高建设项目会计核算质量。鉴于近中期地铁公司不仅要负责轨道交通建设工作,还要对地铁运营进行管理,为全面客观地反映地铁建设工程的资金来源与占用情况,提供准确的会计信息,建议地铁公司单独设置建设与运营机构,分别适用《国有建设单位会计制度》和《企业会计制度》进行核算。

2)优化工程管理制度,提高工程管理效率

地铁工程建设任务繁重,工期压力紧迫,质量安全风险加大,工程管理风险更高。为解决现阶段工程管理制度设计复杂、流程环节多、责权不清、效率较低的问题,应强化责任,明确权利,优化工程管理程序。针对工程变更管理中存在的问题,建议完善工程变更管理制度:

(1)建立工程变更管理的分级控制制度,保持管理层次清晰。由于地铁公司重新调整内部机构设置,采用项目公司管理模式,建议在地铁公司和项目公司管理层面上分别制定工程变更管理办法,在统一的流程框架下,细化各管理层级的工作目标、责权和程序,实行分级管理,使工程变更管理办法简洁、易于操作。

(2)强化决策力,合理采用备案制提高决策效率。审计发现工程变更审批过程中容易出现因各部门意见不统一、议而不决造成内部协调时间过长,拖延了变更审批时间。因此,应分解落实工程变更审批的岗位责任,各司其职、各负其责。根据变更分类对部分部门以备案制代替会签制,减少审批环节。强化决策机制,提高决策效率是加快工程变更审批的关键。建议建立分管领导责任制,将工程变更申报、审批时限执行情况纳入考核,必要时可引入督办制度,进一步落实审批时限。

(3)简化地铁公司与承包商的管理关系,完善工程变更的内部协调机制。承包商准备工程变更资料不及时、不完整是影响工程变更审批时间的重要原因。在准备工程变更依据性材料的过程中,承包商需设计单位、监理单位和地铁公司相关部门的配合,协调效率较低。建议完善内部协调制度,通过地铁公司内部程序完成工程变更依据性材料的审批和准备,向承包商提供完整的工程变更依据性文件,有效缩短工程变更资料的准备时间。

(4)完善工程变更管理办法。关于工程变更审批或备案程序和时限的要求,满足政府投资项目关于工程变更管理的相关规定。明确项目变更、签证工作实施中的原则性、规范性,要有图示文件、详细的方案文件、具体的工程数量文件、日期、阶段、影像等作为依托,以减少结算中的扯皮现象。文件每页应有项目第一责任人的签章,盖有项目经理部的印章。报废文件应及时进行标识,并有可追溯的文件记录。各方往来文件的审批严格按程序执行,并建立保存、发放详细档案。每期的会议纪要要设置经济问题深入处理程序,不能以纪要代替决议,应进一步落实补充图纸、报送实施方案、出具签证报告和审批程序。施工过程中,应分阶段及时进行整理、补充和完善。

(5)建立工程变更的台账管理制度,充分利用计算机技术实施信息化管理,及时掌握动态信息,与督办制度结合,提高管理质量和效率。

(6)加强对政府行政法规、计价规范、招标文件、投标文件、合同文件、补充合同、技术规范等技术、经济文件的学习、研究和交流,真正使经济管理工作中的具体事件处理和决策意见有章可循、有据可查。严格执行有关工程结算的规定和办法,在结算工作中树立和贯彻法律法规意识,以法规为准绳,严格掌握结算报送设立按责任划分的经济奖惩机制,以解决结算期无限延长的问题。

3)逐步完善合同管理

针对合同管理中出现重复签订合同或合同内容重复的问题,地铁公司须进一步加强合同的时效性管理,规范合同管理程序,降低合同风险。建议对合同管理程序进行分析,完善合同分类、分管、审核、变更、结算和支付等环节的内控制度。必须重视合同执行情况的管理,审计中发现一些合同长期未办理结算,支付情况与合同约定不符,但无相关情况的说明。为防范此类问题,应建立合同执行情况台账和定期检查制度。

应改善合同的管理方式,提高合同管理的技术手段,加快建立合同计算机管理系统,逐步实现合同的精细化管理。在还原工程概算时发现,由于合同内容与概算内容对应性差,造成人工分拆还原效率低、可靠性不高的问题较为突出。建议建立编码体系,对概算单元和合同内容编码,一一对应,将有利于对项目投资的全过程控制。

4)进一步提高勘察设计质量

建议重视勘察设计等工程前期工作质量,鼓励优化设计,加强技术专题研究和设计接口协调。通过对深圳地铁一期工程土建34个标段的变更原因分析,发现因地质条件变化原因导致工程变更的标段有16个,占总数47.06%,表明勘察质量有待提高。土建1标罗湖站土建工程招标后,承包商对围护结构设计进行了优化,将原设计地下连续墙围护结构优化为人工挖孔桩围护结构,通过优化设计降低工程造价约1600万元,优化设计可带来显著的经济效益,也有利于加快工程进度。

针对地铁公司勘察设计审核人员配备不足、专业配置不齐的实际情况,地铁公司应加强相关部门的力量,或聘请资深顾问公司弥补其力量的不足。应要求设计监理单位切实履行职责,将设计监理工作延伸到工程变更阶段,对设计质量进行全过程控制。

5) 从跟踪审计转换到绩效审计

跟踪审计是为未来的绩效审计打基础,有利于实现投资审计的最终目标,即节约政府投资,减少损失浪费,促进提高投资效益,所以绩效审计才是地铁建设项目的审计重点和最终目标。对地铁建设项目的效益状况予以综合审计评价并与预期效益进行对比分析,揭示产生差距的原因,深层次剖析投资管理体制中的缺陷和不适应经济发展的方面和环节,提出改进的意见和建议。这一阶段的审计能从一定程度上反映政府和人民都关心的地铁建设存在的问题,肯定会引起广泛的重视。但要注意的问题是,审计并不是万能的,审计人员不可能样样精通,特别是面对复杂的地铁建设项目。审计的职能始终是监督、鉴证和评价,绩效审计亦是如此,主要是摆问题,分析问题,而不是去解决问题,因为那是其他部门的职责,所以审计提出改进的意见和建议一定是要在必要的情况下提出,而且必须非常谨慎。

广州市审计局在2004年对广州地铁3号线工程开展了绩效审计试点,采取了审计和调查相结合的方式。在对三号线工程预算、概算审计的基础上,调查了对其管理的相关情况。但由于3号线尚处于在建之中,许多数据都在变化,难以进行经济指标方面的分析。因此,审计就着重在资金、项目管理方面的分析。评价方法,主要采用数据统计分析的方法对建设工程的建设管理进行计算和分析,综合反映项目的管理水平;采用符合性测试法对项目建设管理及财务管理进行分析,考核建设项目管理程序执行及财务管理状况。虽然审计人员做了大量工作,审计组向广州市审计局做出了审计报告,但出于种种考虑,包括认为对3号线进行绩效审计的时机不成熟,所以最终没有做出对外的绩效审计报告。如果能在广州地铁1号线竣工决算后2年,即在2002年或2003年,进行一次建设项目绩效审计是最好的,因为运营了一段时间,工程建设方面的数据、经济指标等都较为稳定,加上审计机关一直对该项目进行跟踪审计,对其建设的管理情况和存在的问题都非常熟悉,并且可以利用以前的审计成果。在这样的基础上开展绩效审计不但审计成本低,而且产生的效果一定会很好,审计做出的绩效分析和评价,不但可以为广州地铁以后的线路建设提供经验教训,对我国其他城市的地铁建设和审计也会有一定的借鉴作用。

5.4 正线铺轨总长度计算

5.4.1 计算思路与步骤

正线铺轨总长度是地铁工程的一项十分重要的指标,在国家竣工验收前必须准确认定。

然而,在申报国家竣工验收前,深圳地铁一期工程正线铺轨总长度有两种数据:一个是设计单位中国铁路设计集团有限公司提供的21.304km,另一个是地铁运营分公司提供的21.866km,二者相差562m。为了获得准确数据,规范正线铺轨总长度的计算方法,特做如下分析和计算。

分析思路是：从阐明地铁线路的基本概念（长短链等）出发，论述正线铺轨总长度的计算流程和计算公式，同时，依据核实过的数据进行计算，给出深圳地铁一期工程正线铺轨总长度为 21.453km 的计算结果。此分析可供地铁其他国家工程竣工验收参考。

计算步骤是：首先，明确与统一相关的基本概念；其次，确定计算流程和计算公式；最后，进行计算并给出计算结果。

5.4.2 基本概念

1) 地铁线路分类

如图 5-1 所示，地铁线路分为三大类，即正线、辅助线和车场线。

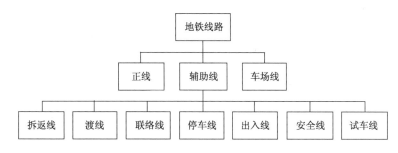

图 5-1 地铁线路分类

正线是指载客列车运营的贯通线路。

车场线是指车辆段或停车场内线路及道岔。

辅助线是指为保证正线运营而设置的不载客列车运行的线路。

辅助线又包括拆返线、渡线、联络线、停车线、出入线、安全线和试车线等 7 种线路，它们的定义如下：

拆返线——终点站或区域拆返站改变列车运行方向返回所用线路及道岔。

渡线——由一条线路过渡到另一条线路的连接线路。

联络线——连接两条独立运行之间的线路。

停车线——发生故障的列车不宜继续前行而临时停放的线路。

出入线——列车自车站出或入车辆段或停车场的线路。

安全线——防止两列车发生相撞而起隔离作用的线路。

试车线——对车辆进行动态性能试验的线路，其线路标准通常应与正线一致。

2) 地铁线路敷设方式

地铁线路有三种敷设方式：

(1) 地下线，敷设于地面之下隧道里的线路，一般用在城市中心区。

(2) 地面线，敷设于地面上的线路，一般用在城市中心区以外地区。

(3) 高架线，敷设于地面之上用桥架设的线路，一般用在城市中心区以外地区。

3) 地铁车站设置点

地铁车站设置点有四种情况：

(1) 交通枢纽。

(2)地铁线路之间。
(3)地铁线路与其他轨道交通线路交汇处。
(4)商业、居住、体育、文化中心等大客流的集散点。

4)地铁车站距离

地铁车站距离,一般在城市中心区和居民稠密地区,宜为1km左右;在城市外围区,应根据具体情况适当加大车站间的距离。

5)最小曲率半径

最小曲率半径指线路平面的最小曲率半径,其确定依据是车辆类型、列车设计运行速度和工程难易程度。最小曲线半径不得小于表5-1规定值。

最 小 曲 线 半 径　　　　　表5-1

线　路		一般情况(m)		困难情况(m)	
		A 型车	B 型车	A 型车	B 型车
正线	$v \leqslant 80km/h$	350	300	300	250
	$80km/h < v \leqslant 100km/h$	550	500	450	400
联络线、出入线		250	200	150	
车场线		150	110	110	

A型车和B型车的区别在于:A型车的尺寸、自重、载客量、客室门对数、能耗、平均加速度等,都大于B型车。

除通心圆曲线外,曲线半径以10m的倍数取值。

6)线路坡度

正线最大坡度,不宜大于30‰,困难地段可采用35‰,联络线、出入线不宜大于40‰(均不考虑各种坡度折减值)。

隧道内和路堑地段正线最小坡度,不宜小于3‰,困难地段在确保排水前提下可采用小于3‰。

地面和高架桥上正线最小坡度,在采取了排水措施后,不受限制。

地下车站站台计算长度段线路坡度,宜采用2‰,在困难条件下,可设在不大于3‰的坡道上。

地面和高架桥上的车站站台计算长度段线路宜设在平坡道上,条件困难时可设在不大于3‰的坡道上。车场线宜设在平坡道上,困难时库外线可设在不大于1.5‰的坡道上。

道岔宜设在大于5‰的坡道上,困难地段可设在不大于10‰的坡道上。

车站站台计算长度段线路应设在平坡道上,有条件时车站宜布置在纵断面的凸形部位上,并设置合理的进、出站坡度。

折返线和停车线应布置在面向车挡或区间的下坡道上,隧道内的坡度宜为2‰;地面和高架桥上的折返线和停车线,其坡度不宜大于1.5‰。

7)竖曲线半径

两相邻坡段的坡度代数差等于或大于2‰时,应设圆曲线型的竖曲线连接,竖曲线半径应符合表5-2的规定。

竖曲线半径 表 5-2

线　别		一般情况(m)	困难情况(m)
正线	区间	5000	3000
	车站端部	3000	2000
联络线、出入线		2000	
车场线		2000	

8) 长短链

线路可行性研究报告时,有一个连续里程。此连续里程,在设计过程中会有几次多处变更,若不想重新修改里程,则在新旧衔接处出现长短链。

长短链,其实就是实际里程和设计里程之间的差值。从小里程推算时(例如从 0 起点向里程增大方向推算),长链为正,短链为负。

在测量过程中,有时因局部改线或事后发现测量有误或计算错误,会造成路线桩号里程不连续,叫断链。断链分长链和短链两种,实际的地面里程比原先路线记录的里程长时,叫长链,相反则叫短链。

在某桩处的长链,就是桩号以前的里程长,接续的里程短;短链就是桩号以前的里程短,接续的里程长。

9) 线路中心线

正线铺轨总长度,系指线路中心线的总长度。在左线(上行线)或右线(下行线)的线路轨面上,与两条钢轨等距的线,称作线路中心线(参见图 5-2)。

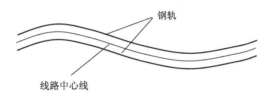

图 5-2　计算正线铺轨里程所用的线路中心线

5.4.3　计算流程和计算公式

1) 深圳地铁一期工程线路走向

深圳地铁一期工程,由 1 号线东段和 4 号线南段组成,其线路走向如图 5-3 所示。

值得注意的是:图中箭头方向为车行方向;面向大里程方向(即背向罗湖或皇岗),左侧为左线/上行线,右侧为右线/下行线。

2) 计算流程

一期工程正线铺轨总长度(或称正线里程)计算流程如图 5-4 所示。

一期工程里程是 1 号线里程与 4 号线里程之和,而 1 号线里程或 4 号线里程又分别是它们左右线里程的平均值。

3) 计算公式

图 5-5 是正线铺轨里程计算用图,它说明正线铺轨总长度由三部分构成:线路设计终点里程、长链短链代数和、车挡及其滑动距离。

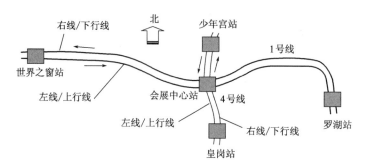

图 5-3 深圳地铁一期工程线路走向图

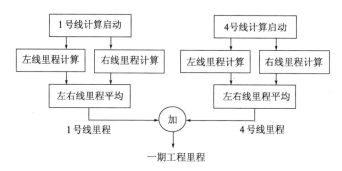

图 5-4 一期工程正线里程计算流程图

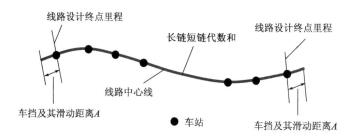

图 5-5 正线铺轨里程计算用图

1 号线左线铺轨长度 L_{1Z} 计算公式为：

$$L_{1Z} = L_{1ZZ} + B_{1Z} + A_{1Z} \tag{5-1}$$

式中，L_{1ZZ} 为 1 号线左线设计终点里程；B_{1Z} 为 1 号线左线断链累计长度；A_{1Z} 为 1 号线左线两端车挡及其滑动距离之和。

1 号线右线铺轨长度 L_{1Y} 计算公式：

$$L_{1Y} = L_{1YZ} + B_{1Y} + A_{1Y} \tag{5-2}$$

式中，L_{1YZ} 为 1 号线右线设计终点里程；B_{1Y} 为 1 号线右线断链累计长度；A_{1Y} 为 1 号线右线两端车挡及其滑动距离之和。

1 号线铺轨平均长度 L_1 计算公式：

$$L_1 = \frac{L_{1Z} + L_{1Y}}{2} \tag{5-3}$$

4 号线左线铺轨长度 L_{4Z} 计算公式：

$$L_{4Z} = L_{4ZZ} + B_{4Z} + A_{4Z} \tag{5-4}$$

式中,L_{4ZZ} 为 4 号线左线设计终点里程;B_{4Z} 为 4 号线左线断链累计长度;A_{4Z} 为 4 号线左线两端车挡及其滑动距离之和。

4 号线右线铺轨长度 L_{4Y} 计算公式:

$$L_{4Y} = L_{4YZ} + B_{4Y} + A_{4Y} \tag{5-5}$$

式中,L_{4YZ} 为 4 号线右线设计终点里程,B_{4Y} 为 4 号线右线断链累计长度,A_{4Y} 为 4 号线右线两端车挡及其滑动距离之和。

4 号线铺轨平均长度 L_4 计算公式:

$$L_4 = \frac{L_{4Z} + L_{4Y}}{2} \tag{5-6}$$

深圳地铁一期工程正线铺轨里程 L 计算公式:

$$L = L_1 + L_4 \tag{5-7}$$

5.4.4 计算依据过程和结果

1)计算依据

计算依据:2002 年 7 月深圳地铁一期工程施工图设计《线路平面、纵断面图》(D 版)。

总体设计单位:中国铁路设计集团有限公司。

图纸编码:1/0/D03/S/L00/YT/00006/D。(此略)

2)计算过程

计算过程包括:

(1)列出 1 号线断链表。

(2)列出 4 号线断链表。

(3)计算线路两端的车挡及其滑动距离,它们是:

罗湖站端 $A = 21.28$m,世界之窗站端 $A = 17.28$m,少年宫站端 $A = 17.28$m,皇岗站端 $A = 0$。每条线采用的 A 值不同,应取设计值。皇岗站端的车挡及其滑动距离已含在设计终点里程中(故 $A = 0$),而其他站端未在内(故 $A \neq 0$)。

(4)1 号线计算:

罗湖站端设计起点左、右线相同,为左 SK0+000m = 右 SK0+000m;

世界之窗站端设计终点:左线为 SK17+526.757m,右线为 SK17+443.995m。

左线 7 个断链合计长度 $B_{11} = -63.636$m,右线 8 个断链合计长度 $B_{12} = -91.187$m。

(5)4 号线计算:

皇岗站端设计起点左、右线相同,为左 SSK0+545.553 = 右 SSK0+545.553;

少年宫站左、右线设计终点相同,为左 SSK4+548.700 = 右 SSK4+548.700;

左线 7 个断链合计长度 $B_{41} = -554.797$m,右线 2 个断链合计长度 $B_{42} = -563.892$m。

(6)左、右线铺轨长度 L 计算:

1 号线为:

左线 L_{1Z} = SK17+526.757m-63.636m+21.28m+17.28m = 17km+501.681m

右线 L_{1Y} = SK17+443.995m-91.187m+21.28m+17.28m = 17km+391.368m

左、右线合计 $L_{1H} = 17391.368\text{m} + 17501.681\text{m} = 34893.049\text{m}$

左、右线平均 $L_1 = 17446.525\text{m} = 17.446\text{km}$

4 号线为：

左线 $L_{4Z} = \text{SSK4} + 540.700\text{m} - 554.797\text{m} + 0 + 17.28\text{m} = 4\text{km} + 011.183\text{m}$

右线 $L_{4Y} = \text{SSK4} + 540.700\text{m} - 563.892\text{m} + 0 + 17.28\text{m} = 4\text{km} + 002.088\text{m}$

左、右线合计 $L_{4H} = 4002.088\text{m} + 4011.183\text{m} = 8013.271\text{m}$

左、右线平均 $L_4 = 4006.635\text{m} = 4.007\text{km}$

3）计算结果

深圳地铁一期工程 1 号线正线铺轨总长度为：

$$L_1 = 17446.525\text{m} = 17.446\text{km}$$

深圳地铁一期工程 4 号线正线铺轨总长度为：

$$L_4 = 4006.635\text{m} = 4.007\text{km}$$

深圳地铁一期工程（1、4 号线）正线铺轨总长度为：

$$L = L_1 + L_4 = 17446.525\text{m} + 4006.635\text{m} = 21453.16\text{m} = 21.453\text{km}$$

第 6 章 建设专题报告

国家竣工验收时提交的建设专题报告,从技术和管理两个方面对地铁建设项目进行全面总结,记载着本工程的宝贵经验,是新工程的重要借鉴,应尽量"写全、写实、写准、写细"。

根据《深圳市城轨交通工程政府验收管理办法(试行)》规定,建设专题报告应包括但不限于:

(1)基建工作报告。
(2)勘察工作报告。
(3)设计工作报告。
(4)科研与技术创新工作报告。
(5)工程质量管理工作报告。
(6)工程安全管理工作报告。
(7)消防工作报告。
(8)环境保护工作报告。
(9)设备材料管理工作报告。
(10)征地拆迁工作报告。
(11)试运营管理工作报告。
(12)建设档案工作报告。
(13)竣工财务决算报告。

以下是深圳地铁一期工程竣工验收资料《专题报告》(上、下册)(图6-1)的缩写版,共13份。

图 6-1 《专题报告》(上、下册)

6.1 基建工作报告

6.1.1 概况

一、线路基本情况

深圳地铁一期工程范围为规划的地铁1号线东段和4号线南段,线路总长度设计为21.304双正线公里,实际为21.453双正线公里。共设地下车站19座,设竹子林车辆段及行车调度指挥中心各1处,设主变电所2处以及相应的运营生产、维护维修设备和设施。

二、投资规模

工程总投资概算为105.85亿元人民币,1号线延长段总投资概算为9.68亿元人民币,合计为115.53亿元人民币(不含交通疏解费用),实际投资为106.536亿元人民币。

三、土建工程简况

19个车站中,岛式站台12个,占63.1%;侧式站台4个,占21.1%;岛侧混合式站台3个,占15.8%。车辆段的建筑为地面建筑,用地东西长1014m、南北宽230m,建筑面积约14万 m^2。

四、机电系统组成

机电系统设备包括车辆、供电系统(包括交流高中压、电力监控、牵引接触网、低压供电)、信号系统、通信系统、站台屏蔽门、通风及空调系统、给排水及水消防、自动扶梯及电梯、自动售检票、气体自动灭火系统、综合监控系统、门禁系统、乘客资讯系统、行车调度指挥中心、车站综合控制室设备、导向标志系统、车辆段设备等。设备国产化率为70.07%。

五、建设历程

从1988年酝酿到1998年立项,历时10年;从1998年5月批准立项到2004年12月底开通试运行,共六年零八个月。

6.1.2 基本建设规模

一、车站

车站的建设规模与其所在地域情况密切相关。各主要站地域的简况如下:(略)
各站车站性质及规模如下:(略)

二、车站装修

车站装修引入了分类标准化的设计概念,设计原则是:
(1)在全线主体格调基本一致的前提下,根据各站的不同特点体现个性化。
(2)体现深圳新兴国际化都市的特点,合理运用新理论、新工艺、新材料,体现高、新科技含量。

(3)体现交通建筑的特色,满足使用功能、运营管理维护、经济合理及防火要求(装饰材料的耐火性能等级均为 A 级)。

设计实例:(略)

三、区间隧道

根据各区间所处地理位置、环境条件及地质条件的不同,区间隧道分别选用暗挖法、明挖法和盾构法施工,共25351m,分别如下:

(1)暗挖法施工双线隧道:1号线6864m,4号线1136m,合计8000m,占31.56%。
(2)明挖法施工双线隧道:1号线2074.076m,4号线241.6m,合计2315m,占9.13%。
(3)盾构法施工单线隧道:1号线9820.1m,4号线5216m,合计15036m,占59.31%。

典型区间隧道情况如下:(略)

四、车辆段

竹子林车辆段鸟瞰图(略)。

竹子林车辆段建设规模和功能,满足初期的停放、运用、检修任务和近、远期功能的要求。设有车辆段、综合维修中心、物资总库、培训中心、控制中心和运营公司综合楼等地铁运营和维修管理的主要设施。

车辆段工程,历时6年多。期间完成主要工程量为:土石方工程挖方862494m^3、原土填方80253m^3,房屋建筑工程建筑面积149800m^2,轨道工程线路铺设总长度11352m,段内综合管线共计19303m,围墙2185m,挡土墙607m,道路工程24642m^2,园林建筑工程10826m^2,绿化物种植和养护工程45195m^2。

车辆段工程工艺性强且复杂,涉及专业多,施工难度大、周期长,各专业接口多,验收以合同标段为基础,依据《深圳地铁一期工程土建竣工验收程序(试行)》及《建筑工程施工质量验收统一标准》规定进行。

五、运营控制中心(OCC)

运营控制中心(OCC),建于竹子林车辆段内,由行车调度指挥中心及信号楼两部分组成,建筑面积为13560m^2,耐火等级为一级。

OCC大楼的建筑结构及附属机电设备系统的设计满足远期运营要求,中央控制室和各系统机房分层设置,其附属房屋采取就近集中布置的原则。

中央控制室是OCC的核心,其布置体现以运输指挥为主的原则,且满足运营模式要求。

各设备系统中央级机房的布置以中央控制室为中心,根据各系统的特点分别布置。

通信系统和自动售检票系统(AFC)属于集中系统,根据地铁总规模统一设置。

行车调度、环境与防灾调度、电力调度集中于中央控制室。

为减少干扰,中央控制室设在平台上四层,调度主任、调度分析、调度值班等行车专业用房也设在此层。平台上五层设置参观接待室。

OCC系统设备用房分区表(略)。

六、供电系统

供电系统采用集中供电方式两级电压制,由主变电站、牵引降压混合变电所、降压变电所、接触网、电力监控、动力照明、杂散电流防护、综合接地等子系统组成。

设110/35kV主变电站两座。地铁内部由AC35kV电压等级组成独立开环供电网络,该网络以双回路馈电电缆向各牵引降压混合变电所和降压变电所供电。

全线35kV供电环网以三座或四座变电所为一个供电分区,共分七个供电分区和一个延长段。一般情况下,每座车站设置一座降压变电所(或一座牵引降压混合变电所),另加一独立的配电室(即一所一室模式),分别位于地铁车站的两端。

全线架设柔性架空接触网,正线采用全补偿简单链型悬挂形式。为适应深圳地铁矩形、圆形和马蹄形三种不同低净空隧道端面形状,隧道内接触网支持装置分别采用吊柱+平腕臂及可调整地座+弓形腕臂两种典型结构形式,接触导线高度4040mm,结构高度237～270mm。车辆段检修线等采用带补偿简单悬挂,接触导线高度5000mm,结构高度1000mm。正线接触网导线总截面满足持续3000A的流量要求。

全线设电力监控系统,全线设杂散电流防护及监测系统。

七、轨道铺设

本工程正线:1号线全长17.446km,4号线全长4.007km,合计21.453km。正线铺轨长度为42.608km(单线),车辆段铺轨长度为11.352km(单线,含出入段线)。整个线路为无缝线路,地面线路采用碎石道床,地下线路采用短轨枕整体道床。

1号线右线设计曲线29处,曲线总长度6006m,其中$R \leqslant 500m$的曲线长度2470m(其中,左偏角曲线1631m,右偏角曲线1997m),$R \leqslant 330m$的1156m(其中,左偏角曲线255m,右偏角曲线901m)。

1号线左线设计曲线28处,曲线总长度6076m,其中$R \leqslant 500m$的曲线长度3442m(其中左偏角曲线1630m,右偏角曲线3442m),$R \leqslant 350m$的曲线1158m(其中,左偏角曲线255m,右偏角曲线903m)。

4号线右线设计曲线5处,曲线总长度1207m,其中$R = 400m$的2处,曲线长度348m(左偏角曲线303m,右偏角曲线44m)。

4号线左线设计曲线11处,曲线总长度1976m,其中$R = 350m$的1处,曲线长度277m(只左偏277m)。

1号线全线最大坡度为29‰,位于国贸至老街的区间,坡长190m。4号线最大坡度左线为28‰,右线为26‰,位于福民站北端区间。1、4号线间的西北联络线最大坡度为18.07‰。车辆段最大坡度,左、右出入段线分别为34.35‰和34.37‰。

无缝线路铺设钢轨焊接采用移动式闪光焊。锁定温度25℃,采用了短轨直铺法施工工艺,即用25m标准轨或标准缩短轨组装轨排,施工整体道床,而后在施工现场用"K920"型移动闪光焊机将短钢轨焊接成长轨条,进而焊接连成无缝线路。为降低行车对地面建筑物及周围环境的振动影响,部分线路铺设了弹性短轨枕整体道床。

八、机电设备系统工程

根据运营模式和行车组织的需要,机电设备系统工程主要有通信系统、信号系统、供电系统、综合监控系统、自动售检票系统、气体自动灭火系统、车站空调系统、屏蔽门系统、自动扶梯及电梯、光纤感温火灾预警监测系统、车站的风水电及附属工程。

6.1.3 招标工作

一、招标机构

招标组织机构实行深圳市地铁工程建设指挥部(简称"指挥部")、深圳市地铁工程建设指挥部办公室(简称"指挥部办公室")、地铁公司三级管理。地铁公司是项目法人,在指挥部的领导下,负责地铁工程施工招标的组织实施工作。

土建评标委员会按照《中华人民共和国招标投标法》及《评标委员会和评标办法暂行规定》等法规组建,通过地铁公司推荐和深圳市工程建设交易中心专家库中随机抽签产生。

机电设备采购招标的领导小组组长由地铁公司的法人代表担任,副组长分别由市发改委、市经贸信息委委派的人员担任,成员由市政府其他相关部门委派的人员、地铁公司有关人员及设备监理单位的代表组成。

机电设备采购评标委员会由建设单位和有关专家组成,评标委员会分为技术评审小组和经济商务评审小组。小组成员数量为单数。

二、招标方式

土建工程全部采用公开招标方式。机电设备采购的招标方式有三种:
(1)邀请招标:用于 AFC 采购。
(2)竞争性谈判:用于车辆、屏蔽门采购。
(3)公开招标:用于其他机电设备采购。
机电设备安装工程的招标方式与机电设备采购的招标方式相同。

深圳地铁是国内地铁行业第一个采用设备监理的单位,中国铁道科学研究院集团有限公司为设备监理单位。

三、招标投标流程

招标过程一般为四个阶段:招标前期阶段,招标投标阶段,评标定标阶段,签订合同阶段。

四、土建招标的评标定标办法

土建招标的评标定标办法及适用范围、适用工程见表6-1。

土建招标的评标定标办法及适用范围、适用工程　　表6-1

序号	评标定标办法	适用范围	适用工程	备注
1	最低价法	简易工程	园林绿化工程、一般土石方工程	(1)除简易工程外,其他工程均不得采用最低价法。

续上表

序号	评标定标办法	适用范围	适用工程	备注
2	经评审的最低投标价法(1-A法)	一般工程	不涉及结构安全的工程	(2)谨慎采用经评审的最低投标价法(1-A法)。(3)鼓励采用经评审的最低投标价法(1-B法)和抽签定标法
3	限定幅度的、经评审的最低投标价法(1-B法)或者抽签法	复杂工程	涉及结构安全的工程	
4	综合评估法	技术特别复杂、施工有特殊要求的工程	由市建行政主管部门组织或委托有关专家论证,提出意见后报市政府办公会议批准	

五、车辆、机电设备的开标、评标和定标(略)

六、招标效果

通过招标,达到了降低工程成本、节省投资的目的。以土建招标为例,2004年各标段中标合同价相对控制价的下浮率在7%~49%之间,平均下浮率为30.39%。2005年各标段中标合同价相对控制价的下浮率在7.01%~40.5%之间,平均下浮率为19.94%。

6.1.4 工程管理

一、工程项目管理组织机构

地铁公司按矩阵式组织结构,设立了直接面向承包商、监理单位的一线工程管理部门、二线支持部门。建立了"职能部室→分管领导→公司党政联席会、公司招标领导小组"的决策体系。同时,根据工程进展,动态调整组织管理机构。

二、工程项目管理机构的职能及管理界面

监理单位受地铁公司委托按建设单位授权管理工程,地铁公司为工程管理的最终决策人。地铁公司作为建设项目法人,行使决策权,协调外部条件,对于工程质量、安全及文明施工、进度、投资进行宏观控制,其主要工作为"协调、控制"。

工程部、项目部、设备部为地铁公司的一线工程工程管理部门。

总体技术部、计划统计部、合同预算部、质量安全监督检查部为二线支持部门。

工程部负责土建工程、常规设备(环控、给排水、低压变配电)安装工程、车站装修装饰工程的建设单位工程管理工作及招标工作。工程部内设综合技术室、地面拆迁室、地下拆迁室及项目室。同时还负责征地拆迁、施工临时用水用电、地下管线拆迁工程施工管理,交通疏解工程施工管理,工程质量安全和文明施工管理,工程进度控制管理,工程投资控制管理,工程协调、测量监理管理,第三方监测管理等工作。

项目部负责监理管理、工程招标管理、投资控制管理、进度控制管理、质量安全文明施工控制管理、协调管理等工作。

设备部负责车辆等大型设备的采购及接触网、屏蔽门、AFC、通讯、信号等专业系统的招标及工程管理工作。

三、工程施工管理经验

(1) 高度重视工程施工管理的建章立制工作，推行规范化、流程化管理。

(2) 利用市场机制，发挥工程咨询、工程监理、造价咨询、社会审计等社会专业力量，积极推行工程项目管理的专业化。

(3) 高度重视工程设计管理、前期筹划工作，通过聘请设计监理、自身积极参与等模式，切实做好设计管理工作及工期策划、合同策划等工作，为工程施工管理打下良好的基础。

(4) 在抓工程建设管理的同时，狠抓反腐倡廉和精神文明建设工作，倡导"积极向上、奉献创新、合作团队"的企业文化。

(5) 高度重视质量、安全管理工作，实行全员、全过程的管理。

(6) 高度重视投资控制。在设计阶段，做好可行性研究工作，实行工程设计招标和设计方案竞选，运用价值工程优化设计，实行限额设计奖罚制度等手段。

(7) 在国内地铁工程界首次引入第三方监测。

四、工程施工管理教训

工程管理机构设置尽量减少职能交叉，简化施工管理接口，确保指令的唯一性。如常规设备安装工程、部分甲控材料及设备，由设备部测评并负责管理，但工程现场管理又由工程部负责，管理层次及接口较多，不能及时跟进现场条件的变化，给工程的顺利实施带来不便。

此外，在统计工作、文件管理及合同概预算管理方面，都应进一步加强。

表 6-2～表 6-4 分别为深圳地铁一期工程实施工程量、车辆段房屋建筑面积统计表和车站房屋建筑面积统计表。

深圳地铁一期工程实施工程量　　　　　表 6-2

代号	分类		单位	实施工程量		
				前期	西延线	合计
1	混凝土	土建	万 m³	152.03	17.2235	169.2535
		安装	万 m³	0.07	0.01	0.08
		装修	万 m³	1.51	0.05	1.56
		合计	万 m³	154.41	17.2835	171.6935
2	钢材钢筋	土建	万 t	28.30	2.4836	30.7836
		安装	万 t	0.31	0.01	0.41
		装修	万 t	0.08	0.01	0.09
		合计	万 t	29.77	2.5036	31.2736
3	土石方	开挖	万 m³	540.87	46.8912	587.7612
		回填	万 m³	122.37	2.8942	125.2642
4	正线轨道长（双线）		km	—	—	21.453
	辅助线轨道长		km	—	—	3.704
5	车场线轨道	不含道岔	km			11.046
		含道岔	km			12.466

续上表

代号	分类	单位	实施工程量		
			前期	西延线	合计
6	车站总建筑面积	万 m²	—	—	30.7915
7	车辆段房屋建筑面积	万 m²	—	—	15.1189
8	征(收)用地	万 m²	—	—	约 30
9	施工借地面积（含道路绿化等地）	万 m²	—	—	42
10	拆迁居民户数	户	—	—	105
11	拆迁房屋面积	万 m²	—	—	约 1.5

深圳地铁一期工程车辆段房屋建筑面积统计表　　表 6-3

序号	项目名称	建筑面积(m²)	
		规划数据	运营数据
1	综合维修中心	15857	15856
2	运用库	36708	36708
3	检修库	—	18844
4	轨道车库	1672	1655
5	污水泵站	—	375
6	东西门卫房	—	450
7	洗车库	—	840
8	材料棚	—	1512
9	试车线用房	—	400
10	危险品库	—	600
11	混合变电所	710	681
12	空压机站	—	242
13	小平台	—	21812
14	培训中心	—	17500
15	运营综合楼	32282	18972
16	OCC 大楼	13560	14742
17	业务用房	310720	—
18	地铁公安分局	2200	—
	合计	413709	151189

深圳地铁一期工程车站房屋建筑面积统计表

表6-4

序号	项目	地上建筑面积(m²)			地下建筑面积(m²)			总建筑面积(m²)		
		规划值	施工图	竣工测量	规划值	施工图	竣工测量	规划值	施工图	竣工测量
1	罗湖站	186.1	—	0	27077.83	—	25713.14	27263.93	23648.5	25713.14
2	国贸站	449.36	—	449.36	11872.39	—	11872.39	12321.75	12703	12321.75
3	老街站	390.04	—	390.04	11742.66	—	11742.66	12132.7	13522	12132.7
4	大剧院站	415.4	—	415.4	10864.66	—	16613.53	11280.06	17914	17028.93
5	科学馆站	523.39	—	523.39	11714.75	—	11714.75	12238.14	11306	12238.14
6	华强站	505.14	—	505.14	11147.13	—	11147.13	11652.27	11436	11652.27
7	岗厦站	636.96	—	636.96	12682.83	—	12682.83	13319.79	12981	13319.79
8	会展中心站	771.51	—	771.51	27605.7	—	27605.7	28377.21	27588	28377.21
9	购物公园站	432.26	—	192.50	10963.5	—	—	11395.76	11144	11395.76
10	香蜜湖站	302.91	—	302.91	10890.07	—	10890.07	11192.98	10116	11192.98
11	车公庙站	182.6	—	182.6	10388.44	—	10388.44	10571.04	12177	10571.04
12	竹子林站	441.27	—	441.27	14010.63	—	14010.63	14451.9	13140	14451.9
13	侨城东站	631.09	—	631.09	11827.44	—	11827.44	12458.53	11369.1	12458.53
14	华侨城站	515.09	—	515.09	11019.86	—	11019.86	11534.95	12445	11534.95
15	世界之窗站	1436.44	—	1386.44	29963.57	—	30013.57	31400.01	34472.1	31400.01
16	少年宫站	892.58	—	892.58	12713.97	—	12713.97	13606.55	13235.3	13606.55
17	市民中心站	489.54	—	489.54	15847.17	—	15847.17	16336.71	16114	16336.71
18	福民站	211.54	—	211.54	11068.52	—	11068.52	11280.06	12239.3	11280.06
19	福田口岸站									20384.00
	合计	9413.22			263401.1			272814.3		297396.38

6.2 勘察工作报告

深圳地铁一期工程的勘察工作范围为1、4号线全线站点、区间及附属结构。勘察内容包括地质勘察、测量及管线探测三部分内容。勘察工作由中国铁路设计集团有限公司承担,由1993年开始至2003年完成,历时10年,参加勘察的专业设计人员逾百人,勘察总费用3900万元。

6.2.1 测量

一、当时国内工程测量技术水平及深圳市基础测绘状况

(一)国内工程测量领域的技术水平(略)

(二)深圳市市政基础测绘概况(略)

二、工作范围及内容

1993~1994年,项目最初阶段以线路走向研究为工作重点,勘测工作以布设深圳地铁1号线勘测GPS控制网、高程控制网、1:2000~1:500地形图和导线、水准测量为主要内容。

1997年,为配合地铁项目立项准备工作及线路方案深化研究,勘测工作以补充恢复1号线GPS控制网、水准网、补充测绘1:500地形图和与4号线交点地区测绘为主要内容。

1998年,为满足立项需要及配合初步设计优化工作,进行了接驳工程的控制测量工作。

1999年,为满足施工图设计的需求,勘测工作以放线导线、核补地形图和车辆段地形、基线、断面测量以及沿线建筑结构物等专项测量为主要内容。

1999~2000年,为配合施工,布设建立了深圳地铁一期工程施工平高控制网,随工程招标开工顺序,陆续恢复补充了精密导线。

三、勘测过程

深圳地铁一期工程的勘测设计历经了十几年,在实践中探索地铁测量的工作程序、规范和标准,结合实际情况大胆地尝试应用先进的测量技术,造就了一支城市轨道交通专业测量队伍。

(一)初勘

1993年1月至1997年12月,主要工作是满足线路方案研究和稳定所进行的1:2000~1:500地形测绘、导线测量、水准测量等内容。

分三个阶段:第一个阶段,1993年1~3月;第二个阶段,1993年4~7月;第三个阶段,1994年2~6月。

主要技术难点是:(略)

采取的主要措施和取得的效果是:

(1)在国内率先布设地铁工程勘测设计专用控制网。

(2)采用航空摄影测量手段完成罗湖至皇岗建筑物密集繁华地段的1:500地形图。

(3)地形图测绘、导线测量同步进行,有利地压缩了初勘生产周期。

(4)参照城市测量及国家相关测绘规范制定统一的技术作业方案和标准,对测绘质量、进度、技术难点情况及时进行汇总和解决,形成院、队两级质量检查和控制管理,杜绝了返工现象。

(5)将部级科研项目GPS技术在铁路线路控制测量和铁路航测像控点联测的应用研究的阶段成果用于初勘航测生产中,以GPS技术完成了罗湖至皇岗繁华市区段大部分像控点联测工作,避免了常规测量手段面临的通视困难、车流干扰、精度降低等诸多难题,提高了生产效率和精度。

(6)利用航测技术完成了全线1:500地形图的修测和补测工作,并在1998年5月率先完成了全线1:500地形图数字化,使之后的勘测设计工作完全摆脱了纸图,实现了资料的电子化,为施工图设计提供了较好的基础条件。

(二)施工控制测量与详勘

1998年7月开始,工程项目进入详勘阶段,主要测量工作为建立施工控制网和设计专项测绘以及车辆段勘测等三部分内容。以GPS技术和电子水准仪建立了统一的施工地面平面和高程控制专用网,改造了勘测设计期间建立的各个专用分网,统一规算、平差,使各阶段勘测设计资料全部能够准确衔接到施工专用控制网上。随后,以施工控制网为基础,起算完成了施工设计所需的专项测绘工作,最后完成了车辆段的施工控制基线测设和段址土方量测量与计算。

主要技术难点是:(略)

采取的主要措施和取得的效果是:

(1)参照铁路长大隧道施工洞外控制测量的经验和原理,将地铁开挖面间的距离作为基本尺度,将地铁施工洞体贯通、限界的设计要求作为基本目标,反复推算控制点的相对精度指标,确定测量工作各步骤的限差和中误差,制订出了详细的测量和计算方案,准确地指导了地下施工。

(2)勘测单位测量技术人员与甲方聘请的相关专家和顾问反复研究和讨论施工控制网的设计原则和精度指标,与工程设计、监理人员形成共识,确保了高效、有序的测量工作过程和资料桩位的顺利交接。

(3)使用电子水准仪测量,连接国家一等水准路线,确保高程控制网绝对和相对精度。

(4)实施系统控制的原则,建立专用的平面控制测量系统,即首级GPS控制网及依附其上的地面精密导线网。高程控制测量也是在国家一等水准点的基础上,建立二等水准控制主网和加密网。即增加了联测条件、方便了施工引用,还在保证精度的基础上适时地满足施工进展的需要。

(5)为更合理地分配起始点误差,较好地检核起算点的兼容性,保证首级网的点位精度和相对精度,一方面构建10km的直接边起算基线,另一方面使用高精度全站仪施测通视GPS直接边,严格检核GPS网内外附合精度。当时的GPS网平差成果精度完全满足现行地铁测量规范的要求。

(6)使用勘测单位的GPS在铁路长大隧道洞外控制测量的应用研究科研成果和自行开发的铁路隧道GPS测量贯通误差的计算软件进行数据处理和计算,实现了观测作业全过程自动记录,消除了测量数据计算中间人工传递的环节,避免了人工计算错误造成的误差,缩短了计算工作周期,提升了成果的质量、效率和水平。

(7) 为便于深圳地铁一期工程与其他规划轨道交通网的衔接,赋予深圳地铁一期工程1号线施工控制网可共用性和可延伸性,将4号线南段福田口岸站至少年宫站纳入控制网中,为4号线及节点工程奠定了勘测基础条件。

(8) 对于此前各阶段控制测量、地形测量及工程测量成果与施工控制网、平面控制网间存在的系统差值,勘测单位测量技术人员认真研究分析,巧妙合理地将原测量网和设计资料转换到了精密控制网的基准上,为施工设计资料延续顺接奠定了科学准确的基础。

(9) 采用 GPS 技术、GPS-RTK 技术以及 CAD 技术等新技术手段进行车辆段工程的基线、断面、地形测量等勘测工作,加快了测量工作进程,提高了测量成果质量和水平。

(10) 勘测单位测量技术人员创造性地提出了放设串测法,在勘测单位和地铁公司领导的支持和安排下,圆满、顺利地完成了车站区间中线和车站边界线的定线工作。

(11) 为满足施工需求、方便施工采用,在控制点的选埋和控制网衔接上,专业测量人员与设计、测量监理进行有效沟通,以适宜距离的精密导线点位作为方向检核目标,不但减少了在高楼密集地区布标和联测的困难,还为施工联测创造了更为便利的条件。

(12) 建立维修、恢复制度。对于施工过程丢失、损坏、松动以及施工单位要求增加的控制点,及时安排专人和设备进行恢复、加密的测量工作,最大限度地满足和服务于施工需求。

(13) 考虑到施工的影响,控制点点位的选择远离车站开挖范围一定距离,另外顾及车站两侧的控制点互相通视,车站两侧控制点的点间距约 300m。对于直线车站,所有中线点均位于右线(左线)上,而对于有曲线的车站,有的点则位于其右线的切线上。

(14) 利用车站附近的精密导线点或 GPS 点为放样依据。每个明挖车站埋设 3 个点,其中车站中心附近 1 个,另外 2 点均选在车站开挖范围 20m 以外,以起到控制指导开挖车站的作用。

(三) 生产组织与技术创新

(1) 精心组织、科学管理、勇于创新,出色完成勘测工作。

(2) 创新技术应用,解决技术难题,提高效率保证质量。

在 2000 年测量工作完成后,勘测单位集中对各阶段勘测成果进行了认真细致的整理,形成了整齐划一、系统规范的测量成果,方便用户查阅和使用。本项目勘测成果获得 2000 年度铁路工程总公司优秀工程勘察三等奖,赢得了骄人的荣誉。

四、完成的工作量(略)

五、勘测的特点、难点和重点

(1) 工程勘测设计周期长、比选方案多、线位调整频繁。设计周期历经 7 年之久,同精度比选方案是已建成地铁一期工程的数倍,而且局部小方案不稳定,这些势必要求勘测工作紧紧跟上,及时准确地提供测量成果。

(2) 深圳市基础测绘资料匮乏,而且不成体系,设计建设的地铁一期工程如何准确满足规划和正确实施是必须解决的关键难题。而测量工作又是设计工作的排头兵,在整个工程中占有重要地位,可以说关乎工程建设的成败。

(3)测量工作应当以适宜的技术和标准,为设计工作提供设计对象的准确平面和高程信息,并保证正确指导设计成果的施工,使工程产品能够完全满足设计功用。

六、总体性技术路线和技术方法

(1)测量技术方案应满足设计工作的需要,应做到技术先进、经济合理、质量可靠和安全适用。

(2)满足设计需要的测绘成果,应与城市原有资料进行校核,重合控制点的坐标和高程差值应分别不大于 50mm 和 20mm。

(3)为了将设计资料准确施工,应建立地铁工程专用的平面和高程控制网,并对控制网进行定期性复测和维护。建立的控制网既要保证其内部精度(重点关注控制点的相邻精度指标)又要保证其绝对精度(控制点的点位误差),并且应当充分考虑地面控制网的延展性和基本控制作用,最终保证地铁工程的正确贯通。具体精度要求见表 6-5。

精度要求表　　　　　　　　　　表 6-5

贯通误差	地面控制测量	联系测量	地下控制测量	总贯通中误差
横向贯通误差	≤±25mm	≤±20mm	≤±30mm	≤±50mm
纵向贯通误差				1/10000
高程贯通误差	≤±16mm	≤±10mm	≤±16mm	≤±25mm
备注	表中精度指标为各级测量方案设计的依据			

七、体会和建议(略)

6.2.2　地质勘察

一、工作范围、内容

岩土工程地质勘察工作按两个大的阶段进行:初勘及补充初勘、详勘及补充详勘。

初勘及补充初勘阶段包括以下主要内容:

(1)初步查明沿线的区域地质、水文地质及工程地质条件,对线路通过地区的工程地质、水文地质条件进行评价。

(2)初步查明控制线路方案的不良地质、特殊地质的性质、特征、范围,并初步提出对不良地质的治理措施。

(3)调查沿线重要建筑物的地基条件、基础类型,预测由于地铁修建可能引起的变化及预防措施。初步查明沿线河湖淤积物、古河道的发育、分布情况,结合工程提出初步评价。

(4)初步查明沿线地下水类型、埋藏条件、补给来源、水质、流向,了解地下水动态和周期性变化规律,提出水质评价;初步查明沿线地表水的水位、水质情况,以及与地下水的相互关系。

1993~1994 年第一次初勘的工作范围为 1 号线的罗湖站至深圳机场站全线及与后期确定的一期工程范围相对应的罗湖站至白石(白石洲);1997 年因项目的工程范围变更进行了第二次初勘,工作范围为 1 号线罗湖站至侨城东站、4 号线皇岗站至红荔路(少年宫)站;

1998年因深圳地铁一期工程线位、站位再次变化,根据地铁公司的要求,再次安排了补充初勘工作,工作范围为1号线罗湖站至白石(白石洲)站,4号线皇岗站至文化中心(少年宫)站;2000年由于线站位方案调整,对1号线香蜜湖站至侨城东站重新进行了初勘。

详勘及补充详勘阶段包括以下主要内容:

(1)详细查明沿线的水文地质及工程地质条件,对工程地质、水文地质复杂地段、特殊地段或有施工特殊要求的区段,进行重点勘察,并提出评价及处理方案。

(2)依据工程地质和水文地质条件,结合设计和施工方法的要求,按车站、区间综合各项指标以数理统计的方法分层,提出设计所需要的技术参数。

(3)查明水文地质条件,需要降水施工时,分车站和区间提出降水方法及有关计算参数。

(4)分析沿线建筑物、地下构筑物及管线在施工过程中的稳定性,并提出防护措施。

1998~2003年对1号线罗湖站至侨城东站、4号线皇岗站至少年宫站进行了详勘和补充详勘工作;2002~2003年因地铁1号线西延两站两区间,对1号线侨城东站至世界之窗站进行了详勘和补充详勘工作。

二、岩土工程勘察过程

(一)勘察工作方法

(1)采用综合勘探方法,进行综合分析,发挥综合勘察优势。
(2)根据施工方法确定勘察要点。
(3)对重大工程地质问题进行专项工作。
(4)推广使用新技术、新方法,提高勘察精度和效率。

(二)勘察控制做法

(1)成立QC小组及岩土工程勘察技术管理组。
(2)制定工期保证措施。

三、完成工作量及提交的成果(略)

四、配合设计

为了弥补勘察设计与客观实际的差异,更好的为施工服务,勘测设计单位选拔了高素质技术人员,成立了专业配合施工设计组。通过配合施工工作,验证了地质资料的准确性,对施工起到了很好的指导作用。

总的来说,深圳地铁一期工程的岩土工程勘察很好的利用综合勘探手段和勘探方法,查明了地铁沿线的工程地质和水文地质特征,对地层的分布特征进行了准确的揭示,各设计工点的勘探孔布置、取样及试验项目满足规范要求,提供的岩土物理力学指标准确。在配合设计的过程中,勘察报告的试验项目和试验数据完全能够满足设计需要,各设计单位没有提出新的要求。在配合施工的过程中,提供的岩土工程勘察报告能很好地指导施工,没有出现由于地质条件的变化而引起的较大工程变更。

岩土工程勘察工作有如下体会和建议:

(1) 设计总承包单位对岩土工程勘察工作实施总体设计和总包管理。
(2) 将具体勘察、试验等工作分包给相关单位的生产组织管理。
(3) 通过对沿线岩土层的系统研究,建立一套标准地层,指导续建工程的勘察工作。
(4) 应尽可能搜集城市大规模建设以前的原始地形图并调查走访原住民。
(5) 应充分研读地下管线图,增强勘察方案的合理性和可执行性。
(6) 一定要认真研究,读懂、读透相关技术规范,在以后工程建设中验证并合理运用。
(7) 在地质复杂地段,按照规范布置工作量的前提下,适当加密勘探点。
(8) 牢固树立为设计、施工服务,为建设单位负责的理念,加强与设计、施工的配合工作。

6.2.3 地下管线探测

一、概况

(一) 深圳市地下管线概况(略)

(二) 国内地铁地下管线探测开展情况及技术水平(略)

(三) 地下管线探测要求

(1) 地下管线探测任务按照设计要求位置和范围进行。
(2) 探测使用的平面坐标和高程系统必须与地铁测绘平面坐标和高程系统相一致。
(3) 地下管线探测应采用1:500地形图。
(4) 地下管线探测的管线点包括明显管线点和隐蔽管线点。明显管线点应进行实地调查和量测有关参数。隐蔽管线点应采用物探方法,利用仪器探测或通过打样洞方法探查其位置及埋深。对地下管线的所有管线点均应地面标识明显标志。
(5) 应积极采用经方法试验证明行之有效并达到所规定的精度要求的新方法、新技术。
(6) 地下管线探测的精度应符合现行《城市地下管线探测技术规定》的规定。

(四) 工作探测范围和内容

探测的范围,包括埋设于地下的给水、排水、燃气、热力、工业等各种管道以及电力、电信电缆。地下管线探测,应查明地下管线的平面位置、走向、埋深(或高程)、性质、材料等,并绘制综合地下管线图。

二、管理模式

在地铁公司领导下,由中国铁路设计集团有限公司总承包管理完成。具体流程(略)。

三、地下管线探测工作过程

(一) 踏勘阶段

(1) 地下管线现场探测前,应全面搜集和整理测区范围内相关资料,包括:已有的各种地下管线图,各种管线的设计图、施工图、竣工图及技术说明资料,相应1:500地形图,测区及其邻近测量控制点的坐标和高程。

(2) 现场踏勘应在搜集、整理和分析已有资料的基础上进行。

(3) 踏勘结束后,应选用合理的探测方法并进行必要的方法试验,编写技术设计书。

(二) 地下管线探测技术标准的制定

地下管线探测技术要求包含探测范围及工期、探测内容、探测方法和仪器设备、点测量方法和仪器设备、质量控制、地下综合管线成果图和管线特征点成果表的编绘要求、地下管线成果报告的编写、后期施工配合要求。

(三) 探测过程

(1) 通过协调管线权属单位,详尽搜集地下管线资料,初步掌握测区地下管线情况。

(2) 现场踏勘,了解测区交通及其他干扰因素,明确探测重点,经试验选定适宜的方法。

(3) 现场探测,合理选择探测方法,有主有辅,互相验证,取长补短,确保探测质量。

(4) 对明显管线点上地下管线的附属设施以及地面出露的地下管线做详细调查,没有明显管线点的,邀请熟悉管线敷设情况的"活地图"(老工人、老技术人员)现场指认补充。

(5) 各作业组负责自检,项目部组织互检。质检特别针对深大、非金属、保密类等特殊地下管线,逐级反馈存在问题,及时处理。

(6) 岗前培训和方法试验。

(7) 应用综合物探方法(地质雷达、高密度电法、交汇测量、开挖、螺钻、地震法等),对深大、非金属、保密类地下管线进行有效探测。

(8) 部分地下管线受实际条件限制不能查明时,应在探测阶段依靠调查资料上图,图上注明请设计、施工单位注意,并注意追踪,条件具备时予以查明。

(9) 采用在已有地下管线现状资料基础上,已开井调查与仪器探查,结合解析法测绘、机助成图的内外业一体化作业,获取管线数据成果,同步编绘综合地下管线成果图。

完成的主要工作量及提交成果一览表(略)。

(四) 施工配合

深圳地铁一期工程施工自1999年开始,先后施工标段24个,施工单位近20个,大多数是第一次进行地铁施工,由于地下管线的变化性,城市地铁工程所处地段的特殊性,施工配合难度可想而知。为了弥补综合管线图与客观实际的差异,更好的为施工服务中国铁路设计集团有限公司物探专业选拔了责任心强、技术过硬、应变能力突出并且熟悉地下管线探测、设计的高素质技术人员配合施工。在深圳地铁一期工程开工的初期,物探专业技术人员及时与建设、施工单位联系,对地下管线配合施工工作进行了细致分析,统筹安排。

在分析既有管线资料的基础上,物探专业技术人员与建设、施工单位进行协商,达成一致意见,在地铁施工过程中全程进行管线配合施工。

物探专业技术人员在地下管线配合施工期间,坚持编写配合月报,对全线所处理的问题进行原因分析,总结经验教训;在月报基础上,每年编写年度总结,对全年的配合情况、解决的重要问题逐一梳理总结。树立优质服务意识,提供优质服务。本着为工程负责,为设计、施工服务的理念进行工作,做到随时有问题随时到位解决,有力地保障了工程的进行。参建各方对地下管线的客观评价,真实地反映了探测资料的较高水平,本着实事求是、顾全大局、解决问题的原则,通过精心组织、主动服务,以及与施工单位的密切配合,把地下管线对地铁施工的影响降低到最低限度。

6.3 设计工作报告

6.3.1 概况

一、建设深圳地铁一期工程的意义和必要性

(一)城市概况(略)

介绍深圳市地理位置与自然概况,介绍城市布局。

(二)人口概况(略)

(三)经济概况(略)

(四)公共交通概况(略)

(五)修建深圳地铁一期工程的必要性

(1)满足城市客运交通需求;

(2)缓解地面交通压力;

(3)城市布局特点和特殊地理位置的需要;

(4)展示国际性城市交通现代化水平;

(5)促进地铁沿线的土地开发。

二、深圳地铁一期工程设计简介(略)

(一)工程概况

介绍建设阶段及工程概况。

(二)涉及的专业及系统

(三)新技术、新材料、新工艺的运用和科技创新

深圳地铁一期工程是国内第一个在地下车站实现综合监控的地铁工程,地下车站的综合监控设计更为复杂,以 EMCS 为主,主要进行各种环境模式控制,对全部机电设备进行监控管理,协调各机电设备系统的工作关系,并集成 FAS 和 SCADA 系统的功能,为运营保驾护航。

深圳地铁一期工程对自动扶梯和车站公共区通风空调采用了变频控制系统设计,使深圳地铁成为国内第一个对自动扶梯和车站公共区通风空调采用变频控制系统的地铁,是我国地铁自动化控制系统技术水平的飞跃。

深圳地铁一期工程在国内地铁行业中首次采用了智能型气体灭火控制系统。

三、设计管理与分工

(一) 设计管理工作流程

在地铁公司主管技术的总经理、总工程师的领导下,由设计管理部负责对勘察设计、设计监理及其他咨询单位进行技术管理。

在设计单位主导下,初步设计阶段的设计管理和施工设计阶段的设计管理工作流程如图6-2、图6-3所示。

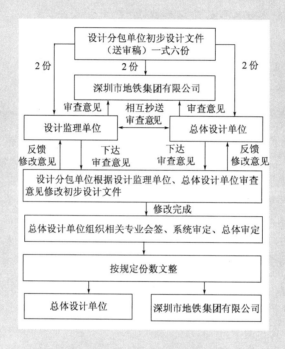

图6-2 深圳地铁一期工程初步设计文件审查流程图

(二) 总包单位及总体组

中国铁路设计集团有限公司负责深圳地铁一期工程总包、总体技术管理工作。该院设置了深圳地铁项目领导小组,领导小组下设总体管理组和总包管理组。总包管理组在项目领导小组的直接领导下,与总体管理组密切配合,完成总包管理各项工作。总包管理组作为项目领导小组领导下的行政管理部门,负责组织、管理参加勘察设计的各个单位。

(三) 主要设计项目及设计单位

主要设计项目及设计单位35个,见表(略)。

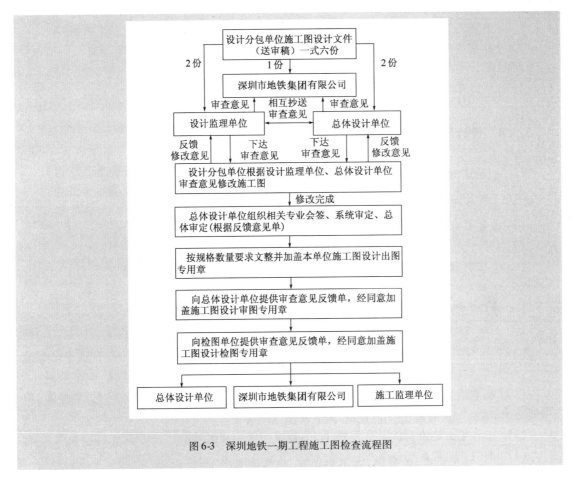

图 6-3 深圳地铁一期工程施工图检查流程图

6.3.2 设计依据

一、项目建议书及立项批复(略)

二、可行性研究报告及批复(略)

三、初步设计文件及批复(略)

四、消防审查意见(略)

6.3.3 工程自然条件

一、**自然地理特征**(略)

(一)地形地貌

(二)气象特征

二、**地质与地震**(略)

(一)地质构造

(二)沿线工程地质特征
(三)沿线水文地质特征
(四)不良地质与特殊岩土
(五)地震基本烈度与设防

6.3.4 设计原则与技术标准

一、主要设计原则

(1)注重工程整体技术的先进性、科学性、经济性、适用性与前瞻性,近、远期结合。
(2)借鉴国内外地铁设计的先进理念和成熟经验,开拓进取,不断创新。
(3)贯彻节约型社会的理念及精神,将深圳地铁一期工程建设为"节约型"地铁。
(4)按初期2010年、近期2017年、远期2032年设计年限进行客流预测。
(5)在满足功能需要的前提下,最大限度地节省工程投资,发挥投资效益。
(6)做好"交通一体化"规划,充分考虑地铁交通与其他公交的结合。
(7)土建、限界均按A型车6辆编组设计。
(8)车站布置以交通功能为主,车站建筑设计遵循"服务运营、以人为本"的设计理念。
(9)贯彻"以人为本、百年大计、安全可靠、技术先进、经济合理、保护环境"的原则。
(10)地下结构防水遵循"以混凝土自防水为主、多道设防、因地制宜、综合治理"的原则。
(11)在满足土建施工工艺的条件下,尽量减少对路面交通和地下市政管线的影响。
(12)车辆基地满足功能要求,工艺顺畅、分区布置、紧凑合理、近远期结合、节约用地。
(13)车辆及机电设备国产化率不低于70%。
(14)人民防空工程建设贯彻"长期准备、重点建设、平战结合"的方针。
(15)对火灾、水灾和地震等灾害,贯彻"预防为主,防消结合"的原则。
(16)充分考虑对城市及沿线环境的保护,满足批复的环评报告的要求。
(17)严格控制施工图工程数量,搞好限额设计,采取各种有效措施减少工程投资。
(18)设计中力求标准化、模块化,提高工作效率和设计质量,降低成本。
(19)设计过程中加强设计接口管理和协调,包括土建工程内部各系统间接口、土建工程与机电设备系统间的接口、机电设备内部各系统间的接口、土建工程与外部条件的接口。
(20)消灭文件中的差、错、漏、碰,设计文件和图纸的合格率100%,优良率80%以上。

二、主要技术标准

(1)客流及行车组织。根据预测客流确定行车组织及运行方案。初期、近期、远期均采用6辆编组,每列车定员1860人。远期1、4号线线路通过能力均为每小时30对列车。远期1、4号线列车最小行车间隔分别为2min、2.7min。4号线与1号线在会展中心站立体换乘,采用各自独立的列车运行交路。
(2)车辆。A型车,电动车组,最高运行速度80km/h。

(3)线路。根据城市总体规划、轨道交通线网规划和地理环境条件,选择和确定地铁的线路平面位置和高程,确定合理的线路走向、最小曲线半径、最大坡度和最小坡度。

(4)轨道。正线和试车线采用60kg/mPD3钢轨,车辆段采用50kg/m钢轨。一般正线道岔9号,特殊(折返能力需要)12号。采用整体道床,焊接长钢轨。

(5)车站建筑。根据城市总体规划、地理环境条件及相关规范要求,确定合理的车站位置,并根据客流预测及其他设备专业要求,确定车站规模、布局。站台计算长度140m,岛式站台宽度不小于8m,无柱侧站台不小于3.5m。

(6)土建工程。车站:除华强路、科学馆两站采用盖挖顺作方法施工外,其余各站均为明挖法施工。区间:罗国区间、华岗区间、购香区间、福福区间、福会区间采用盾构法施工;会购和岗会部分区间为明挖法施工,其余暗挖区间均为矿山法施工。

(7)限界。包括车辆限界、设备限界、受电弓限界和建筑限界。

(8)供电。集中供电、两级电压制。设9个牵引降压混合变电所,13个降压变电所。供电制式:DC1500V接触网顶部受电。

(9)信号。列车自动控制系统;区间采用自动闭塞、轨道电路,设计最小行车间隔90s。

(10)环控系统。通过空调、通风等手段有效组织气流,控制车站及区间的热环境,为乘客创造舒适环境,使设备系统正常运行,发生火灾时,能够通风排烟,保护人员迅速撤离。

(11)屏蔽门系统。19个车站均设置屏蔽门系统。

(12)通信系统。包括专网通信系统、公网通信系统和警用通信系统,三个通信系统又分为有线通信、无线通信两部分。

(13)综合监控系统。包括车站设备监控系统、火灾自动报警系统和电力监控系统。

(14)自动售检票系统。由中心系统、车站系统和票卡三个部分组成。

(15)电、扶梯。站厅至站台、出入口均设自动扶梯,各站设供残疾人和工作人员用的电梯。

(16)感温光纤系统。对地铁区间隧道的温度、火灾进行可靠监视及报警。

(17)气体消防系统。用于不适于水消防的电子、电气设备等场所。

(18)给排水及水消防系统。投资约5042万元,设备国产化率达100%。

(19)门禁系统。由车站级门禁系统和以门禁服务器为核心的门禁管理系统构成。

(20)大屏幕系统。设于行车调度指挥中心中央控制室,是亚洲最大的大屏幕投影系统。

(21)乘客资讯系统。为乘客提供各种信息,在火灾、阻塞情况下提供紧急疏散信息。

(22)控制中心。是行车统一指挥和运营集中管理的场所,也是全线的信息处理中心。

(23)车辆段及其他基地。由车辆段、综合维修中心、材料总库、培训中心、公安分局及控制中心等六个部门组成。

(24)人防。全线人防按6级设防设计,防护单元之间设防护密闭隔断门。

6.3.5 专业系统设计简介

一、线路(略)

（一）设计概况

（二）主要设计原则、技术标准

（三）设计范围及主要设计内容

（四）设计简介

1. 线路走向
2. 车站分布
3. 线路与市政规划、周边环境的协调
4. 辅助线设置

二、轨道(略)

（一）主要技术要求

（二）设计简介

三、限界(略)

（一）设计概述

（二）主要设计原则

（三）主要技术参数

四、车辆(略)

（一）列车形式

（二）列车载客量

（三）故障状态下列车性能

（四）主要技术参数

（五）主要部件与系统组成

五、行车组织与运营管理设计(略)

（一）列车运行交路

（二）折返方式和折返站能力

（三）运输计划

（四）运营管理

1. 行车管理
2. 车站管理
3. 票务管理

六、客流预测(简)

（一）主要设计原则、技术标准

(二)设计范围、主要设计内容

客流预测结果见表6-6~表6-8。

深圳火车站至皇岗口岸线可行性研究客流预测 表6-6

时期	近期	远期
日均客流总量(万人次/日)	136.4	210.0
高峰小时单向最大断面流量(万人次/h)	3.17	5.03

深圳机场站至罗湖站线可行性研究报告客流预测 表6-7

时期	近期	远期
日均客流总量(万人次/日)	159.3	183.6
高峰小时单向最大断面流量(万人次/h)	4.54	5.27

深圳市深港罗湖、皇岗/落马洲口岸旅客过境轨道接驳工程客流预测 表6-8

时期	近期	远期
日均客流量(1号线)(万人次/日)	159	189
日均客流量(4号线)(万人次/日)	58	99
高峰小时单向最大断面流量(1号线)(万人次/h)	4.42	5.25
高峰小时单向最大断面流量(4号线)(万人次/h)	1.96	4.01

(三)设计简介(略)

1. 预测的基础资料
2. 客流预测的步骤与方法
3. 皇岗和罗湖口岸出入境客流对预测结果的影响
(1)依据与过程
(2)过境客流总量预测
(3)过境客流流向预测
(4)深圳地铁一期工程接驳过境客流量预测

七、车站建筑(略)

(一)主要设计原则及技术要求

包括布置原则和车站总平面。

(二)设计简介

1. 建筑类型
2. 车站平剖面设计

包括车站平面、站厅层平面、站台层平面。

3. 车站规模的确定
4. 车站建筑主要尺寸

包括站厅层、站台层、楼梯和自动扶梯。

5. 设备用房及管理用房
6. 站内主要设施
包括自动扶梯、楼梯、垂直电梯、售票机、检票口和屏蔽门。
7. 出入口及通道
包括位置、规模和数量、楼梯自动扶梯、出入口、保安、与其他建筑物连接的地铁出入口通道、与人防设计密切配合、各种预留埋件和接口设计。
8. 通风井及风道
9. 残疾人士乘降设施
10. 防火及紧急疏散
11. 防淹(防水灾)
(三)建筑装修
(四)标识导向系统
(五)地铁车站资源利用和开发

八、土建结构(略)

(一)车站结构
1. 主要技术要求
2. 结构设计荷载
3. 结构计算
4. 结构构造及施工措施
5. 施工方法
(二)区间隧道
1. 主要技术要求
2. 围岩分类及设计荷载
荷载分类详见表(略)。
3. 结构计算
4. 施工方法与结构类型
包括明挖法、盾构法、浅埋矿山法。

九、结构防水(略)

(一)防水设计原则及标准
(二)结构防水体系
采用的防水材料(略)。

十、主变电所、牵引变电所、接触网、电力监控、杂散电流防护(略)

(一)设计概述
(二)主要设计原则、技术标准
包括变电所及动力照明、电力监控、接触网、杂散电流防护和供电车间。
(三)设计简介
包括主变电所、中压供电网络、牵引降压混合变电所、降压变电所、接触网系统、电力监控系统、综合接地、供电车间和杂散电流防护系统。

十一、环控（略）

（一）设计范围

（二）设计依据、设计原则和设计标准

（三）设计简介

包括环控系统构成、净化处理、环控设备的消声与减振、保温防腐及防火措施。

十二、给排水及消防系统（略）

（一）系统组成与功能

（二）主要设计原则

（三）给水及水消防设计

包括水源及供水方式、用水量计算标准、管网布置、给水管材和给水系统控制方式。

（四）排水系统设计

包括主要排水点、排水量计算标准、排水方式及设施、排水泵控制方式。

十三、气体消防系统（略）

（一）设计范围

（二）设计依据、设计原则和设计标准

（三）设计简介

包括设备运行环境、设计参数、气体灭火系统工作流程及控制方式。

十四、动力照明系统（略）

（一）设计范围

（二）主要设计依据和技术标准

（三）设计简介

包括负荷分类及系统供电方式、动力供电控制和保护方式、照明供电光源选择及控制、电线电缆的选择及敷设方式。

十五、屏蔽门系统（略）

（一）设计标准、设计原则及设计参数

（二）设计简介

包括系统设计、机械设计和电气设计。

十六、自动扶梯及电梯（略）

（一）设计概况

（二）自动扶梯主要技术参数

（三）自动扶梯设置原则

（四）垂直电梯主要技术参数

（五）垂直电梯设置原则

十七、信号(略)

（一）设计概述

（二）主要设计原则

（三）信号系统功能

（四）信号系统构成

十八、综合监控系统(略)

（一）设计概述

（二）工程设计范围

（三）设计原则

（四）系统组成

（五）系统功能

十九、防灾报警系统(略)

（一）设计概况

（二）主要设计原则

（三）设计简介

包括系统功能、防灾通信。

二十、专用通信系统(略)

（一）设计概述

（二）设计范围

（三）主要设计原则与技术标准

（四）系统构成及主要功能

（五）设备选型

包括传输子系统、公务电话系统、专用电话系统、闭路电视监视系统、有线广播子系统、时钟子系统、通信电源及接地、网管系统、无线通信子系统、通信线路。

二十一、公众通信传输及相关业务引入(略)

（一）主要设计原则及技术标准

（二）系统组成

（三）系统主要功能及选型

二十二、乘客资讯系统(略)

（一）概述

（二）主要设计原则和技术标准

（三）系统简介

包括系统构成及主要功能。

二十三、门禁系统(略)

(一)设计概述

(二)设计范围

(三)系统简介

包括中央级、车站级和终端级。

二十四、大屏幕系统(略)

(一)概述

(二)设计范围

(三)系统简介

包括系统结构及主要功能。

二十五、自动售检票系统(略)

(一)概述

(二)主要设计原则和技术标准

(三)系统简介

包括系统构成、主要功能和票务管理。

二十六、控制中心(略)

(一)设计概况

(二)主要设计原则、技术标准

(三)设计简介

包括建筑设计、设备系统设计、消防设计、结构设计。

二十七、车辆段与综合基地(略)

(一)设计概况

(二)主要设计原则、技术标准

包括主要设计依据、设计原则、技术标准(含车辆段、综合维修中心、材料总库、教育培训中心、线路、轨道)。

(三)设计范围、主要设计内容

包括初步设计阶段、施工设计阶段、全段内的线路和轨道设计。

(四)设计简介

包括工艺布置(总平面布置、车辆段、综合维修中心、材料总库、运营综合楼)、维检修设备配置(主要通用设备、主要专用设备)、站场设计(总平面布置、车场线路及出入线、站场路基、站场道路、站场排水和站场轨道)。

二十八、工程筹划与概算

(一)工程筹划

1. 总工期

建设工期自1999年度至2004年度,时间为6年。施工总工期自2000年8月至2004年10月底,时间为4年3个月。

2. 总体目标

1999年10月初步设计通过评审,2003年10月完成全线轨通,2004年6月完成全线电通,2004年8月完成全部建安工程及单系统调试,2004年10月完成系统联调并全线建成通车。

3. 阶段性工程的主要指标

(1)土建结构工程

(2)车站建筑装修及机电安装

(3)车辆段及综合基地:30~36个月

(4)轨道工程:14个月

(5)供电、通信、信号、自动售检票等系统工程:12个月

4. 标段划分

土建工程标段划分为22个标段,除个别站、区间为一个标段外,基本上是"一站一区间"为一个标段,车辆段、两个主变电所各为一个标段。

系统工程标段按每一个系统为一个标段进行划分,由专业队伍施工。

(二)总概算

1. 总概算编制范围

2. 总概算编制单元的划分

3. 定额的采用

4. 人工、材料、机械费用计算规定

5. 设备价格的取定原则

(1)国内设备预算价:设备出厂价+运杂费。

(2)进口设备预算价:到岸价+运杂费。

(3)设备运杂费:国内设备运杂费为设备出厂价的8%,进口设备运杂费为设备到岸价的5%。

(4)进口设备外汇汇率:1999年标准为1美元=8.3元人民币。

6. 工程费用的取费标准

7. 其他费用的取费规定

6.3.6 设计费用

一期工程(至侨城东站):设计费256932676元,勘测费35911817元。

西延段工程:设计费24257881元,勘测费3109985元。

费用合计:设计费281190557元,勘测费39021802元。

6.3.7 工程设计评价

由于工程的设计及施工周期较长,设计的边界条件在工程设计及施工中不断变化,给设计带来很大困难。总体设计单位也在工作过程中逐步认识到上述特点是目前设计市场的变化趋势。设计要根据各相关主管部门及建设单位不断深化、细化的要求及时更新设计理念,

不断进行设计优化的工作。

部分机电设备在设计过程中,涉及重大技术方案比选的也经历了较长时间。如集中供电与分散供电、三合一系统取舍、变频技术的应用,这些也都对设计工作者提出了更多、更细的要求。

值得欣慰的是,总体设计单位与各设计分包单位在设计中不断学习,不断更新理念,以极大的热情与不屈不挠的工作态度积极配合,边设计边配合施工,较圆满地解决了由此引起的方方面面的问题,保证了一期工程的按时开通。

在深圳市政府及相关主管单位、地铁公司、设计单位、监理单位,以及承包商和施工单位的共同努力下,通过对一期工程的进度、质量、投资和安全各方面进行的严格管理和控制,深圳地铁一期工程的总体水平达到和超过了初期的预定目标。同时,由于采用了多项新技术、新工艺、新材料,既节省了投资,又在系统先进性、可靠性等方面实现了多项重大突破,创造了多项国内地铁建设的第一,实现了真正意义上的按期开通、运营。

6.4 科研与技术创新工作报告

6.4.1 科研与技术创新工作的总体思路

(1)系统工程理论指导技术创新,提升地铁系统整体水平。
(2)解决地铁工程建设的关键技术经济难题。
(3)为工程建设决策提供科学依据。
(4)依托重大工程促进科技进步。
(5)提高建设单位的综合技术、管理水平,培养人才。

6.4.2 科研与技术创新项目的工作重点

一、科学研究工作

(1)开展大轴力桩基托换技术研究,解决国贸至老街区间隧道的选线和线路通过性问题。
(2)开展重叠隧道技术研究,解决国内第一个单洞双层重叠隧道的设计和施工难题。
(3)开展弹簧隔振浮置板道床减振降噪技术研究,降低振动对沿线重要建筑物的影响。
(4)开展橡胶支撑浮置板道床减振降噪技术研究,降低地铁振动对沿线重要建筑物的影响。
(5)开展深圳地铁高性能混凝土应用研究,解决混凝土的开裂和耐久性问题。
(6)开展地铁列车模拟驾驶器前期研究,为编制地铁模拟驾驶器招标文件提供技术依据。
(7)开展车站防排烟系统热烟测试研究,提高地铁站防排烟系统的火灾防御能力。
(8)开展深圳地铁一期工程与周边公交资源配套研究,优化地铁与其他公共交通资源的协作关系。

(9)开展深圳地铁运营与地面交通应急处理模式研究,构建完整的应急响应协调机制。

(10)开展深圳地铁票务政策与深圳地铁一期工程票价研究,平衡企业利润、政府责任和市民支付能力间的关系。

(11)开展地层大变形机理与控制措施研究,解决富水地层受工程扰动的大变形问题。

(12)开展混凝土裂缝控制技术研究,探索减少混凝土结构裂缝的技术措施。

二、技术创新工作

(1)地铁超长余辉蓄光自发光安全疏散标志系统。

(2)地铁车站集成应急控制系统。

(3)城市轨道交通自动售检票(AFC)系统。

(4)地铁扶梯变频调速和信息化节能技术。

(5)地铁七氟丙烷气体全自动灭火系统。

(6)地铁隧道光纤感温火灾预警监测系统。

(7)机电设备自动化集成综合监控技术。

(8)新型智能化环控通风空调系统。

6.4.3 科研与技术创新工作管理

一、建立科技创新机制

公司建立科技创新机制,公司领导亲自主持科技创新工作。科技创新机制主要体现在:

(1)制订科研和技术创新工作战略目标,强化通过科技创新解决地铁建设和运营技术难题、提升建设和运营管理水平的理念。

(2)注重科技创新经费投入,形成科研经费投入保障机制。地铁一期工程中,我公司大力保障科研经费投入,平均每年投入科研经费约200万元。

(3)加强对科技人员精神和物质方面的奖励,形成激励机制。对科研工作业绩突出的员工,公司根据科研管理办法,每年给予精神和物质奖励。

(4)注重成果转化,形成有效的转化机制。一期工程中,90%以上的科研成果都转化成工程产品或管理机制,科研项目的针对性、实用性不断增强。

(5)注重人才培养。公司通过国内外培训、参加技术交流会议、技术讲座等形式,培养员工科技素养,提高员工参与科研工作的积极性。

(6)充分调动社会资源,形成产学研联合攻关的科研机制。我公司与北京交通大学、西南交通大学、中国铁道科学研究院集团有限公司等教学和科研单位建立稳定的联系,形成地铁公司、科研院所、设计单位、施工单位、材料供应单位和监理单位联合的科研攻关运作机制。

二、建立职责明确的科研与技术创新管理机构

公司科研和技术创新管理机构如图6-4所示。总工程师办公室是科研和技术创新工作的主管部门,负责编制科研的总体规划和年度计划,负责组织科技项目的评审论证、课题招标、合同管理、监督实施、成果鉴定与奖励申报等事项,负责与上级科技主管机关的对口协调。

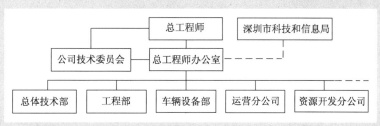

图6-4 科研与技术创新管理机构

公司技术委员会是科研项目的审查论证机构,负责审查研究项目的必要性、可行性、先进性、经济性。公司总工程师任技术委员会主任。公司各业务部门是科研工作的主办部门,并设置专人负责本部门的科研工作,协助总工程师办公室搞好项目管理。各业务部门负责对口业务范围内的科研项目计划申报、课题申请、跟踪实施、组织编制成果验收材料等工作。

三、完善科研管理制度

为规范化、制度化、程序化地管理科研工作,公司根据国家有关科学技术管理的法律法规,结合公司工程建设管理架构的实际情况,逐步总结出了一套行之有效的管理方法。经过不断的修订完善,制定了《科研项目管理暂行办法》等管理制度,指导深圳地铁一期工程的科研工作有组织、有计划、按程序地稳步推进。相对完善的制度保证了科研工作有条不紊地开展。

公司科研工作程序如图6-5所示。

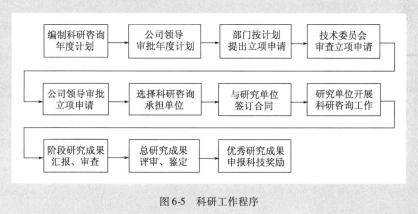

图6-5 科研工作程序

6.4.4 主要科研成果

一、大轴力桩基托换技术研究

本项目由中国铁道科学研究院集团有限公司承担科研工作,1999年4月签订科研合同,

2002年4月完成百货广场6根大轴力桩基的托换工程,2003年1月通过广东省科技厅组织的科技成果鉴定,评价为"在桩基托换技术领域内,该项成果总体上处于国际先进水平",荣获2003年度深圳市科技进步一等奖。

项目通过1/4、1/2比例尺梁—柱接头模型试验研究,解决了斜交状态下的梁柱接头选型问题,确定了安全、可靠的"企口+锚筋+预应力"梁柱接头形式。通过1/4比例尺托换结构的整体模型试验,掌握了桩基主动托换过程中荷载的分配关系和转换规律,确定了主动托换的工艺和主要参数。通过双液化学注浆截水帷幕原位试验,取得了合适的注浆参数和工艺,解决了人工挖孔桩的止水问题。通过一系列的研究,制定了一套大轴力桩基托换的施工工艺、技术要求和安全控制标准,并采用实时监测系统,实现了信息化施工,使托换的全过程始终在可控状态下进行,满足了桩基托换以及隧道开挖过程中对变形和环境的高要求。

桩基托换工程的成功实施,节省了工程投资,使1号线在该区间的最小半径由250m增加到300m,运营速度由35km/h提高到60km/h,减小了轮轨磨耗,提高了运营能力,节省建设投资及运营费用约6420万元,取得了良好的社会经济效益。

二、重叠隧道技术研究

1号线国贸站—老街站—大剧院站区间,穿过高层建筑物密集的闹市区,该区段采用左右线上下重叠(左下右上)的隧道结构。这是国内第一个采用单洞双层重叠隧道逐步过渡到交错重叠隧道的地铁区间隧道,也是复杂条件下浅埋矿山法施工世界规模最大的地铁重叠隧道。

本项目由西南交通大学承担科研工作,1999年4月签订科研合同,已完成全部研究工作。主要研究内容是:结合区间隧道设计过程中出现的技术难题,进行数值模拟分析、物理模型试验,并提出设计方案比选,指导设计;在施工过程中进行监测,根据监测结果进行分析和判断并提出相应的处理措施,从而指导和调整施工,降低工程风险。

重叠隧道工程涉及重叠隧道施工结构稳定性、辅助工法、开挖及支护技术、与桩基托换共同作用和施工环境控制技术等五个方面的难点突破。重叠隧道主体结构工程完工后,监测结果表明隧道施工对既有建筑物及周边环境的影响均在可控范围内,施工安全可靠,工程质量验收达到优良。本研究项目获2007年度国家科技进步二等奖。

三、弹簧隔振浮置板道床减振降噪技术研究

4号线市民中心站至少年宫站区间左右线,为减少地铁运行对沿线上盖建筑的振动干扰,轨道采用了连续现浇金属弹簧隔振器式浮置板道床结构。

项目由中国铁道科学研究院集团有限公司承担科研工作,1999年8月签订科研合同,已完成全部研究工作。主要研究内容有:弹性支承块式和三种浮置板式轨道结构方案的对比分析,弹性支承块式和浮置板式轨道结构理论和计算分析,弹性支承块式和浮置板式轨道结构模型试验,橡胶垫板的研制,编制弹性支承块和浮置板式轨道结构的科研设计图和技术条件。

本道床结构形式与施工工法为国内首次,对频率在12.2Hz以上的振动能产生很好的隔离效果,通车运营后沿线建筑内感觉不到地铁列车运营,现场实测振动水平符合环境评价标准。

四、橡胶支撑浮置板道床减震降噪研究

1号线在地下穿过高尔夫俱乐部别墅区,为减少对地面建筑的振动影响,地铁轨道在该区段采用了橡胶支撑浮置板道床。

本项目由中国铁道科学研究院集团有限公司承担科研工作,于2002年6月签订科研合同,已完成全部研究工作。主要研究内容有:橡胶支撑浮置板式轨道结构的调研、资料收集,确定橡胶支撑浮置式轨道基本结构方案;橡胶支撑浮置板式轨道结构的力学计算、理论分析,提出各部件的初步设计参数;绘制橡胶支撑浮置板式轨道结构通用设计图,并提出橡胶支撑浮置板式轨道结构对应的主体结构区段的设计要求;橡胶垫板的性能试验;对选定的橡胶支撑浮置板式轨道结构方案进行模型试验。

本道床结构新颖,维修性和保养性良好,是国内首次采用。橡胶支座经百万次疲劳试验的永久变形不足1mm。地铁运营后,现场实测的振动水平符合环境评价标准。

五、深圳地铁高性能混凝土应用研究

本项目由深圳港创建材有限公司、清华大学、深圳麦蒂新型建材工业有限公司承担科研工作。1999年9月签订合同,2000年8月通过广东省科技厅组织的科技成果鉴定,被评价为"达到国际先进水平"。

研究的目的是应用现代混凝土科学技术,增加混凝土结构的安全使用寿命,尽量减少修补或拆除造成的浪费,消除有害裂缝,提高混凝土结构抗化学腐蚀的能力,保证施工质量。研究内容包括:高性能混凝土原材料选择和试配,防止出现有害裂缝的措施,混凝土性能的检测及耐久性快速试验,足尺模拟试验,编制《高性能混凝土技术规程》等。研究取得了大量珍贵的试验数据,发现现行工艺在制备高性能混凝土时需要改进和加强之处,所提出的高性能混凝土配合比可以满足深圳地铁工程地下结构自防水和长安全使用寿命的性能要求。

高性能混凝土材料的耐久性为普通混凝土耐久性的2倍以上,还具有优异的施工性能,可节省劳力,减少振捣用电,降低环境噪声。根据研究成果,在地铁工程中采取了相应的改进措施,显著提高了地铁土建结构工程的抗裂缝能力,有效减少了地铁车站、隧道的滴水渗漏。

六、高性能混凝土应用试验研究

本项目由深圳港创建材有限公司、清华大学承担研究试验工作。2002年7月签订合同,2003年12月通过市科技局组织的科技成果验收评审,被评价为"总体水平达到了国际先进水平"。

研究的目的是通过试验段的实际施工,进一步验证高性能混凝土在地铁工程中使用的可行性,为在地铁工程建设中大规模推广高性能混凝土积累经验。研究试验内容包括:在混凝土的制备上采用低水泥用量大掺量矿物掺和料、低水胶比,降低混凝土内部温升、减小温度应力和提高混凝土对地下土壤中盐类腐蚀的抗力;对施工缝间距、浇筑顺序、模板及拆模时间、养护、温度和早期裂缝的控制进行试验;对设计提出相应建议;根据试验结果修订《深圳地铁高性能混凝土技术条例》。

研究成果显示高性能混凝土的长期力学性能和耐久性指标优良,氯离子扩散系数比对比混凝土(水泥用量280kg/m³)低50%以上,构件抗疲劳性和钢筋握裹力均能满足承受动载的要求。研究得出了控制高性能混凝土早期裂缝的规律和有效措施,对满足深圳地铁混凝土结构耐久性要求的混凝土配合比及其特性有了较全面的了解。本成果技术成熟度已达到大规模应用的水平,可针对深圳地铁不同工程要求,推广应用。

七、地铁列车模拟驾驶器前期研究

本项目由西南交通大学承担研究工作。2003年1月签订合同,2003年6月完成研究工作,2003年7月通过地铁公司组织的专家评审验收。

研究的目的是为深圳地铁列车模拟驾驶器的研制给予准确定位,为编制地铁模拟驾驶器招标文件《技术规格书》提供参考。研究内容包括提出适合深圳地铁的列车模拟驾驶器总体方案,拟定列车模拟驾驶器技术参数、实现功能、性能指标及所采用的相关标准,完成系统运营成本计算报告、系统可拓展性研究报告、系统制造成本估算报告,提出系统制造与各专业的接口表。

研究成果具有一定的先进性和创新性,系统集成方案基本实现国产化,方案功能完善、方便培训,充分考虑了模拟驾驶器今后可能的功能扩展。根据本研究成果研制的地铁列车模拟驾驶器已交付使用,该模拟驾驶器填补了国内空白。

八、车站防排烟系统热烟测试研究

本项目由中国科学技术大学火灾科学国家重点实验室、奥雅纳工程顾问(香港)公司、深圳市公安消防监督管理局联合实施。2004年签订合同,2006年1月通过科技成果鉴定。该成果属国内首创,达到国际先进水平,公共安全社会效益明显,具有较大的应用价值和推广前景。

本项目在地铁典型实际车站进行火灾真实场景设置和实火热烟测试,开展了实际地铁车站内冷烟、热烟运动特征的对比性试验和地铁站台及站厅楼扶梯口烟气蔓延抑制临界风速的现场测试数据分析,采取热烟现场试验与烟气运动计算流体动力学模拟相结合的评价方法,对地铁站台及站厅补风与排烟系统进行了优化组合。项目发展了地铁站的实火热烟测试方法,将热烟现场测试与计算流体动力学模拟相结合进行防排烟系统性能评价,弥补了当前冷烟测试和单纯的计算流体动力学模拟评价方法的不足。

本研究成果的推广可以提高地铁站防排烟系统的火灾防御能力,降低火灾危险性与危害性。本研究的相关成果已经成功推广应用到皇岗联检大楼防排烟系统中,成果所提出的设计思路也适用于其他建筑。

九、深圳地铁一期工程与周边公交资源配套研究

本项目由深圳市市政工程咨询中心承担咨询工作。2004年5月签订合同,2005年3月通过地铁公司组织的专家评审验收,研究成果达到国内同等项目先进水平。

本项目主要以实现常规公交与轨道交通一体化,优化公交网络,合理、有序、高效地组织站点集散客流的空间转移为目标。研究单位做了深入工作,对交通现状情况掌握翔实,对未来发展趋势把握准确,通过调研与分析,把地铁与常规公交的功能关系定位为"适度竞争、互为补充",提出了以"东、中、西"三个换乘枢纽为核心组织接驳线网的模式,所制定的线路调整方案较好地协调了地铁与常规公交的关系,同时兼顾解决了常规公交系统内部的一些

问题,对建立多模式一体化公交系统具有较强的指导意义,为政府决策提供了重要的依据。

研究成果得到了深圳市政府的高度重视和肯定。市政府专门召开会议讨论接驳问题,有关机关参考研究成果推出了地铁与公交接驳总体规划,并对公交线路做出了相应的调整。特区内公交线网结构得到了明显改善,地铁与公交的协作关系明显加强。

十、深圳地铁运营与地面交通应急处理模式研究

本项目由深圳市市政工程咨询中心承担咨询工作。2004年9月签订合同,2005年3月通过地铁公司组织的专家评审验收,研究成果达到国内同等项目先进水平。

本项目的研究目标是:提高地铁因突发事件可能引发的停运事故的应对能力,迅速、安全地疏散滞留乘客,尽可能降低地铁停运对市民正常出行的影响;制定合理有序高效的滞留客流应急接驳方案;保障城市客运体系正常运作,制定地铁紧急情况下地面公交应急调整方案。研究单位在广泛调研的基础上,结合深圳市实际情况,将地铁突发事件分为3个等级,提出了地铁紧急情况下地铁运营与地面交通应急处理模式,提出了建立垂直响应模式的建议,并以此为核心构建了完整的应急响应协调机制。

本项目的研究成果得到了深圳市政府有关机关的高度重视,参考研究成果建议,把地铁应急指挥纳入了深圳市应急指挥中心的应急指挥处统一管理,明确了包括交通局、交警局、地铁公司、巴士集团、出租车公司等相关单位的职责和应急响应机制。

十一、深圳市地铁票务政策与地铁一期工程票价研究

本项目委托深圳市市政工程咨询中心开展研究。2004年3月开始研究,2004年8月通过地铁公司组织的专家评审验收。

本项目的研究目标是:针对地铁开通,在城市交通发展战略的指导下,在社会福利最大化和保护投资者利益之间寻找到平衡点,系统研究制定地铁的票务政策,以平衡企业合理利润、政府适当责任和市民支付能力间的关系,支持城市的可持续发展。项目主要就四个方面开展研究:地铁一期工程客流预测、地铁票务政策研究、地铁一期工程的票价方案和长期财务计划。经过国内外广泛调研、建模分析,并综合考虑各方面影响因素,形成项目成果报告。报告提出了地铁票务政策"公益为主、盈利为辅"的票价定位和"运营初期实施客流培育战略"。报告开展了近、中、远三个时期的客流预测,并就客流与票价的关系进行敏感性分析。报告借鉴国内外其他城市地铁,针对深圳的特定条件,提出较好的、符合实际的推荐票价方案。此外,报告在票价方案的基础上进行了长期财务计划的测试,从票价和财政补贴两方面进行研究分析,提出长期财务计划和财政补贴方案。

本项目在研究票务政策的基础上,针对地铁一期工程研究其近期客流情况,提出具体、有说服力的票价方案,为深圳市政府主管部门制定相关政策和地铁票价方案提供了参考。

十二、地层大变形机理及控制措施研究

本项目委托北京交通大学开展研究。2002年5月立项,2008年1月通过地铁公司组织的专家评审验收。

本项目的研究目标是:针对深圳地区地铁建设对环境影响的复杂性,研究探索土层结构特性和内在变形机制、地表大变形的变形机制和运移规律、地表大变形控制技术和环境土工

评价标准。该项目通过实验室试验、现场监测、数值模拟和理论分析等技术路线,全方位研究并分析了地表大变形机制,分析并预测地层变形的发展趋势及运移规律,提出了大变形的控制技术,建立了适于深圳特殊地层的环境土工评价标准。

十三、混凝土裂缝控制技术研究

本项目委托北京交通大学开展研究。2005年8月立项,2008年12月完成验收工作。

本项目的研究目标是:针对地铁混凝土结构开裂渗漏水问题,通过现场数据采集、室内试验、理论分析、现场验证等手段,深入探索混凝土裂缝开裂机理,减少和控制混凝土裂缝措施,提出深圳地区地铁混凝土裂缝控制设计和施工指南。

6.4.5 主要技术创新成果

一、地铁超长余辉蓄光自发光安全疏散标志系统

遵循"以人为本、安全可靠、技术先进、节能环保"的原则,研发出适合地铁安全运营的超长余辉蓄光自发光安全疏散标志系统,解决了地铁超长余辉蓄光自发光安全疏散标志系统的三项主要技术难题:发光材料初始亮度的提高及余辉时间的增长技术和稳定性技术,超长余辉蓄光发光安全疏散标志的设计技术,地面安全疏散标志的耐磨技术。

经深圳市科技和信息局授权,2006年1月9日深圳市高新技术产业协会对"地铁超长余辉蓄光自发光安全疏散标志系统"项目科技成果进行了鉴定,并颁发了科技成果鉴定证书。主要鉴定意见为:"该项目首次应用于地铁安全疏散标志系统,技术先进,经济与社会效益显著,其技术研究成果达到了国际先进水平。"

二、地铁车站集成应急控制系统

第一次提出集成的车站紧急后备监控设计理念,即在同一个物理平台上,集中布置安装地铁紧急运营工况有关的系统或设备的后备监控元件,如火灾报警显示、环控风系统防灾模式后备控制与显示、照明场景后备控制与显示、屏蔽门后备控制与显示、电扶梯后备控制与显示、AFC闸机释放后备控制及显示、信号系统后备控制与显示等。

第一次针对地铁典型紧急工况,将后备监控功能、系统构架、人机接口设备和车站控制室的工艺布局进行一体化设计,按照人机工程学设计原理创造性地采用集成后备盘,来构建一个涉及地铁多专业的后备监控系统,并首次在国内投入使用,展现了地铁现代化风貌。

在设计中,通过系统构架优化设计,提高性能价格比;通过深度集成,提高系统的响应性与可靠性;通过系统总联调,保证系统质量的实现。这些做法,在地铁机电设备系统建设中都是前所未有的,而且实现了低成本高效益的目标。

经深圳市科技和信息局授权,2006年1月9日深圳市高新技术产业协会主持了"地铁车站集成应急控制系统"项目科技成果鉴定会。主要鉴定意见为:"该系统设计新颖、国产化率高、操作简单、方便实用,工艺布置与集成度处于国内领先水平。"

三、城市轨道交通自动售检票(AFC)系统

深圳地铁自动售检票(AFC)系统实现如下创新:

（1）在大客流快速通行检票过程中，建立了门式闸机的行人通行模式，基于神经网络和自学习的通行物识别及控制算法，达到了极高的识别准确性。

（2）实现了分布式、跨层次的最优控制，解决了基于异构分布式系统下交易传输和处理的准确性以及海量数据分布式处理的难点。

（3）深圳地铁自动售检票系统建立了轨道交通路网收费模型和轨道交通收益模型。

（4）地铁运营在不同情况下，自动售检票系统设备实现了智能转换运营模式。

（5）研发了兼容 ISO14443AB 及 SONYFELICA(TYPEC) 标准的通用 IC 卡读写器。

（6）解决了 RF 射频非接触 IC 卡在金属设备环境中读写可靠性的技术难题。

（7）单程票卡（TOKEN）的独特加工封装测试等生产控制技术的成熟及应用。

（8）完成了基于 SONYFILICA 卡体系的密钥安全认证系统的自主研发及应用成功。

（9）完成了圆卡 TOKEN 单程票的自动发售和自动回收机电控制技术的研发及应用成功。

（10）通过人工（软件）智能，实现了任选纸币、硬币购票，硬币自动匹配找零的功能。

四、地铁扶梯变频调速和信息化节能技术

针对扶梯不宜实时调速的特点，建设性地提出以变频器的节能运行模式配合扶梯的分时段运行，全面地解决扶梯在各种工况下的节能问题。

根据客流量调整扶梯的速度时刻表，实行扶梯的分时段运行。

采用全变频调速系统，实现扶梯平稳的起动、加减速及运行性能。

采用计算机、现场总线、通信技术，为全地铁的扶梯构建一个信息共享的平台，实现远程设置扶梯的速度时刻表、系统时钟校对，以及扶梯运行、报警、故障信息的实时上传，实现了管理自动化。

经深圳市科技和信息局授权，2006 年 1 月 10 日深圳市高新技术产业协会主持了"信息化技术在扶梯上的节能应用"项目科技成果鉴定会。主要鉴定意见为："该项信息化技术在扶梯上的节能应用为国内首创，达到国际同类应用项目的先进水平。"

五、地铁七氟丙烷气体全自动灭火系统

此灭火系统的灭火效率高、清洁环保、可靠性强、占地面积小，性价比优、安全储存性好。七氟丙烷灭火装置实现了全部国产化。同时，该系统还通过改变优化设计，使灭火喷放时间缩短 20%，提高了喷射过程的三维均化效果，有效地减少了灭火剂热分解腐蚀性产物的生成量。

应用分布式智能灭火报警控制新技术，使灭火探测报警控制设备智能化和一体化，能自动适应环境，自动诊断故障，自动优化报警；抗强电磁干扰能力强，误报率低；能大幅提升气体灭火控制的技术水平和安全可靠性，降低了运营成本，更符合地铁的应用环境和运营要求。

国内首创全尺寸工程级的七氟丙烷气体全自动灭火仿真实验，应用规模为国内最大，应用技术为国内最新，实验结果符合设计要求。

采用优化组合构建方式，解决了工程应用难题（例如同一系统不同防护区体积相差悬殊、气瓶间与防护区距离过远、管网布置多变等），技术措施实用有效，工程效果显著。

经深圳市科技和信息局授权，2006 年 1 月深圳市高新技术产业协会对"地铁七氟丙烷气体全自动灭火系统"项目科技成果进行了鉴定，并颁发了科技成果鉴定证书。主要鉴定意

见为:"该项目运用理论、方法得当,首次提出了地铁气体灭火系统的国产化、信息化、智能化的成套解决方案和应用技术,并进行了成功实践;该项目的技术措施先进合理与实用有效,提升了运营安全水平,经济和社会效益显著;该项目填补了国内地铁应用领域的空白,技术成果达到国内领先水平。"

该项新技术部分成果已被国家标准《气体灭火系统设计规范》(GB 50370—2005)采纳。

六、地铁隧道光纤感温火灾预警监测系统

深圳地铁首次在全线隧道内设置大规模光纤感温火灾监测设备,实现了对隧道火灾进行连续实时在线监测,彻底消灭了地铁火灾监测空白盲区和安全死角;首次实现了地铁隧道火灾的自动报警→防排烟模式指令的下达→相关防排烟设备的动作→执行结果的反馈全过程的自动化;首次实现了地铁隧道连续空间温度场的监测、报警及火灾趋势预报;首次实现了地铁隧道光纤感温火灾预警监测系统的全线计算机联网、信息综合监控和信息化管理;首次实现了地铁隧道光纤感温火灾监测系统设备的国产化。

经深圳市科技和信息局授权,2006年1月深圳市高新技术产业协会对"地铁隧道光纤感温火灾监测系统"项目科技成果进行了鉴定,并颁发了科技成果鉴定证书。主要鉴定意见为:"该项目采用分布式光纤感温技术,可实时、连续、自动监测隧道温度和火灾状况,首次提出了地铁隧道光纤感温火灾预警监测系统的成套解决方案,并已经成功应用于深圳地铁,效果良好;该系统采用检测数据滤波压缩传输处理技术、专家算法、光路多级分路转换技术和继电器报警输出编码技术,智能化程度高、响应时间快、可靠性强、组网灵活,网络具有良好的开放性和扩展性;该项目填补了国内地铁应用领域的空白,技术成果达到了国际先进水平。"

七、机电设备自动化集成综合监控技术

深圳地铁机电设备综合自动化集成监控系统共计监控点133600个,全面监控和管理深圳地铁OCC大楼、车站、隧道区间、110kV主变电站的通风、空调、电梯、扶梯、屏蔽门、照明、人防门、给排水、供配电、火灾报警等机电设备,并与信号系统、乘客资讯系统、大屏幕投影显示系统、气体灭火系统、隧道光纤温度检测系统、通信系统等有接口关系。总投资10767.6038万元人民币,系统国产化率100%。

深圳地铁机电设备综合自动化集成监控系统中所监控的两大机电系统:电扶梯系统和变频自动变风量控制系统,节能效果显著。电扶梯系统比分立的电扶梯节能30%,全线220台电扶梯年节能量达370万度[1];变频自动变风量控制系统节能比普通风量控制节能60%以上,全线采用此系统全年可节能650万度,两项总节能1000万度,相当于深圳地铁全年用电量的10%。2006年1月通过科技成果鉴定。

八、新型智能化环控通风空调系统

本项目采用流体相似性理论和现代控制理论中闭环负反馈的控制原理,通过变频调速实现地铁环控空调通风系统的低能耗、低噪声、低磨损、高效率的运行状态,能够根据地铁的

---

[1] 1度=1kW·h。

客流量、室外的温度、湿度的变化情况,自动调整地铁环控空调通风系统中电动二通阀的开度和各种送风机、排风机的运行频率,在保证车站内所要求的温度、湿度、新风量和换气次数的情况下,全面实现最大程度的节能。为地铁车站空调通风设备提供了一个集计算机、软件、网络、控制、通信等技术为一体,并将信息、控制、机电设备进行深度集成的全自动智能化的中央监控管理系统。该成果为国内首创,处于国际先进、国内领先水平。

经深圳市科技和信息局授权,2006年1月10日深圳市高新技术产业协会主持了"变频控制技术在地铁空调通风系统中节能创新应用研究"项目科技成果鉴定会主要鉴定意见为:"该项目实现了地铁空调通风系统的风机变频节能运行,属国内首创,其成果处于国内地铁领域同类技术的领先水平,具有广阔的应用前景。"

6.4.6 科研成果及其经济社会效益

一、科研成果

通过开展科研工作,解决了深圳地铁一期工程中许多重大与关键的技术及经济难题,加速了新技术、新材料、新工艺的推广应用,促进了地铁规划、建设、运营以及综合开发事业的发展。科研成果完成情况和应用情况(略)。

二、科研成果的经济和社会效益

科研成果应用于深圳地铁一期工程,提高了地铁的建设标准、服务水平和投资效益,在取得直接经济效益的同时,一些项目在工程设计、工程施工、质量控制、节省投资、运营管理等方面带来了经济效益和不可估量的综合社会效益,详见表(略)。

6.4.7 技术创新成果及其经济社会效益

一、技术创新成果

(一)获奖及获得国家专利情况

具体见表6-9、表6-10。

深圳地铁一期工程主要获奖情况　　　　　　　　　　　　表6-9

序号	奖项名称	获奖项目	获奖时间
1	国家科技进步二等奖	重叠隧道设计与施工关键技术研究	2007年12月
2	第七届中国土木工程詹天佑奖	国贸至老街区间及桩基托换工程	2007年11月
3		罗湖地铁枢纽工程	2007年11月
4	广东省科技进步二等奖	国产现代化深圳新地铁	2007年7月
5	广东省科技进步三等奖	地铁信息化深度集成综合监控系统	2007年7月

续上表

序号	奖项名称	获奖项目	获奖时间
6	深圳市科技进步一等奖	百货广场大轴力桩基托换技术研究	2003年
7	深圳市科技创新奖	机电设备信息化集成应用	2006年
8	市政金杯示范工程奖	罗湖站工程	2006年12月

深圳地铁一期工程技术创新项目获得国家专利情况表　　表6-10

序号	登记号	申请日期	项目名称	专利类别	编号	授予或批准部门
1	2006052	2006年1月9日	地铁超长余辉蓄光自发光安全疏散标志系统	实用新型专利	深科同鉴字〔2006〕第1027号	国家知识产权局
2	2006049	2006年1月	地铁隧道光纤感温火灾预警监测系统	实用新型专利	深科同鉴字〔2006〕第1024号	
3	2006050	2006年1月	地铁七氟丙烷气体全自动灭火系统	实用新型专利	深科同鉴字〔2006〕第1025号	

（二）入选国家科技推广项目

住建部科技发展促进中心与中国土木工程学会，联合组织了2007年度全国城市轨道交通专项科技成果推广项目的申报和评审工作。共有32项科技成果被评为推广项目，深圳地铁一期工程中有9个项目入选：

（1）地铁超长余辉蓄光自发光安全疏散标志系统（2007URT04）。
（2）地铁车站集成应急控制系统（2007URT06）。
（3）地铁重叠隧道设计与施工技术（2007URT09）。
（4）城市轨道交通自动售检票（AFC）系统（2007URT18-3）。
（5）地铁扶梯变频调速和信息化节能技术（2007URT20）。
（6）地铁七氟丙烷气体全自动灭火系统（2007URT21）。
（7）地铁隧道光纤感温火灾预警监测系统（2007URT22）。
（8）机电设备自动化集成综合监控技术（2007URT24）。
（9）新型智能化环控通风空调系统（2007URT27）。

（三）出版学术著作

(1) 依托桩基托换科研项目出版《深圳地铁桩基托换技术》(中国铁道出版社，2007)。
(2) 依托技术创新项目出版《地铁智能交通系统研究与实践》(中国铁道出版社，2007)。

二、科技创新成果

（一）地铁超长余辉蓄光自发光安全疏散标志系统
（二）地铁车站集成应急控制系统
（三）城市轨道交通自动售检票（AFC）系统
（四）地铁扶梯变频调速和信息化节能技术

（五）地铁七氟丙烷气体全自动灭火系统
（六）地铁隧道光纤感温火灾预警监测系统
（七）机电设备自动化集成综合监控技术
（八）新型智能化环控通风空调系统

6.4.8 科研与技术创新经费投入

开展的重要科研项目有13项,其中土建8项,机电1项,运营3项,其他1项,合同金额总计890万元。技术创新投入费用含在工程建设费用中,未单独计列。

深圳地铁一期工程创中国企业新纪录一览表(截至2005年,共28项)(略)。

深圳地铁一期工程创深圳企业新纪录一览表(截至2005年,共6项)(略)。

6.5 工程质量管理工作报告

6.5.1 概况

一、工程概况(略)

二、工程质量概况

(1)在组织工程实施中,深圳市地铁集团有限公司坚持"工程质量第一"的准则,协调与处理工程中方方面面的关系,使工程得以顺利推进。工程建设中,注重抓好"一个体系、两个把关、三个控制",实行全过程管理,确保了工程建设的质量。

①"一个体系":建立与健全工程建设的质量管理体系,做到组织落实。

②"两个把关":一是推行设计、施工、材料、设备招投标,严把各类工程质量关;二是明确各方质量责任,严把合同关。

③"三个控制":设计质量的控制,施工方法、施工工序、施工工艺质量的控制,以及材料、设备质量的控制。

(2)根据国家的有关规定,地铁公司在各阶段工程竣工后,分别组织了已完成工程的竣工验收工作,土建工程各车站、隧道、房屋的质量均评定为合格,各类机电设备、系统设备经单机调试、联合调试均满足设计要求,达到验收标准。

(3)深圳地铁一期工程从2004年12月28日正式开通试运营,截至2006年6月30日,未发现严重质量隐患,工程质量优良,各项设备、设施运行情况正常,结构稳定可靠,能够满足运营要求。

6.5.2 工程质量管理

一、工程质量管理目标与方针

(一)明确工程质量目标

土建工程单位工程交验合格率为100%,设备质量满足合同要求,满足使用功能的要求,安装、调试质量均达合同规定的质量要求且交验合格率为100%。

(二)树立正确的质量管理方针

在地铁建设的全过程中,地铁公司始终要求所有员工、参建单位贯彻"工程质量第一"的思想,强调工程建设的质量是地铁建设的核心,是决定地铁工程建设成败的关键,没有质量就没有投资效益、工程进度和社会信誉。在地铁工程建设的四大控制(质量、安全、投资、进度)目标中,质量控制是重中之重。

在地铁工程的质量管理与控制中,始终坚持和实行以下准则:

1. 质量第一的准则

地铁工程直接关系到广大乘客生命财产的安全,因此地铁公司始终把""质量第一""精心管理""精心施工"作为工程建设的基本控制原则。

2. 注重人的作用,搞好质量控制

(1)把选择合格的承包商和供应商放在质量控制的首位。

(2)重视发挥人的积极性、创造性,营造人人参与质量管理的环境和气氛,增强所有员工、参建单位的责任感,以人的工作质量保证各工序工程质量,进而保证整体工程质量。

3. 预防为主,防患于未然

"预防为主,防患于未然",是指要重点做好质量的事前控制、过程控制,同时严格检查工程质量、工序质量和中间产品质量。这是确保工程质量的有效措施。

4. 坚持对全过程各工序的质量控制

深圳地铁一期工程是一项多系统、多专业的庞大工程,其中任何一个环节、一个工序出现质量问题都可能导致严重的后果。地铁公司加强对工程的全过程尤其是对关键工序、特殊工序的质量控制,以杜绝任何不合格的工序是确保深圳地铁一期工程顺利、优质完成的重要措施之一。

二、建立与健全质量管理体系

为加强工程质量的管理与控制,地铁公司建立并逐步完善工程质量管理体系,着重控制设计、设备材料、施工三个主要环节。深圳地铁一期工程的质量管理,有四个管理层次:政府部门的质量监督管理,建设单位的质量管理,社会监理的质量监理,承包商的质量管理。

1. 政府部门的质量监督管理

深圳市建设工程质量监督站,代表政府对建设单位、承包商、监理、设计参建各方的人员资质、质量行为、工程实体质量等进行检查和监督,参与工程建设的各个重要环节的验收,对工程质量验收的合法性、有效性进行监督。

2. 建设单位的质量管理

根据国家、部、省市的相关质量法规、条例等,制订地铁一期工程的质量目标,在设计、监理、施工合同文件中编制严密、严格的质量条款,从合同角度明确参建各方的质量责任和法律责任。同时,在合同执行过程中,加强对参建各方的检查督促,以确保质量条款的落实。为充分发挥社会监理的作用,深圳地铁一期工程采用设计审图监理和设备监理,以提高设计质量和设备质量。

3. 社会监理的质量监理

监理单位依据监理合同,编制监理规范、监理细则、工程管理程序、工程质量验收与评定标准等规范性文件,对工程的各个环节严格监理,遵循"质量第一"的原则,热情服务、严格把关。

质量管理组织框架见图6-6。

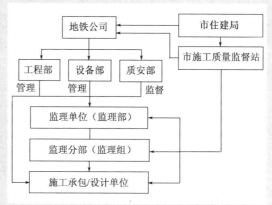

图6-6 质量管理组织框架

4. 承包商的质量管理

依据合同要求以及ISO9000标准,承包商要完善工程质量保证体系,制定各项工程质量管理制度。从人员配备,到设备、材料的投入,一切以满足质量为第一需求,针对地铁工程的难点、质量通病,积极预防,制订对策,以实现建设单位的质量目标。

三、通过招投标确保各项工程资源的质量

地铁工程的技术难度大、质量要求高、工期紧、投资控制严,要求进入地铁工程的各类队伍都必须具有较高的技术素质和严谨的工作作风,脚踏实地地推进工程。通过招投标,地铁公司选择优秀的设计单位、监理单位、施工单位以及材料设备供应商,确保工程在概算控制内和政府规定的工期内高质量地推进。事实表明,深圳地铁一期工程由于采用招标的方式,引入了竞争的机制,选取了优秀的参建单位,不仅节省了工程投资,确保了工期,更重要的是确保了工程质量。

四、完善合同条款,从源头确保工程质量

工程合同对设计要求、工艺标准、质量标准、质量责任有明确规定,目的是要求承包商根据设计要求、工艺标准、质量标准详细制订工程质量的保证措施。工程管理时,检查承包商是否按所制订的质量措施施工。工程完成时,建设单位按相关的质量标准进行检查与验收,一旦出现质量问题,不会因责任和质量处理费用而出现纠纷。

五、设计质量的控制

鉴于地铁工程的高度综合性、系统性和复杂性,涉及多种专业、多个合同单位间的有机配合,因此,建设单位通过合同、计划、限额设计、质量保证体系、信息管理等项目管理手段,对项目决策、项目设计、项目实施、项目验收与后评估几个方面实行全过程的控制。

(一) 设计质量控制要求

建设单位要求设计方充分运用组织措施和技术手段,通过有效的技术经济比较,设计一个功能适当、经济合理的深圳地铁交通服务系统。

1. 贯彻执行 ISO9000 质量保证体系

总承包单位、设计方应当做到:执行 ISO9000 质量标准,按事前指导、过程控制、成果校核的思路开展设计;在编制设计文件时,做到设计基础资料齐全,遵守设计工作的原则、程序,正确执行现行的规范,选用方案、系统、设备的技术条件与功能要求相匹配;依据可靠,标准合理,结果准确,使各阶段设计文件的内容和深度符合国家规定,满足建设单位的需要。

2. 接口管理与系统功能平衡

(1) 建设单位组织和协调总承包单位、设计单位、咨询单位及专题研究单位之间的工作配合,组织协调设计单位与设备供应商、施工单位、建设监理之间的工作配合,对"管理接口"负责。

(2) 技术接口协调及系统功能平衡是确保设计质量的重点和难点,总承包单位、设计单位必须加强接口管理的力度,通过技术标准的制定和明确、定期会议、交叉审图、接口管理数据库登录的方式进行管理,所有互提资料的要求应在计划工作中反映,提前准备,保证资料得以及时提供和资料的准确性。

(3) 总承包单位建立、健全接口管理与系统功能平衡的管理规章制度,明确相应的责任单位、责任人员与设计工作程序。总承包单位应提供项目所涉及的接口清单,编制接口网络图、接口处理原则、接口技术要求及接口质量控制标准等文件,并相应建立互提资料的标准格式及归档制度。

(二) 设计质量控制

(1) 建设单位要求设计方在设计过程中考虑工程实施时的实际可操作性,对方案的实施工序提出相应的技术要求。特别是关键工序,应明确提出工艺要求和质量控制要求。

(2) 设计必须考虑工程的实施条件,采用较为合理的方案,确保工程能够按设计实施。

(3) 设备国产化应当努力做到选型设计而不是科研开发设计,原则上要求所采用的系统、技术是成熟的,对于新技术、新成果的运用,设计单位必须有把握,并有相应的工程实践和实际应用经验供参考。

(4) 设备国产化的设计应选用完全可靠、先进适用、经济合理的产品。对产品方案应进行分析、评价和选择,确定工艺方案是否可行。设备选择时,应对设备来源、配套性、安装调试要求、正常运行要求及成本进行分析说明。对引进设备,应考虑备品备件国产化生产条件,考虑技术引进条件及国内配套条件。

(三) 质量控制的原则及方式

设计质量控制就是指在严格遵守技术标准、法规的基础上,正确处理协调资金、资源、技术、环境条件的制约,使设计项目能更好地满足建设单位的功能要求,体现使用价值,充分发挥项目的经济效益。

1. 对设计方案的审核

控制设计质量关,首先把好设计方案的审查关,保证项目设计符合设计纲要的要求,符合国家有关工程建设的方针、政策,符合现行建筑设计标准、规范,适合国情,结合工程实际,工艺合理、技术先进,能充分发挥工程项目的社会效益、经济效益和环境效益。设计方案的审核,贯穿于总体方案和各专业初步设计、技术设计、扩大初步设计的审核两阶段。其中,总体方案审核主要在初步设计时进行,重点审核设计依据、设计规模、产品方案、工艺流程、项目组成及布局、设施配套、占地面积、环境保护、建设期限、投资概算等,以及审核方案的可靠性、合理性、经济性、先进性和协调性是否满足决策质量目标的水平。而专业设计方案审核,重点是审核设计方案的参数、设计标准、设备和结构造型,功能和使用价值等方面是否满足使用经济、美观、安全、可靠等要求。对设计方案的审核,还依据相应工程投资概算资料,进行多方案的技术经济论证。

2. 设计图纸的审核

设计图纸是设计工作的最终成果,是工程施工的直接依据,设计阶段的质量控制最终要体现在设计图纸的质量上。建设单位采取分阶段进行设计图纸的审核:初步设计阶段,侧重于工程所采用的技术方案是否符合总体方案的要求,以及是否达到项目决策阶段确定的质量标准;技术设计阶段,侧重于各专业技术是否符合预定的质量标准和要求;施工图阶段,应注重反映使用功能及质量要求是否得到满足。

同时,作为指导施工直接依据的图纸质量会直接影响到工程项目的质量,建设单位可以组织施工单位、设计单位等各相关工作单位进行图纸会审,将图纸中的质量隐患消灭于施工之前。

六、监理工作质量的控制

(一) 监理工作质量的保证措施

1. 执行质量管理体系

执行ISO9001—2000质量保证体系,要求监理将管理体系纳入规范化管理轨道,以先进的服务理念、严格的管理制度和严密的组织纪律为先导,贯彻执行国家和广东省、深圳市的建设法规,采取措施,确保监理各项目标的实现。

2. 配置合格的监理人员

根据工程特点,组织一个专业配套齐全、技术业务精湛、监理人员数量满足工程需要的监理班子,而且监理班子成员专业结构、职称结构配备合理,老中青技术人员配置适宜,每个重要专业均有高级工程师技术把关。所有监理人员,均是长期从事工程施工、设计、管理和监理工作的专业技术人员,不但具有扎实的专业技术理论和建设监理理论知识,而且工作作风过硬、责任心强、工程项目经验丰富。

3. 加强监理人员的自身建设

定期组织监理人员进行监理业务培训和专业知识培训,积极参加深圳监理协会组织的各项监理业务培训,保证参加地铁监理的监理人员人人持有深圳监理人员上岗证,保证监理工程师及时掌握新技术、新政策。

同时,加强对监理人员的廉政教育,防止任何影响建设单位利益、影响监理人员稳定的事件发生。通过切实执行规章制度,保证监理人员的稳定性。

4. 严格执行监理制度

根据工程特点、工程难点和监理工作重点以及国家和广东省、深圳市有关监理法规的要求,为确保监理工作目标的顺利实现,应完善监理工作制度,并在日常监理活动中,严格遵照执行。

(二)规范化开展监理工作

1. 编制监理规划,制定各专业监理实施细则

监理工作开始前,各监理部编制深圳地铁一期工程监理规划,作为监理活动的纲领性文件,并在监理过程中不断地充实与完善。

在监理规划的指导下,结合工程及各专业的实际情况,制定相应的实施细则,用以指导本专业具体的监理业务。

2. 制定管理程序

为规范化地开展监理工作,深圳市地铁集团有限公司要求各监理部制定深圳地铁一期工程监理管理程序,各专业各阶段的各项监理工作都按照管理的程序执行,并在监理实践中不断充实与完善。

(三)过程控制

1. 事前控制

(1)审查设计是否满足建设单位提出的使用功能要求,按国家技术规范对工程图纸范围内的技术问题进行审查。审查设计的技术合理性,施工可行性和经济性,并提出合理化建议。

(2)协助建设单位优选设备、材料供应商及施工承包商,签订设备、材料供货合同及施工承包合同。

(3)协助建设单位审查施工承包商的开工报告,做好开工前的准备工作。

(4)协助建设单位组织设计交底和图纸会审。

(5)审查施工单位提交的施工组织设计。

(6)核查供货商、施工承包商的进场设备、材料是否符合要求,加工或施工机械、机具是否满足施工的需要。

(7)审查施工承包商的特种上岗人员是否持有相应的上岗证。

(8)审查施工单位采用的新材料、新工艺、新技术等是否符合要求。

(9)对分部工程的开工条件预先进行检查,达到要求才准予开工。

2. 事中控制

(1)强化现场旁站监理。

严格执行住建部颁发的相关规定,对关键部位、关键工序的施工质量实施全过程现场旁站监理,及时指出现场旁站所发现的问题,并指令承包人采取有效措施及时处理。如承包人拒不改正,将下发监理工程师通知单,直至停工令,责其改正。

(2)加强试验监督检查工作,以科学的检测数据进行监理。

①开工前做好原材料试验抽检工作,不合格的材料不准用于本工程。

②及时组织隐蔽工程验收,对验收过程中所提出的问题,责令其整改,对达到隐蔽条件和隐蔽整改合格的,予以签证验收。

③严格进行工序交接检查,建立质量控制点,对影响工程质量的工序层层检查,督促施工方达到合同要求的质量标准。

④定期和不定期地根据工程具体情况召开质量问题、技术问题、工期问题等专题讨论会。

(3)及时处理质量事故,把质量事故消灭在萌芽状态。

在各项工程施工过程中或完成后,监理人员如发现工程质量存在问题时,将按如下方式处理:

①当质量缺陷发生在萌芽状态时,及时发出警告信息,要求承包人立刻更换不合格的材料、设备或不称职的施工人员,或要求立刻改变不正确的施工方法及操作工艺。

②当质量缺陷正在出现时,立刻向承包人发出暂停施工指令(先口头后书面),待承包人采取足以保证施工质量的有效措施,并对质量缺陷进行了正确的补救处理后,再发出复工指令。

③当质量缺陷发生在某道工序或分部工程完工以后,而且质量缺陷的存在将对下道工序分部工程产生质量影响时,拒绝检查验收或作工程计量。在对质量缺陷产生的原因及责任作出了判定并确定补救方案后,要求承包人进行返工处理。

3. 事后控制

(1)审查施工承包商提交的质量检查与评定资料,包括各种质量自检评定表格及有关归档技术文件。

(2)组织有关单位对专业性强的分部工程进行检查,预验和验收,签署验收意见。

(3)审查施工承包商的工程验收资料。

(4)组织有关单位进行工程初步验收,督促施工单位的整改工作。

(5)整理有关合同文件和技术资料的归档工作,撰写工程监理报告。

(6)参加建设单位组织的各专项工程验收和竣工验收。

(四)控制手段

(1)通过对施工图纸会审、审核施工组织设计、施工方案等,编制监理规划、监理细则,设置质量控制点等,用以进行事前预控。

(2)采用工序间交接检查验收、工程复核性预检、成品保护的质量检查、工地会议、发布指令等手段,以确保工程质量。

(3)运用统计手段,通过排列图、因果分析图、质量直方图、控制图等,分析质量波动及变异的原因,判断施工过程是否正常,评价施工管理水平。制定质量事故处理程序,及时有效地进行控制。

(4)严格检查设备制造商、施工承包商的制造及施工的准备工作,严把"开工关",设计图纸未会审、施工方案未批准、材料构件设备未报验,不得擅自开工。

(5)要求承包商除编制总体施工组织设计外,还应编制分部、分项工程专项施工方案,以供监理工程师审批。

(6)以程序为先导,规范设备制造商、施工承包商的制造及施工的管理行为,上道工序未经监理确认不得施工下道工序,隐蔽工程未经监理验收不得擅自隐蔽。

(7)监理工程师利用旁站、见证、巡视、平行检验等手段,发现影响质量的因素和环节,预测质量发展趋势,及时发出通知要求承包商改正。当承包商违反程序,或质量下降未能在期限内纠正,或极有可能引发质量事故时,监理工程师应适时运用"停工"手段,督促承包商立即整改。此外,监理工程师还可以采用指令性文件、工地会议、专家会议、停止支付、约见承包商等手段来控制质量。

七、工程施工质量管理

在监理、设计、承包商各项目部、公司各部门的配合下,公司质量安全部牵头组织开展质量巡检活动,及时制定强化质量管理的规章制度,开展多种形式的质量宣传活动,以及技术优化、设计方案优化、管理经验交流、设计巡检、监理巡检、质量大检查、专项检查等多种多样的质量活动。组织多种形式的经验交流会,如项目管理的经验交流会、施工难点的现场交流会、混凝土生产的经验交流会、防水材料和装饰装修的技术讲座。确定质量监督工作的思路:以"质量至上,预防为主"为监督检查工作的出发点,以检查施工质量保障体系的健全和落实为主题,以全方位监督检查和专项检查、抓质量隐患整改为手段,不断加强施工质量的监督,提高监督检查的水平和质量,将监督检查与服务、指导相结合,从而为投资任务的顺利完成创造良好的基础和前提。结合深圳地铁工程实际,主要有以下几点做法:

(1)积极推进"质量年"活动,结合工程建设实际,一方面制定质量工作要点,一方面狠抓要点的落实。

工程进行到高峰时期,发动参建各方及时开展地铁工程"质量年"活动。根据不同时期工程特点的变化,不断更新质量工作要点。依据工程的难点、重点、关键控制点,制定了质量工作要点300条,并通过月报对工作要点完成情况进行汇总、统计、督办等,有力地督促各要点责任完成单位及时完成工作要点,达到有效、及时解决工程难点、重点的目的,为整改质量通病、有效地进行工序转换起到了事半功倍的效果。

(2)开展质量大检查,及时发现质量问题。

每年组织四次对承包商、监理、设计、供货商的质量大检查(每季度一次)。检查内容涉及质量管理机构、人员资质、质量管理相关文件审查,以及工程实体质量、质量问题整改、质量验收、文档管理等多个方面。对检查中发现的质量问题,及时下发整改通知。

(3)开展质量先进单位的评选,鼓励先进,鞭策后进。

每年共组织四次质量先进单位的评选活动。精心制订评比方案,周密组织,评选出一批名副其实的质量管理好、工程质量优的先进单位,为全线参建单位树立好的榜样,激励先进,鞭策后进,在全线参建单位中营造出比、学、赶、超的氛围,有力保障和促进了工程质量。

(4)制定质量管理规章制度,使质量管理工作规范化、标准化。

为规范工程质量监督工作,提高质量监督管理水平,根据国务院《建设工程质量管理条例》等有关规定,针对深圳地铁工程建设实际情况,做好用于工程的工程质量、材料质量合格的监督工作,制定《工程质量监督程序》《建设工程质量管理条例》《质量管理办法》《工程质量检查评比与奖罚办法》《不良行为记录与管理办法》等有关规定及办法,不断强化质量管理工作。通过这些规章制度的制定和执行,使质量工作规范化、标准化。

(5)参建各方严格质量验收标准,做好竣工验收工作。

地铁公司从组织、制度和投入上对竣工验收工作给予了充分保障,并依据铁道工程、建筑工程等方面的验收规范,会同监理单位学习兄弟城市地铁验收工作经验,严格执行《建筑工程施工质量验收统一标准》《地铁一期工程施工质量检验评定标准》的各项要求,始终坚持质量标准,验收坚决不走过场,严把验收质量关。

6.5.3 限界检查及质量验收

一、限界检查

深圳地铁一期施工中,隧道结构和建筑物侵限的并不多,主要有一处OTE风道(站台排热风道)侵限,两处盾构机走行失控造成上仰或下俯。上述几处需调线调坡满足轨道的敷设要求,其余全部满足设计要求。

二、工程验收

(一)土建工程竣工验收程序(略)

(二)系统设备安装工程竣工验收程序(略)

(三)政府关于深圳地铁一期工程的质量验收监督意见

2004年12月24日,深圳市住房和建设局给深圳市地铁集团有限公司出具了深圳地铁一期工程的质量验收监督意见:深圳地铁一期工程竣工验收程序合法,各方责任主体竣工验收结论意见一致,验收合格,可以进入试运营工作阶段。

6.5.4 试运营的质量状况及其评价

一、基本评价

深圳地铁一期工程从2004年12月28日正式开通试运营,截至2006年6月30日,共安全运送乘客9685.5万人次,日均客运量达到17.6万人次,2006年5月1日当天创造了开通以来最高日客流35.9万人次。累计客运收入2.82亿元,累计列车开行20.3万列次,运营里程1491.9万车公里,正点率99.87%,运行图兑现率100%。试运营表明,深圳地铁一期工程线路走向、车站设置符合深圳城市总体规划,较好发挥了工程投资效益,工程质量优良,各项设备、设施运行情况正常,符合设计要求,满足运营需求。

二、各系统运行情况

(一)线路、房建

线路(轨道、隧道)、房建(车站)设施于2004年12月28日接管,安全运营至2006年6月30日,未发生任何质量问题。轨道设备、配件一切正常,房建设施处于正常的状态,满足运营工作的需要及设计要求。

运营以来,地铁公司组织对全线隧道进行变形监测,全线隧道沉降均匀,无不均匀沉降引起的隧道病害,隧道工程质量可靠。

(二)供变电系统

供变电系统于2004年11月30日接管,文化中心、城市广场主变电站安全运行至2006年6月30日,可靠供电总计158242480kW·h。自2004年12月28日开通运营,至2006年6月30日,供电系统总体运行正常,安全可靠地保证了地铁列车的正常取流和区间车站的动力照明供电。开通运营一年半时间,系统发生故障跳闸30起,影响列车运行的故障1件。地铁供电系统主变电所曾经2次担负为深圳市供电网络实行穿越供电的重任,也经历了两个寒暑交替季节变化的磨合,尤其在2005年元旦、春节、劳动节等长假期间,经受住了地铁大客流营运的考验。

(三)接触网系统

接触网系统自2004年10月30日设备接管后投入使用,安全运行至2006年6月30日,发生轻微故障10起,影响运营故障1起。系统达到设计要求,满足地铁的牵引要求。

(四)电梯、自动扶梯系统

全线58台电梯、195台自动扶梯于2004年12月8日接管并投入使用。从开通到2006年6月30日,电梯可使用程度为98.77%,自动扶梯可使用程度为98.12%。目前该系统设备质量稳定可靠,达到设计要求,满足运营的需要。

(五)屏蔽门系统

2004年12月全线接管屏蔽门后,由于与信号系统未联锁,屏蔽门一直采用站台级控制模式;2005年4月开始,在不影响运营的情况下,进行了1号线重组单元的安装、调试工作,并完成与信号系统的联调;2005年6月,进行车公庙、香蜜湖两站屏蔽门与信号联锁试用,设备生产厂家及时完成全线数据记录软件升级工作;2005年8月30日,在香蜜湖站以西六个车站进行扩大联锁试用;2005年9月16日,全线进行屏蔽门与信号系统联锁,现运行情况良好,故障率明显降低,经过一段时间的运营及调整后,现设备已进入稳定期,质量稳定可靠,达到设计要求,满足运营需要。

(六)低压电气系统

低压电气系统于2004年11月15日接管,未发生中断行车和影响运营事故。系统总体运行情况良好。达到设计要求,满足运营需要。

(七)给排水、消防系统

给排水、消防系统自2004年10月中旬陆续接管以来,设备运行正常,达到设计要求,满足运营需要。

(八)环控系统

环控系统于2004年11月15日接管以来,满足运营要求并达到各项设计功能。在实际运行中,为提高乘客乘车过程中的舒适性,将站台温度设定在26℃,站厅温度设定在28℃,通过EMCS系统实现自动控制。经过一年多的试运行,系统运行日趋稳定,未发生影响运营的系统故障。

(九) 信号系统

深圳地铁一期工程通信系统和信号系统,于 2004 年 12 月 28 日开通全部系统功能。运营追踪间隔时间,开通时为 15min,经过四次"提速",到目前高峰时段为 5min,只用了一年时间就达到了系统初期设计要求。系统经受了国庆节、劳动节、春节等大节假日客流的考验,运行稳定,有力确保地铁的正常运营和服务质量的提高。

(十) 电力监控系统(SCADA)

SCADA 系统于 2004 年 11 月接管后,在连续运行近 600 天中,每月平均故障率为 0.57%。从系统运行情况来看,达到了设计要求,满足供电系统监控的需要。

(十一) 车站设备监控系统(EMCS)

在车站消防验收和运营演练中用冷烟进行公共区火灾模式测试多次,试验结果符合环控工艺设计要求。2005 年 11 月逐步实现了单控、群控、时间表和火灾模式控制功能,PID 调节和冷水机组节能控制得到了改进完善并投入使用。目前,系统设备月平均故障率约为 1.07%,系统运行正常。

(十二) 防灾报警系统(FAS)

FAS 系统在 2004 年 12 月 28 日接管使用至 2006 年 6 月 30 日,运行稳定。期间主要出现的故障有系统接地、烟感及模块损坏、网络中断、GCC 软件故障、报警描述错误等。在地铁公司工作人员和承包商的共同努力下,通过整改、测试和升级软件等多项措施,问题都已得到及时解决。目前系统故障率仅为 1.4‰,为地铁的安全运营提供了可靠的保障。

(十三) 气体灭火系统

气体灭火控制系统于 2004 年 12 月接管,其各项功能达到消防要求并通过消防验收。目前,气体灭火控制系统月平均故障为 0.5‰。经运营时间证明系统设备已达到设计功能,满足地铁运营的需要。

(十四) 隧道光纤温度监测系统

隧道光纤温度监测系统于 2004 年 12 月接管,到 2006 年 6 月 30 日,出现的主要故障是系统软件不稳定。地铁公司已要求承包商进行工程整改,目前整改已完成,系统功能稳定。现系统的月平均故障率为 3.2‰。从系统运作情况来看,达到各项设计功能,满足地铁运营的需要。

(十五) 门禁系统

门禁系统于 2004 年 12 月全线接管,运行初期,出现的主要问题有双机热备切换功能没有达到合同要求、服务器程序死机导致网络无法连接、读卡控制器保险管熔断、客户端软件故障等。期间,进行整改,多次对软件进行修改完善,使门禁系统的各项功能满足合同要求。目前,门禁系统的月平均故障率为 3.7‰,各项指标满足运营需求。

(十六) 乘客资讯系统(PIS)

乘客资讯系统自 2004 年 12 月接管后,到 2006 年 6 月 30 日已连续正常运行了 500 多天。为乘客提供列车运行信息、安全信息以及其他资讯。极大地方便乘客候车、乘车,提高了运营服务质量。在运行其间也出现了一些故障:查询机死机、6 路直播图像出现马赛克等。

承包商积极完善解决。目前,乘客资讯系统设备的月平均故障率为1.07%。乘客资讯系统功能正常,运行情况良好,满足运营需要。

(十七) 大屏幕显示系统

大屏幕显示系统投入使用以来一直运行正常,满足了地铁运营各调度功能的需求,为安全运营提供了保障。

(十八) 车辆系统

从2004年12月28日至2006年6月30日,所购22列车陆续投入运营,车辆状态总体表现良好,列车的各项正线表现指标都达到了一个较高的水平。

(十九) 自动售检票系统(AFC)

从2004年12月到2006年6月30日,AFC系统运行正常,日均客流超过19万人次,2006年5月1日更是经受了35.9万人次大客流量的严酷考验,充分地验证了系统高度的可靠性、稳定性和安全性。满足了乘客需求。2006年上半年自动售票机(TVM)可靠程度为98.88%,自动增值机(AVM)可靠程度为98.71%,闸机可靠程度为99.94%。

由于客流预测的不准确以及设备稳定需要一定的周期,AFC系统运作初期,存在一些车站设备布局不合理等问题。地铁公司对站间AFC设备进行了调整,采取整体更换的措施,进行了4次大的硬件整改(设备门锁、TTC电机、硬币单元的倒币槽、工控机硬盘)。在设备软件方面,则进行了11次软件升级改造,优化了乘客服务界面和员工操作使用两个方面的功能,提高了设备的交易数据准确率。

(二十) 计算机网络管理

目前,地铁公司已基本实现了无纸化办公,信息资料及打印的共享,各种通知、通报、联系单等均可以通过电子邮件或WEB进行发布。2004年我公司引进资产维修管理系统,并于2004年11月正式使用。目前物资采购、仓储管理、设备管理、预防维修、故障维修、工单管理、轨行区施工作业管理、成本分析等均在该平台实现了电子化。

6.5.5 质量总体评价

经过一年半的试运营表明:深圳地铁一期工程全线土建工程、建筑设备安装工程、各机电设备系统的质量,符合国家有关规范、规程和验评标准及设计的要求,满足运营需求。

附表:深圳地铁一期工程竣工验收项目完成情况一览表(略)。

6.6 工程安全管理工作报告

6.6.1 工程概述(略)

6.6.2 工程设计中安全技术措施

一、线路

因大部分线路穿过城市繁华地段,在确定线路平面位置时,根据控制性房屋及其地下构筑物资料,通过计算决定线路位置,尽量避绕建筑物,或采取相应加固措施,确保建筑安全。

在线路纵断面设计时,结合施工方法、地面建筑及地下构筑物情况、地下管线现状、运营条件进行了全面比较,使地铁隧道尽量绕避地下桩基,既要保持地铁隧道覆土有一定的厚度,以减少运营时对建筑物的噪声影响,又要使线路纵断面有利于运营和节省工程投资。

福田口岸站及其附近地面线路纵断面设计和竹子林车辆段的站坪高程,按 1/100 潮位加 1/50 波浪高加 0.5m 安全高度设计。地面线过渡到地下线段设置防淹墙,以防海潮影响运营安全。

福田口岸站折返线、存车线距居民楼房较近,为保证夜间停放列车和设备安全,在路基两侧的挡土墙上应根据路基高度设栅栏(板)。

二、车站

地铁车站设计充分考虑了人员疏散、车站防火、安全警示和防护的要求,通过设置先进的安全设备、设施,并采取有效控制措施,确保地铁车站安全。

1. 人员疏散

在车站内发生紧急情况时,楼梯、通道的通过能力,满足远期高峰小时客流量时发生火灾的情况,6min 内将一列车的乘客 1860 人以及站内候车人员及工作人员疏散完毕。同时,通过设置路引牌、安全标识、自发光标识牌,合理迅速地引导乘客进、出站。

2. 防火隔离

在车站内站厅至站台公共区楼梯口和车站出入口设挡烟垂幕,与物业开发区连接的出入口设置复合式防火卷帘门,并采取"双向控制、物业为主",确保地铁车站消防安全。

3. 防洪措施

每个车站出入口地坪高程比附近地面高程高出 150~450mm,以防雨水倒灌。

4. 防护设施及屏蔽门安全

针对危险设备、设施和危险区域,设立了防护栏杆或屏蔽设施。在车站站台层安装可滑动的屏蔽门,使站台和轨道区间相分开。屏蔽门外侧距站台边缘距离 110mm,以防止人员站在上面,列车进站而造成人身伤亡事故。

三、车辆段

根据确保安全、有利于生产和方便管理的原则,进行车辆段及其他基地总平面布置。设计中充分考虑了各系统的功能和作业性质进行分区布置,力求紧凑、整齐合理,避免相互干扰。试车线周围设护栏,以防止安全事故的发生。对车辆段易产生有毒有害气体的车间,根据工艺要求设置了机械通风设施。

四、供电

严格按照设计标准、规范对设备布置、设备接地、绝缘等进行设计,以保证所有设计满足标准、规范对安全的要求,杜绝电力故障对人身安全的危害。变电所设备,在满足技术条件要求的同时,要保障地下铁道运营的安全(尤其是人身安全),选用防火性能好、无有害气体产生的设备。

五、通信

深圳地铁通信系统设置有线调度电话、无线调度电话、广播系统、闭路电视系统,在地铁发生异常情况下,能够迅速、安全、准确地指挥行车,并能迅速指挥防灾救援和事故处理。

六、信号

地铁信号系统采用列车 ATC 自动控制系统,包括列车自动监控子系统 ATS、列车自动保护子系统 ATP、列车自动驾驶子系统 ATO 等。列车在 ATP 子系统的保护下运行,能够保证列车追踪、折返运行以及调车作业的安全。

七、照明

站台、站厅、车站重要房间事故照明,由照明配电室控制或就地控制,风道内采用自带蓄电池的应急灯具作为事故照明。为便于工作人员及乘客在紧急情况下顺利疏散,所有的疏散通路均设置疏散诱导照明。

应急照明电源装置由全密封免维护铅酸蓄电池及其整流充电装置组成,车站两端各设一套,其容量满足 1h 供电需求,同时满足战时站台站厅层掩蔽防护区 3h 供电的需要。

隧道照明分为工作照明和事故照明,相间布置,单回路供电。由于区间灰尘较多,振动较大,采用防尘灯具,并采用一定的防震措施。易燃易爆场所照明采用防爆型灯具及开关。

八、机械安全

砂轮、机床等机械设备选择符合劳动安全标准的机型。

九、环控通风

基于环控系统在地铁列车正常运行时应保证其热环境,当列车阻塞在区间隧道时应向列车阻塞地点送、排风,当发生火灾时应具排烟通风功能,对设置管理用房分别按工艺和功能要求提供一定温、湿度条件或通风换气次数,并兼容排烟功能,为此设置以下相关系统:车站公共制冷空调系统与通风系统、车站区间热排通风系统、区间隧道活塞风系统和机械通风系统、车站设备管理用房空调通风系统、车站制冷空调循环水和冷却水系统,以加强机械通风,排除余热,排除有害气体,降温减湿,保证站内温度。

十、防灾报警

为了对火灾、水灾、地震、行车及人为事故等灾害进行可靠的监视及报警,设置了防灾报警系统。系统采用三级控制,防灾报警系统引进国外性能稳定的产品,以确保车站的安全。

十一、消防

1. 建筑消防

地面车站站房及辅助用房、地下车站的地面相关用房之间以及与周围已建或规划中的建筑物、构筑物之间的防火间距,满足防火间距的要求。地下车站的风亭与出入口设置考虑防火要求,分开设置时满足防火间距。

2. 消防给水系统

全线按同一时间一处着火考虑,消火栓消防灭火用水量持续时间不小于2h,同时启用自动喷水灭火。车辆段室外采用生产、生活和消防共用管网,各车库及有关建筑物的室内各项用水由室外管网引入。福田口岸站室外采用生产、生活和消防共用管网,室内采用生活、生产与消防分开管网,消防管网为主体环网。

3. 气体灭火系统

采用清洁灭火剂七氟丙烷作为气体灭火系统的灭火介质。

十二、隧道施工

为防塌方,施工中必须要加强监测,科学安排施工。必须加强施工通风,排除有害气体、降温、降湿、消除缺氧,保持空气新鲜,改善作业环境,保证洞内人员安全和施工安全。

施工过程中,对于靠近市政压水管和煤气管的施工地段,如果对其保护不当,会出现爆炸、爆裂的危险,必须加强防护,以防止其爆炸,确保施工安全。

6.6.3 工程安全管理

一、工程建设安全管理体系

深圳地铁建设工程实行的是"四个层次"监督管理体制,即政府、地铁公司、监理单位和施工承包商等四个层次的施工安全监察、监督、监理、实施的体系(图6-7),即政府部门依法监管,地铁公司统一协调监督,监理单位现场监控,施工承包商全面负责、设计等其他合同单位各负其责的安全管理体制。

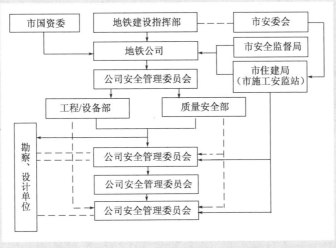

图6-7 深圳地铁建设施工安全监督、监理、实施组织架构

二、工程安全管理机构

地铁公司在2001年设立质量安全监督检查部,代表建设单位对建设工程安全工作实施统一协调、管理。要求设计单位、监理单位成立安全工作小组。施工承包商成立以项目经理

为组长的安全生产领导小组,设置了1名副经理主抓安全管理工作,建立安全质量部,配备专职安全管理员,建立各部门的安全生产管理网络,配备兼职安全员3人。

三、工程建设安全管理职责

在安全管理职责划分中,在《安全生产法》《建设工程安全生产管理条例》颁布之前,法律、行政法规对工程建设各方主体的安全责任划分不够明确,如对建设单位、监理单位的安全生产责任没有明确的规定。地铁公司充分认识到建设单位、监理单位对施工现场的安全所起的决定性作用,依据《深圳经济特区建设工程施工安全条例》(自1998年5月1日起施行),制定实施了《深圳地铁一期工程安全管理办法》(深地铁〔2000〕20号),明确了地铁公司、设计单位、施工承包商、监理单位的安全工作责任制。地铁公司对工程施工安全管理工作统一监督管理,协调整个工程的施工安全、消防、防汛和防灾、抗灾等工作。在地铁公司内部理顺关系,明确工程管理部门对监理单位、施工承包商的安全生产文明施工实施建设单位职责范围内的日常管理,安全质量监督管理部则履行建章立制及监督、检查、督促、指导等宏观监督检查职能。监理单位根据监理合同委托对工程施工安全管理实行具体的、直接的全面监督管理和控制,履行"审核、督促、检查"的安全监理职责。《深圳经济特区建设工程监理条例》自2002年11月1日起施行后,对监理单位在施工阶段监理的主要职责就更为明确了,监理单位要将施工安全文明施工纳入工程监理范围,实施监理;施工承包商则对施工安全全面负责。

四、工程建设安全管理制度

制度就是要求人们共同遵守的、按照一定方式和程序办事的规程。只有建立一套完整、严密的管理制度和操作规程,才能建立和规范安全管理程序,保证施工安全生产的健康、有序、有效进行。

1. 地铁公司制定的施工安全管理制度

根据建设工程安全生产法律、行政法规和深圳经济特区法规,结合地铁建设工程实际,地铁公司制定了一系列施工安全管理制度,并将这些制度纳入施工承包合同。主要制度有:

(1)《深圳地铁一期工程安全管理办法》(深地铁质〔2000〕20号,自2001年1月18日起施行)。

(2)《深圳地铁工程施工承包商安全生产文明施工考核与奖罚办法》(深地铁安〔2003〕170号,自2003年5月9日起施行)。该办法的前身是《深圳地铁一期工程开展安全生产文明施工先进单位评比活动实施办法》(深地铁质〔2001〕151号)。规定了季度、年度和一期工程的施工安全评比等三种形式的奖罚,以及在工程评比中施工安全"一票否决"等制度。

(3)《关于实行地铁施工安全情况快速报告制度的通知》(深地铁安〔2003〕196号,自2003年5月21日起施行)。通知规定施工安全信息的报告范围和程序,除事故外,还包括安全隐患、工序工艺转换工作重点、难点与相关解决措施。

(4)《深圳地铁轨行区施工与运输管理办法》。

(5)《深圳地铁一期工程轨行区施工与运输管理的安全文明奖惩实施办法》。

(6)《深圳地铁一期工程质量检查与奖罚暂行办法》(深地铁安〔2004〕19号)。该办法将监理工作质量、施工承包商安全生产文明施工管理实际行为等,作为监理单位监理质量的检查内容。

(7)《深圳地铁一期工程安装、装修期间临时用电管理办法》。

(8)《深圳地铁工程现场文明施工管理办法(暂行)》。

(9)《深圳地铁工程现场围蔽做法》。

2. 监理单位制定的施工安全管理制度

监理单位制定了《深圳地铁一期工程施工安全监理管理办法(试行)》《深圳地铁一期工程重大安全事故处理程序》《监理部、监理分部安全、文明施工监理内容及其职责》等规章制度。

3. 施工承包商安全管理制度

施工承包商建立健全了本项目部的安全生产责任制,制定了安全生产规章制度和操作规程,建立了施工安全技术交底制度。

五、工程建设安全管理措施

深圳地铁工程建设安全工作方针是安全第一,预防为主。

地铁工程建设安全管理措施可以概括为围绕"一个目标",开展"一项评估",确定"五防"重点;以"四化"安全检查和"四种形式"的奖罚为手段,推行"五个强化",建立"三个支撑体系",构建"两个机制"。

1. 推行安全管理目标管理

深圳地铁工程建设一直推行安全目标管理,建立施工安全生产控制指标体系,包括考核指标体系和考核制度,使各方责任变得更加明确、具体。一个总的目标是:杜绝重大安全事故发生,努力降低事故次数、伤亡人数和经济损失。对于每个承包商,则在合同条款中规定八个分目标,其中包括不发生因工死亡事故、年伤率不大于万分之五,以及安全生产检查综合得分在75分及以上、文明施工得分在80分以上。

地铁公司每年年初制定和下发施工安全管理工作计划或工作要点。

2. 开展风险评估,确定"五防"重点

地铁建设工程具有工期紧、参建单位多、施工工法多、作业环境艰苦、地质和周边建(构)筑物复杂、技术要求高和危险大等特点,施工涉及安全问题很多,各种安全隐患也是层出不穷。为此必须抓住重点难点,这是安全防范的关键,也是现代安全管理抓住事故预防工作关键性矛盾和问题的要求。深圳地铁重视安全系统工程的应用,开展安全风险预评估,始终将工程安全风险预防贯穿于工程建设的全过程。针对建设工程的共性和地铁工程的特殊性,确定防坍塌、防触电、防坠落、防轨行区事故、防火灾等"五防"作为安全工作的重点。

由于地铁建设涉及隧道施工和大量(深)基坑施工,坍塌事故是地铁建设施工最主要的危险源,容易造成施工人员的重大伤亡,导致周边环境出现重大隐患,地面或建(构)筑物沉降,对各类市政基础设施安全运行构成重大隐患。

施工临时用电安全是建筑施工安全管理中的重点工作之一,地铁建设施工也不例外。除了具有一般建筑施工临时用电安全的共性外,整个线路内35kV和接触网供电后,涉及的单位多,地铁建设用电安全管理更复杂,难度更大,必须保证作业人员安全进入带电区域及在带电区域内作业的安全。

轨行区工程车运行和热滑总联调将原来相对独立的标段施工联系起来,土建工程作业(如注浆堵漏)、安装作业和行车作业交叉甚至同时进行,统一协调管理问题突出,稍不到位就会造成行车安全事故。

车站安装过程中需进行必要的涂装作业,易发生火灾,而地下车站特殊环境给火灾人员疏散带来很大困难,一旦发生火灾后果十分严重,所以车站安装消防安全是安全管理的重点。

3. 开展"四化"安全检查,实行"四种形式"奖罚

"四化",即安全检查的制度化、规范化、程序化和标准化。奖罚的"四种形式"为每个月定期出版"光荣榜与曝光台"、每个季度施工安全评比与奖罚、年度工程评先执行安全"一票否决制"、一期工程的施工安全先进单位评比。

安全大检查是安全生产的有力措施。要求安全检查做到:领导到位、组织到位、措施到位、检查到位、整改到位;要逐项对照检查内容,全面消除施工安全管理中的盲点和死角,消除安全隐患,确保检查实效;实行检查责任制,真检实查,对检查不到位、玩忽职守、形式主义、弄虚作假、推诿扯皮的责任单位,将严格按照合同予以严肃处罚;所有隐患必须整改合格为止。没有检查不行,但检查没有发现应该发现的事故隐患,或者没有及时采取有效措施整改已经发现的事故隐患,也不行。没有整改的检查,是没有意义的检查。没有消除隐患的检查,是没有作用的检查。要对发现的问题和隐患无条件的认真整改,限定时间、跟踪到底,并进行复查,直至合格为止。

在施工承包商、监理单位的定期、不定期检查的基础上,为督促施工单位落实责任,根据《深圳地铁工程施工承包商安全生产文明施工考核与奖罚办法》,地铁公司会同监理单位组成的安全生产检查组,按照现行《建筑施工安全检查标准》和地铁施工专用安全检查表,开展安全监督检查,如定期(季度)检查、专项检查和日常巡查,对于检查发现的问题,下发安全隐患整改通知书,由监理单位监督施工承包商按"三定原则"进行整改,整改结果经监理确认、签字后上报地铁公司安全监督检查部门,地铁公司安全监督检查部门对重要隐患的整改情况进行复查。

在检查的基础上进行综合评价、考核,表彰、奖励先进,处罚不合格者。深圳地铁对施工承包商的安全生产文明施工的考核评比采用"四种形式"奖罚。

安全检查形成了"四化"。实践证明,安全检查是安全管理体系运行中的重要环节,是保证安全生产的一个非常有效的措施。只有通过检查,才能及时发现人的不安全行为、物和环境的不安全状态,才能消除危险有害因素和事故隐患,消除安全管理的盲点和死角,防止和遏制事故发生,提高安全水平。

4. 通过"五个强化"和"三个支撑体系"来构建"两个机制"

"五项强化"是指安全文化的强化、施工安全生产监督管理的强化、安全责任的强化、安全科技的强化和安全投入的强化。"三个支撑体系"是指建立信息、安全技术、宣传教育等三个体系,形成对安全工作的有力支撑和有力保障。"两个机制"是施工承包商自我约束,不断完善的安全工作机制和反应灵敏、处置及时的预报、预测、预控和安全应急处理机制。

(1) 培育安全文化,构建安全教育培训体系。安全文化是安全生产的灵魂。要搞好地铁施工安全,首先要解决好安全生产各责任主体的主要负责人的地铁施工安全的价值观和行为准则问题。地铁公司将地铁施工安全提到维护安定团结、履行国有大型企业社会责任的高度来认识,同时加大施工安全事故的奖罚力度,并将施工承包商的安全生产业绩与选择后续工程投标资格挂钩,让他们充分认识到搞好安全生产是企业生存发展的基本要求和前提条件,"安全第一"是贯彻工程始终的永恒主题。

安全教育培训体系包括建立安全教育培训制度,制订教育培训计划,实施新员工岗前三级安全教育、安全技术交底工作和定期、及时的安全再教育,以及特种作业人员的培训;开展教育培训工作落实情况的检查。

为了检查、考核、督促施工承包商认真做好安全教育、培训,地铁公司和监理单位在季度定期安全检查中除了查安全生产教育档案等常规检查外,还对施工承包商的项目负责人进行抽题考核、对施工人员现场随机抽问等方式,实际考查教育培训的开展及其效果。实践证明,这种方式是非常有效的。

(2) 健全落实安全生产责任制。安全生产责任是建设工程安全生产的核心。地铁公司一直把参建各方的安全生产责任制的建立、落实和考核作为安全监督检查的重点内容之一。

(3) 完善施工安全生产监督管理。一是大力依靠和发挥监理单位的现场安全监理职能和积极性,要求监理单位必须配备专职安全监理人员。地铁公司对监理履行监理合同的安全监理行为实行"监督、检查、督促、建议、咨询"等,通过监理单位直接对承包商实行"审核、督促、检查",并通过现场的抽检巡查监督、评估监理行为及其效果。二是地铁公司与监理单位联合对承包商安全生产文明施工进行定期检查、评比和考核。

(4) 依靠安全科技,建立信息体系和技术体系。在每项分部、分项工程施工前,由监理组织召开施工组织设计或专项施工安全设计审查会,地铁公司、设计单位和施工承包商参加。对于重大技术方案和特殊部位、关键节点施工方案,由地铁公司技术委员会组织有关专家进行论证、审查,开展科研攻关,解决了一系列技术难题和施工难关,采取新工艺、新技术、新方法,取得了许多重大的技术成果,创造了九项中国企业新纪录。

安全管理信息系统是施工安全管理系统不可缺少的"神经系统"。一是重视施工现场及毗邻区域内建(构)筑物安全信息。地铁公司向施工承包商提供施工现场及毗邻区域内原始资料,包括施工现场及毗邻区域内供水、排水、供电、供气、供热、通信、广播电视等地下管线资料,气象和水文观测资料,相邻建筑物和构筑物、地下工程的有关资料。同时加强监控量测。除施工单位的基坑、隧道监控量测外,地铁公司委托了两个具有国家资质的单位进行全线工程施工过程环境的第三方监测。通过监测收集、分析信息,并反馈、指导安全施工。二是通过现场安全检查及时发现人的不安全行为和物的不安全状态等原始信息,同时根据《深圳地铁一期工程施工安全信息快速报告制度》,及时全面掌握施工现场安全动态,做出预防性决策。

(5) 保证安全投入落实到位。建设单位向施工单位确定建设工程安全作业环境及安全施工措施所需费用,是实现施工安全的根本所在,也是《建设工程安全生产管理条例》赋予建设单位的责任。地铁公司保证建设工程安全作业环境及安全施工措施所需费用,包括施工单位标书中单列的安全作业环境及安全施工措施所需费用(占工程总价的1%~2%)、建筑(安装)工程一切险、建设单位施工安全监督管理费(单列569万元)和根据施工现场实际情况增支的临时文明施工费。为确保安全作业环境及安全施工措施所需费用的专项专用,地铁公司规定由安全监督检查部门对施工现场安全文明措施费进行支付前审核,确保专款专用。

6.6.4 运营安全管理

一、运营安全管理体系

深圳市地铁集团有限公司始终坚持"领导到位,责任到位,考核到位"和"关键在领导"的"三位一体"、"一关键"思想,实行公司领导问责制,建立了公司、分公司、部门的三级运营安全管理网络,并设立了公司、分公司专职安全管理部门,在运营分公司配置了20名专职安全管理人员和76名兼职安全管理人员。在安全生产责任制的落实上,制定了公司、分公司安全指标和考核体系,明确了各级管理人员和每名员工的安全生产责任目标,层层签订责任状,把各级领导和员工的工作业绩与安全生产挂钩,形成了层级清楚、逐级落实的安全责任体系,不折不扣地执行安全生产"一票否决制"。

二、应急救援体系建设

根据地铁运营特点,为及时、有效处置地铁运营可能发生的突发公共事件、设备事故和故障,地铁公司先后制定了《深圳市地铁集团有限公司运营突发公共事件应急分预案》和地震、恶劣天气、火灾、爆炸、毒气、全线停电、列车颠覆等26项突发公共事件处理应急预案。

为推进和促进突发事件应急体系建设,通过开展各类型的应急演练,完善了应急救援管理制度和应急救援体系。

三、安全教育培训与宣传

为加强安全教育培训工作,地铁公司在公司层面成立了培训中心,制定了《安全生产教育和培训规定》,在运营部门制定了严格的《安全教育培训管理办法》,严格实行三级安全教育制度和年度安全复训制度,及时进行转岗、复岗人员安全教育。根据相关法律法规要求对特种作业人员和特种设备操作人员进行培训,确保其持证上岗。通过事故案例分析、危险环节处理等有针对性的安全教育增强了员工安全生产意识,提高了安全操作技能和自我防护能力。通过建立安全和专业知识题库,采用信息化考试系统对员工进行安全知识和安全操作技能培训和考核,同时广泛开展安全知识竞赛和安全操作技能比武,提高员工"我要安全"思想意识和工作积极性。

地铁公司充分利用地铁资源刊登和播放各类安全警示标识、相关禁止行为和车站应急逃生示范知识,通过发行《深圳地铁乘客服务指南》、视频播放、各类电子媒体、与市民和乘客进行交流互动,开展地铁安全文明宣传活动,采用专题报道和采访等形式开展了全方位的地铁安全知识宣传。

四、安全检查与隐患整改

在地铁运营中,地铁公司坚持对运营安全管理体系运作、持证上岗、行车岗位标准化作业、特种设备、生产现场存在的安全隐患、施工作业纪律、设备技术状态等内容的进行月度安全检查和重大节假日前的生产安全、消防大检查,对关键部位进行专项安全检查,对检查发现的问题,及时下发通报,按照"定完成时间、定措施、定责任人"的办法认真落实整改。

为彻底对存在隐患进行治理和整改,地铁公司在1号线运营过程中,先后投入上千万元资金对人防、消防、接触网、信号系统、导向标识等进行了改造和整改,同时设立了专项安全设施改进、技改技措资金,确保隐患及时消除,有效提高了硬件设施安全水平。

五、消防安全

在消防安全管理上,严格按照"安全第一,预防为主,防消结合"的消防方针,通过制定消防安全管理办法、临时用电管理办法,对消防安全关键岗位人员职责、防火检查、消防培训、火灾应急预案及演练、临时动火、临时用电等事宜进行了明确和规定,建立了防火责任制,组建了由620人组成的义务消防队,并定期组织培训和演练。

主要消防系统包括FAS、EMCS、水消防系统、气体消防系统、防排烟系统等,由运营分公司定期对全线所有烟感探头、温感探头进行全面检测和检查。

六、危险化学品管理

在危险化学品管理上,公司制定了危险化学品管理办法、仓库安全管理制度、危险化学品事故应急处理预案,对危险化学品采购、验收、储存、运输、使用等事项进行了明确,建立了完善的危险化学品管理台账。

危险化学品管理上实行随领随用、用后退回保管制度,进行了危险化学品泄漏的演练,在生产线建立了17个易燃品防火安全柜,解决了24h内无法退回危险化学品库保管的问题,确保了危险化学品时时受控。

七、危险源辨识、风险评价

危险源辨识、风险评价是实现安全管理体系化、信息化和事前管理的重要基础。在规范、细化评价标准的基础上,地铁公司组织进行了识别、评价方法和工具的运用培训,并对评价结果进行复核,有效增强安全防范手段,为安全风险防范提供了有效指导。

八、事故调查处理

地铁运营的特殊性,要求地铁公司在运营安全管理上必须坚持"铁的纪律、铁的手腕、铁的手段和铁的心肠",在事故调查处理上,地铁公司严格坚持事故调查处理"四不放过"原则,对每起晚点超过5min以上的晚点事件和事故进行调查处理,认真分析、总结,依据规章制度对相关责任人进行考核和处罚,有效提高员工安全责任意识。

6.6.5 安全投入

深圳地铁一期工程于 2006 年 6 月 30 日正式运营,2005 年地铁公司用于安全投入预算达到 2473123.25 元,包括设备物资、教育培训、安全奖金、安全管理费及劳动保护用品等。有这些安全专项资金的投入,从而保证深圳地铁一期工程各项设施、设备的安全可靠运行和各项安全技术、管理措施的切实落实。

地铁工程安全经费包括:

(1) 根据国家、省、市的有关法律、法规和规定,报经上级主管部门和地铁公司党政联席会批准,在地铁工程建设中投入的专项安全措施费。

(2) 按地铁公司安全管理的有关规定,地铁工程建设安全管理上的罚款和违约罚款。

(3) 特殊情况下,经地铁公司报请深圳市地铁建设指挥部批准的用于地铁公司安全管理投入的专项经费。安全经费由地铁公司安全管理委员会统一负责管理,专款专用。主要用于地铁公司的安全管理所必需的设备、物资、安全教育和培训、安全奖励、安全管理费用、劳动防护、安全紧急储备金。

因此,通过现场调研及资料核查,深圳地铁一期工程在建设、运营期间,对于安全卫生方面的资金投入有相当的保证,可满足安全生产的相关要求,符合国家相关规范的要求。

6.6.6 安全验收评价结论

2005 年 11 月,深圳市地铁集团有限公司委托中国安全生产科学研究院进行安全验收评价,2007 年 5 月 18 日形成了《深圳市地铁一期工程安全验收评价报告》(初稿)。

报告对深圳市地铁一期工程线路、车站、桥梁、隧道、供电、通信、信号、照明、机械等劳动安全防范措施进行了全面、科学和规范的评价,最终综合上述各专业的评价结论,得出如下结论:"深圳地铁一期工程选择了较为先进成熟的生产工艺,设置了较完善的安全防护措施,制定了齐全的安全管理制度,并且对在评价过程中发现的安全隐患进行及时整改,整改效果较好。因此,整体工程基本符合国家相关法律法规及规范标准的要求。建议在今后的运营过程根据实际情况的变化完善安全对策措施,加强安全管理,以确保证运营安全。"

6.6.7 竣工验收结论

一、《深圳地铁一期工程安全验收评价报告》专家评审意见

受国家安全生产监督管理总局监管二司委托,安全评价评审中心于 2007 年 5 月 18 日在广东省深圳市组织召开了深圳地铁一期工程安全设施竣工验收会。参加会议的有国家安全生产监督管理总局监管二司、广东省安全生产监督管理局、深圳市安全生产监督管理局、深圳市地铁集团有限公司、中国铁路设计集团有限公司、中国中铁二院工程集团、中铁电气化勘测设计研究院有限公司、北京城建设计发展集团股份有限公司、中国国际工程咨询有限公司、中国铁道科学研究院集团有限公司、中国安全生产科学研究院等单位的代表及会议邀请的专家。会议成立了安全设施竣工验收专家组。

专家组在会议期间审查了《深圳地铁一期工程安全验收评价报告》,对深圳地铁一期工程试运营后的典型车站(包括世界之窗站、会展中心站)及竹子林车辆段的安全设施进行了现场抽查,并查阅了有关技术资料。专家组经过认真讨论,形成如下意见:

(1)深圳地铁一期工程在建设及试运营过程中认真贯彻执行国家、地方及行业有关安全生产的法律、法规和标准,对工程存在危险和有害因素的设施和场所采取了合理的、切实可行的防护及治理措施,采用了先进的工艺设备,监控手段科学,管理方法合理。

(2)在深圳地铁一期工程建设完成后,对地铁一期工程中使用的电梯、自动扶梯、起重设备、工程机动车辆、压力容器等特种设备均进行了必要的检测或试验,结果合格。对防雷接地系统进行了测试,结果满足规程要求。

(3)深圳市地铁集团有限公司建立了较为完善的安全生产管理制度,制定了事故应急救援预案,并定期进行了演练。

(4)《深圳地铁一期工程安全验收评价报告》的编写符合《安全验收评价导则》的要求,评价结论正确。

专家组认为深圳地铁一期工程安全设施符合竣工验收条件,同意通过安全设施竣工验收,同意通过《深圳地铁一期工程安全验收评价报告》评审。

专家组建议评价单位根据专家意见进一步完善《深圳地铁一期工程安全验收评价报告》;建设单位进一步强化现场安全管理、完善现场的安全设施,确保运营安全。

二、国家安全生产监督管理总局意见

国家安全生产监督管理总局监督二司于2007年10月17日同意《深圳市地铁一期工程安全验收评价报告》备案。

6.6.8 自评结果

通过严格执行建设项目安全设施"三同时"制度,一期工程采用了国内外先进的技术标准和规范,在机电设备选用、消防系统、环境控制系统、给排水系统、通信和信号系统、车站设备控制和防灾报警系统、人防系统及自动售检票系统以及工程建设施工中,都充分运用安全系统工程原理对所选设备、设施、系统、工序、工法等进行全面评价比较,在确保安全的原则下优先使用,确保了地铁一期工程建设、运营安全。

在深圳市委、市政府的正确领导,建设局、安监局等安全生产监督管理部门依法监管下,通过深圳市地铁集团有限公司、监理单位、设计单位、施工承包商以及其他参建单位认真履行安全生产职责,共同努力和密切配合,深圳地铁一期工程安全生产文明施工总体形势一直处于受控状态,杜绝了重大安全事故发生,事故次数、伤亡人数和经济损失逐年降低,2004年、2005年实现了零死亡;没有发生火灾事故,没有发生施工之外的断气、断电、断水和交通堵塞等方面的事故;每年度有2~3个工地(标段)获市文明施工工地或安全生产、文明施工双优工地。

经过几年的努力,地铁施工安全管理体系和应急体系已初步建立,地铁公司认真履行了《安全生产法》《建设工程安全生产管理条例》规定的建设单位安全生产职责,在建设工程安全综合监督管理中,做到领导重视、健全机构、投入到位、建章立制、落实责任、监督到位,做了大量实实在在的工作,同时为二期工程建设打下了良好的基础。

深圳地铁运营始终坚持"以人为本,安全第一"的工作方针和"安全、正点、热情、周到"的服务理念,通过强化安全管理基础工作,自地铁开通运营以来一直保持无责任行车险性以上事故、无责任乘客重伤以上事故、无员工因工重伤以上事故、无责任火灾事故、无责任设备重大及以上事故"五无"的良好成绩,保证了地铁运营安全处于受控状态。

6.7 消防工作报告

6.7.1 深圳地铁一期工程简介(略)

6.7.2 消防和防灾报警系统概况

系统由车站建筑、环境控制、给排水及消防、通信、防灾报警、自动售检票、自动扶梯及电梯等专业协同完成。发生火灾时,各专业按照火灾相应的模式完成各自的联动功能。

系统的指导思想是:一旦发生火灾,马上向市消防部门报警,同时自救。

系统的设计原则是:立足于自动灭火和自救措施,最大限度地减少地下车站内的可燃物质的数量,减少火灾规模,让火灾扑灭于初期,消防及防灾报警系统为专业消防队伍提供灭火战斗必要的固定消防设施。

一、车站建筑防火措施

车站建筑防火设计指在发生火灾时,对乘客、工作人员及设备提供保护措施。

(一)地铁工程防火分区的划分

防火分区,除站厅、站台公共区外,均不大于$1500m^2$,防烟分区划分面积不大于$750m^2$。

车站内防火分区的实际数量为5个:站厅及站台层两端各1个,共4个防火分区,站厅及站台层公共区为1个防火分区。车站内设事故照明、紧急疏散照明、广播和电视监控系统。

车站出入口、通道、自动扶梯、楼梯的通过能力为在6min内将一列车的乘客和站台层候车的乘客及工作人员疏散完毕。车站按一级耐火等级设置,危险等级为中危险。

防火墙用200mm厚混凝土砌块墙并砌筑到该层顶板底。有防火要求的房间及防火墙上采用防火门、窗。室内所有吊顶均采用能阻燃或非燃烧材料进行装修,内墙为轻质砌块墙。

设备、管理用房内部楼梯间作封闭楼梯间,并设甲级防火门。

各种管线穿过防火墙和有防火要求的墙时,其缝隙均应用防火材料进行封堵,其上开洞埋设备时应保证其墙体的耐火小时要求。

(二)车站防烟分区的划分

根据给排水、消防及环控专业要求设置防烟分区,每个防烟分区不大于$750m^2$。公共区楼梯口和站厅层的人行通道口,均设挡烟垂壁分隔。挡烟垂壁自平顶下吊不小于500mm。

二、防、排烟及通风系统

防、排烟及通风系统的主要功能是为地铁乘客和工作人员提供新鲜空气,在地铁内发生火灾时能迅速排出烟气,为乘客安全疏散创造条件。地铁车站的进风均采自大气,排风直接排出地面,地铁火灾设计按全线仅同时发生一处火灾考虑。

(一) 车站公共区系统

当站台层发生火灾时,关闭站台层送风系统及站厅层回/排风系统,由站台层回/排风系统将烟雾经风井排至地面。由于站厅层与站台层之间有自动扶梯和楼梯相连通,必须采取相应的措施,结合地铁工程特点,在站台层发生火灾时,站台层的排烟风机工作,同时车站的 TVF 风机(隧道风机)相应启动,打开两侧屏蔽门,以保证上下通道有不小于 1.5m/s 的向下气流,引导乘客由下向上通过楼梯连通道撤到站厅及地面。

当站厅层发生火灾时,关闭站厅层送风系统及站台层回/排风系统,由站厅层回/排风系统将烟雾经风井排至地面。

当发生火灾的列车停在车站范围内时,打开屏蔽门,启动设在车站两端的 TVF 风机排烟,地铁出入口自然进风,使乘客疏散的方向与气流方向相反。

(二) 区间隧道系统

当列车在区间隧道内发生火灾且停留在区间隧道内时,区间隧道一端的 TVF 风机向火灾区间送风,另一端的 TVF 风机将烟雾经过风井排出地面。综控室确认火灾后,根据事故列车在区间隧道的位置、火源位置等决定通风方向,使乘客疏散的方向与气流方向相反,使疏散区始终处于新风区,以利于人员安全疏散。

(三) 车站设备及管理用房系统

当气体保护房间发生火灾时,关闭该保护区的送、排风防火阀,待灭火后打开防火阀进行排气。当非气体保护房间发生火灾时,关闭送风系统,并关闭气体保护房间的防火阀以防止火势蔓延,由各房间排烟风机将烟雾或有害气体经风井排至地面。

三、消防给水系统

(一) 系统组成与功能

地铁内给水系统由生产、生活给水系统和消防给水系统组成,以满足地铁内生产、生活和消防用水需要。在水消防的基础上,设置灭火器辅助灭火,以迅速可靠地扑灭各类火灾。排水系统由污水系统、废水系统和雨水系统组成,能及时排除生产生活污废水、地下结构渗漏水、事故消防水及敞开部分的雨水。

(二) 水源

给水水源采用深圳市自来水,不考虑第二水源。给水系统保证各站、段、区间等用水点对水量、水质、水压的要求,并贯彻综合利用、节约用水的原则。为满足地铁消防用水要求,每个车站(段)由自来水干管的不同管段引入 2 根给水管。

各车站生产、生活、消防共用给水系统。区间消防干管以少穿越或不穿越轨道为原则。

(三)消防给水系统设备配置

站厅层和站台层均设消火栓系统。站内给水干管为 DN150 立体环状管网。车站各用水点均从环状管网接引支管,站厅、站台层分别在两端设备房附近设冲洗水栓。

站厅层和站台层公共区选用双单口单阀带自救卷盘消火栓箱,站厅层沿墙两边交错布置,间距 30～40m。岛式站台层主要设置在扶梯和楼梯口处,侧式站台层沿墙两边布置,间距 40～50m。站厅站台层设备管理用房、过道、环控机房及大于 20m 的出入口通道,采用单口单阀带自救卷盘消火栓箱。

站外每一给水引入管上设置消防水泵接合器,距接合器 40m 范围内设置与接合器供给水量相当数量的消火栓。当市政既有消火栓距接合器距离小于 40m 且方便使用时,可以利用市政既有消火栓。通向区间的消防给水管,在车站与区间分界处设电动阀门,区间为 DN150 消防给水管,设在隧道右侧(列车前进方向),分别与两端车站消防管道连通,形成环状。区间隧道采用单口单阀减压稳压消火栓,间距不大于 50m。

站台层、站厅层及设备区,均按建筑灭火器配置规范要求,配有足够的干粉灭火器。

站台两侧,设 4 个消防箱,内有 25m 水带 2 根,多功能水枪 2 只。

四、手提灭火器选用

全线范围按《建筑灭火器配置设计规范》,配置数量足够的手提灭火器。地下车站公共区站厅站台及设备管理用房,均采用手提泡沫或干粉灭火器。电气设备用房用干粉灭火器。

五、气体灭火系统

气体灭火系统采用的介质是七氟丙烷,灭火控制器、烟感、温感、手自动转换开关选用美国进口产品。气体灭火系统的设置范围:地下车站的通信设备室、信号设备室、环控电控室、低压变配电室、降压变电所、混合变电所、高压开关柜室、低压开关柜室、整流变压器室、屏蔽门控制室等重要设备房。

车辆段及基地内运营综合楼的电子仪表库、控制中心内无人值守的机房、低压配电、通信、信号用房及不能采用水喷淋系统的大部分设备用房,均设置气体灭火系统。

六、通信系统

(一)公务电话系统(PABX)

系统具有特服呼叫功能,且能将"119"特种业务呼叫自动转接至市消防局接警台。

(二)专用电话系统

控制中心设防灾调度台,灾害情况下,可对车站进行调度指挥。区间隧道中每隔 150～200m 设轨旁电话机,轨旁电话直接与两端车站联系,也可接入公务电话系统。

(三)传输系统

传输系统为防灾报警系统(FAS)提供所需的光纤。

(四)无线系统

设有环控调度用户组,控制中心环控调度员可与其下属使用环控调度用户组进行无线通信。列车司机通过无线系统,火灾紧急情况下可以和控制中心进行通话,进行应急处理。

(五)有线广播系统

当车站发生火灾等灾难时,广播子系统可以兼做消防广播。事故救灾时,按照就近原则,站台播音盒为第一优先级,车站广播为第二优先级,控制中心广播为第三优先级,已事先将普通话、粤语、英语救灾广播录制在车站的广播控制盒中,在救灾时可以自动反复广播。

(六)电视监控(CCTV)系统

各车站与控制中心环控调度员均设有电视监视器,可选择任一画面观看。

七、自动售检票系统

在车站发生紧急情况时,自动售检查票系统将下达紧急放行命令,车站内所有检票机将不对车票进行处理,同时检票机扇门全部打开,方便乘客紧急疏散。在紧急放行模式时,乘客不需要使用车票就可自由离开车站。系统下达紧急放行的命令可以有以下三种方法:

通过中央计算机下达命令(可与消防指挥中心联动);

通过车站计算机下达命令(可与消防指挥中心联动);

通过安装在车站控制室内的紧急按钮下达命令。

在系统设置为紧急放行模式时,车站内的进站检票机都将显示"禁止进入"标志,同时所有的自动售票机自动退出服务。

车站自动售检查票系统计算机将车站被设置为紧急放行模式的信息传送到中央计算机,中央计算机将向其他的车站广播这一信息,并记录车站被设置为紧急放行模式的时间。

由于在车站设置为紧急模式时,乘客不需要通过检票就离开车站,所以系统将允许这些车票在一段时间内能正常使用。例如:在设置紧急模式期间,在该车站购买的单程票能在所有车站使用,乘坐与车票票值相符的车程;在设置紧急模式期间,在该车站进站的所有车票,在下一次进站时进站检票机将自动更新车票上的进出站标记,并不收取任何费用。

在当天设置紧急模式前,在其他车站进站而没有出站的所有车票,在下一次进站时进站检票机将自动更新车票上的进出站标记,并不收取任何费用。

八、自动扶梯、电梯

在车站发生火灾紧急情况下,自动扶梯和电梯全部停用,改用步行梯疏散乘客。

九、防灾报警(FAS)系统及消防联动

一期工程主要由1号线东段和4号线南段两部分组成。各车站的防灾报警系统,能独立对车站所管辖范围内的公共区及设备区进行防灾管理及报警。1、4号线共用一套防灾报警主机,设于竹子林车辆段OCC大楼内。每个车站的车控室设有防灾分机。

(一)防灾报警设计的主要原则

为了对地铁内火灾、水灾、地震、行车及人为事故等灾害进行可靠的监视及报警,设置防灾报警系统。防灾设计贯彻"预防为主、防消结合"的方针。

火灾自动报警系统按全线同一时间只发生一次火灾考虑。

车站与物业开发区,各自的防灾报警系统设有联络接口,可互通灾情。地下车站、地下区间、控制中心大楼、车辆段和综合基地内的办公大楼、大型停车库和检修库、重要材料库及其他重要用房,按火灾报警一级保护对象设计。

车辆基地内的一般生产和办公用房,按火灾报警二级保护对象设计。

防灾报警系统采用防灾控制中心与车站级两级管理。防灾报警系统采用三级控制方式,即防灾控制中心监控、车站综合控制室监控和就地控制。区间隧道设置感温光纤探测系统。

(二) 系统主要功能

主控级功能:

(1) 监视全线防灾设备的运行状态,接收全线范围内的火灾及其他灾害报警。

(2) 向各分控级发出事故通风及防灾设备运行指令,指挥抢险救援的全部活动。

(3) 防灾信息的处理与传送。

(4) 档案管理,定期输出各类数据、报告。

(5) 防灾指挥中心计算机及外围设备,除满足防灾管理数据处理外,还要易于扩展。

分控级功能:

(1) 监视管辖范围内防灾设备运行状态,接收车站及区间火灾报警,并显示报警部位。

(2) 接收管辖范围内的主排水泵站和排雨水泵站的危险水位报警,并显示其报警部位。

(3) 确认灾害种类及灾情,向防灾报警系统控制中心及有关部门通报,传送防灾信息。

(4) 接收防灾报警系统控制中心指令,组织抢险救灾工作。

(5) 联动控制车站及所辖区间范围内的防灾设备(事故风机、气体灭火装置、防火卷帘门、疏散诱导照明、事故广播等),并切断与消防无关的电源。

(三) 防灾通信

1. 组网方式

防灾报警系统通过通信系统提供的两芯独立光纤组成双环拓扑结构的对等式环网,防灾报警系统控制中心主机与各分控级分机均为网络上的一个节点。网络中任何一个节点故障或离线时,不会影响系统其他节点的正常工作。

感温光纤系统共有19台测温主机,19个车站级图文工作站,1个中央级图文工作站,60多公里探测光纤。系统的图文工作站通过RS-232接口与测温主机通信,实现温度获取和显示功能,并将现场温度数据通过通信公网上传至控制中心,实现数据共享。

2. 防灾广播系统闭路电视监视系统

全线防灾广播与行车、服务广播共用,防灾报警系统控制中心控制台上设切换装置及麦克风,当地铁发生灾害时切换为防灾广播。

防灾控制中心和车站与行车管理等共用一套闭路电视监视系统,在防灾报警系统控制中心控制台上设置切换装置及显示终端。当地铁发生灾害时,切换为防灾监视。

地铁车站及区间的消防联动系统,可以实现由FAS发出的火灾报警信号及BAS收到报警信号后,联动不同的防排烟模式,并且在MCP盘上设有相关的模式启动按钮,以备在系统故障时,由人工触发启动排防烟设备。

十、列车防火措施

列车采用满足欧洲最新防火、低烟、低毒标准的材料,坐椅全采用不锈钢,将安全和环保的要求保持与世界先进水平同步。此外,每节车厢内设有2个灭火器,每个司机室内设有1

个灭火器。列车每个车厢内设有3个乘客紧急对讲装置,以便紧急情况下与司机取得联系。列车两端还设有紧急疏散门,以保证乘客安全疏散。

十一、屏蔽门系统

屏蔽门系统在车控室MCP盘上设有PCS开关,在火灾情况下,可以根据确认的灾害情况,由值班人员开启或关闭屏蔽门。同时,屏蔽门系统在每侧站台间隔设有6挡应急门,对应每个车箱一挡,以便在列车不能准确停在正常位置时,可由乘客推动应急推杆打开屏蔽门。屏蔽门系统完全故障时,可由乘客在轨道侧,按压开门钮后拉开屏蔽门的活动门。屏蔽门系统双路供电均故障时,UPS电源可以满足在1h内连续开关5次屏蔽门的要求。

6.7.3 消防及防灾报警系统质量保证体系统

消防及防灾报警系统从设计、安装、调试、验收到投入运行都坚持质量第一,建立起一整套质量保证体系。对设计、施工单位公开招标,选择国内最优秀的设计单位和有丰富经验的施工单位,参考国内外地铁的先进经验,按国际上最先进水平标准,进行质量控制。

系统中引进的设备和采用的产品都是国内和国际知名、产品质量信得过、有保证的名优产品,消防产品均通过有关国家消防部门检测认证。

对施工和安装质量也按国家标准和设计规范严格要求,严格验收。对工程质量进行评定,不合格的坚决要求施工单位返工。每部分工程完成后,都及时进行自验,并报省市消防局验收,对整个验收中存在的问题,都积极组织整改。

6.7.4 完善的消防、防灾组织体系

一、建立了消防、防灾安全管理网络,明确了逐级岗位消防、防灾安全职责,设立了消防、防灾组织机构

(一)完整的消防安全管理网络

在地铁公司安全生产管理委员会的领导下,运营分公司成立了安全生产管理委员会,对地铁运营的消防安全工作负责。在下属各部门直至班组、车站,均确立了防火责任人、消防管理员,建立了完整的消防安全管理网络。

(二)明确的逐级岗位消防安全负责制

运营分公司根据地铁公司制定的《安全生产责任制》,制定了《运营分公司安全责任制》和《运营分公司消防管理办法》,建立了岗位消防安全负责制,明确了各级岗位的消防安全职责,对各级消防工作人员的各项工作要求和任务进行了规定。

(三)健全的消防管理组织机构

地铁公司质量安全部是公司质量安全管理机构,运营分公司安全技术部是地铁运营的消防管理机构。所有安全管理岗位人员都已配备到位,地铁公司质量安全部专职管理人员8人,运营分公司安全管理人员18人,其中专职消防工程师1人,兼职安全管理人员71人。

安排消防重点岗位人员参加市消防局消防上岗培训,共计392人拥有消防上岗资格。

二、安全管理制度齐全

地铁公司从安全管理制度、行车组织规章的结构上入手,在参考同行业单位和香港地铁经验的基础上,设计了较为完善的安全管理制度、行车组织规章体系。具体包括《安全生产责任制》《员工通用安全守则》《消防安全管理办法》《义务消防队组织管理办法》《化学危险品管理办法》等25个规章制度,建立健全了包括消防安全的各项安全制度,对包括消防安全的各项安全工作进行了明确的规定和指导。

三、完善的防灾应急处理体系

1. 应急预案准备充分

地铁公司编制了《深圳地铁运营突发公共事件应急分预案》,运营分公司,针对深圳地铁的设备特点和深圳的天气、人文特点,针对地铁运营中可能出现的天灾人祸和设备故障制定了《突发事件应急处理预案》《车务应急处理程序》《变电系统应急抢修预案》《轨道与隧道系统应急抢修预案》等10个应急预案,针对深圳地铁可能面临的各类突发事件,制订完善的应对程序和处理流程。明确了突发事件发生时报告的程序、各岗位处理的方法、由谁处理、处理什么、怎样处理、应准备的工具和抢修材料等。

2. 定期开展应急预案演练情况

为检验应急预案的可操作性和提高员工技能,地铁公司及运营分公司非常重视应急预案演练工作,在充分学习香港地铁经验的基础上,将预案演练分为桌面演练和运营演练两部分,并根据演练的规模定期演练。聘请柏诚顾问公司,针对深圳地铁可能发生的突发情况,制订了76项运营演练方案。从2004年初,运营分公司就开始组织员工共进行分公司级消防演练4次,部门级23次,各车站每月进行一次消防演练。2004年12月、2006年4月,分别与市应急指挥中心、市消防局等单位在会展中心站进行了列车火灾、防恐的联合演习,检验了地铁运营的应急预案及消防系统。同时,针对在各项演练中发现的问题,对预案进行了修改,使其更具可操作性。

3. 抢险物资、救援器材配备齐全

运营分公司物资部会同维修工程部、车辆部等部门,建立应急物资生产能力、技术储备、产品储备信息数据库,加强相关物资储备、生产及加工能力储备、生产工艺流程的技术储备,制订应急物资调拨、配送方案,并建立应急物资紧急生产机制。

地铁公司抢险物资并入市交通局和市应急指挥中心的抢险物资资源库,实现资源共享。

为保证地铁运营应急的需求,地铁公司重视救援器材的配备,为每个车站配备了消防工具柜、消防头盔、呼吸面具、消防斧、防火服等消防器材,并配备了双瓶呼吸器、破材工具等紧急救援工具。为保证行车设备故障的抢修能力,运营分公司车辆部、维修工程部都已设置了轮值抢修工班,配备了抢修车辆、抢修工具以及常用配品、配件,并在沿线车站配备了应急水泵、梯车,能基本满足开通初期的救援需要。

四、建立了义务消防队组织

为做好地铁运营范围内的防火及扑救初期火灾的需要,运营分公司颁布了《运营分公

司义务消防队组织管理办法》，建立了三级义务消防队组织，其中分公司义务消防队1支、部义务消防队4支、义务消防分队28支，共437名义务消防队员，覆盖了地铁1、4号线沿线18个车站(含会展中心换乘站，不含福田口岸站)及整个地铁车辆段，并定期组织义务消防队员进行培训和训练。

五、重视公众宣传教育和员工消防培训

地铁公司通过各种宣传手段和宣传媒体，不定期向乘客广泛开展地铁应急宣传教育活动，让乘客掌握避险、互救、自救、减灾、逃生等基本知识和技能。

地铁公司及运营分公司认真实施安全"三级"教育，定期采取看录像、学案例、实际操作等多种宣传进行消防培训。

6.7.5 消防及防灾报警系统检查、验收情况

一、设计及施工过程中的审查和验收

消防及防灾报警系统在设计、方案选定时都征求了省、市消防主管部门的意见，并在开工前都按要求向省市消防主管部门报审，经审批后实施。竣工后，除组织自验收外，还向省市消防主管部门申请组织专业验收小组进行专项消防验收。

几年来，省市消防主管部门共对深圳地铁一期工程、城市广场地下变电站、文化中心变电站、运营控制中心(OCC)、车辆段进行了多次检查、验收和复验收。对两个主变电站、车辆段及地铁车站和区间，出具了通过消防验收的验收意见书。

二、全线消防验收

2004年10月25日，市公安局消防监督管理局对深圳地铁全线18个车站进行了第一阶段消防验收，主要验收给排水及水消防和气体消防。11月16日至12月10日，市公安局消防监督管理局进行了第二阶段消防验收，主要验收建筑、装修、防灾报警、防排烟、供电等，提出了需要整改的内容。全线每个车站以及四个区间都做了冷烟模拟火灾工况试验，进行防排烟实际效果检验，在会展中心站和岗厦站还做了热烟模拟试验，真实的模拟了车站火灾出现后，车站及区间防排烟系统的排烟能力。实践证明，防排系统工作模式正常、排烟效果明显。市公安消防监督管理局出具了消防竣工验收意见。试运营前，又进行复验并出具了同意试运营消防验收意见。

地铁公司经过整改后，2005年10月24~28日，市公安消防监督管理局对深圳地铁一期工程进行了地铁车站及区间的消防复验收，提出有少部分问题需要整改。

2007年4月26日，深圳地铁一期工程福田口岸站进行了消防正式验收，消防初验收基本通过。2007年5月，福田口岸站进行了消防复验收，并通过了验收。

2007年7月19日，深圳地铁一期工程进行消防复验收，由于地铁公司非常重视消防整改工作，整改工作全面，因此这次全线复验收顺利通过。

6.7.6 消防和防灾报警系统运行情况

深圳地铁自 2004 年 12 月 28 日首期开通以来,到 2006 年 6 月 30 日,已安全运行 550 天,列车运行 20.3 万列次,安全运送乘客 9685.5 万人次。

6.7.7 深圳地铁消防及防灾报警系统特点

深圳地铁一期工程消防及防灾报警系统,坚持"以防为主,防消结合"的原则,充分考虑到现代地铁的特点,将消防、防灾、报警系统和环控系统统一考虑,各子系统既相对独立又有机结合,形成一个保护范围广、功能齐全的防灾系统。系统作用得到充分发挥,合理又科学,使深圳地铁相关防灾系统达到了世界先进水平。

6.7.8 消防及防灾报警系统的投资情况

消防系统(含消防给水、导向和事故照明、事故广播)共投资约 4280 万元,防灾报警、气体消防、感温光纤报警以及车站设备监控等系统共投资约 7064 万元。

6.8 环境保护工作报告

6.8.1 概述

从宏观上看,地铁项目本身就是解决城市交通污染的一种有效途径。
地铁会对生态环境造成一定的影响,主要表现在施工期间的噪声、扬尘污染、施工废水等,运营期间的振动、噪声、废气及电磁辐射影响等。

6.8.2 环保措施及投资

一、环评报告书及批复意见的执行情况

为减少施工期将对周边环境造成一定的扬尘、噪声污染影响,采取了一系列措施,如在各工地设置洗车槽、严格控制运土车、指定弃土场、设置临时声屏障、采用低噪声设备等。

为减少运营期间对环境的影响,采取了相应措施:设置不落轮镟床,减低列车运行时产生的振动和噪声;敏感路段设置浮置板道床;在风机前后、风道中均设置消声器,降低车站设备噪声对地面的影响;在各车站设置化粪池对生活污水进行处理后排入市政管网;在车辆段设置生产废水处理系统,车辆段废水处理达标后部分经深度处理回用于车间冲洗和场区绿化等;对主变电站进行多方面的防治,以减少电磁辐射污染。

试车线属于对外影响最大的噪声源,车辆段试车线采用碎石道床,钢轨和轨枕间加设胶垫并采用弹性扣件以降低噪声,在试车线南侧建设 2m 高隔声墙。

车辆段的废水主要来自列车清洗产生的废水、维修车间的生产废水及生活污水等。生活污水经化粪池处理后就近排入市政污水管网;含油生产污水经处理达标后排放,冲洗废水经处理达标后部分深度处理回用于车间地板冲洗、场区绿化等,以节约水资源。

二、环保设施及投资

环保设施见表6-11。

环保设施一览表　　　　　表6-11

类　别	工程内容	投资(万元)
噪声	地下站环控系统消声处理、隔声屏障	1000
振动	浮置板道床	5000
废水	车辆段生活污水和生产废水处理、车站生活污水处理	200
废气	地下车站通风系统的过滤	200
绿化	车站出入口、风亭周边的绿化工作,车辆段内部绿化工作	1200
固废	施工期间所挖出的土方处理(此费用含在土建施工合同中)	2500
施工期间环境治理及监测	施工期间对周边环境保护所增加的工程费用,如对噪声、污水的治理等	1000
合计		11100

(一) 废水排放及水污染控制

废水主要为车辆段污水、洗车废水、生产废水和车站生活污水。

19个车站均位于城市建成区,全线的雨水、污水分别排入城市雨水系统和污水系统。

车辆段的废水主要来自列车清洗产生的废水、维修车间的生产废水、生活污水及雨水。其中雨水及生活污水直接排入市政管道,地铁公司选用的洗车机具有污水自动处理循环使用的功能,产生的废水量非常小,最终的废水经污水处理达标后,再排入市政管网。

车辆段的污水主要包括生活污水,洗车废水,少量机加工、维修产生的废水及蓄电池间产生的少量含酸、碱污水,含镍、镉等重金属的废水。车辆段的生活污水主要是地铁职工办公区洗涤、卫生间等生活污水,主要污染物有SS、COD_{Cr}、BOD_5、阴离子合成洗涤剂(LAS)、石油类等。

(二) 噪声影响及控制措施

地铁运营期的噪声主要来源于地铁列车轮轨相互碰撞产生的轮轨噪声、推动周围空气产生的空气动力性噪声以及列车牵引电机噪声、车辆设备噪声、风亭和冷却塔风机噪声等。地铁列车在隧道中运行所产生的噪声经过隧道的阻隔和地层的吸收,一般不会对地面造成影响。车站通风系统风机、隧道通风系统风机(事故状态下启用)运行时所产生的空气动力噪声通过风道、风亭传播到地面。冷却塔均安置于地面或半地上,噪声主要有轴流风机噪声、水泵噪声以及喷淋噪声。

列车行驶时轮轨相互作用产生的噪声,根据《车辆通用技术标准》(CJ/T 5021—1995)[①],当车速为80km/h时,距轨道中心7.5m处的噪声源强为82dB。

---

① 此规范现已作废。

车站和隧道通风系统使用的大型轴流风机产生的空气动力性噪声,是车站站台和地面风亭出口处的主要声源,地铁沿线风亭和冷却塔工作时产生的噪声会对周围敏感点产生影响。

为降低运营期的噪声影响,冷却塔采用低噪声横流式冷却塔;在部分车站的冷却塔旁加设大型广告牌,起到声屏障的作用;部分噪声源上采用消声、降噪措施。

经过中国环境监测总站组织的现场监测,各监测点位的厂界噪声达到相应的区域声环境质量标准。

(三)振动影响及控制措施

地铁振动主要是由轮轨相互撞击而产生的,产生的振动经钢轨通过扣件和道床传到隧道,再由隧道穿向大地,从而引发隧道附近地面建筑物的振动。其一,行驶中的列车,由自身重量通过轮轨接触点引起钢轨周期性上下振动,再从道床传入地面;其二,当车轮经过钢轨接缝处或表面由于磨损呈波纹状的钢轨时,车轮撞击这些部位激发出巨大的力,从而激励车辆和钢轨振动,即冲击振动。特别是列车在地下行驶时,会引起隧道振动,这种振动通过土壤传到建筑物内,再次引起结构振动。

正线采用60kg/m钢轨,发车线、折返线、车场线采用50kg/m钢轨,轨距均为1435mm。全线钢轨扣件均采用减振降噪的弹性扣件。钢轨在站与站之间无接缝,接缝设在线路与道岔接驳处。

中国环境监测总站的监测结论:地铁运营期间,除市民中心区段室内振动超过对应限值要求外,其余敏感建筑在运营期间可满足《城市区域环境振动标准》(GB 10070—1988)对应的限值要求。对地铁线路经过市民中心区段,采取金属弹簧浮置板道床后该敏感点也达到对应的标准限值要求。

(四)固体废物影响及控制措施

运营后产生的固体废物主要有车辆段机械加工产生的废铁屑等,车站、车辆段职工及乘客产生的生活垃圾等。

车辆段废铁屑等固体废物由专人负责清理,生活垃圾统一收集后外运处理。

(五)废气污染影响及控制措施

地铁废气主要来自各地下站风亭排放口废气、维修基地食堂油烟废气等。

在车辆段维修基地食堂安装了专用烟道,并对油烟进行了净化处理。

6.8.3 环保机构的设置及有关规章制度

(1)为了认真贯彻、执行国家环保法规,加强管理,地铁公司设立了完善的环保管理机构,由运营分公司负责,各主要环节均有专人负责。

(2)制定环保管理规章制度,对车辆段维修基地对外排放的含油废水设立专门的废水处理站,由专人24h管理,并定期请专业人员对水质进行监测和对设备进行维护。

(3)制定了《环境因素识别、评价及控制程序》,预防环境事故发生。

6.8.4 试运营期间环保设施运行情况

深圳地铁一期工程部分线路于 2004 年 12 月 28 日投入试运营,按照《环境影响报告书》和环评批复的要求,工程试运行期间配套建设了车辆段生产废水处理系统、生活污水处理系统、车辆段洗车废水处理及循环利用系统、车辆段食堂油烟废气处理系统等,采用了减振、降噪等环保设施。试运行期间各项环保设备运行正常,未发生环境污染事故。

6.8.5 国家环境监测总站监测结果

一、废水监测

监测结果显示:pH 值、化学需氧量、生化需氧量、悬浮物、石油类、总镉、阴离子洗涤剂,均达到广东省地方标准《水污染物排放限值》(DB 44/26—2001)第一时段中二级标准的要求。

二、空气和废气监测

(1)各监测点位 TSP、PM_{10} 的日平均值符合《环境空气质量标准》(GB 3095)二级标准的要求。

(2)各监测点位 CO_2 的小时均值浓度符合《环境空气质量标准》(GB 3095)二级标准的要求。

(3)各监测点站台空气中的 PM_{10}、NO_x、CO_2 均符合《室内空气质量标准》(GB/T 18883—2002)相应标准要求。

(4)厨房油烟排放浓度的监测结果为 $0.5mg/m^3$,低于其相应的排放标准值 $2.0mg/m^3$,排放达标。

三、噪声监测

(1)各监测点位的厂界噪声均达到相应的区域噪声标准。

(2)各监测点列车进出站平均等效声级均小于 80.0dB(A),达到《地下铁道车站站台噪声限值》(GB 14227—1993)❶一级标准限值的要求。

(3)各监测点的平均混响时间分别为 1.1s、1.4s、1.4s、0.88s、1.1s,均低于《地下铁道车站站台噪声限值》(GB 14228—1993)规定的一级标准 1.5s 的限值,符合标准规定的要求。

四、振动监测

(1)沿线选择的 7 处不同功能的敏感点(共 17 个测点),均符合《城市区域环境振动标准》(GB 10070—1988)中的相应区域标准。

---

❶ 已作废,现行版本为《城市轨道交通车站站台声学要求和测量方法》(GB 14227—2006)。

(2) 在市民中心站—少年宫站区间段,列车行驶速度为60km/h,减振设施为钢弹簧整体道床,与普通整体道床相比,其铅垂向Z振级的减少值为7.4dB;在购物中心站—香蜜湖站区间段,列车行驶速度为70km/h,减振设施为弹性短轨枕整体道床,与普通整体道床相比,其铅垂向Z振级的减少值为5.3dB。

五、辐射监测

对于工频场强,目前国内只有中华人民共和国环境保护行业标准《500kV超高压送变电工程电磁辐射环境影响评价技术规范》❶,推荐居民区工频电场评价标准为4000V/m,磁感应强度对公众全天辐射时的工频限值为100μT。参考该标准,监测结果均低于评价标准值。

对于射频场强,按国家标准《电磁波环境卫生标准》(GB 9175—1988)❷进行评价。标准规定:对射频0.1~30MHz频率的电磁辐射源,一级(安全区)电场强度容许值为小于10V/m,监测结果均在标准规定的范围内。

6.8.6 环保部竣工环境保护验收结论

2008年11月14日,原环保部会同广东省环境保护厅、深圳市人居环境委员会、深圳市发改委,对深圳地铁一期工程进行了环保验收。参加验收的单位还有中国环境监测总站、深圳市环境监测中心站、广州市环境监测中心站、中国铁道科学研究院、深圳市地铁集团有限公司。形成验收意见如下:

一、工程基本情况

深圳地铁一期工程位于深圳市,由1号线东段和4号线南段组成,正线全长21.453km,其中1号线正线长17.446km,设15座地下车站;4号线正线长4.007km,设5座地下车站。工程实际总投资为106.536亿元,其中环保投资1.11亿元,占总投资的1.04%。工程于1999年12月开工,2007年6月工程全部建成。

二、环境保护措施及验收调查结果

1. 生态影响

工程施工期取、弃土符合地方政府的统一规划要求,施工结束后对临时占地进行了硬化或植被恢复。对检修车辆段等采取了绿化措施,效果良好。

2. 声环境影响

工程在竹子林车辆段、风亭和冷却塔采取了设置隔声屏障、消声器等多种方式的降噪措施,夜间不开展试车作业。车辆段厂界昼间噪声监测值符合《工业企业厂界环境噪声排放标准》(GB 12348—2008)要求,风亭和冷却塔昼、夜间噪声监测值均符合《工业企业厂界环境噪声排放标准》(GB 12348—2008)要求。

---

❶ 已作废,现行版本为《环境影响评价技术导则输变电工程》(HJ 24—2014)。
❷ 已作废,现行版本为《电磁环境控制限值》(GB 8702—2014)。

3. 振动影响

工程对沿线振动敏感地段采取了设置钢弹簧浮置板道床、橡胶浮置板道床、弹性短枕式整体道床的减振措施。振动监测结果均符合《城市区域环境振动标准》(GB 10070—1988)要求。

4. 水环境影响

竹子林车辆段建设了生产废水处理系统和中水回用系统,废水经处理后回用,车站生活污水经处理后进入市政管网。处理后的生产废水和生活污水各监测值均符合广东省《水污染物排放限值》要求。

5. 大气环境影响

风亭、站台周围环境空气质量监测值符合《环境空气质量标准二级标准》要求,食堂油烟废气监测结果符合《饮食业油烟排放标准》要求。

6. 电磁影响

两座中心变电所、一座牵引变电所工频电场强度监测值最大为 2.7kV/m,小于 4kV/m 的推荐标准限值。

7. 固体废物影响

车辆段废铁屑、生活污水、废水废泥、生活垃圾等均委托专门单位统一清运至垃圾处理站。

8. 公众意见

80.9%的被调查者对工程的环境保护工作表示满意或基本满意。

三、验收结论

环保手续齐全,经整改落实了环评报告措施,符合环境保护验收条件,同意通过。

6.9 设备材料管理工作报告

6.9.1 设备基本情况

一、深圳地铁一期工程项目基本情况

深圳地铁从建设伊始就定位为以车辆和机电设备系统信息化为标志的现代化地铁。为实现运营的安全、节约、可靠和高效,主要依靠五大高新技术、信息化装备系统,即现代化地铁车辆,行车安全的列车自动控制系统(ATC),车站、隧道设备系统的深度集成综合监控系统,客流、收入的智能收费管理系统,有线和无线通信系统。

二、车辆和机电设备的特点

车辆和机电设备的实际总投资为 331652.58 万元,占一期工程总投资额的 31.13%,平均每公里投资为 15459 万元,同口径比较投资最少,国产化创新水平高,国产化率超过 70%,绝大多数自主创新成果专家鉴定为达到国内领先、国际先进水平。

1. 自主创新实现又好又省又安全

整体创新成果达到 21 世纪初信息化的国际先进水平。在以下五个方面实现了突破:一是信息化自主集成创新系统多,二是安全控制自动化水平高,三是环控和电扶梯自动化节电多,四是平均每公里车辆和机电设备造价低,五是运营维护费用低。

2. 创新填补国内空白

填补国内空白及创造第一的突破有:

(1) 自动售检票系统。国家的国产化依托项目,国内第一个创新信息化系统。

(2) 综合监控系统。将设备控制、电力控制和火灾报警(FAS)三个系统深度集成。

(3) 通信系统。电信、移动、联通和移动数字电视等公众通信,与地铁同时开通。

(4) 信号系统。核心技术第一次无偿引入,国产化率第一次达到53.3%。

(5) 车辆。第一辆在国外生产,后期由国内合资企业生产,迈出国产化重要一步。

(6) 资产管理系统。为创建的新系统,提高了工作效率,填补了国内空白。

(7) 光纤感温火灾监测系统。首次在全线隧道内使用,填补了国内空白,获专利。

(8) 乘客资讯系统。首次在地铁创新应用,填补了国内空白。

(9) 气体灭火系统。深圳地铁第一次应用。

(10) 柔性接触网系统。替代了进口,节约了投资和运营费用,填补了国内空白。

(11) 司机模拟驾驶培训系统。替代了进口,节约了投资和运营费用,填补了国内空白。

上述创新已安全运行4年,证明系统可靠。

3. 国产装备起点高

本工程是国家第一个地铁设备国产化依托项目,机电设备国产化率目标为70%。国产化率达到70.07%:车辆67.67%,信号系统53.33%,通信系统48.21%,供电系统90.08%,自动售检票系统67.71%,综合监控系统78.58%,电梯、自动扶梯90.53%,气体灭火系统66.33%,屏蔽门系统45.24%,车辆段设备60.14%,环控系统100%,给排水系统100%。

4. 开通运营水平高

本工程一次开通ATC的ATP、ATS、ATO功能,并与车辆和屏蔽门实现自动配合,停车精度始终自动控制在0.25m以内,在550天的试运营期间内,列车运行正点率始终稳定在99.95%以上(按2min晚点计算),创造了试运营表现和同类信号系统开通行业新纪录。

5. 电扶梯配备数量多

19个车站共装有220台电扶梯,是目前国内已建成地铁中配备电扶梯数量最多的地铁工程。

6. 在工程造价中所占比重较大

车辆和机电设备购置费占总投资的31.13%。

7. 参建的设备单位多,协调工作量大

承包车辆、机电设备及安装工程的共146家,签订常规设备及系统安装合同19项,机电设备采购合同313项。多专业、多系统、多接口,协调工作量大。

8. 工期紧

工期只有短短两年多一点,相当紧张。

9. 政府与社会关注度高

该项目是深圳建市以来第一个国家重点工程项目,市委、市政府高度重视,提出了"高起点设计、高质量建设、高水平管理"的要求,确定2004年12月28日全线通车。也是深圳市民出行交通的一个重大事件,媒体和社会的关注度很高。

三、进口设备情况

不是以引进为主,更不是全部进口,而是以国产设备为主,以国产化为依托。这在全国是首开先河,也是深圳地铁的一大特色。

(1)车辆和机电设备共12个系统。其中,环控和给排水2个系统无进口设备,全部为国产化系统。其余10个系统虽然采用了部分进口设备,但国产化仍为主流。

(2)进口设备共52项,按金额计算各系统进口比例不等,进口最多的是屏蔽门系统,达44.76%,进口最少的是电扶梯,仅9.47%。

(3)进口设备供应商共21家,分布在10个国家,依供货项目多少排列:德国第一,法国第二,英美第三,意韩日比芬瑞士第四。

6.9.2 设备国产化情况(略)

6.9.3 设备工程管理组织机构

设备工程项目管理的组织机构如图6-8所示。

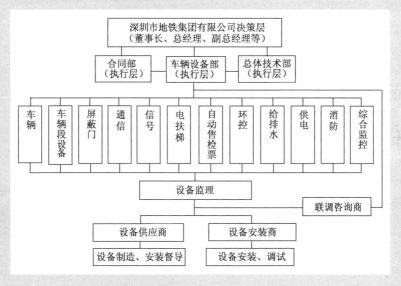

图6-8 设备工程项目管理的组织机构

由地铁公司委托有关单位进行前期各项工作(如可行性研究等),报政府批准后,进行设计招标,委托设计单位在设计过程中进行采购、施工招标文件准备,通过招标选择承包商。主要设备、材料的采购和施工由地铁公司与承包商单独订立合同并组织实施,设备工程是按专业、项目指派建设单位代表(建设单位的工程技术人员)与委托的设备监理(中国铁道科学研究院深圳地铁监理部)、联调咨询商(柏诚工程股份有限公司),负责整个项目的管理工作,并将设备制造、安装、调试等阶段的工作授权给设备监理进行。

6.9.4 设备招标和采购管理

根据深圳地铁车辆、设备特点和设备工程的管理模式,进行招投标管理,选择有能力的承包商。建立了一套完整科学的管理模式,以投资管理为主线,通过合同管理、进度管理、质量控制等手段,对车辆和机电设备的采购、监造、安装、调试阶段,采用科学有效的项目管理措施,达到了设备质量高、运行安全可靠、维修成本低等要求,为深圳地铁一期工程按期开通打下了良好的基础。

一、设备采购管理

设备采购是工程建设的重要内容,设备采购管理是工程项目管理的重要组成部分。设备采购管理的基本任务是:对需要采购的产品及供应商进行调查分析,划分招标标段,选择招标形式,编制招标文件,确定合同形式,进行合同谈判并签订合同。具体做法是:

(1)根据地铁项目设备相关专业的特点,经过对车辆、信号、通信等设备厂家的走访调研及与国内外设计、咨询、供应厂家的技术交流,掌握车辆及机电设备系统的技术发展动态和国内地铁设备产业的技术、制造水平。在此基础上,对设备系统的采购标段进行合理划分,并根据地铁工程的特点和项目进度要求,编制招标采购计划,明确各个设备的招标投标、签订合同的完成时间。

(2)根据标段划分,在招标文件和合同文件中明确接口,即明确在系统之间和安装合同之间的界面,在各个合同之间分配各自要执行的任务和实施顺序,以避免在两合同边界处服务范围分配重复或出现合同空档。

(3)根据标段划分,对每个标段,进行从招标文件编制、发布、定标、签订合同、设计联络、供货等全过程的计划编制。

(4)根据《中华人民共和国招标投标法》《深圳地铁一期工程机电设备采购管理办法》和设备采购计划,采用公开招标方式选择设备供应商。与中标候选人进行技术、商务谈判,明确合同条款,签订合同。

二、设备招投标情况

深圳地铁一期工程设备的选择,是在遵循国家城市轨道交通设备国产化有关政策的基础上,采用招标的方式进行的,鼓励有关国产化厂家进行有序竞争,以提高整个产业的技术水平,推进国产化进程。

深圳地铁一期工程机电设备的招标和国产化工作,得到深圳历届市委、市政府领导的高度重视和大力支持。市领导多次就设备招标和国产化方面的重要问题作出指示,亲自把关决策车辆、信号等关键设备的招投标工作,协调解决在设备国产化过程中遇到的重点、难点问题。

在机电设备的招标过程中,深圳市政府各级领导以身作则,廉洁从政,为招投标工作严格按法律、法规办事,坚持三公原则,提供了前提条件。地铁公司严格按规范操作,坚持集体决策,全力支持设备招标各工作小组的工作,保证招投标工作的顺利进行。

深圳地铁一期工程机电设备全部采用招标采购,除不具备公开条件经市地铁工程建设指挥部批准采用邀请招标的车辆、通信系统,采用竞争性谈判的屏蔽门项目外,其余都是公开招标。

根据原国家计划委员会意见和深圳市地铁工程建设指挥部办公会议决定,深圳地铁车辆采购在中车长春轨道客车股份有限公司、中车南京浦镇车辆有限公司/阿尔斯通公司、中车青岛四方机车车辆股份有限公司/庞巴迪公司、中车株洲电力机车有限公司四家单位中通过招标确定。

屏蔽门系统主要由金属结构、玻璃幕墙、门体、门机和门控系统等部分组成,国内企业目前尚无该系统的设计和制造经验,必须得到国外供货商的支持。2000年10月16日,深圳市地铁建设指挥部在关于"深地铁〔2000〕179号请示报告"的批复函中,明确屏蔽门项目采用邀请招标方式,但只有深圳方大集团有限公司(与法国法维莱合作)和广州奥的斯有限公司(与英国西屋合作)两家参加了项目投标。于是,改为竞争性谈判的方式确定中标人。

通信系统设备总包商可选厂家较少,且其传输体制有SDH、ATM或SDH+ATM,每种制式各有优缺点。但每家产品均不能完全满足需求,存在或多或少的缺陷。因此招标时,尽量扩大选择面,创造一个公平竞争环境,对于各个厂家全力改进其产品是十分必要的。2000年10月19日,深圳市地铁工程建设指挥部决定采用邀请招标的方式,在深圳中兴通信、桑达通信和特发信息三家中邀请招标。

关于设备监理的招标问题,由于当时国内设备监理刚刚起步,没有专门从事地铁设备监理的单位,为了保证地铁建设的安全可靠和高质量,地铁公司委托在国内地铁行业专业类别齐全、熟悉地铁设备系统的中国铁道科学研究院集团有限公司,作为深圳地铁一期工程的设备监理单位,深圳地铁也是国内地铁行业第一个采用设备监理的单位。

整个招标工作均严格按程序进行,体现"公开、公平、公正"原则。地铁公司编制了《深圳地铁一期工程机电设备采购管理办法》,并经深圳市地铁工程建设指挥部批准。地铁公司还制定了《深圳地铁一期工程机电设备招标工作程序》《设备招标工作流程表》《投标文件澄清及合同谈判工作程序》《评标会务手册》等规则和程序,使招标工作组织有序,进展顺利。

通过招标,确定深圳市国际招标有限公司为招标代理单位,代建设单位完成编制招标文件,组织招标活动等工作。在采用招标代理的同时,对于设备进口业务部分,委托深圳市深业成套设备有限公司进行进口业务代理。

公开招标时,招标代理机构在国家规定的有效的媒体上公开发布资格预审公告或招标公告,邀请符合资质条件的不特定法人参加资格预审或投标。邀请招标时,招标代理机构向不少于三个具有承担招标项目能力、资信良好的特定的供货商发出投标邀请书。从招标开始起,就将国产化的意图贯彻于整个招标过程中。在招标文件编制时,将国家对国产化的要求明确地纳入招标文件中,车辆等系统的招标文件还设立了专门附件,对国产化提出了具体的要求,规范项目的国产化的实施,并明确规定,在同等条件下,国产化率高和国产化方案可操作性的设备系统供货商在定标时将予以优先考虑。在评标、澄清、谈判中,也将国产化方面内容作为重点进行,有效地调动了投标人对国产化的积极性。开标前召开预备会,组建评标委员会,审定评标细则,对评标工作做出安排。招标代理机构通过抽签的方式从专家库中组建评标委员会,评标委员会由熟悉相关业务的代表以及有关技术、经济等方面的专家组成,依法开展招标工作。整个设备招标工作在深圳市地铁工程建设指挥部的领导下开展工作,接受纪检、监察和检察部门以及政府投资项目稽查部门的监督。深圳市公证处对设备采购招标投标过程进行了公证。

6.9.5 设备制造管理

一、设计和样机制造阶段的管理

1. 产品设计联络

地铁公司和设计单位、监理单位、设备供应商一起,召开设计联络会,确定地铁工程对合同设备技术要求及设备与其他系统和土建工程的接口,解决产品设计前存在的问题。

2. 产品设计审查

地铁公司与设计单位、监理单位一起,会审产品设计文件,审查产品功能及性能是否符合要求,接口是否符合要求,技术和工艺是否合理先进,所用的标准、规范是否符合国家和行业规定。

3. 样机制造

需进行样机制造的设备,设备供应商应按合同要求和产品设计审查结果,进行样机制造。地铁公司和设备监理按相关程序,进行监督、检查和验收,以验证产品设计是否满足要求。

4. 样机性能试验及验收

对样机进行检查、测试和验收,对发现存在的问题要求供应商整改。整改完毕,重新验收合格后,签发样机合格证书。

二、设备制造阶段的管理

1. 生产前技术准备审查

批量生产前,地铁公司会同监理检查设备制造工艺、工艺夹具、材料、外购件质量及检测报告,检查零部件加工设备、加工工艺、检测工具、生产流程等,以保证设备制造质量。

2. 设备制造

根据安装工程需要,分批下达合同设备的生产通知。在制造中,重点跟踪、检查设备各主要部件和关键部件的生产过程,监督关键工序、装配过程、装配技术、装配工艺。

3. 出厂验收

设备出厂前,检查生产制造的质量检验记录,测试设备整机、静态技术指标和试运行的动态技术性能,检查包装、存储和运输等环节,验收合格后签发验收报告,通知厂家发货。

6.9.6 设备安装调试管理

一、组织架构及分工

(1)总调度室:负责对安装进度计划、装修施工的统筹管理和统一协调。

(2)工程部:负责常规设备(环控、低压及动力照明设备、给排水设备等)的安装、单系统调试及车站建筑装修工程的施工管理工作。

（3）车辆设备部：负责系统设备安装工程、单系统调试和设备联调的管理工作。

（4）监理：土建监理负责常规设备安装调试及车站建筑装修的监理，设备监理负责系统设备安装、单系统调试和设备联调工程的监理。

（5）常规设备安装商：负责常规设备安装和所辖标段内所有施工单位的管理与协调。

（6）设备供应商：负责设备安装、调试技术支持、安装督导。

（7）系统安装商：负责系统设备的安装、单系统调试。

（8）联调咨询商：负责联调工作策划、联调文件编制、参与联调全过程工作。

二、系统设备安装、单系统调试阶段的管理

图6-9是设备安装调试管理的组织架构。

图6-10是系统设备安装、单系统调试管理流程。

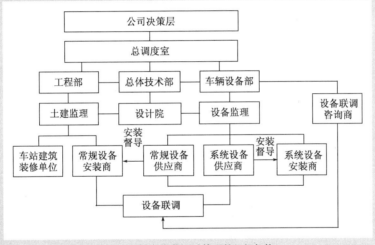

图6-9　设备安装调试管理的组织架构

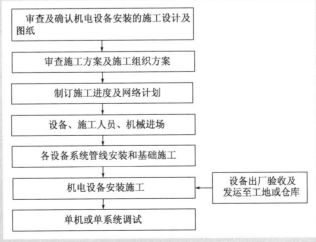

图6-10　系统设备安装、单系统调试管理流程

机电设备安装工程管理的主要任务是：

1. 施工前准备工作的管理

建设单位主持召开由设计院代表、监理、安装商共同参加的设备安装工程施工设计交底会，审议施工设计及图纸。

2. 施工过程的管理

（1）监理管理

施工前，审核各专业监理工程师的资质，要求监理人员专业配备齐全，要及时到位。

监理要提前进入施工现场，进行各类信息的收集及总结，并及时反馈给主管工程部门。

审查监理细则是否满足施工要求。

监理全程跟进，监理现场施工过程，必要时连续不断24h监理。

（2）设备供货商的管理

设备供货商的安装督导人员必须到位，督导人员的技术、经验应满足工程的要求。

（3）对施工单位的管理

审查施工方案和施工组织方案，审查施工进度计划、施工质量保证体系、调试方案、重大技术措施和安全措施，并督促实施。

督促安装商按计划、按规范施工，文明施工，在施工现场应有安全事故的预防措施。

由监理对安装过程的隐蔽工程、分项工程及时进行验收，并整理有关资料。

审查设备调试大纲，在设备安装完毕后，督促安装商严格按单系统调试大纲进行单机或单系统调试，监理会同建设单位进行验收。

（4）工程变更的管理

施工过程中，如出现变更，严格按《深圳地铁一期工程变更管理办法》和《深圳地铁一期工程变更管理办法补充规定》的程序办理变更，并在实施过程中跟踪和落实。

三、设备系统联调的管理

设备系统联调是在各设备系统已完成单系统调试并达到合同技术规格书要求后进行的，目的是进一步验证系统与系统连接后的整体功能是否满足运营需要。联调管理工作如下：

1. 联调准备

（1）通过招标，选择有联调经验的咨询商，对联调全过程咨询，以保证联调工作顺利。

（2）明确设备系统联调内容和流程。

（3）对联调项目进行分类，明确联调项目与相关系统的关系。

（4）联调程序：将一期工程设备系统联调测试分为三级测试和三步骤测试。三级测试为就地级测试、车站级测试和中央级测试。三步骤测试为物理接口测试、接口功能测试和设备系统功能测试。验证各系统之间的接口是否匹配正确，信息传输是否无误，功能是否满足技术文件要求。

（5）根据一期工程的开通方案、各系统的技术文件及设备系统安装调试进度，联调咨询商编制一期工程设备系统的联调计划，包括联调计划、联调大纲和实施细则。

2. 设备联调的实施管理

根据编制的联调计划、联调大纲和实施细则，分阶段、分类进行联调项目的实施。

(1)统一管理、统一指挥。地铁公司成立联调领导小组,对联调实施统一管理和指挥。

(2)联调项目严格按联调计划组织实施,记录各项测试结果并进行分析。出现问题,责成有关责任单位限期整改。整改完成后,重新测试。

(3)每周召开专门的联调工作例会,总结上周联调工作,协调解决联调中出现的困难和问题,布置和安排下周联调工作计划。

(4)所有有关开通的联调项目完成后,对整个联调工作进行总结,提出联调总结报告和安全评估报告,确保整个系统安全运营,交付运营分公司试运营。

6.9.7 进度管理、质量控制和投资控制

一、进度管理

深圳地铁设备工程进度管理是一个动态过程,影响因素多,风险较大。设备工程进度,不但会受到建设单位、监理单位、设计单位、设备制造单位、施工单位等参建单位管理水平、业务能力等因素的影响,还会受到国内外政治、市场环境变化、气候及不可抗力等外部因素的影响。换句话说,造成工期延长的因素既有客观的,又有人为的。其中,人为因素是最常见的和最重要的,也是可以预测和控制的。

因此,必须采取有效措施,对各种进度影响因素实施干预,才能保证进度目标的实现。主要有以下五项措施:

1. 组织措施

(1)建立了设备工程进度目标控制体系,如图6-11所示。

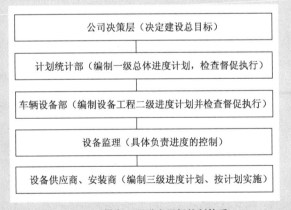

图6-11 设备工程进度目标控制体系

(2)建立设备工程进度管理工作责任:明确车辆设备部各合同管理人员为进度控制的第一责任人,设备监理负责进度控制的具体事项的落实。

(3)有可行的进度控制工作体系,包括例会制度(技术会议、协调会议等)、进度计划审核及实施过程监理制度,各类文件审核程序及时间限制等。

(4)建立了完整的变更控制系统,一旦设备工程发生变更,各方应遵循事先建立的变更程序,及时审核和批准变更。

（5）建立激励机制，对进度控制的建设单位工作人员、监理人员、承包商采用激励手段（奖励、惩罚、表扬、批评等方式）或采用责任书形式督促他们认真履行职责。

2. 技术措施

深圳地铁一期工程采用横道图计划、网络计划技术等编制深圳地铁一期工程总进度计划、设备工程进度计划，并采用电子计算机和各种应用软件(P3软件)辅助进度管理，包括进度数据的采集、整理、统计和分析。

3. 合同措施

在合同中，对与进度有关的内容作出明确规定，如开工时间、设备设计完成和验收时间、样机制造时间和验收时间、设备到货时间、设备安装调试开始和完成时间、预验收时间、竣工验收时间及开通时间等。

4. 信息管理措施

建立了文档管理系统(含进度)及进度信息沟通制度，保证信息渠道畅通，并明确规定信息传递的方式和方法。

5. 进度计划管理

为了对施工项目实行进度计划控制，首先必须编制施工项目的各种进度计划。其中有施工项目总进度计划、单位工程进度计划、分部分项工程进度计划、季度和月(旬)作业计划，这些计划组成一个施工项目进度计划系统。计划的编制对象由大到小，计划的内容从粗到细。编制时，从总体计划到局部计划，逐层进行控制目标分解，以保证计划控制目标落实。执行计划时，从月(旬)作业计划开始实施，逐级按目标控制，从而达到对施工项目整体进度目标的控制。

工程项目计划是整个项目管理的"龙头"，它对地铁建设中的各个部分进行统筹分析，制订最佳方案，让所有参与者在限定的工期内，彼此合作，尽量做到没有纠纷，以较低的造价，高质量地、安全地完成这一任务。

在项目的实施进程中，为了进行进度控制，进度控制人员应经常地、定期地跟踪检查工程实际进度情况，主要是收集工程项目进度材料，进行统计整理和对比分析，确定实际进度与计划进度之间的关系。其主要工作包括：

（1）跟踪检查工程实际进度

跟踪检查工程实际进度是项目进度控制的关键措施。其目的是收集实际工程进度的有关数据。跟踪检查的时间和收集数据的质量，直接影响控制工作的质量和效果。一般检查的时间间隔与施工项目的类型、规模、施工条件和对进度执行要求程度有关，通常可以确定每月、半月、旬或周进行一次。检查和收集资料的方式一般为采用进度报表方式或定期召开进度工作汇报会。

（2）整理统计检查数据

对收集到的工程项目实际进度数据，要进行必要的整理，按计划控制的工作项目进行统计，形成与计划进度具有可比性的数据，相同的量纲和形象进度。

（3）对比实际进度与计划进度

将收集的资料整理和统计成具有与计划进度可比性的数据后，用工程项目实际进度与计划进度的比较方法进行比较。通过比较得出实际进度与计划进度一致、超前、拖后三种情况。

(4) 施工项目进度检查结果的处理

施工项目进度检查的结果,按照检查报告制度的规定,形成进度控制报告向有关主管人员和部门汇报。进度控制报告是根据报告的对象不同,确定不同的编制范围和内容而分别编写的。一般分为项目概要级进度控制报告、项目管理级进度控制报告和业务管理级进度控制报告。进度报告由计划负责人或进度管理人员与其他项目管理人员协作编写。报告时间一般与进度检查时间相协调,也可按月、旬、周等间隔时间进行编写上报。

二、组织协调及工程现场检查与督促

各方负责策划的工程师应依据合同要点,编制各种实用的施工计划,并按照这些计划来监督、检查施工进展,同时对施工过程中出现的各种故障,通过协商等方法来解决以防止延误工程的进展。

由于土建装修与机电系统之间有着互相衔接、环环相扣的关系,而彼此之间又没有所谓的合同关系,深圳地铁一期工程的各承包商都在友好合作的气氛下,按照工作的先后顺序,互相配合,合理安排施工内容,达到顺利如期完工的目标。协调的具体措施是:

1. 技术协调

提高设计图纸的质量,减少因技术错误带来的协调问题。设计图纸的好坏直接关系到工程质量的优劣。图纸会签又关系到各专业的协调,设计人员对自己设计的部分,一般都较为严密和完整,而与其他人配合的工作就不一定能够一致。这就需要在图纸会签时找出问题,并认真落实,从图纸上加以解决。同时,图纸会审与交底也是技术协调的重要环节。图纸的会审应将各专业的交叉与协调工作列为重点。进一步找出设计中存在的技术问题,再从图纸上解决问题。而技术交底则是为了让施工队、班组充分理解设计意图,了解施工的各个环节,从而减少交叉协调问题。

2. 管理协调

协调工作要建立一整套健全的管理制度。通过管理以减少施工中各专业的配合问题,建立以建设单位、监理单位为主的统一领导,由专人统一指挥,解决各施工单位的协调工作。建设单位管理人员、监理人员,首先要全面了解、掌握各专业的工序,设计的要求。这样才有可能统筹各专业的施工队伍,保证施工的每一个环节有序到位。

承包商建立由管理层到班组逐级的责任制度。建立奖罚制度,在责任制度的基础上建立奖惩制度,提高施工人员的责任心和积极性。建立严格的隐蔽验收与中间验收制度,做好隐蔽验收与中间验收是减轻协调管理工作的关键。此时的工作已从图纸阶段进入实物阶段,各专业之间的问题也更加形象与直观,问题更容易发现,同时也最容易解决和补救。通过各部门的认真检查,可以把问题减到最少。

3. 组织协调

建立专门的协调会议制度。地铁公司定期举行设备工作例会,解决工程中的协调问题。监理也在每周举行例会,协调各承包商之间的问题。对于较复杂的情况,承包商也组织专门的协调会,进一步明确施工顺序和责任。所有的技术管理人员,都对自己的工作、签认承担相关责任。在统一领导的基础上,设立相关的奖罚措施,一级一级落到实处。

除各种协调外,还必须做好现场检查与监督。从现有管理体制看,专职的项目管理人员也不可能对现场每个专业的施工、每道施工工序都完全介入和监督,因此现场检查与监督主要做到以下几点:

1. 优化施工计划和施工技术方案

应根据施工现场的自然环境条件、材料机具劳力的供应情况,紧密结合工程实际,制订经济、安全的施工方案,编制便于指导施工的施工组织设计(作业指导书)和合理的进度计划。在施工前进行详细的安全、技术交底,施工中应经常深入现场,了解和掌握现场施工中存在的问题,不断改进施工方案和生产工艺,提高施工的安全性。对于比较特殊的施工部位(工艺),必须经过专业技术人员的计算、分析和论证,制订出详细可行的实施方案,并加强检查和验收力度,确保技术上可行、安全上有保障。

2. 加强对施工方案和施工安全技术措施的落实力度

要经常深入施工现场进行指导,并结合现场实际,及时调整有关安全技术措施。在各道工序进行质量验收时,安全质量一定要摆在首位。因为没有安全,就无法保证正常的生产,更不要谈质量和效益。在工序交接时,应明确各个工序的工作职责,要在检查确认的基础上进行对口交接,在中间交接表上也可考虑增加安全施工交接一项,必要时工序交接也可邀请安全管理人员参加。要做到"上不清、下不接"。

3. 认真组织专业性安全检查和不定期的特种检查

对易发生安全事故的特种设备、特殊场所和特殊施工工序,除安全管理部门的综合性检查外,应组织有专业技术人员参加的专业性安全检查。检查前应明确检查重点、检查手段和检查方法,发现问题要及时纠正处理,以确保安全施工。

三、质量控制

设备质量是决定工程质量的主要因素之一,在设备的招标、设计、制造、工厂检验、运输、仓储、商检、开箱、安装调试与联调验收、试运行、质保期等各阶段均制定了一系列严格的管理制度和办法,确保设备质量安全可靠。

对设备采购合同的技术条款,地铁公司与设计单位共同协作,层层把关,做到技术条款细致、准确、可行,为保证设备质量奠定基础。对重要设备,地铁公司派出技术人员进行工厂监造和出厂验收。合同中明确规定,在设备完成工厂生产后,由设备部组织有关人员和监理到厂按合同要求进行设备验收。若设备不符合要求,则必须重新修正,不得发货,保证出厂设备为优质设备。

对于设备到货、运输、仓储、工地开箱检验等一系列工作,地铁公司与进出口公司、海关、商检各部门均有专人负责联络,使得工作有序顺利进行。在设备安装、调试期间,对引进设备,厂家一般都在合同中明确负有督导的责任,国内设备一般也要求厂家到现场做好配合工作,若发现问题,能及时进行处理。安装、调试完成后,由地铁公司组织公司的有关专业人员和监理组成验收小组,由监理组织对设备进行预验、初验和地铁公司组织正式验收等多次验收。在各次验收中对所发现的质量问题,均明确责任及处理期限,最大限度地保证了设备的运营安全、可靠。

四、投资控制

深圳地铁一期工程价款支付的原则是：以合同为依据，根据工程进度，按照规定程序审批付款，确保支付不得超过工程形象进度，确保支付不得超过合同总额。工程款支付时，首先进行工程验工计价审核，监理确认当期实际完成的工作量，审核是否按规定的定额、标准计算工程价款，量价计算是否正确，并按照建设单位批准的验工计价报表出具计量支付证书。工程主管部门随时掌握工程形象进度，按照合同规定认真审核当期实际完成的工程量及各项实物指标，重点审查有无多报项目内容、多报工程量等情况，并根据合同清单内完成的工程量按工程形象进度加以确认。合同部依据合同规定的分部分项工程量清单及定额单价正确计算当期已完成的工程价款，严格把好投资控制关，按规定程序审批当期已完成工程的验工计价。将批准的当期验工报表返回工程主管部门，由工程主管部门退回监理单位签发财务三联单支付证书。

为做好工程付款审核工作，保证资金的安全，在工程付款审核时坚持"三把关"：一是把好合同关，即严格按合同规定办理，按合同规定的支付条件逐一审查支付项目、内容、数量、金额；二是把好借款关，工程办理结算前，任何项目，只要出现施工单位存在借款，一律从中扣款；三是把好支付关，与合同所列的支付账号核对，工程款直接打入规定账号，以确保资金支付的安全。同时，在审核工程款时，坚持"三核对"：一是与会计账核对，二是与支付台账核对，三是与代扣代付单位核对，确保审核金额正确完整。地铁公司还成立了工程验工计价抽查小组，对计价进行随机抽查。抽查情况作为今后审核工程款支付的参考依据。

在合同执行中，始终坚持规范的管理制度，明确各项工作的流程。从设计联络到验收证书的签发，从到货管理到付款审批等，都根据工作内容和不同的需要，制定和建立起一整套严格的管理制度和切实可行的操作程序。由于每个重要的工作环节都有明确的工作流程，办事有章可循，有法可依，从而做到忙而不乱、有条不紊。

工程设备总价为331653万元（审定数），占工程总价的31%。

6.9.8 甲控材料的管理

一、概述

为加强原材料选用的控制，把好工程质量的源头关，以确保深圳地铁一期工程达到预期的质量目标，地铁公司经走访深圳市建设行政主管部门、政府质检部门、其他政府项目建设单位，经与工程监理、设备监理、设计单位进行充分的市场调查、论证，决定对乙方负责采购的"运营维护需全线统一，市场行为尚不规范，工程质量难以保证"的材料，由甲方借助专门方式进行控制管理，该材料称作"甲控材料"。

对土建结构工程，地铁公司确定商品混凝土、钢材、主要防水材料为甲控材料。一期工程商品混凝土总用量约171.69万m^2，钢材总用量约31.27万t。

对装饰工程，地铁公司确定将搪瓷钢板、铝合金天花、铺装石材为甲控材料。一期工程搪瓷钢板总用量近6000m^2，铝合金天花约12万m^2，石材约12万m^2。

对机电设备安装工程，地铁公司确定将以下九类材料列为甲控材料：0.4kV低压电缆、电缆桥架、低压母线槽、三箱（配电箱、照明箱和插座箱）、灯具、保温材料、防（排）烟防火阀、电子水处理器和球墨铸铁管。

这些甲控材料，在一期工程中，总价值约1.8亿元人民币。

二、甲控材料供应商的确定方法

对于所有类型的甲控材料，地铁公司均采取公开测评的方式（类似招标流程）确定供应商。以商品混凝土为例，参加测评的申请人必须具备以下条件：

（1）具有"预拌商品混凝土专业"二级资质且通过ISO9000质量体系认证的深圳市企业；

（2）近三年内无因质量事故而被深圳市住建局列入不良行为记录。

参加测评的申请人递交密封的《测评申请书》。《测评申请书》包括法定代表人资格证明书、法人代表授权书、承诺书、测评保函、企业基本情况、商品混凝土组织供应方案。其中"企业基本情况"包括企业资质、营业执照证明材料、质量体系认证以及运作情况证明、企业规模、生产能力、搅拌站及生产线数量、运输设备数量、混凝土生产及供应质量管理办法、实（试）验室等级证书、检测项目许可证、计量合格证书、供应类似工程（如地下或防腐结构、地铁结构等）混凝土的业绩及经验、主要生产、计量及检测设备一览表、近三年及当年市场供应量、工程项目名称、用户名称及联系方式（需提供深圳市水泥及制品协会出具的证明）、近三年财务状况及税务部门出具的交纳所得税证明等。

"商品混凝土组织供应方案"包括以下内容：

（1）供应商针对地铁项目的供应组织机构。

（2）搅拌站分布及供应半径。

（3）搅拌、运输、泵车等设备的配置。

（4）原材料选择及混凝土生产组织、试验、检验和质量控制及保障供应措施。

（5）针对地铁工程抗渗漏、防腐蚀等特点制订生产供应专项质量保证措施。

（6）与承包商的配合协调及售后服务计划。

（7）拟选用原材料基本情况。

按招标程序，地铁公司组建独立的评审委员会进行封闭测评，通过综合测评申请人的资质、业绩、经验、技术保证体系等因素，选择了3家商品混凝土供应商建立地铁一期工程商品混凝土供应商库，入选的商品混凝土供应商与地铁公司签订供应协议。

通过公开测评，地铁公司选择了一批各种主要防水材料的型号及生产厂家（原则上每种材料选定3家供应商），在设计规定的防水材料使用范围内，要求承包商只能在地铁公司选择的厂家范围内采购防水材料。

通过测评，地铁公司选定深圳市物资控股有限公司负责供应深圳地铁一期工程所需要的各种钢材。后期考虑到钢材涨价、采购困难等原因，地铁公司通过招标测评，确定了供应地铁工程钢材的合格钢厂，承包商可以与深圳市物资控股有限公司签订钢材供应合同，也可以与其他钢材供应商签订钢材供应合同，也可以直接到规定的钢厂采购。不管承包商如何采购钢材，但其用于土建工程的钢材必须是通过地铁公司招标测评的钢厂生产的合格产品。并且在使用前必须经过地铁公司、监理和政府有关部门规定的对钢材质量的检查和检验，否则不得用于工程。

用于装饰工程的搪瓷钢板、铝合金天花、铺装石材,通过公开测评,地铁公司分别选定了合肥搪瓷厂、亨特建材(深圳)有限公司、新联益建材实业(深圳)有限公司负责供应相应的建材。

三、甲控材料的供应及支付管理

甲控材料在合同履行期间,原则上不予调价。以商品混凝土为例,地铁公司在土建工程施工招标中,要求承包商选择的商品混凝土供应商必须为入库的商品混凝土供应商,具体由承包商自行根据标段的实际情况,从质量、价格、服务等方面综合比选使用、选择采购,承包商与供应商签订供货合同,供货合同需经地铁公司鉴证和备案。承包商在投标报价时自行根据市场情况,充分考虑市场价格变化的风险,自行填报各类商品混凝土的价格,在合同履行期间,地铁公司均不予以调价。

由于甲控材料的供应,是承包商与供应商签订供应合同,在供应管理方面,地铁公司不承担相关的合同法律责任。地铁公司对于商品混凝土供应管理主要是外部协调,重点是通过深圳市地铁工程建设指挥部,与城市管理部门、交警部门、生态环境部门建立工作联系,为供应商协调、解决供应过程中交通路线组织、城市管理对供应时段限制、环保等方面的问题。

在支付管理方面,为解决个别承包商拖欠甲控材料供应商材料款的问题,保证甲控材料正常供应,地铁公司采取了甲控材料款代扣代付的办法,具体操作流程如下:

(1)甲控材料的供应商提出申请,填写"材料款建设单位扣付申请表",经承包商确认,报监理和地铁公司审批。

(2)材料款代扣每月进行一次,与工程进度款计量支付程序同步进行。

(3)扣付材料款按当月实际供应材料价款的80%扣付,当月材料价款的20%延至下月扣付。

(4)供应商提供每期供货数量确认书,确认书必须有供应商、承包商、驻地监理三方签认。地铁公司向承包商支付工程进度款时,同时将代扣的材料款拨付给承包商。

(5)材料款扣付后,承包商向地铁公司开具当期工程进度款(含扣付材料款)发票,地铁公司视为该笔款项已支付给承包商。供应商向承包商开具扣付材料款的发票,承包商与供应商之间的财务手续,由其双方自行完善处理。

四、甲控材料的质量管理

以商品混凝土为例,甲控材料的质量管理主要采取以下办法:

(1)供应商向地铁公司提交质量保证承诺书,其中包括重要原材料产地、商品混凝土质量品质、主要技术参数、检验标准、售后服务、质量保证期等有关内容的承诺。

(2)供应商的所有原材料在使用前均需经建设单位委托的监理工程师的验收,经检验符合标准后,方可使用。供应商、承包商、监理和建设单位代表按照相关程序或规定检验商品混凝土的原材料及商品混凝土生产流程、成品。监理及建设单位定期或不定期地进行随机抽查。

(3)地铁公司及监理定期或不定期对供应商的产品、原材料进行实地考察、随机检查。同时,对供应商的质量保证体系进行检查考核。

总体而言,深圳地铁一期工程在甲控材料方面的控制,措施是得力的,成效是显著的,对于确保深圳地铁一期工程土建结构工程及建筑装饰工程质量起到了积极的作用。

五、效果、问题和建议

深圳地铁一期工程实行甲控材料管理,达到了保证工程质量、实现工程进度、节约工程投资的三大预定目标,做法是正确的,措施是得力的,成效是显著的,作用是关键的。在工期紧迫、设计深度不够、产品选型不准、技术规格不确定、原材料大幅涨价等十分困难的情况下,保质、保量、保时地保证了材料的供应,使一期工程质量合格率为 100%。

但是,在甲控材料管理过程中,还存在一些问题。这些问题和改进建议是:

(1)因设计单位众多,使材料选择不统一,给评标、采购和支付带来困难。建议今后在施工图设计阶段,由总体技术部门督促总体总包单位,组织搞好主要材料的标准化工作。

(2)在机电设备安装甲控材料管理中,存在多头管理、责任不一、完工计量支付与货到现场支付矛盾冲突等情况。建议今后进一步明确协调设备管理和工程管理在甲控材料管理中的职责,将两种支付方式作适当分割,例如货到支付 80%。

(3)在土建装修甲控材料管理中,控制原则、控制范围、管理模式、责任主体、合同条款、计量支付、管理办法、接口管理等方面有待完善,甲、乙、丙三方的利益及矛盾对工程建设的进展造成了一定的影响。建议在今后的地铁工程建设中,对关键材料的控制模式以"甲供"为主。对于"甲控"模式,需要从根本上解决好合同问题,调整甲、乙、丙各方的关系,较好地解决材料款支付问题。

6.9.9 设备运营效果

一、主要创新设备在运营中的应用

1. 车辆自动监控

深圳地铁车辆,是按深圳地铁的要求量身定做的信息化车辆,是 21 世纪初国际一流水平的地铁车辆之一,是深圳地铁信息化的重要标志之一。列车牵引系统采用以 IGBT 逆变器为核心的 VVVF 交流传动系统,制动系统采用最新的电空联合制动系统,列车控制和诊断系统采用目前最先进的网络控制技术,辅助系统采用 IGBT 静止逆变器,车门采用电动塞拉门,空调系统采用智能控制,车内还装备了现代化的乘客资讯系统等。

2. 行车安全监控

信号系统是行车指挥的信息化装备系统,是深圳地铁信息化的重要标志之一。信号系统仅用短短 2 年零 4 个月时间,完成了调试、联调等工作,比合同工期提前了 3 个月,并按照德国的安全认证的规定,将深圳地铁的调试资料全部寄回德国,经过德国第三方权威安全认证机构的认证通过。

深圳地铁通过扎实的国产化工作,信号系统的核心技术已经落户国内,并成为亚太地区的研发中心。信号系统的国产化率达到了 53%。在同类信号系统中,历史性地实现了用最短的工期,创造了用最短时间,使地铁信号系统全功能高水平一次性开通运行的新纪录,保证了地铁运营的行车安全。

3. 设备运行监控

深圳地铁采用信息化深度集成综合监控系统,是深圳地铁信息化的重要标志之一,首次将车站机电设备监控系统(EMCS)、防灾报警系统(FAS)和电力自动化系统(SCADA)等三个大系统若干子系统集成一体,统一服务器、统一软件平台,监控容量大,扩展功能强,监控点近13万个。该系统属计算机应用及自动化控制领域的技术创新,是中国首例拥有自主知识产权的应用规模最大的地铁综合自动化监控系统,在国内的地铁行业处于领先水平。

4. 收入客流监控

深圳地铁智能收费管理系统(IFCMS),是深圳地铁信息化装备的重要标志之一,是深圳地铁首先策划和直接推动的、全部票种选用了先进的非接触式IC卡的智能收费管理系统。系统售检票终端设备的制造及全套应用软件的设计、开发,由国内公司和深圳市地铁集团有限公司共同完成。

深圳地铁一期工程IFCMS是国家发展与改革委员会"计高技〔1999〕1228号"文专项支持的深圳地铁国产化依托的自主研发项目,是高新技术产业示范工程。该系统在开发过程中共获得2项发明专利和1项实用新型专利,2001年获国家科技部颁发的"国家火炬计划项目"证书,2002年获国家科技部颁发的"2002年国家重点新产品"证书。

国内其他各大城市使用的AFC,绝大多数从国外进口,造价高,维护成本高,关键技术受制于人,使用效果不甚理想。深圳地铁IFCMS系统,立足于自主创新,既保证设备的可靠性、稳定性及功能的丰富性,又最大限度地进行了国产化和本地化,拥有自主知识产权,可以兼容"深圳通"和"香港八达通"两个城市的系统,填补了国内空白,在技术先进、功能实用、数据准确等方面达到国际先进水平。

5. 全功能通信平台

深圳地铁的通信是信息化装备系统的重要标志之一。该系统频段覆盖75MHz~2.4GHz,集成了时钟、传输、数据、语音、图像等通信业务,是国内频段最宽、业务最多的有线和无线通信系统,业务覆盖了地铁专用、中国移动、中国联通、中国电信、数字电视,并预留了3G的发展条件。该系统在技术的覆盖面、新技术的综合深度、集成创新的应用等在国内地铁行业同类系统尚属首次,创造了一次与地铁同步开通运营的新纪录。

6. 火灾预防监控

深圳地铁在国内首次成功采用拥有全部自主知识产权的隧道光纤感温火灾预警监测新技术。探测光纤能够长期在各种恶劣环境(例如强电磁干扰、高温高湿、活塞气流效应、有毒有害、烟雾、灰尘等)下持续工作,无需维护。能连续动态监测长达几公里范围内每隔2m各点的温度变化信号。可实时在线监测温度场变化、超温过热点的快速定位以及火灾发展趋势等。温度分辨率达到0.5℃,温度测量精度±2℃等。

深圳地铁首次采用了信息化的气体灭火系统,其性能安全可靠,技术先进实用,火灾报警控制做到了智能化,实现了动态在线实时监测和智能诊断。七氟丙烷洁净气体灭火系统,使用的灭火钢瓶达524瓶组,灭火剂34.5t,保护着203个气体保护区,是目前国内应用规模最大的七氟丙烷洁净气体灭火系统。

7. 行车互动监控

深圳地铁开通伊始，便实现了列车与屏蔽门在信号系统自动控制运营模式下（ATC全功能），三个系统协调配合列车的高精度停车，其自动停车的对位精度达到±0.25m，精确率达到99.95%以上，实现了国内三大系统运营配合的新纪录。

8. 运行节能监控

在全球范围内，深圳地铁首次将220台电扶梯全部采用信息化全变频控制技术节能，与不采用信息化变频技术的电扶梯相比节电31%左右。深圳地铁扶梯的总功率是4000kW，若负荷在额定功率的65%运转时，一年节电400万kW·h左右。采用信息化全变频技术的扶梯，它可以根据客流情况、设置的参数，对运行速度、时间自动做出调整，分时段控制扶梯运行速度，即用信息化的手段，按设定自动地安排扶梯所需运行速度和时间，智能地为管理提供了选择的空间，从而实现了扶梯的智能管理节能。

深圳地铁首次在一期工程4号线的少年宫站和福民站的空调、通风系统中采用信息化变频节能控制技术，它可以根据温度、湿度等情况，自动控制空调、通风系统的冷量、风量的输出，即按照设定的温度和湿度自动地调节空调、通风系统的运行，为管理提供了选择的空间，实现了空调、通风系统的管理节能，从而达到了比不采用信息化变频技术的空调、风系统节电70%以上显著效果。若将深圳地铁一期工程21.8km 19个车站的空调风系统全部采取信息化变频技术节能措施，系统能够稳定在25Hz的频率运行，可以达到年节电1300万kW·h以上的效果，节约电费1000万元以上。按使用30年计算，节电3.9亿kW·h，节约电费3亿元，相当于节约标准煤130000t，减少二氧化碳排放量5000t。

将信息化技术节能的概念应用到了耗能巨大的地铁工程，通过深圳地铁的应用实践，验证了信息化技术节能效果极为显著，证实了采用信息化全变频技术节电的巨大潜力，显示了科学技术第一生产力的巨大威力，起到了国家重点工程采用信息化技术节能创新的带动示范作用。

9. 乘客资讯平台

深圳地铁首次在地铁列车上安装了车载移动数字电视系统，实现了在移动车辆上实时播放数字电视的突破，填补了我国地铁车载移动数字电视的空白。

深圳地铁是国内首先使用信息化乘客资讯系统的地铁。乘客资讯系统在地铁首次采用IP多播技术，播放图像、数据、文字，能够实时发布（播放）视频信息，转播电视节目，播放各种公告、非正常运营处置方案、火灾水灾地震等紧急情况处置方案等。乘客资讯系统的所有终端显示设备，都有独立的IP地址，包括200个42英寸PDP、40个21英寸LCD、270个各种规格LED、1个电视台规模的信息制作中心，终端显示设备规模为我国第一。乘客资讯系统模块化结构，支持200个频道同时播出。该系统的技术水平和规模为国内领先。

10. 管理信息平台

深圳地铁首家采用了国内最大指挥中心信息化大屏幕新技术。该系统是高水平自动化系统的缩影，是地铁运营管理高度智能化的表现形式，其技术指标及规模在国内位居领先地位。可在同一个大屏上显示超高分辨率图形信号的全屏显示和不同信号任意大小开窗显示等，又可根据需要将3×27共81个显示单元，划分为不同的显示区域，包括行车调度系统、综合监控系统(含SCADA系统、EMCS系统、FAS系统)、CCTV系统等,各系统可分别独立进行工作。大屏幕系统采用了多屏处理器分布式主从处理的先进技术,克服了传统大屏幕显示系统在超高分辨率的单一逻辑屏状态下,整个图形画面显示刷新速度慢的缺点,比传统显示速度提高了近10倍。

深圳地铁首家成功运用企业资产管理系统,实现地铁运营全部生产作业的网上电子流程运作。该系统规划了整个地铁的数据库,包括40类数据,主要采集设备数据24万条,物资数据1万条。建立了完整科学的设备结构体系和设备台账,以及完整的故障分析体系;建立了以流程为中心的运行体系,包括物资管理26个流程、设备及维修管理19个流程;建立以维修项目为中心的预算管理体系;建立了年度/月度维修计划、需求计划、采购计划的计划体系;物资管理实现了管控一体化,从资金预算项目立项开始,到提报物资需求计划、产生采购计划、采购、入库、出库,全部在网上电子流程中实现。维修管理流程可实现故障维修和计划维修的全过程管理,如工单的生成、下达、执行、验收、关闭;可实现按专业、部门等多种条件导出相关的统计分析报表、图表,实现了在EAM系统中提出施工作业申请、审批施工作业计划,并进行请点、销点。其技术水平和应用规模在国内地铁行业居首位。

二、设备的运营效果

2004年10月,中国国际工程咨询有限公司和铁科院(北京)工程咨询有限公司组织对本工程开通状态进行了评估。评估结果认为,深圳地铁一期工程建设开通准备工作已经就绪,通过了各单项及专业调试和验收,线路和各设备系统的施工安装及调试已达到了施工图设计的功能标准和技术要求。

2004年11月15日,深圳市地铁工程建设指挥部成立深圳地铁一期工程投入试运营验收工作委员会,组成15个专业验收组,对本工程投入试运营进行了专业验收。2004年12月25日本工程投入试运营验收工作全部完成,15个专业验收组出具了验收意见,一致同意本工程开通投入试运营。

本工程自2004年12月28日建成开通投入试运营,至2006年6月30日,历时18个月,累计列车开行20.3万列次,运营里程1491.9万车公里,运送乘客9685.5万人次,日均客运量达17.6万人次,运行图兑现率100%,正点率99.87%,实现客运收入28203.2万元。2006年5月1日当天创开通以来最高客运纪录,达到35.9万人次/日。

整个试运营期间,每日运营服务时间就一直保持为16.5h,重要节假日延长服务时间至17.5h,为乘客提供舒适、优质的服务,实现安全运营550天,无责任行车重大、大事故,无责任设备重大事故,无责任乘客伤亡事故,无火灾一般及以上事故,无员工因工死亡、重伤事故。

2006年10月,深圳市交通运输委委托深圳大学对本工程试运营情况进行评估。评估报告认为,深圳地铁一期工程依托高水平的技术创新为乘客提供了安全的设施、方便的服务,地铁设备现阶段是安全的、性能是可靠的、运行是稳定的、国产化设备系统是非常先进的,运营管理、员工素质、服务指标等表现良好。

整个试运营情况表明,本工程建设质量优良,设备系统技术先进、安全可靠,运营筹备工作周密,员工培训满足上岗要求,运营管理制度健全,运行性能全面达到开通初期的设计标准。

国产化创新为主的高新技术、信息化车辆和机电设备系统经受住了考验,与国外同类系统相比,其安全性、可靠性、稳定性和先进性充分得到证明。创造了我国地铁建设史上主要依靠国产创新为主的车辆和机电设备系统,高水平一次性开通商业试运营的里程碑。

附表1:深圳地铁一期工程进口设备一览表(略)
附表2:深圳地铁一期工程设备材料管理规定(略)
附表3:深圳地铁一期工程车辆和机电设备国产化率(略)

6.10 征地拆迁工作报告

6.10.1 概况

征地、拆迁是一项重要的工程前期工作。深圳地铁一期工程的1号线东段,经过深圳经济特区最繁华罗湖、东门等商业区,道路、街道狭窄,建筑物稠密,地铁工程施工必然对周边环境(包括工作环境、生活环境、营商环境等)造成很大影响。同时,由于各种历史原因,土地权属关系复杂。而且,深圳市毗邻香港,1号线的起点就在罗湖口岸及深圳火车站地区,并经过国贸大厦、老街等繁华的商业区,地铁建设必然会对沿线众多涉外企业或外资经营的商业造成影响。因此,做好征地、拆迁工作就显得尤为重要。

在工程开始,深圳市政府就对征地、拆迁工作给予了高度重视,在正式开工前的几次协调会议上,多次就工作架构、拆迁模式、工作难点等问题进行充分研究,并对相关问题做了明确、具体的部署,为征地、拆迁工作的顺利进行奠定了坚实的基础。

为了减少地铁工程施工过程对周边的影响,地铁公司除了在设计阶段通过不断的优化设计方案来减少拆迁量,把对周边环境的影响降到最低程度外,还在拆迁过程中与被拆迁人进行充分的沟通、协商,制订和实施拆迁方案过程严格按照国家、广东省及深圳市的有关法律法规执行。在拆迁过程中,没有引起与拆迁有关的法律诉讼。

6.10.2 基本情况

一、征(借)地、拆迁及管线改迁的经费与实际工程量

(1)本工程土地征用及迁移补偿费65400.78万元。其中:拆迁各类建筑物13909.44万元,改迁及恢复六类管线27241.20万元,道桥破复与改移临时路17.19万元,园林绿化迁移及恢复1905.71万元,临时三通一平2347.76万元,影响建筑物使用补偿56.00万元,其他拆迁商业补偿17359.40万元,征地费2389.14万元,其他费用174.92万元。

(2)深圳地铁一期工程沿线共19个地铁站、18个地铁运营区间,累计完成各种管线改迁实物工程量约20万m,累计完成管线拆迁投资近2亿元。其中:给水14300m,3500万元;排水23100m,8600万元;电力2100m,3400万元;路灯400m,1700万元;燃气2000m,700万元;通信159600m,4500万元。

二、征地拆迁的工作内容

(1)施工期间,管线迁改及车站、出入口、风亭临时施工用地征用。
(2)车站、出入口、风亭的永久占地征用。
(3)对地上附着建筑物、构筑物、绿化的拆迁和补偿。

三、临时施工用地征用类型

深圳地铁一期工程临时施工用地征用分为两类:

第一类为政府用地,主要为市政绿化用地、市政道路用地或政府机关用地。市政道路用地的占用,市城市管理局道路桥梁管理处不收取费用,地铁公司免费征用。市政绿化用地由地铁公司与市城市管理局绿化处协商,按政府相关规定进行绿化迁移的赔偿,地铁公司负责施工完毕后绿化的恢复工作。政府机关用地按市规划国土部门的相关标准进行征地补偿。

第二类为征用企事业单位用地作为临时施工用地,按市规划国土部门的相关标准进行征地补偿。例如,罗湖站—国贸站区间施工占用深圳香格里拉大酒店有限公司$300m^2$红线用地,作为临时施工用地,地铁公司按每月23元$/m^2$的补偿标准向香格里拉大酒店有限公司支付场地使用补偿费,占用时间为11个月,对用地范围内的地面附着物的拆迁则另作补偿。深圳地铁一期工程大宗占用企事业单位用地情况详见表6-12。

深圳地铁一期工程大宗占用企事业单位用地情况一览表　　表6-12

站名(或区间)	用地业主单位	位置和面积
国贸站	深圳市物业集团有限公司	国贸广场4000m^2
大剧院站	深圳市地王大厦有限公司	地王大厦西南侧约2000m^2
科学馆站	深圳市城建集团有限公司和丰隆中心/深圳市佳兆业集团控股有限公司	深南路南侧(上步路以西、松岭路以东)约4000m^2
华强路站	深圳市北方大厦酒店有限公司	北方大厦东侧约2000m^2
侨城东站	深圳市华侨城地产有限公司、深圳市新浩城实业发展有限公司	用地业主单位红线约2000m^2
华侨城站	深圳市华侨城地产有限公司	用地业主单位红线约2000m^2
世界之窗站	深圳市华侨城地产有限公司	用地业主单位红线约3000m^2
香蜜湖站	深圳市香蜜湖度假村有限公司	约4000m^2

四、工程永久占地类型

深圳地铁一期工程永久占地,主要是建设车站及风亭、出入口等地下、地面构筑物。地铁地面构筑物永久占用其他企事业单位红线用地情况见表6-13。

地铁地面构筑物永久占用其他企事业单位红线用地情况一览表　　表6-13

车站或区间	出入口、风亭	用地业主单位	占用性质
国贸站	2号出入口及风亭	深圳市物业集团有限公司	永久占用
	3号通道及出入口	深圳市物业集团有限公司	与物业连接
	5号出入口	深圳市国际商场连锁商业公司	永久占用
	1号出入口	深圳市金光华实业(集团)有限公司	与物业连接

续上表

车站或区间	出入口、风亭	用地业主单位	占用性质
老街站	3号出入口及风亭	深圳市邮政管理局	永久占用
	百货广场通道及出入口	深圳市百货广场大厦开发有限公司	与物业连接
	Ⅰ-2通道及出入口	深圳市方兴达建筑工程有限公司	与物业连接
	车站及规划的公交枢纽	深圳博雅艺术有限公司等	永久占用
大剧院站	5、6号出入口及风亭	深圳市地王大厦有限公司	永久占用
科学馆站	风亭	深圳市城建集团有限公司、丰隆中心/深圳市佳兆业集团控股有限公司	永久占用
华强路站	2号出入口	华强集团有限公司	永久占用
	3号出入口及风亭	北方大厦/深圳北方工业公司	永久占用
华岗区间	风亭	中心公园	永久占用
岗厦站	4号出入口	江苏宾馆/深圳市江苏宾馆有限公司	永久占用
	风亭	国丰宾馆/深圳国丰酒店有限公司	永久占用
会展中心站	1、6号出入口	大中华国际集团(深圳)有限公司现已变更为大中华国际集团(中国)有限公司	永久占用和与物业连接
购物公园站	1号出入口	深圳市城建集团有限公司	与物业连接
	3号出入口(待建)	星河国际/深圳市星河房地产开发有限公司	与物业连接
香蜜湖站	风亭和1、2号出入口	深圳市特发集团有限公司	永久占用
福田口岸站—福民站区间	风亭	深圳市保税区管理局	永久占用
福田口岸站（原皇岗站）	车站及福田口岸站	深圳市航运集团有限公司	永久占用
福民站	1号出入口	福民家园/深圳市安诚置业发展有限公司	与物业连接
	2号出入口	知本大厦/深圳市知本投资集团有限公司	与物业连接
	3号出入口	皇安大厦/皇岗股份有限公司	与物业连接

其中，地铁福田口岸站及福田口岸的建设，永久占用深圳市航运集团有限公司的砂码头，面积约4万m^2，砂码头需永久搬迁，地铁公司赔偿7000余万元。老街站及规划的公交枢纽，永久占用深圳博雅艺术有限公司等单位的红线用地6000m^2，经谈判协商，政府拆迁部门启动了收地手续，拆除房屋建筑面积约1.9万m^2，地铁公司赔偿1.2亿元。

深圳地铁一期工程施工，除了占用大量的政府用地(道路、绿化用地)外，还占用(包括永久占用和临时占用)地铁沿线超过30万m^2的企事业单位用地，一期工程建设过程中，先后与近百家单位(或个人)协商征地、拆迁补偿事宜，签订了超过200份与拆迁有关的补偿协议。

6.10.3 基本做法

一、征地拆迁工作模式

经过工程实践及磨合、摸索,深圳地铁一期工程的征地、拆迁采取了以下工作模式:深圳地铁一期工程的征地、拆迁具体工作由深圳市规划国土局征地拆迁办负责,地铁公司密切配合,市审计部门派人参加征地、拆迁谈判全过程,并对谈判结果予以认可,不再另行审计。这是深圳市政府针对征地、拆迁补偿工作的特点,制定的行之有效的工作方法,不但节省了征地、拆迁费用,有效控制了投资,还因为避免了两个职能部门互相协调造成的时间浪费,大大提高了征地、拆迁工作效率,缩短了拆迁工作的周期。

(一)地铁临时和永久占地征地拆迁程序

(1)设计单位确定占地的范围(含土建工程、管线迁改和交通疏解占用土地),并按统一格式编制地铁工程用地方案图。

(2)地铁公司将用地方案图上报市规划及国土管理部门审批。

(3)施工承包商按经审批的用地方案图现场放线,根据现场放线情况与周边用地业主单位或个人取得联系,并向其介绍施工占地情况。

(4)地铁公司通知并委托深圳市房地产估价中心对被拆迁物进行评估,与用地业主单位、监理、估价中心一道,清点与核实被拆迁物数量。

(5)估价中心出具《评估报告》并经审计局确认后,与被拆迁单位进行拆迁补偿谈判。

(6)谈判后,如果能与被拆迁单位就拆迁补偿问题达成一致意见,并报经市规划国土局征地拆迁办批准同意后,则起草《拆迁补偿协议》报批,批准后办理相关补偿款支付手续。

(7)如果与被拆迁单位无法达成一致意见,则请市规划国土局征地拆迁办出面协调。

(二)移交临时施工用地工作程序

(1)施工承包商申报,现场监理、建设单位业主代表确认同意后送地铁公司工程部地面拆迁室。

(2)由地面拆迁室与所占用地的业主单位联系,约定移交场地时间后通知现场监理,由监理在工地现场主持召开场地移交协调会。参会单位包括用地业主单位代表、施工承包商、地铁工地建设单位代表、地面拆迁等有关单位或人员。在场地移交协调会上,应明确移交场地的确切时间和面积,用地业主单位对所移交场地平整、建筑垃圾的清理、施工围挡的拆除等提出具体要求。地铁施工承包商在完成有关工程收尾工作后,正式移交场地。

(3)正式移交场地时,施工承包商、监理、用地业主单位、地铁公司必须在"场地移交确认书"上签字。

二、管线改迁工作模式

1. 管线改迁的物探工作模式

深圳地铁一期工程管线改迁的物探采取由主体设计总包单位(中国铁路设计集团有限公司)总包,并由总包单位委托深圳本地物探单位(深圳市大升高科技工程有限公司)进行配合和跟踪服务。

2. 管线改迁的设计工作模式

深圳地铁一期工程管线改迁工程的设计模式为：由各主体施工单位完成管线改迁的初步设计，再按专业由地铁公司分别直接委托管线业主单位下属的设计单位，完成其权属管线的改迁工程的施工图设计工作。对于没有下属设计单位的管线业主单位，则由管线业主单位推荐与其长期合作的设计单位，完成其权属管线的改迁工程的施工图设计工作，并委托一家设计单位进行管线综合设计。最后，地铁公司委托主体设计检图单位，对各管线改迁的施工图进行检图，以确认管线改迁方案满足主体施工的要求。

由于排水管线为重力流，给排水管线的刚性结构尺寸大，工程量大，施工难度高，其他管线的现场定位一般应该服从给排水管线的需要，故委托给排水设计单位进行管线综合设计。

直接委托管线业主单位下属设计单位进行设计的模式，有利于调用管线业主单位的资料信息，更加高效准确地完成管线改迁的施工和设计工作。

管线改迁设计出图按照主体施工的阶段性及管线改迁设计内容，每套图分三个阶段出图，即管线改迁现状图、主体施工期间管线改迁设计图和主体竣工后管线恢复设计图，这样有利于高效地进行施工和清晰地进行管线改迁工程的结算工作。

3. 管线改迁的施工监理模式

深圳地铁一期工程的管线改迁工程，直接交由主体施工监理单位进行施工监理，以便于对主体施工、管线改迁两块工程进行系统的施工管理，施工中统一协调解决主体施工及管线改迁施工存在的相关问题。

4. 管线改迁的施工模式

为了能够得到各管线业主单位的大力支持及配合，在得到政府建设主管部门的批准下，地铁公司将深圳地铁一期工程管线改迁工程，直接委托各管线业主单位所属的施工单位进行施工。具体情况为：

给水管线改迁委托深圳市水务工程有限公司进行施工。电力管线改迁交由深圳市电力局下属的深圳市供电劳动服务公司进行施工。燃气管线改迁工程交由深圳燃气集团下属的深圳市燃气工程有限公司进行施工。路灯管线改迁工程交由深圳市路灯管理处下属的深圳市鹏光照明工程有限公司等三家公司进行施工。通信改迁工程则根据其权属特点分为通信管道（路由）和通信线缆两部分，通信管道权属广东电信公司深圳分公司，则将通信管道改迁工程委托广东电信公司深圳分公司进行施工；通信线缆改迁工程则委托通信线缆权属单位自行敷设，并委托广东电信公司深圳分公司协助地铁公司进行施工协调。

5. 管线改迁工程款结算程序

工程竣工后，施工单位按实际工程量编制结算文件，现场监理根据现场实际情况，按照合同和相关政策法规对结算文件中的工程量进行审核后报地铁公司审查，由地铁公司报送市政府投资项目审计局进行审计，其结果为工程结算额。

6. 工程款支付程序

(1) 在施工队伍进场开工后5个工作日内，按施工图预算额的30%拨付工程预付款。

(2) 工期在3个月以内的改迁工程，不进行中间支付。在工程完工并移交后，竣工后按照施工图预算额支付到60%，待地铁公司审查结算文件后，再按照地铁公司审查的结算价支付到80%,待市政府投资项目审计局审计完并确定工程结算额后,支付剩余的全部工程价款。

(3)工期超过3个月的改迁工程,则按季度及实际工程量增加中间支付工程价款。

6.10.4 经验、问题及改进建议

1. 政府协调力度不够

加强政府协调,对管线改迁十分重要。虽说各管线业主单位对地铁的管线改迁工程还算支持,但由于本位主义和单位利益等各种原因,还存在不少扯皮现象。虽然最终也都一件一件地协调解决了,但很难满足深圳地铁的"短、频、快"要求。为了保证工期,必须寻求政府参与,为了保证投资节省,地铁公司必须对方案及施工过程进行管理。

建议吸取广州和上海的经验,采用政府与地铁公司联合管理的模式,即由政府出面与有关管线单位签订责任状,所有责任单位都要对管线改迁的工期负责。地铁公司对改迁方案及工程量进行管理,并负责支付工程款。

通信线缆的改迁有其特殊性,深圳地铁一期工程中共遇到20家业主(名单略)的通信线缆,由于其专业技术性、保密性和安全性要求都很强,且很多单位不属于当地政府管辖,协调难度极大,故通信线缆改迁更加需要加强政府协调。

2. 主体施工图出图时间太晚,管线改迁的前期工作准备及施工时间太短

上海地铁一般提前6个月开始考虑地下管线、地面建筑物拆迁工作,即主体承包商进场前6个月开始进行管线改迁设计及地面拆迁谈判,其中前3个月内完成设计和谈判工作,后3个月完成改拆迁施工。事实上,这是符合工程实际的。但深圳地铁的情况往往是主体施工承包商已经进场,由于主体设计方案尚未定案,管线改迁设计还无法进行。一旦主体方案定下,便要求很快完成管线拆迁的设计及施工工作。由于剩下的时间太少,不能保证足够的工期,难免前期准备不充分,故常常出现先施工后出图的"三边"工程。有时,甚至主体施工图尚未完全定稿,为了赶工期,提前进场,对施工质量的保证、投资的节省及有效地配合主体工程施工都存在很大的难度。

3. 地下管线资料极不准确

虽然地铁公司也专题委托了专业勘测单位进行地下管线现状资料勘测,但其勘测成果极不准确,资料中的管位、管材、管线规格型号、管线标高常常与现场误差很大,甚至常常少测、漏测,以致严重影响工期,也常常挖断管线,影响管线的正常工作,甚至影响与管线业主单位的合作关系,造成拆迁工作的极大被动。有时,还造成工程返工,浪费投资。

建议通过慎重选择勘测单位、进一步加强对管线勘测的过程管理,并完善对勘测错误的惩罚措施,达到提高管线物探准确性的目的。

4. 付款方式与工程的快速进行不相适应

地铁公司分三阶段支付工程款,即预付、进度支付及结算支付三个阶段,其前两个阶段的支付依据均为设计概算,通常预付款为30%,进度款则要根据工程施工时间超过3个月的工程及进度情况进行支付。由于支付程序复杂,且必须有设计概算为依据,很难适应要求短频快的"三边"拆迁工程,常常是工程快完了,施工单位还未拿到图纸,更加无法支付款。

某些特殊工程,如驻港部队、武警、海关等单位的通信线缆改迁,因工程付款满足不了施工要求,得不到管线业主单位的积极配合,给改迁施工造成了巨大难度。

建议采用上海地铁的做法:一般工程,工程开工前,视工程的规模、造价、复杂程度、工期要求及周边环境等情况,按照设计概算支付50%~70%的预付款,余款结算时一次付清,施工中间不支付工程进度款。通信线缆因其改迁工程量明确清晰,开工前可根据审定的预算支付工程款。这一支付办法相对简化了付款程序,可提高工程效率。

5. 发包模式有待改进

在目前模式的运行中,地铁公司与管线业主单位或其下属的施工公司签订了明确施工单位的一般性工程施工合同。问题是,一方面并未采取特殊的措施或行政手段对管线业主单位加以约束,使其全力支持地铁工程建设,管线业主单位觉得只要改迁的是他们的管线,就必须委托其施工,因此既不会强烈地感觉到现场管理的责任,也不会强烈地感觉到地铁工期的压力和责任;另一方面,施工队由管线业主单位指定,作为施工队,只要取得管线业主单位的支持,把施工权搞到手,其他问题都可以不被重视,从而经常发生以种种理由来搪塞或推辞工程施工安排的现象,客观效果便是不服从工程的需要,不服从工期的要求,不听从现场地铁公司及监理人员的正确指令。由此可见,这种模式中,施工责任不能完全到位,施工单位没有压力,其结果是责任和压力全都落在建设单位管理人员的身上。对于管线业主单位内部的各种矛盾,地铁公司人员协调难度极大,很难说能够对工程过程进行有效的控制。对施工队,由于其工程的施工权早已一次性获得,也较大程度降低了地铁公司及监理人员的管理力度。

6. 管线业主单位对施工队管理不力

目前的情况是,管线业主单位下属的工程公司在与地铁公司签订管线总包合同后,再将工程分包给施工队,按理说管线业主单位应当很好地承担起对施工队的管理责任,但目前却往往不到位,而施工队的人员素质较低,很多队伍"拿得起锄头拿不起笔头",给工程施工的科学管理客观上带来障碍。

建议根据管线工程量情况,要求管线业主单位下属的工程公司成立地铁管线施工项目部,配备专门的施工班子和足够的专业技术管理人员,真正加强管线改迁的施工管理。该项目部作为施工承包商现场派驻机构,全面负责管线改迁的现场施工管理及管线业主单位内部各个部门的协调工作,从而改变事事直接面对施工队,而施工队则因其特定位置及自身素质低等原因,常常满足不了施工要求的不正常局面。改变凡需要管线业主单位解决的问题,都得靠地铁公司人员去解决的局面,提高工作效率,加快工程进度。深圳市水务工程有限公司在地铁公司的要求下,专门成立了地铁项目部,缓解了地铁公司的管理压力。

6.11 试运营管理工作报告

6.11.1 深圳地铁一期工程概况(略)

一、线路(轨道、隧道)、房建(车站)
二、供变电系统

三、接触网系统

四、电扶梯系统

五、屏蔽门系统

六、低压电气系统

七、给排水、消防系统

八、环控系统

九、信号系统

十、通信系统

十一、电力监控系统(SCADA 系统)

十二、车站设备监控系统(EMCS 系统)

十三、防灾报警系统(FAS 系统)

十四、气体灭火系统

十五、门禁系统

十六、乘客资讯系统(PIS 系统)

十七、大屏幕显示系统

十八、计算机网络管理

十九、自动售检票系统(AFC)

二十、车辆系统

6.11.2 运营准备

1998年10月,地铁公司成立了运营部。2003年1月,深圳地铁公司运营分公司正式成立。至此,运营各项管理工作全面展开。

一、人员准备

遵循"精简高效、设置合理、责权分明、统一协调"精神,体现"高度集中、统一指挥、逐级负责、反应灵敏"的运营组织原则,在参考了国内外地铁公司的经验及索菲图咨询方案的基础上,地铁公司经过多次反复的研究、精简与压缩,于2004年5月最终形成了运营开通初期的组织架构和人员定编方案。运营分公司最终核定定员为1402人(1378名正式定编工,24名编外短期工),较初步设计方案(中国铁路设计集团有限公司编制的《深圳地铁一期工程初步设计》)中的运营定员2137人减少759人,平均65人/正线公里,共设9个部门,分别为车务部、车辆部、维修工程部、安全技术部、物资部、企划部、人力资源部、综合部及派驻财务部。

地铁公司从筹备期便一直面向全国广纳人才,通过向社会公开招聘、接收应届毕业生等渠道吸收引进来自全国各地的优秀专业人才。

遵循"急用先招,缓用后招,逐步配备人员"的原则,地铁公司根据运营筹备的不同时期对人员配置数量进行控制。截至开通前,运营分公司在职员工1287人,副主任及以上管理人员57人,约占员工总数的4%;其他职能支持类人员74人,约占员工总数的6%;各类专业技术人员161人,约占员工总数的12%;生产工人995人,约占员工总数的78%,能够满足运营开通初期的人员需求。

从人员的学历构成来看,研究生学历占1.86%,本科学历占18.41%,大专学历占24.32%,中专、技校、高中学历占54.78%。

从人员的用工形式来看,正式合同工占80%,短期合同工占18%,编外短期工占2%。

二、人员培训

从2002年初至开通试运营的三年时间里,地铁公司对所有运营员工都进行了组织周密、计划详尽的全方位岗前培训,以满足全员培训和持证上岗的要求。三年累计投入培训经费3000万元,培训量总计达39400余人天。截至开通运营前,员工培训率和持证上岗率均达到100%。

(1)所有运营分公司员工均进行了以入司培训和军训为主要内容的新员工入职培训,培训率与培训合格率均为100%。

(2)建立了运营分公司—车间—班组三级安全教育体系,严格执行安全持证上岗制度,目前分公司安全持证上岗率为100%。

(3)开展了形式多样、内容丰富、送外培训与内部培训相结合的培训活动。主要的培训方式有:委托国内外其他地铁公司培训、供货商培训、重点专业培训、管理培训、办短训班、师徒带教等。

送外培训,三年累计送广州地铁培训17121人/d,送上海地铁培训19689人/d,送香港地铁培训2581人/d,总计达39400余人/d。到地铁开通前为止,所有车务关键岗位人员基本上都经过了广州、上海、香港地铁各1周以上时间的培训,部分重要岗位仅香港培训就长达5周。

参加供货商培训,三年累计参加10余批次的境外供货商培训、71批次的国内供货商培训,共计6800余人天,培训内容涉及地铁所有设备系统。

重点专业培训,派出1200余人天运营人员参加广州地铁2号线综合联调及演练,车辆部33名生产骨干人员被派到中车株洲电力机车研究院有限公司进行了为期2周的车辆电机安装、调试培训,10名工程车司机赴平南铁路进行为期2周的调车培训等。

管理培训,先后举办了车间主任和工班长培训班各2期,完成了近100人次管理人员的培训。

(4)对招收的应届毕业生,主要采用开办短训班、校内授课、师徒带教形式进行培训。先后开办了1期行调班、2期客车司机班、10余期站务培训班。维修人员采取跟班学习、师带徒进行培训。

(5)到开通前已有628人按照国家、省、市相关法规取得专业上岗证,另有800余人取得18个地铁特有工种岗位的上岗证,持证上岗率达100%。

地铁开通试运营以后,在地铁公司领导的倡导下,运营分公司内部掀起了"培训风暴"与"责任风暴",抓培训的执行力建设,使员工的综合素质和技能水平得到了较大的提高。培训的模式逐步转向以员工持证上岗培训及业务技能提高为主的内部培训,培训形式由外到内,培训组织主体由上到下转移,培训管理的重心由职能部门向基层生产部门倾斜。在一年半的试运营期里,组织2083个班次的运营员工内部业务技能培训,共计培训20045人次;组织185个内部培训知识讲座,共计培训2792人次。

以运营生产的实际需要为侧重点,开展了部门、分公司、公司级的大规模的现场演练与技术比武。组织了包括列车脱轨、车站火灾、车站水淹、大客流、爆炸、毒气、行车设备故障等282次各种级别的桌面演练及现场演练,2006年3~4月,共计出动了1360人次参加深圳市级地铁反恐专项演练工作。

截至2006年6月底,运营分公司共有541名员工取得消防上岗证,913余人取得18个地铁特有工种岗位的上岗证(车务部676人、维修部164人、车辆部73人),属于国家规定的特种作业人员共有190人,共取得242个特种作业操作证。按照国家规定的技术工人持证上岗规定,员工的持证上岗率达到100%。

三、工程介入及演练

在努力做好运营筹备各项工作的同时,把主动参与工程建设作为运营筹备工作中的一项重要工作,以"一切从运营出发,满足运营需求"为基本出发点,积极主动地介入地铁工程建设,为运营人员全面了解工程,全面筹备运营,全面提升素质和锻炼队伍创造机会,也为今后验收接管奠定基础。运营分公司各部门均派技术管理人员早期全方位介入建设,使工程、设备、设施对车辆的符合性以及运营模式对设备的符合性大大提高,功能更加完善,减少了运营磨合初期的问题,使开通时的维修所需设备设施齐备,维修流程正常,确保了开通时车辆、设备系统的可靠性和稳定性。

运营演练(模拟载客演练)工作是试运营开通前的重点工作,为保证该项工作顺利进行,地铁公司与总联调负责单位柏诚公司(亚洲区总部)确定了76项运营演练项目,并在12月15日前完成了所有76项运营演练项目,运营演练完成效果评估见柏诚公司(亚洲区总部)的相关评估报告。

四、运营组织

2004年10月,地铁公司根据地铁一期工程土建施工、设备安装调试、运营筹备等实际情况,组织人员编写完成了《深圳地铁一期工程试运营策划方案》,并于10月18日向市政府上报通过。2004年12月16~19日,地铁公司组织来自北京、上海、广州、天津、香港等地铁运营资深专家共计14人,对深圳地铁一期工程运营准备工作进行了评估。专家们一致认为:各项运营准备工作认真细致、全面翔实、富有创新,已满足地铁工程开通试运营需具备的基本条件,能够组织地铁开通试运营。

深圳地铁一期工程于2004年12月28日开通试运营,1号线一次性全线开通,4号线因受皇岗联检楼工期的制约,只开通福民站—少年宫站四站三区间。1号线开通试运营时ATC系统投入使用,采用双线单向运行方式,驾驶模式为ATO模式,运营时间为6:30~23:00。4号线开通试运营时ATC系统不投入使用,采用下行线单线双向运行方式,驾驶模式为URM模式,运营时间为6:30~23:00。节假日期间运营时间延长至24:00。

运营开通后,为不断提高服务水平,满足乘客出行需求。根据列车到货数量,不断压缩运营行车间隔,共计进行了6次提速,具体见表(略)。

6.11.3 运营管理

一、机构设置

截至2006年6月30日，运营在职员工1334人，部门架构如图6-12所示。平均每公里约61人，其中副主任及以上管理人员56人，约占员工总数的4%；其他职能支持类人员76人，约占员工总数的6%，各类专业技术人员169人，约占员工总数的13%；生产工人1033人，约占员工总数的77%。相关数据表明，运营分公司人员素质有较大提高，人员在数量和质量上均能满足运营工作需要，还留有适当余地。

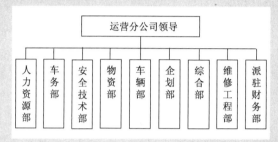

图6-12 运营分公司组织架构简图

二、建立较为完善的规章制度

严格按照ISO9000标准要求，建立了深圳地铁运营管理文本体系。该体系结构健全，操作性强，实现了标准化、规范化运作，成为运营安全的基础。

（1）开通前，建立了各类管理文本和技术文本348个，其中管理文本181个，技术文本167个，为顺利开通提供了保障。运营开通后，根据运营实际需求，先后组织完成了161个标准文本的修订和新编文本41个，现运营共有管理和技术标准389个。通过不断修改及补充，使现有文本质量大幅度提高，内容更趋合理。通过技术人员和管理人员自己编写文本，不仅节约了成本，而且锻炼了队伍，使文本的操作性更强。

（2）运营管理的每一项业务和生产组织的每一个程序及作业，都按文本确定的程序和内容进行，实现了真正意义上标准化、规范化运作。

三、全面细致的安全管理

安全是地铁运营的生命线。从运营筹备期地铁公司就开始建立了完善的安全管理网络、安全责任体系和运营应急预案体系，引入了现代化管理方法和手段，全方位查找安全隐患，全力抓落实。

（1）在运营筹备期，成立了以运营分公司领导和各部门经理及行车指挥关键岗位人员组成的运营分公司安全委员会，设立了专职安全归口部门——安全技术部，建立了以各部门专（兼）职安全员、各专业技术骨干为核心的运营分公司安全管理网络，使运营安全在组织上有了保障。通过《运营分公司安全责任制》来确定运营各部门、各级人员的安全职责，形成了涵盖面广的安全责任体系。

(2)为了进一步提高对突发事件的应急响应和处置能力,根据地铁运营特点,在运营筹备后期,花费大量的精力,研究地铁运营可能发生的突发公共事件、设备事故、故障等,形成了初期的运营突发事件应急预案体系。

运营开通后,根据运营实践,对初期突发事件应急预案体系进行了修改和完善,形成了三级预案体系。该体系包括《深圳市地铁集团有限公司运营突发公共事件应急分预案》《深圳地铁运营突发公共事件专项预案》及车务、维修、车辆共11项应急专业预案。内容涉及火灾、自然灾害、爆炸、毒气等突发公共事件24项专项预案和有关车务运作及设备故障、事故应急处理的分项专业预案185项,为提高深圳地铁应急反应能力提供了基础保障。该预案从突发事件的处理原则、信息的传递、应急设备材料的准备、14个应急小分队的组成、处理程序、方法及在各种突发事件下各岗位人员的任务和职责等都进行了详细的规定。按照预案的要求,地铁公司配备了专业救援车辆及专业救援设备。该预案体系获得了国家和深圳市应急指挥中心、深圳市交通局和有关专家的肯定,是唯一列入深圳市总体预案的企业预案。

为了检验预案的操作性,提高员工应对突发事件的能力,深圳地铁开通前请港铁技术咨询(深圳)有限公司策划了76个演练方案,并按方案进行了演练。运营分公司先后组织进行了包括列车脱轨、车站火灾、车站水淹、大客流、爆炸、毒气、行车设备故障等282次各种级别的桌面演练及现场演练。2006年3~4月,深圳地铁参加了深圳市反恐办组织的市级地铁反恐专项演练,进行了4次预演练和1次正式演练工作,共计出动1360人次,取得圆满成功。

(3)先进的管理理念和管理方法是推行企业发展的动力源泉。深圳地铁在借鉴香港地铁先进的管理经验基础上,在运营初期就引入了OHSAS18000职业安全与健康管理理念,开展危险源的识别普查,从"人、机、料、法、环"各个方面查找存在的安全隐患。

(4)在运营筹备后期,深圳地铁吸取其他地铁计量管理经验,着手建立三级计量管理网络,按标准要求实施计量管理工作。

2005年5月,深圳地铁建立的6个计量标准一次性顺利通过现场考核评审,获得6个项目的计量标准检定证书,取得6个项目自主检测资格。2005年9月,地铁公司三级计量一次性顺利通过现场考核评审,取得了三级计量的资质。

目前,运营分公司的各类计量器具共有11800多件,已实现自检的有10262件,自检率为86.5%,大大节省了计量检测费用支出。

四、维修管理注重实效

(一)维修组织模式多样化

深圳地铁自开通以来,成功应对了元旦、春节、劳动节、国庆节的大客流,至今尚未启用纸票模式,未出现闸门全部打开疏散乘客的现象,这得益于有效的票务组织。根据AFC系统安全、高效、统一、操作分散、高技术密集的运作特色,将票务维修和操作整合,提高了管理效率和系统的安全性。

针对车站及沿线常规机电设备数量多、面广的特点,采用了"专业工程师技术组+混合工班"的模式。针对通信信号系统与行车直接相关、专业性非常强的特点,采用了"专业工程师兼工班长的专业班组"模式。上述模式重点突出了技术保障和维修快速反应,保证第一时间对故障的妥善处理。针对专业分工明确的设备系统和设施的维修维护,采用了"专业工程师技术组＋专业工班"的模式,这种模式突出的是维修维护工作的专业明确性,在工作中具有严格的分工和严密的组织性。

(二)采取综合治理的方法严控车辆检修质量

1. 开展质量控制关键点检查

分析、提炼车辆各系统检修相关作业,形成质量控制关键点,进行监控,有效地降低了车门等关键系统的故障率,确保车辆计划检修质量。

2. 落实三级检验制度,严把车辆质量关

车辆计划检修完工后的查验是整个检修工作的重要环节,落实三级检验制度是提高车辆检修质量的重要手段。一级是抓好工作者自检,完工后工作者对自己的检修范围全面检查一遍,预防漏检漏修;二级是强化工班长或作业负责人的互检,班组作业完工后,工班长对本班组的检修范围全面复查,保证工作质量完好;三级是落实专检,充分发挥技术人员专业带头人的作用。

(三)对设备故障的处理采取定标、达标、查标的量化管理

对各种车辆设备故障处理进行跟踪、统计、归类,制定合理的维修资源、工时消耗、故障应急处理时间等量化标准。如正线车门切除、列车重启复位等故障处理步骤和时间的测定,为正线车辆故障应急处理及延误定责提供了依据。采用NCR故障报告单,跟踪车辆发生的重要故障和典型故障的处理过程。

五、预算管理严格规范

本着厉行节约、降低消耗、控制投资的原则,在运营筹备期间,运营分公司就开展了全面预算管理工作和成本效益分析考核工作。

(1)建立预算管理网络,推行全面预算管理。建立了由预算领导小组及三级预算责任部门所组成的四级预算管理网络,完善了由年度经营发展计划、经常性业务项目、立项项目和年度预算构成的预算管理体系。

(2)加强预算日常工作的控制管理。以"预算实时更新""预算实时估计""预算分析"等为工作重点和突破口,形成了预算编制、审核、上报、分解下达、控制、分析预警等一整套较为完整的预算管理体系,为运营成本的统计分析工作奠定基础。

(3)严格预算执行,提高成本分析水平。每月(季度)定期召开运营分公司经营分析例会,对运营收支预算执行情况和运营成本进行全面分析,并定期发布月度预算执行情况分析报告和运营生产综合分析报告。

六、企业文化鲜明独特

企业文化是企业生存和发展的源动力,是企业的核心竞争力所在。地铁公司一直将企业文化建设作为企业管理的重点来抓,通过不断组织形式多样、生动活泼的群众性活动,如"读书学习月"等,调动和激励员工的积极性和创造性,锻炼和培养员工的内在素质,形成乐于奉献、比学赶帮的良好气氛,塑造良好的企业形象。同时,注重在运营实践中有意识地引导和逐步提炼形成"准时、高效、热情、周到"的服务思想,并让这一思想逐步内化为运营员工的自觉行动,演化为一种运营精神,鼓舞员工奋发向上。

地铁公司一贯提倡"事事讲安全、时时讲安全、处处讲安全、人人讲安全"的运营安全文化理念。组织开展了大范围的安全宣传活动、安全知识竞赛、30项技术大比武、40多次故障分析活动、QC活动和"金点子、聚宝盆"活动,借此提高全员安全意识,培育人人关注安全的企业安全文化,把"安全第一"根植于每位员工的心中。

地铁公司一贯强化6S管理执行文化理念。通过6S(整理、整顿、清洁、清扫、素养、安全)管理,实施不到两年的时间,形成了初步的规范化、标准化管理的工作环境。到目前为止,深圳地铁已对运营所辖90%以上作业、生产现场和办公场所都实施了6S管理,6S行为已逐步融入员工的内心深处,成为一种自觉的文化行为。

七、打造服务品牌

深圳地铁自2004年12月28日顺利开通以来,全力贯彻省市领导的重要战略指示,打造运营优质服务品牌,以准时、高效、热情、周到的运营服务赢得了广大市民和乘客的认同和良好口碑,地铁运营优质服务品牌效应逐渐形成。

(1)首开先河,面向国内外有奖征集"打造运营优质服务品牌"宣传口号。应征作品3000多件,通过专家评委认真评选和激情创作,确定"地道服务 贴心一路"为品牌宣传口号。通过征集活动传播深圳地铁以人为本,永不停步地为乘客提供地道、贴心服务的宗旨,同时展示地铁公司致力于打造运营优质服务品牌的决心,对树立深圳地铁良好企业形象,提升企业核心竞争力起到积极作用。

(2)以服务乘客为中心,在开通运营半年后就积极开展了乘客满意度调研工作,2005年一、二期满意度调查,满意度得分分别为75.6分和81分,满意率分别为91.2%和98%。建立了一套规范、完整的内部评价指标体系,对于持续改进和提升运营服务水平起到重要作用。

(3)开展外部服务监督工作,建立义务监督员制度,公开发布深圳地铁服务承诺。深圳地铁挑选16名热心乘客组建"深圳地铁义务监督员"队伍,通过他们对地铁软、硬件设施和工作人员服务行为的监督,完善和提升运营服务水平。服务承诺是深圳地铁以对外公开承诺运营服务指标的方式,提高深圳地铁运营管理和运营服务的透明度,增强企业的公信力。

(4)加大票务宣传和储值票的推广使用力度,为乘客提供方便、快捷、实惠的票务服务。开通之初即实施储值票95折优惠,并策划"储值卡三重惊喜大放送""新购卡或充值送免费单程乘车证"等一系列储值票优惠推广活动,通过多种营销手段激发乘客用卡热情,目前,储值票发行量已经超过80万张,使用率达到44%。

(5)充分利用内外部媒体资源对地铁服务进行大规模宣传,通过"提速"主题系列宣传、"文明乘车"主题宣传、公众安全教育宣传等宣传活动,优化运营服务环境。通过策划"万人祝福签名活动"等活动塑造地铁文化,有效地提高了地铁知名度和美誉度。

(6)热心公益事业,开通以来先后参加和组织了"3.15"消费者权益日宣传、地铁助残献爱心、爱我鹏城护绿、"走进地铁之学生系列"活动、环保主题展、"6月9日绿色出行日"等多项公益活动,对老年人和残疾人实行免票乘坐地铁,对学生实行半价优惠的票务政策,这一系列公益行为,在公众心目中塑造了"爱心地铁"的良好社会形象。

(7) 致力于为乘客提供运营增值服务。为方便乘客及时了解地铁沿线生活资讯，开展"六个一"服务宣传资料工作，推出免费杂志《地铁时代》(5 万份／月)、《乘客消费指南》和《乘客服务指南》(30 万份／月)、《票务手册》、《安全守则》等多种运营服务宣传资料，帮助乘客尽快熟悉并掌握地铁运营有关信息。

(8) 通过建立完善的乘客意见反馈机制及地铁服务热线信息反馈机制、强化培训车站人员的业务素质、评选"明星车站""站务服务之星"、开展维修技能大练兵和"勤学苦练铸服务品牌，精检细修创行业一流"的车辆检修等系列活动，优化乘车服务环境，规范车务服务标准，加强设备系统维修检测能力，为地铁运营的安全、准点、高效和快捷提供有力的保障。

要创立运营优质服务品牌，设备是基础，人员是关键，管理是重点。深圳地铁通过上述一系列活动，发扬全体运营人极具凝聚力的战斗精神，心往一处想，劲往一处使，以提高服务质量、打造优质服务品牌为核心，切实提高地铁运营服务质量，真正做到以"一流的设备，一流的技术，一流的管理"，树立一流的服务品牌。

八、绩效管理

地铁公司实施的《目标及绩效考核管理办法》《员工绩效评估实施细则》标志着运营分公司经营管理目标考核的全面展开，运营分公司绩效管理工作将公司对分公司的考核、分公司部门经营管理目标考核和员工绩效评估纳入同一体系。考核结果更加关注所在集体的整体绩效。员工个人要参与所在集体对其绩效的评估，其所在集体要受车间室一级的考核，车间(室)要接受部门一级的考核，部门要接受分公司一级的考核。因此，员工不仅要关注个人绩效，还要关注所在各级集体的绩效表现。根据绩效，运营分公司对原有的客服类站务系列岗位薪资分配进行了改革尝试。根据车站性质、车站技术设备、客运设施及客运量等指标，通过精确计分的形式，计算站务员的工作量，实行站务员工资与本人工作量挂钩制度。

九、物资保障

(1) 运营物资管理实行"三层运作、二级控制"的管理模式。运营物资管理实施从采购计划、采购订单、验收入库、使用反馈、库存控制到质量问题处理的全过程管理。物资采购申请与计划面对部门，实施预算管理。物资仓储与发放面向生产车间，全天候为一线服务。对批量和大件物资的领用实行配送方式。以建设地铁运营物流配送中心为目标，科学合理地规划了由轻型货架、中型货架、悬臂式货架、阁楼式货架和窄巷道式货架组成的综合存储系统，配备了窄巷道堆垛机、叉车等齐备的仓储设备，为今后逐步发展地铁物流配送中心打下了基础。

(2) 结合深圳城市区域特点，充分利用社会资源优势，对保安、保洁采用委外经营承包制。既避免了管理成本的增加，又能对委外公司实行有效监管。2006 年 5 月 12 日，地铁公司成立了物业公司，对保安、保洁进行专业化监管。

十、信息管理

深圳地铁在开通运营时，在地铁物资管理和设备系统管理中，成功地应用了电子化资产维护管理信息系统。通过该系统，设备维修管理流程可实现故障维修和计划维修的全过程管理。维修工单的生成、下达、执行、验收、关闭，在系统中可实现闭环控制和追溯。故障类别统计、维修工时及材料消耗，可实现按专业、部门等多种条件导出相应的分析报表和图表。

从需求申请的提报、采购计划的编制、价格比选、制定采购订单、订单的跟踪到货,到货物资的验收、入库、发放、盘点,以及发票核对和预算管理,物资管理实现了一体化。

经过半年软件的调试和试运行,地铁公司于 2005 年 9 月 26 日正式启用施工作业网络化管理系统。施工作业管理从书面作业申报、请点、消点的作业过程实现了电子化管理流程,极大地提高了工作效率。

重要的故障和抢险信息,控制中心通过租用的中国电信"企信通"短信平台直接向各相关人员发布,在 2s 内各相关单位和人员即可获得信息,最大限度地减少信息传递延误对设备故障抢修的影响。

地铁公司配合供应商开发的统计软件于 2004 年 12 月 15 日启用,运行效果良好,积累了大量的运营生产统计数据,为公司运营生产决策提供了很好的参考依据,有效提高了统计管理水平及统计工作效率。

6.11.4 设计能力与运营状况

一、设计能力与完成情况

(一)服务水平(见表 6-14)

地铁运营服务水平　　　　　　　　　　　　　　　　表 6-14

设计要求	目前完成情况
全日运营时间 18h(6:00~24:00)	6:30~23:00,运营时间 17h(节假日延长至 24:00)
行车密度 1 号线: 初期:12 对/h,行车间隔最小 300s 近期:25 对/h,行车间隔最小 144s 4 号线: 初期:10 对/h,行车间隔最小 600s 近期:12 对/h,行车间隔最小 300s	1 号线:高峰行车间隔 5min 4 号线:行车间隔为 17min
列车 6 节编组,定员 1860 人,全长 140m	6 节车辆编组,总长 140m,设座位 270 个,额定载客 1860 人,超员时可达 2592 人
列车旅行速度 35km/h,最高时速 80km/h	列车旅行速度:1 号线 34.7km/h,4 号线 27.7km/h 最高时速:1 号线 80km/h,4 号线 60km/h
计程、计时票制,自动售检票	已投入使用,达到设计要求

(二)线路(轨道、隧道)能力(见表 6-15)

线　路　能　力　　　　　　　　　　　　　　　　表 6-15

设计能力	目前完成情况
轨道距离 1435mm,正线采用 60kg/m 钢轨,9 号、12 号道岔,车辆段采用 50kg/m 钢轨,7 号道岔,弹性扣件,正线隧道内、车辆段车库线为混凝土整体道床,车辆段地面线为碎石道床	已投入使用,达到设计要求

（三）机电系统能力（见表6-16）

机电系统能力　　　　表6-16

设计要求	目前完成情况
供电系统：设置2个主变电所，每个主变电所引入二回独立的110kV电源，输出35kV电压馈向地铁各个车站使用；牵引变电输出额定电压为直流1500V，电压波动范围保证接触网最低为1000V，最高为1800V，降压变电输出电压380/220V	已投入使用，达到设计要求
低压电气系统：承接动力变400V等级电源分配输送至下级系统用电设备就地	已投入使用，动力变低压侧电源输送至各用电设备就地配电箱
低压电气系统：车站照明（包括公共区照明、设备房屋区照明、区间照明、商业照明、出入口地面照明、通道照明）；车站灯具以节能日光灯盘（架）为主，辅以少量筒灯装饰；区间工作照明为低压钠灯，应急事故照明为荧光灯；光源以T8节能日光灯和节能筒灯为主；照明控制可就地可远控	已投入使用，公共区照明能满足大客流运营需要，区间及房屋区照明能满足指挥、维修工作需要；区间照明在运营期间关闭，停运期间由OCC远程开启
电扶梯系统：站内设置自动扶梯和电梯	已投入使用，情况良好
屏蔽门系统：采用系统级、站台级、就地级三级控制	已投入使用，达到设计要求
给排水及消防系统：车站、隧道区间均设有消火栓系统、排水系统、给水系统；车站贵重电子设备间安装有七氟丙烷气体灭火系统，部分车站安装有自动水喷淋系统，主变电所安装有自动水喷雾灭火系统	已投入使用，满足使用要求
环控系统：站厅设计温度30℃，站台28℃，区间隧道内不高于35℃，相对湿度55%～65%，空调季新风量≥12.6m^3/h，通风季新风量≥30m^3/h	已投入使用，达到设计要求

（四）通信、信号系统设计能力（见表6-17）

通信、信号系统设计能力　　　　表6-17

设计要求	目前完成情况
信号：采用列车自动控制系统，包括三个子系统（ATP、ATO、ATS）行车调度、维修调度采用集中监控管理	三大子系统均投入使用，达到设计要求
通信：由传输、无线、电视监控、电源、广播、时钟、公务电话、专用电话八大子系统组成	各子系统均已投入使用，情况良好

（五）自动化系统能力（见表6-18）

自动化系统能力　　　　表6-18

设计要求	目前完成情况
SCADA系统实时对全线各类变电所的供电设备进行监视控制、数据采集以及对接触网电动开关设备的运行状态监视进行控制，负责全线牵引及电力供电系统的运行管理，以确保整个供电系统及设备安全、可靠的运行	已投入使用，达到了设计要求
EMCS系统在车控室设置监控计算机、监控盘和不间断电源；设置冗余控制器PLC，设置通信控制器负责对电扶梯、照明等系统通信。实现对隧道通风系统、环控系统、给排水系统、屏蔽门系统、照明系统、人防门系统、电扶梯、垂直电梯、事故电源等设备的监控，接受FAS火警信号，通过执行火灾模式实现消防联动	已投入使用，达到了设计要求

续上表

设 计 要 求	目前完成情况
在各车站、区间隧道、行车调度指挥中心、车辆段、主变电站等与地铁运营有关的建筑与设施中安装防灾报警系统(FAS)	该系统于2004年10月安装完毕,2004年12月26日完成系统调试并通过测试正式投入使用,达到了设计要求
在各车站、行车调度指挥中心、车辆段、主变电站等与地铁运营有关的建筑与设施中安装气体灭火控制系统	该系统于2004年12月完成调试并投入使用,达到了设计要求
在区间隧道中安装隧道感温光纤系统,可实现分段火灾预警及火灾报警	该系统于2004年12月完成调试并投入使用,达到了设计要求
门禁系统设计具有以下功能:人员注册发卡,实时监测设备状态,时间区和门禁级别设定,控制模式授权设定,记录存储,入侵检测报警,中心控制开锁,电子地图显示,信息查询及报表打印,考勤功能	该系统所有功能均已实现,达到了设计要求
乘客资讯系统采用数字电视技术,保证播放视频质量;可以定义模版系统并自动下传到各显示终端;显示终端根据模版显示列车运行信息、视频信息、安全信息等。在紧急情况下乘客资讯系统发布紧急信息,以帮助乘客疏散	该系统于2004年12月通过了初步验收,并于同年12月28日投入使用,达到了设计要求
大屏幕投影显示系统具有超高分辨率图形信号的全屏[显示分辨率为(1024×27)×(768×3)=27638×2304]显示和不同信号任意大小开窗显示等功能。通过对各系统的计算机信号、文及网络信息、视频图像信息的动态综合显示,实现对全线设备的运行状态等信息的实时监视	该系统于2004年11月通过了初步验收,并于同年12月28日投入运行,达到了设计要求

二、运营状况

深圳地铁运营服务水平的起点高,且呈现良好发展趋势。

(一)开通运营水平

在工程良好、设备正常、指挥正确、处置得当、保障有力、服务满意的情况下,深圳地铁实现了如期、安全、一次性、高水平的开通目标,实现了地铁设计线路的一次性开通,并同时开通了两条地铁线路,开通时运营服务时间达到16.5h,开通第一周日均客运量达到21万人次,开行列次1516列次,正点率99.36%,运行图兑现率100%。

(二)运营状况(见表6-19、表6-20及图6-13)

试运营期月客运量、日均客运量、满载率、平均票价及储值票使用率表 表6-19

日期 (年-月)	客运量 (万人次)	日均客运量 (万人次)	满载率 (%)	平均票价 (元)	储值票使用率 (%)
2004-12	69.0	17.3	45.9	2.89	12.8
2005-1	454.3	14.7	33.4	2.92	17.3
2005-2	404.9	14.5	30.0	3.04	14.0
2005-3	399.6	12.9	29.4	2.85	21.5
2005-4	379.3	12.6	28.4	2.92	24.0
2005-5	428.2	13.8	24.1	2.93	22.0

续上表

日期 (年-月)	客运量 (万人次)	日均客运量 (万人次)	满载率 (%)	平均票价 (元)	储值票使用率 (%)
2005-6	386.8	12.9	22.7	2.86	27.2
2005-7	535.4	17.3	26.4	2.94	24.2
2005-8	542.8	17.5	26.9	2.94	27.1
2005-9	489.4	16.3	24.6	2.85	31.8
2005-10	588.8	19.0	24.4	2.95	27.9
2005-11	552.7	18.4	23.9	2.88	33.3
2005-12	603.5	19.5	25.0	2.88	33.9
2006-1	630.3	20.3	23.7	2.99	29.5
2006-2	550.7	19.7	23.1	2.96	31.9
2006-3	652.2	31.0	24.9	2.88	37.0
2006-4	683.4	22.8	27.0	2.88	35.3
2006-5	681.1	22.0	25.1	2.92	34.6
2006-6	653.1	21.8	25.2	2.83	40.2
合计	9685.5	17.6	25.7	2.91	29.4

试运营期列车开行情况表　　　　　　　　　　　　　　　　表6-20

日期(年-月)	客车开行情况							工程车开行 (列日)	调试车开行 (列日)
	计划 (列)	实际 (列)	兑现率 (%)	正点率 (%)	晚点次数	停运 (列)	运营里程 (车公里)		
2004-12	795	808	101.64	99.01	8	0	57503	1	1
2005-1	7330	7306	99.67	99.48	38	37	507045	6	17
2005-2	7232	7254	100.3	99.66	25	5	500010	7	10
2005-3	7316	7320	100.05	99.78	16	0	504446	18	10
2005-4	7176	7181	100.07	99.93	5	1	497508	12	28
2005-5	9506	9538	100.34	99.88	11	0	638976	4	11
2005-6	9144	9171	100.30	99.91	8	0	609187	1	14
2005-7	10860	10910	100.46	99.91	10	0	761152	3	3
2005-8	10836	10862	100.24	99.87	14	3	766170	0	10
2005-9	10677	10706	100.27	99.92	9	0	750732	2	14
2005-10	12967	12988	100.16	99.72	37	5	980094	1	6
2005-11	12410	12431	100.17	99.84	20	2	929468	2	16
2005-12	12961	12989	100.22	99.85	20	10	972629	4	14
2006-1	14298	14314	100.11	99.92	14	0	1106994	3	11
2006-2	12788	12806	100.14	99.94	9	0	977760	5	0
2006-3	14066	14084	100.13	99.99	2	0	1075416	8	2
2006-4	13623	13647	100.18	99.96	11	0	1052907	8	4
2006-5	14558	14589	100.21	99.96	6	0	1129280	9	5
2006-6	13910	13930	100.14	99.94	10	0	1079082	13	4
合计	202453	202834	100.19	99.87	273	63	14918559	109	180

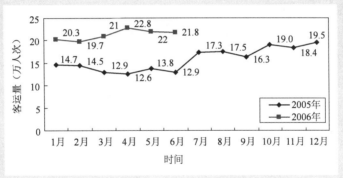

图 6-13　2006 年与 2005 年月度日均客运量走势图

6.11.5　各系统运行状况

一、线路（轨道、隧道）、房建（车站）

轨道线路于 2004 年 12 月 28 日接管，安全运营至今，截至 2006 年 6 月 30 日，已行车 1491.9 万车公里，开行 20.3 万列次，未发生任何质量问题，轨道设备、配件一切正常，轨道线路能够满足运营工作的需要及设计要求。

全线隧道于 2004 年 12 月 28 日接管，运营初期渗漏水处所较多，经重点堵漏整治，消灭了大部分的渗漏处所，隧道设备质量稳步提高。运营以来，地铁公司组织对全线隧道进行变形监测，全线隧道沉降均匀，无不均匀沉降引起的隧道病害，隧道工程质量可靠，达到设计要求。

车站房建设施于 2004 年 12 月 28 日接管，在开通运营初期存在车站土建结构渗漏水处所较多，门锁故障多、防火门质量问题多等影响运营服务质量问题，经过重点整治，房屋设施质量有所提高，故障大幅减少，满足车站正常运作使用要求，房建设施无大的病害和影响设备正常运行和车站正常运作的故障，处于正常的状态，达到设计要求。

二、供变电系统

系统于 2004 年 11 月 30 日接管，文化中心、城市广场主变电站安全运行至 2006 年 6 月 30 日，可靠供电总计 158242480kW·h。

开通运营一年半时间，系统发生故障跳闸 30 起，影响列车运行的故障 1 件。

自 2004 年 12 月 28 日开通运营至 2006 年 6 月 30 日，供电系统总体运行正常，安全可靠地保证了地铁列车的正常用电和区间车站的动力照明供电。地铁供电系统主变电所曾经 2 次担负起为深圳市供电网络实行穿越供电的重任，尤其在 2005 年元旦、春节、劳动节等长假期间，经受住了地铁大客流营运的考验，达到设计要求。

三、接触网系统

系统于 2004 年 10 月 30 日设备接管后投入使用，至 2006 年 6 月 30 日，发生轻微故障 10 起，影响运营故障 1 起。系统基本达到设计要求，满足地铁的牵引要求，设备运行渐趋稳定，达到设计要求。

四、电梯、自动扶梯系统

全线 58 台电梯、195 台自动扶梯于 2004 年 12 月 8 日接管并投入使用。从开通截至

2006年6月30日,电梯可使用程度为98.77%,自动扶梯可使用程度为98.12%。该系统设备质量稳定可靠,满足运营的需要,达到设计要求。

五、屏蔽门系统

2004年12月全线接管屏蔽门后,由于与信号系统未联锁,屏蔽门一直采用站台级控制模式。2005年4月开始,在不影响运营的情况下,进行了1号线重组单元的安装、调试工作,并完成与信号系统的联调。2005年6月,进行车公庙、香蜜湖两站屏蔽门与信号联锁试用,厂家及时完成全线数据记录软件升级工作。2005年8月30日,在香蜜湖站以西6个车站进行扩大联锁试用。2005年9月16日,1号线全线进行屏蔽门与信号系统联锁,现运行情况良好,故障明显降低,经过一段时间的运营及调整后,现设备已进入稳定期,质量稳定可靠,达到设计要求,满足运营需要。

六、低压电气系统

系统于2004年11月15日接管后,未发生中断行车和影响运营的事故。系统总体运行情况良好,达到设计要求。

七、给排水、消防系统

系统于2004年10月中旬接管以来,故障率控制在5.08次/百小时左右,设备运行基本正常,达到设计要求,满足运营需要。

八、环控系统

系统于2004年11月15日接管以来,满足运营要求并达到各项设计功能。在实际运行中,为提高乘客乘车过程中的舒适性,将站台温度设定在26℃,站厅温度设定在28℃,通过EMCS系统实现自动调节。经过一年多的试运行,系统运行日趋稳定,未发生影响运营的系统故障,达到设计要求。

九、信号系统

深圳地铁一期工程通信系统和信号系统,于2004年12月28日开通全部系统功能。运营追踪间隔时间,开通时为15min,经过4次"提速",高峰时段为5min,只用了一年时间就达到了系统初期设计要求。系统经受了国庆节、劳动节、春节大节假日客流的考验,运行稳定,有力的保证了地铁的正常运营和服务质量的提高。

十、电力监控系统(SCADA)

系统于2004年11月接管后,在连续运行近600天中,月平均故障率为0.57%。从系统运行情况来看,达到了设计要求,满足供电系统监控的需要。

十一、车站设备监控系统(EMCS)

在车站消防验收和运营演练中,用冷烟进行公共区火灾模式测试多次,试验结果符合环控工艺设计要求。至2005年11月,逐步实现了单控、群控、时间表和火灾模式控制功能,PID调节和冷水机组节能控制得到了改进完善并投入使用。系统设备月平均故障率约为1.07%,系统运行正常。

十二、防灾报警系统(FAS)

FAS系统在2004年12月28日接管使用至2006年6月30日,运行稳定。期间主要出现的故障有系统接地、烟感及模块损坏、网络中断、GCC软件故障、报警描述错误等。在地铁公司工作人员和承包商的共同努力下,通过整改、测试和升级软件等多项措施,问题都已得到及时解决。系统故障率仅为1.4‰,为地铁安全运营提供了可靠保障。

十三、气体灭火系统

系统于2004年12月接管,其各项功能达到消防要求并通过消防验收。月平均故障为0.5‰。经运营时间证明系统设备已达到设计功能,满足地铁运营的需要。

十四、隧道光纤温度监测系统

系统于2004年12月接管,到2006年6月30日,出现的主要故障为系统软件不稳定。承包商工程整改已完成,系统功能稳定。现系统的月平均故障率为3.2‰,从系统运作情况来看,达到各项设计功能,满足地铁运营的需要。

十五、门禁系统

系统于2004年12月全线接管,运行初期,出现的主要问题有双机热备切换功能没有达到合同要求、服务器程序死机导致网络无法连接、读卡控制器保险管熔断、客户端软件故障等。随后进行整改,多次对软件进行修改完善,使门禁系统的各项功能满足合同要求。门禁系统的月平均故障为3.7‰,各项指标完全满足运营需求。

十六、乘客资讯系统(PIS)

系统于2004年12月接管后,到2006年6月30日已连续正常运行了500多天,为乘客提供列车运行信息、安全信息以及其他资讯,极大地方便乘客候车、乘车,提高了运营服务质量。在运行其间,也出现了一些故障(查询机死机、6路直播图像出现马赛克等),承包商积极完善解决。乘客资讯系统设备的月平均故障率为1.07%。乘客资讯系统功能正常,运行情况良好,完全满足运营需要。

十七、大屏幕显示系统

大屏幕显示系统投入使用以来一直运行正常,满足了地铁运营各调度功能的需求,为安全运营提供了保障。

十八、自动售检票系统(AFC)

从2004年12月到2006年6月30日,AFC系统运行正常,日均客流量超过19万人次,2006年5月1日更是经受了35.9万人次大客流量的严酷考验,充分验证了系统高度的可靠性、稳定性和安全性,满足了乘客需求。2006年上半年自动售票机(TVM)可靠程度为98.88%,自动增值机(AVM)可靠程度为98.71%,闸机可靠程度为99.94%。

由于客流预测的不准确以及设备稳定需要一定的周期,AFC系统运作初期,存在一些车站设备布局不合理等问题。地铁公司对站间AFC设备进行了调整,采取整体更换的措施,进行了4次大的硬件整改(设备门锁、TTC电机、硬币单元的倒币槽、工控机硬盘)。在设备软件方面,则进行了 11 次软件升级改造,优化了乘客服务界面和员工操作使用两个方面的功能,提高了设备交易数据的准确率。

十九、计算机网络管理

目前,地铁公司已基本实现了无纸化办公,信息资料的共享、打印的共享以及各种通知、通报、联系单等均可以通过电子邮件或 Web 进行发布。2004 年地铁公司引进资产维修管理系统,并于 2004 年 11 月正式使用。物资采购、仓储管理、设备管理、预防维修、故障维修、工单管理、轨行区施工作业管理、成本分析等,均在该平台实现了电子化。

二十、车辆系统

从 2005 年 1 月 1 日至 2006 年 6 月 30 日,所购 22 列车陆续投入运营,车辆状态总体表现良好,列车的各项正线表现指标都达到了一个较高的水平。列车各系统累计发生各类正线故障 3137 件,正线故障率为 12.16 次/万列公里,详见表 6-21。

车辆系统正线故障主要集中发生在监控和信息系统、客室车门系统和司机室系统,三个系统正线故障占所有正线故障的 72.33%,这三个系统一直是车辆整改的主要方向。

对于地铁车辆存在的问题,一方面认真调查分析,与供应商积极协调配合,推动问题的及时整改;另一方面依靠自身的技术力量,在强化日常检修保养力度的同时,大力倡导技术改革和创新,提前接手故障处理。主要几项整改工作为客室车门整改,对客车门平衡杆、伸缩滑道在安装工艺及质量方面存在的缺陷进行整改,整改后的车门安全性能提高,故障发生率下降;司机室侧门整改,对悬挂装置和伸缩滑道进行整改,解决自动弹开和不能关上的问题;轴箱裂纹整改,通过轴箱探伤检查,发现列车上共 24 处轴箱裂纹,裂纹性质为热裂纹(原始铸造裂纹)而非疲劳扩展裂纹,已完成所有裂纹轴箱的更换,确保了列车运行安全;空调系统的新风挡板位置和漏液整改,确保了客室内舒适度和良好乘车环境。

经过大量的整改工作,车辆质量在总体上迈上了一个新的台阶,列车各系统功能正常,运行稳定,满足设计要求。

另外,为降低运营成本,地铁公司积极开展车辆备品备件的国产化工作,已开展的项目有闸瓦国产化、受电弓接触滑板国产化等。

试运营期正线故障统计　　　　　　　　　　表 6-21

系统名称	故障次数	故障率(%)	故障率(次/万列公里)	清客及救援次数	清客及救援频率(次/万列公里)
主电路系统	176	5.61	0.7	0	0.000
牵引制动控制系统	148	4.72	0.59	3	0.012
辅助系统	94	3	0.37	3	0.012
监控和信息系统	1346	42.91	0.35	6	0.024
照明系统	152	4.85	0.6	0	0.000
空调系统	135	4.3	0.54	0	0.000
附属设备系统	29	0.92	0.12	0	0.000
客室车门系统	491	15.65	1.95	3	0.012
车钩系统	1	0.03	0.004	0	0.000
客室系统	37	1.18	0.15	0	0.000

续上表

系统名称	故障次数	故障率（%）	故障率（次/万列公里）	清客及救援次数	清客及救援频率（次/万列公里）
转向架系统	8	0.26	0.03	0	0.000
供风和制动系统	88	2.81	0.035	0	0.000
司机室系统	432	13.77	1.72	0	0.000
总计	3137	100	12.16	15	0.060

6.11.6 技术经济指标完成情况及运营效益

一、技术经济指标完成情况（见表6-22）

技术经济指标完成情况　　　　　　表6-22

指标名称	单位	完成情况
总客运量	万人次	9685.5
日均客运量	万人次	17.6
总客运收入	万元	28203.2
日均客运收入	万元	51.3
正点率	%	99.87
运行图兑现率	%	100
运营里程	万车公里	1491.9
开行列次	万列次	20.3
储值票使用率	%	29.4
列车满载率	%	25.7
平均票价	元	2.91
责任乘客投诉率	%	0
安全天数	天	550

二、运营效益

（一）行车客运服务水平显著提高

在短短一年半的时间内，在地铁人员、设备、乘客"三新"的情况下，深圳地铁成功并出色地完成了7个大客流高峰期的运输组织任务，实现了5次大提速，缩短了行车间隔。1号线行车间隔从开通时的15min压缩到目前的高峰期5min，4号线行车间隔从开通时的20min压缩到目前的17min，地铁运输能力较开通初期提高了1.9倍。2005年12月28日，深圳地铁成功将1号线高峰行车间隔压缩到5min，实现一期工程的设计水平；2006年4月28日，深圳地铁再次"提速"，实行早高峰运行图，将早高峰7：30～9：00列车行车间隔从7min压缩到6min；目前，早高峰7：27～9：03列车行车间隔从6min压缩到5min。

（二）安全管理成效显著

在2006年5月11日胜利实现安全运营五百天的里程碑计划，并在2005年住建部对全国轨道交通企业进行的安全检查中取得第一名的好成绩。开通至今，没有发生任何重大安全事故,责任行车重大、大事故件数,责任设备重大事故件数,责任乘客死亡事故件数,员工因公死亡、重伤事故件数,责任重大火灾事故件数均为零。截至2006年6月30日,累计无责任行车险性事故及一般事故运营里程达746万车公里。

(三)设备运行良好

深圳地铁从开通以来每日运营服务时间就一直保持为16.5h,重要节假日更是延长服务时间至17.5h,这意味着设备使用率高,维护时间短,对设备的维修保养提出了严峻的挑战。但深圳地铁依靠先进的维修管理及周密的物资组织,使各设备系统均保持良好的表现,车辆的故障率仅为2.1次/万车公里,行车重点设备信号系统的故障率低于4.3次/百小时,闸机可靠程度99.94%,自动售票机可靠程度98.88%。设备的故障率与国内其他地铁开通同期比是较低的。

良好的设备、细致规范的行车客运管理为提升服务品牌和为公众提供高质量的运输服务奠定了基础。深圳地铁运营以来的优秀表现充分证明:地铁创造了良好的经济效益和社会效益,积极发挥了公共交通的骨干龙头作用,较好地实践了市政府发挥轨道交通大运量疏解客流、有效缓解地面交通压力的城市发展战略导向。

(四)社会效益显著

地铁是城市综合实力的一项重要标志。深圳地铁清洁卫生、舒适有序的乘车环境,对市民的某些不文明习惯起到了"净化"的作用。地铁已成为深圳精神文明建设的重要窗口,成为深圳的一张"名片"和一道亮丽风景线。党和国家领导人视察并乘坐深圳地铁,给予了很高评价。深圳地铁对改善城市交通污染状况,提高城区大气环境质量,改善居民生存环境,起到了十分积极的作用。随着地铁建设事业的高速发展,地铁将以高于现在数倍甚至数十倍的能力担负起为深圳市民服务的任务,在保护环境方面必将发挥更大的作用。为使深圳市的水更清、天更蓝、空气更新鲜、道路更畅通、乘车更便利舒适,加快深圳市的经济发展,深圳地铁必将发挥应有的作用。

6.11.7 基本评估

深圳地铁一期工程从2004年12月28日正式开通试运营,截至2006年6月30日,共安全运送乘客9685.5万人次,日均客运量达到17.6万人次,累计列车开行20.3万列次,运营里程1491.9万车公里,正点率99.87%,运行图兑现率100%。2006年5月1日当天创造了开通以来最高日客流35.9万人次。试运营表明,深圳地铁一期工程线路走向、车站设置符合深圳城市总体规划,较好地发挥了工程投资效益。同时,工程质量优良,各项设备、设施运行情况正常,达到设计指标,基本满足运营要求。

2006年深圳市交通运输委员会根据《深圳市地铁运营管理暂行办法》,对深圳地铁运营现状进行了评估,认为:深圳地铁一期工程设备系统评价等级为A,属于优秀水平,地铁设备现阶段是安全的、性能是可靠的、运行是节能的、国产化是最高的、国产化设备是最先进的;运营安全和服务的评价等级为B^+,运营管理、员工素质、服务指标等都表现良好。

6.12 建设档案工作报告

6.12.1 概况

一、工程概况(略)

二、建设单位项目档案资料概况

地铁工程规模大、专业多、建设周期长,应归档的文件材料设计面广、数量多,但在深圳市档案局监督指导处及相关部门的指导下,在地铁公司各部门以及设计单位、驻地监理、施工单位的配合和共同努力下,较圆满地完成了深圳地铁一期工程竣工档案的收集和编制工作。

6.12.2 项目档案工作管理体制

地铁工程档案是地铁建设全过程的真实记录,它的完整性、准确性、真实性、系统性,不仅对地铁运营的安全、维护有重大影响,也是今后地铁维护、改扩建的重要依据。为建立与完善项目档案工作管理体制,地铁公司主要进行了以下几个方面的工作:

一、建立较为系统的档案管理网络

(1)为了完整地收集地铁工程档案,地铁公司成立伊始就设立了档案资料室,目前技术资料室隶属于总工程师室,配备专职档案管理员4人,聘请专家1人,劳务人员6人,为顺利完成深圳地铁一期工程档案的归档工作创造了有利条件。档案资料室作为专业的工程技术资料管理部门,不但全程参与了从深圳地铁一期工程的立项申报到工程竣工验收的各个阶段工程档案的收集、整理与归档,其更重要的职责是:一方面根据地铁工程档案工作的特点,制定各项档案管理制度,稳步推行、实施;另一方面,与政府档案行政管理部门保持密切联系,及时汇报、积极沟通,并得到上级主管部门的指导和支持。

(2)地铁公司各部室、分公司均设有专(兼)职的文档资料员,根据其所在部门的职责和工作内容,按《深圳市地铁集团有限公司档案分类编号及流向管理暂行规定》的要求负责部门归档文件的收集、整理,并定期向技术资料室移交。为了提高文档资料员的业务水平,增强档案意识,文档资料员还需参加相关的档案业务培训班及讲座。通过培训及讲座,不仅能使资料员更深刻地理解档案法规、办法,而且也有利于技术资料室了解各部门所产生文档的特点和种类,制定科学、合理、行之有效的规章制度。

(3)地铁公司要求各参建单位,特别是设计、监理、施工单位,指定专人负责档案工作,并要求施工单位派员参加深圳市城建档案馆的档案员持证上岗培训班。

图6-14为档案管理架构图。

二、增强法规意识,完善制度建设

随着地铁公司地铁建设工程进程的不断深入和发展,技术档案作为与工程建设息息相关的特殊载体,无论从地铁建设的工程管理、技术研究、科技交流,还是到日常的员工借阅、法律

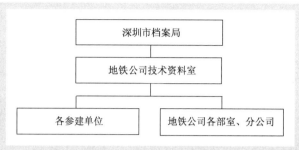

图 6-14 档案管理架构图

纠纷等,都离不开公司的档案管理工作。所以,档案部门在促进档案业务建设过程中,紧紧围绕国家重大建设项目档案专项验收这个契机,在近几年来的档案工作中,认真落实《中华人民共和国档案法》及其实施办法,以及与之配套的有关档案工作的行政法规、条例。

为适应地铁建设的高速发展,公司档案部门在认真执行深圳市档案法规、制度、规定的前提下,联系工程建设的实际情况,制定了《建设工程技术资料档案管理办法(修订)》《深圳市地铁集团有限公司档案分类编号及流向管理暂行规定》等管理性文件及工作流程,将档案工作诸环节通过科学严谨的规章进行规范,从整理归档、档案移交、库房管理、提供借阅等各方面使地铁档案管理工作皆有法可依、有章可循,并将相关的制度张贴上墙。地铁公司档案管理制度参见表 6-23。

档案管理制度一览表　　　　　　　　　表 6-23

序号	档案管理制度名称
1	《深圳市地铁集团有限公司建设工程技术资料档案管理办法(修订)》
2	《深圳市地铁集团有限公司档案分类编号及流向管理暂行规定》
3	《深圳地铁一期工程竣工档案文件材料编制及档案移交实施细则(修订)》
4	《深圳地铁一期工程管线迁改档案编制和移交实施细则》
5	《深圳市地铁集团有限公司电子档案整理移交实施细则》
6	《深圳市地铁集团有限公司档案库房管理规定》
7	《深圳市地铁集团有限公司技术资料档案借阅管理规定》

6.12.3　项目档案工作的实施与成效

一、深入施工现场,加强业务指导

针对承包商施工单位的资料员流动大、兼职多的情况,地铁公司档案部门组织资料管理员进行了多期工程档案的专题培训,内容涉及土建工程、设备安装工程、装修工程等竣工档案各自的特点、归档范围和整理要求。通过学习,承包商基本了解到工程开工与档案建档同步的重要性,应在工程进展的同时,做好技术资料的收集和管理工作,为编制竣工档案打好基础。

同时,技术资料室负责督导竣工档案的工作人员,长期深入施工第一现场指导立卷,深入细致地了解档案工作开展的实际情况,及时协调解决施工单位在编制竣工档案过程中碰到的问题和困难。

近年来,地铁公司组织了多次竣工档案的专项大检查,对资料收集齐全、归档立卷较好的施工单位通报表扬,对不重视档案工作的单位也提出了批评和改进措施,并要求限期整改。

二、不断积累经验,夯实档案基础

随着公司管理的日趋规范化,工程管理和施工管理等技术资料数量日益增多,技术资料内容也不断更新。随着计算机和网络技术的广泛应用,产生了越来越多的电子文件。因此,档案部门必须夯实档案基础工作:

一方面,扩大了工程档案资料的收集范围,进一步完善归档制度,积极做好各门类、各种载体档案资料的收集归档,防止应归档及可再利用档案资料的流失,丰富库藏。

另一方面,开展了档案资料的价值鉴定工作。地铁公司在2000年就成立了技术档案鉴定领导小组,对接收的部分多余或无保留价值、超期保管的各类档案,及时进行鉴定和销毁工作,保证了库藏档案的真实、完善、精练、有实用价值,也优化了档案库藏。

再一方面,不断补充完善档案资料的整理工作,提高案卷质量。对形成的档案资料按照其类型进行基础的分类、组合、排列和编目,组成有序体系,并完善档案检索工具体系,以满足公司各方面对利用库藏档案及档案管理自身的需要。

在上级主管部门的关心指导下,以及地铁公司各部门及监理单位、施工单位的共同努力下,档案部门通过摸索总结,现已基本形成了一套适合地铁工程特点的项目档案收集整理的管理办法。

三、加强源头控制,完善验收流程

在工程建设管理中,地铁公司明确了驻地监理在施工单位竣工资料形成编制中的检查、监督责任。由于监理长驻现场,掌握施工进度和质量,了解施工的全过程,地铁公司要求施工单位的技术文件和图纸资料,必须由驻地监理进行技术把关审查并签字确认,这使工程实体的检查能同档案资料的检查同步,从而保证了竣工文件资料来源的准确性、完整性和系统性。

在工程验收工作中,地铁公司成立了由档案部门、建设单位代表、驻地监理、运营分公司专业技术人员组成的档案专项验收小组,并邀请深圳市档案局参加工程的初步验收和竣工验收,共同审查评定施工单位竣工档案的质量。深圳市档案局的及时介入和现场指导,对提高整个地铁工程竣工档案的系统性、规范性和案卷质量等,都起到了很好的推进作用。

为了保证地铁竣工档案的安全、完整,地铁公司与深圳市档案局进行积极协商,决定对施工单位竣工档案实行"验收合格一个,移交进馆一个"的接收原则。

四、经济辅助制约,确保资料完整

为保证工程资料及竣工档案的完整移交和案卷质量,项目设计单位及施工单位在提取合同尾款或工程尾款时,地铁公司规定请款申请单上必须有档案部门相关档案管理人员的签字。对档案资料移交不符合要求,未通过档案专项验收的工程,档案部门有权拒绝签字。这样较好地保证了项目档案及竣工档案的归档、收集工作,为深圳地铁一期工程项目及竣工档案的汇总编制奠定了良好基础。

6.12.4 竣工图的编制情况及质量

深圳地铁一期工程竣工图的编制,是根据国家档案局、原国家计划委员会发布的《基本建设项目档案资料管理暂行规定》中编制竣工图的要求进行的,原则上一般的变更在原施工图上按规范进行更改,涉及结构形式、工艺、平面布置等有重大改变,或变更部分超过图面1/3的,要重出施工图或重绘竣工图。施工单位在竣工图编制完成后,先送驻地监理审查签字,在正式验收时,部分设计人员及项目工程师再对竣工图进行审查、核实,从而保证了竣工图的准确性和完善性。

此外,对竣工图电子版做出了严格要求,遵照深圳市档案局的相关规范和深圳市地铁集团有限公司发布的《地铁工程声像档案及电子文件档案制作归档暂行规定》,做到竣工图电子版与纸质竣工图一一对应,统一用 AutoCAD 格式和文件命名规则,要求工程变更在电子版中完整反映,为实现今后竣工档案的信息共享打下了良好基础。

在对竣工图的检查中和目前运营分公司的使用中,地铁公司档案专项验收小组认为,竣工图基本如实地反映了工程的最终状况,竣工图的签章、审查手续齐全,修改依据标注清楚,修改方法符合竣工图的修改要求。

6.12.5 档案资料的分类、整理和库藏情况

一、档案分类及整理

地铁公司档案部门在接收各工程竣工档案及其他技术资料文件后,即投入到紧张的分类整理、编制著录等基础工作中。按照《深圳市建设工程文件材料整理规范》和档案移交办法的有关要求,遵循技术档案自然形成规律和保持技术档案之间有机联系的原则,对案卷进行汇总整理,并制定了符合地铁公司档案工作实际情况的档案分类法——《深圳市地铁集团有限公司档案分类编号及流向管理暂行规定》,将公司档案划分为 11 个大属性类别:1. 党群工作类;2. 行政管理类;3. 经营管理类;4. 技术管理类;5. 基建工程类;6. 设备仪器类;7. 会计档案类;8. 人事档案类;9. 运营管理类;T. 特殊载体类;S. 实物档案类。其中第 5 大类"基建工程类"是地铁司管理工作的重点,又分为建设管理、项目设计、项目施工、项目竣工四个二级类目,并细分了若干个三级、四级类目。

二、档案库藏管理情况

一期工程库藏档案一套约有 27306 卷,以下对应地铁公司的档案分类法分两大部分介绍:

1. 建设管理及项目设计类

1998 年 7 月 31 日公司正式成立后,档案部门与各部门密切配合,收集、整理了从地铁立项审批阶段、勘查阶段到招投标阶段等各类技术资料、档案。现在,建设管理及设计类档案库藏一套约 21688 卷。其中:工程前期类文件 1013 卷、施工技术文件及施工图类等 6290 卷、合同及协议类 2602 卷、勘察报告及初步设计类 1178 卷、招投标文件类 8888 卷、工程声像档案 1717 件。

按照《深圳市城市建设档案文件材料归档内容》及深圳档案管理流向,应移交进市档案馆保存的原件,如勘察报告、初步设计、招投标文件等已分类组卷、编制、装订、打号、装盒后,先后分6批共组卷902卷计151998页,移交进市档案馆保存原件一套。

2. 项目施工及竣工档案类

2004年12月28日深圳地铁一期工程建成通车,并进入为期一年的试运营阶段。为满足运营的需要,根据《深圳地铁一期工程竣工档案文件材料编制和移交实施细则》的规定,档案部门从2002年就开始接收施工单位的竣工档案,现已检查、指导、接收施工单位的竣工档案约15800卷(一式两套。移交深圳市档案局原件一套约4700卷;建设单位自存一套复印件约6090卷,建设单位分级保管原件约1810卷;移交运营分公司约4900卷)。另外,档案室库存管线改迁档案约653卷、系统设备随机资料类482卷、第三方监测及验工计价档案2122件。

6.12.6 存在问题及解决措施

(1)由于部分工程项目的结算工作还未全部完成,相关结算文件的整理、归档要待结算工作完成后,由公司合约法律部逐步移交归档汇总。

(2)一期整改工程和一期工程的同步建设工程等竣工验收较晚,该类工程与整改中工程的竣工档案,有待完工后及时收集归档。

(3)缺少较专业的档案信息管理系统,地铁公司虽然将档案信息管理系统纳入公司信息管理系统综合开发,但在投入试用中,仍不能满足档案专业著录、检索等的需要,目前正安排专人与网络承包商协商,以不断完善。

(4)缺乏档案专业人才,档案管理工作基础较薄弱。已积极向地铁公司相关部门反映,补充档案专业人才,并得到了公司领导的支持。

(5)按照国家《公司档案管理办法及实施细则》要求,企业各部门应负责归档文件材料的收集和整理工作,并定期交本企业档案部门集中管理。现地铁公司各部门归档立卷工作较弱,档案部门的档案管理员长期疲于整理各部移交的大量未经整理立卷、无序的资料和收发技术文件等,自身的档案业务工作开展深度不够。2007年年初,地铁公司机构调整、重新梳理部门职责后,分流了收发职能,从根本上保证了工程档案管理员的业务正常开展。

6.12.7 整改意见的落实

深圳市档案局监督指导处档案资料验收组,根据工程进度参加了深圳地铁1、4号线土建工程、常规设备安装工程、装修工程的竣工验收,并对竣工档案进行了专项验收。2004年12月6日,深圳市档案局下发深档字[2004]123号文,认为"深圳地铁一期工程竣工档案收集基本齐全、完整、系统;档案分类整理、归档、组卷基本符合规范要求;竣工图、电子文档基本做到与实物相符,案卷质量较好","深圳地铁一期工程的档案管理符合试运营要求"。在此基础上,地铁公司根据市档案局对各单位工程竣工档案专项验收的整改要求和广东省实施《基本建设项目档案资料管理暂行规定》细则的要求,对地铁一期工程从酝酿决策到建成使用全过程中形成应归档的文件材料进行了补充完善和系统的收集、整理和整改。

目前,建设单位管理档案和施工单位竣工档案,已经收集及向市档案局完成移交,分别达到95%以上。

6.12.8 自评结果

深圳地铁一期工程竣工档案的编制,在地铁参建者的共同努力下,在上级有关部门的大力协助和指导下,已基本完成。地铁公司认为:深圳地铁一期工程竣工档案的分类、排列、组合具有逻辑性和整体性;组卷合理,各阶段技术文件收集齐全,在深圳地铁一期工程竣工验收的各个阶段中经受了各专业验收组的检查;在地铁运营和日常的维护中,未发现竣工档案的质量问题和缺漏问题。目前深圳地铁一期工程竣工档案在日常的管理、规划、测量、验收、运营管理中起到了至关重要的作用,也为深圳地铁1号线续建工程和陆续开工的其他线工程的建设提供了宝贵的经验。

附表:深圳地铁一期工程竣工档案项目明细表(略)

6.13 竣工财务决算报告

6.13.1 项目建设概述

一、项目概况(略)
二、建设单位基本情况(略)
三、建设依据与历程(略)
四、财务决算时点及工程建设费用结算日

根据深圳市发改委《关于地铁一期工程试运营期限的复函》(深发改函〔2006〕65号),深圳地铁一期工程的试运行(含试运营)期限定为从2004年12月28日至2006年6月30日。《深圳地铁一期工程国家竣工验收工作实施方案》(深发改〔2007〕1322号)明确深圳地铁一期工程财务决算时点为2006年6月30日,此时点为界定基本建设期和正式运营期的基准时间。由于该财务决算日之后发生了属于深圳地铁一期工程建设的费用[如福田口岸站(原皇岗站)安装、装修],为了更加真实地反映深圳地铁一期工程的建设情况,减少尾工工程的数量,从实际出发,经深圳市审计局政府投资审计专业局和深圳市发改委同意,深圳地铁一期工程的工程建设费用结算日确定为2007年12月31日,同时,将2006年6月30日财务决算时点作为建设单位管理费、借款利息、联合运转费以及日常开支等停止资本化的时点,之前试运营期间运营全部收入与成本支出抵扣,不足部分在一期工程投资中列支,并列为联合运转费。

6.13.2 项目资金来源

根据深圳市人民政府深府函〔2000〕25号和深府函〔2003〕45号批复,深圳地铁一期工程初步设计概算为115.53亿元,其中70%来源于市财政,30%来源于银行借款。

截至2007年12月31日,财政拨款明细见表(略)。

根据地铁公司与国家开发银行、中国工商银行深圳市分行、中国银行深圳市分行签订的合同编号为4403400202002540006的《人民币银团贷款合同》,由国家开发银行作为牵头行,三家银行组成银团,同意向地铁公司提供总额为350000万元的贷款,截至2007年12月31日,已提款234412.50万元(目前累计已提款288142.5万元),合计深圳地铁一期工程到位资金961542.50万元。

6.13.3 项目资金运用及结余

根据2008年5月12日深圳市审计局政府投资审计专业局出具的深审政投报〔2008〕499号审计报告,深圳地铁一期项目总投资1055911.92万元,由五部分组成:建筑工程投资494840.21万元,安装工程投资36312.61万元,设备投资331652.58万元,待摊投资190440.97万元,其他投资2665.56万元。

审计报告中提到,地铁公司列支了概算内容未包含的"运营公司开办费"9448.51万元,审计予以调减。同时提及地铁公司正向有关部门申请增加该项预算,待有关部门审核批准后,该部分费用再作调整。2008年5月22日,地铁公司以"深地铁〔2008〕335号"专文向市发改委就"运营公司开办费"纳入深圳地铁一期工程总概算列支进行请示,2008年8月26日,市发改委就该请示以"深发改函〔2008〕954号"文进行复函,认为以"运营公司开办费"列支的费用应分别在市政府批复的地铁一期工程初步设计概算文件的"生产职工培训费"和"办公及生活家具购置费"中列支。

因此,根据深圳市审计局政府投资审计专业局的审计结果和市发改委的复函,经审定深圳地铁一期工程总投资为1065360.43万元,由五部分组成:建筑工程投资494840.21万元,占总投资的46.45%;安装工程投资36312.61万元,占总投资的3.41%;设备投资331652.58万元,占总投资的31.13%;待摊投资190440.97万元,占总投资的17.88%;其他投资12114.07万元,占总投资的1.14%。

因为实际合同签订中,建筑、安装、设备工程投资在同一合同核算,为准确核算交付使用资产的价值,对在同一合同中核算的各类投资进行分拆和合并,调整后各类投资类别如下:建筑工程投资497013.36万元,安装工程投资43970.76万元,设备投资321408.72万元,待摊投资190917.25万元,其他投资12050.35万元。

截至2007年12月31日,该项目实际基建支出1007836.21万元,其中:建筑工程投资454602.21万元,安装工程投资43490.09万元,设备投资310125.18万元,待摊投资187568.37万元,其他投资12050.35万元,预留尾工工程57524.23万元。

依据深圳市人民政府深府函〔2000〕25号文和市发改委深发改〔2004〕867号文,深圳地铁一期工程警用通信系统由财政资金全额列支,截至工程建设费用决算日,已收到财政全额拨款3594.00万元,其中70%来源于市财政,30%来源于银行借款。据此计算,深圳地铁一期工程(除警用通信系统)财政需拨款(1065360.43−3405.48)×70%=743368.47万元,截至工程建设费用结算日,已累计收到财政拨款723536.00万元,财政局还需拨付资金19832.47万元。因此,深圳地铁一期工程项目无结余资金。

6.13.4 项目交付使用资产情况

深圳地铁一期工程交付使用资产为1007836.21万元,其中:固定资产986062.99万元,流动资产9722.87万元,无形资产255.38万元,递延资产11794.97万元。

交付使用资产明细分类见表(略)。

6.13.5 项目总概算执行情况

深圳地铁一期工程投资概算为1155303.48万元,截至2007年12月31日,实际完成投资1007836.2万元,尾工工程为57524.23万元,合计总投资为1065360.43万元,较概算节约89943.05万元,节约7.79%(具体情况见表,略)。

一期项目实际投资较概算有较大幅度的节约,主要得益于完善的投资管理制度体系的建立和执行,以及工程实施过程中设计管理、招投标管理、合同管理及预结算管理三个环节控制的有力与高效。

部分项目超概算情况,是因为初步设计通过政府审查后重大方案变化多、时间段跨度大,导致实际投资与初步设计概算差异较大,主要变更情况如下:

1999年7月25日~31日,地铁公司召开了初步设计预审会议。

1999年12月28日,市民中心主体工程及竹子林车辆段开工,此后其他已稳定设计并进入施工图设计阶段的工点出现了重大变更。

2000年10月,根据地铁公司的批示进行了香蜜湖至竹子林段的改线初步设计。竹子林车辆段也经历了平、立面调整,重做初设的变化。

2002年4月,地铁公司做出一期工程增加西延两站两区间,延至世界之窗站的重大决策,为此进行了立项申报,总体设计调整,西延段初设、施设概算编制以及相关设计变更等工作。

此外,尚有大剧院站站位调整,皇福、福会区间线路及施工工法调整等局部方案的变更。

机电设备的组成及规模也在初设后进行了一些重大方案的重新比选及系统的新增过程。如集中供电与分散供电,集中监控系统、变频系统的重大方案的取舍;新增大屏幕、PIS、门禁系统;公共通信、警用通信的后期立项及介入;车辆段弱电智能化系统;区间感温光纤系统。

结合上述主要变更,就部分项目超出了原设计概算的原因分析如下:

1. 土建部分

(1)老街站超概5225.58万元,主要因为总设计改为双层车道,增加了换乘综合体。

(2)大剧院站超概算2416.47万元,主要因站台面积较原概算扩大。

(3)世界之窗站超概5129.57万元,主要因施工工法由原暗挖法改为明挖法。

(4)罗国区间超概6763.52万元,主要因最终设计隧道的长度比原设计延长100m。

(5)岗会区间超概2621.69万元,主要因最终设计改为重叠隧道,由原地下一层改为两层。

2. 设备系统

(1)通信系统超概2391.37万元,是因为含有原概算未包括的警用通信系统,因未完工,警用通信系统作为尾工工程,预留工程款3405.48万元,因此,通信系统概算单元实际节约投资1202.63万元。

(2) 自动售检票系统超概 5466.15 万元,是因为原设计概算对客流量估计不足,设备采购数量较少,不能满足运营需要,后根据市发改委深发改[2004]948 号文同意,进行了两次设备新增投资。

(3) 屏蔽门系统超概 2245.98 万元,是因为原福田口岸站设计为地面站,不安装屏蔽门,后福田口岸站改为地下站,增设了屏蔽门系统。

(4) 车辆购置费超概 29167.45 万元,是因为实际比原概算增购了 4 列列车,并经市政府批准同意。

3. 车辆段

房屋建筑物超概 5248.35 万元,是因为原设计对运营人员数量估计不足,单身公寓设计的建筑面积较小,最终设计考虑到运营人员数量的增长,扩大了单身公寓的建筑面积。

4. 其他

(1) 建设管理费超概 1800.78 万元,是因为工程工期受增加延长段(侨城东站—世界之窗站)、遭遇非典事件等因素的影响,实际工期比原计划延长 1 年,导致管理费增长。

(2) 联合运转费超概 1769.92 万元,是因为提高设计实际运营的安全性,增加了联调次数,并延长了试运营时间。

(3) 生产职工培训费超概 5899.81 万元,是因为提前招聘运营员工培训,原概算的工资水平与实际差距较大。

6.13.6 预留工程及投资

考虑到深圳地铁一期工程建设中部分单项工程未能同步建设,地铁投入运营后仍需进行整改、完善,深圳地铁一期预留尾工工程的资金安排主要包括三大类,共计 57524.23 万元,其中概算内未实施项目 18928.33 万元,整改项目 3600.00 万元,新增项目 34995.90 万元。主要内容有:

根据市发改委《关于深圳地铁一期工程国家验收工作进展情况的报告》(深发改[2008]502 号)同意将车辆段综合改造项目 32000.00 万元和 AFC 改造增购、节能变频改造、线路整修等项目 3600.00 万元列入深圳地铁一期工程尾工工程概算。另外,将国贸站 4 号通道及 4、5 号通道的连通道工程(33 标)费用 2130.04 万元、车站建筑装修工程 6 标(会展中心站、岗厦站)及其费用分摊 3848.16 万元、地铁警用通信系统费用 3405.48 万元、列车安防系统设备费用 2995.90 万元、国贸 4 号通道及 4、5 号通道拆迁和商业补偿 2000.00 万元也列入预留工程概算及投资中。

6.13.7 建设期间总体情况评价

一、投资效果评价及主要技术经济指标

本工程自 2004 年 12 月 28 日建成开通投入试运营开始,呈现出良好的发展趋势,在行车客运服务、安全管理、设备运行方面情况基本良好,至 2006 年 6 月 30 日,历时 18 个月,累计列车开行 20.3 万列次,运营里程 1491.9 万车公里,运送乘客 9685.5 万人次,日均客运量达到 17.6 万人次,运行图兑现率 100%,正点率 99.87%,实现客运收入 28203.2 万元。2006 年 5 月 1 日当天创开通以来最高客运纪录,达到 35.9 万人次/日。

整个试运营期间,每日运营服务时间就一直保持为 16.5h,重要节假日延长服务时间至 17.5h,为乘客提供舒适、优质的服务,实现安全运营 550 天,未发生责任乘客投诉、责任事故及一般事故。此外,地铁运营还全力打造优质服务品牌,开展了一系列卓有成效的营销活动,确定了"地铁服务 贴心一路"的服务口号,同时,优质的运营服务也得到广大乘客的认可。

深圳地铁一期工程的开通在节省乘客旅行时间、减少地面交通拥堵、提高旅行舒适度等方面发挥了较好效益。深圳地铁一期工程较好地缓解了深圳特区东西干道、中心区、罗湖口岸区域地面的交通压力,连接了深港罗湖口岸和福田口岸,改善了口岸交通,提高了口岸过境客流的通关能力,对于完善城市片区功能、提高区域配套、提升城市土地价值和竞争力、全面配合城市发展策略均有较大贡献。

其中主要设计能力与目前的运营状态见表(略)。

二、建设管理评价

1. 建设管理制度建设

地铁公司在技术复杂、工期紧、任务重、缺乏地铁建设经验的情况下,克服困难,按期建成深圳地铁一期工程并顺利通车运营,基本实现了质量、进度、投资、安全四大控制目标。在质量控制方面,地铁公司在加强现场质量管理的同时,成立质安部,内部质量控制制度更加完善,深圳地铁一期工程质量验收合格,未出现重大质量事故;在进度控制方面,以计划开通试运营时间为工期控制目标,倒排工期,层层分解,通过调整施工组织优化工期,通过"大干 120 天"等劳动竞赛推进工程进度,实现了通车工期目标;在投资控制方面,通过招标采购的方式、严格的变更审批程序和基本有效的结算审核,使工程投资得到有效控制,工程决算控制在批准概算内;在安全管理方面,地铁公司制定了《深圳地铁一期工程施工安全管理办法》《深圳地铁工程施工承包商安全生产文明施工考核与奖惩办法》等规章,成立了地铁公司安全管理委员会,质安部专责独立监督,基本实现了安全生产目标,同时根据事故分级,建设期间未发生一般事故以上事故;在执行基建程序方面,该项目在国家立项审批通过后正式开工建设,地铁公司能及时向政府主管部门提出建设报建申请;在招投标管理方面,地铁公司基本能遵守《中华人民共和国招标投标法》等法规规定,公开招标选择勘察、设计、监理、施工、设备供应等单位。

2. 建设管理经验

(1) 勇于金融创新,节约资金使用成本

深圳地铁一期工程概算总投资 115.53 亿元,其中 70%(计 80.53 亿元)来源于财政拨款,30%(计 35 亿元)为银团贷款 30%。地铁一期工程前期主要使用的是财政拨款,2006 年进入提取银行贷款支付工程款的高峰期。为减少财务费用,降低建设成本,地铁公司认真做好一期工程资金的筹措与管理,努力提高资金使用效率。凭借地铁公司作为资产优良大型国企融资平台的优势,地铁公司积极与各银行开展金融业务洽谈,根据不同融资品种的资金成本差异,通过开具买方付息银行承兑汇票、提取流动资金贷款等短期金融产品,有效地降低了资金成本,提高了资金的使用效率,共取得了节约财务费用 3326 万元的可喜成绩(其中一期工程节省财务费用 2603 万元)。同时,竣工财务决算显示,深圳地铁一期工程贷款利息支出为 17541 万元,仅为概算 51130 万元的 34.31%,仅这一项就为国家节省投资 33589 万元。

(2)准确使用相关会计制度,确保会计信息真实

由于地铁公司属于法人单位企业,直属深圳市国资委管理,一般需适用企业会计制度。但地铁公司本部核心业务是地铁工程的建设,为保证多条线路建设会计核算的准确性,地铁公司本部采用基建会计制度,并按各条线路单独设置会计科目核算,运营分公司和资源分公司采用企业会计制度,既满足市财政局要求报基建报表,又能满足国资委要求报企业会计报表的要求。此外,在日常工作中严格审核每一笔费用的开支,做到事项明晰、依据充分,确保了会计信息的准确。

(3)强化财务管理,提高会计服务质量

地铁公司通过机构改革和业务流程优化,建立起完善的投资控制体系。会计内部控制作为内部控制的一个主要手段发挥了重要的作用。财务部先后编制了《工程款支付管理实施细则》《财务事项授权审批权限暂行规定》《财务部内部岗位责任制考核管理实施细则》等规章制度,为工程建设保驾护航,不仅加强了公司财务管理,做到有章可循,运作规范,同时对有效控制地铁建设投资,促进反腐倡廉起到了十分重要的作用。

3. 项目财务管理存在的问题及整改

(1)工程结算速度较慢,影响工程竣工财务决算工作进度

深圳地铁一期工程所有工程结算需送深圳市政府投资审计专业局审计,并根据最终的审计结果办理工程款支付。由于承包商工程送审不及时,导致工程不能最终结算,影响了整个工程的财务决算工作进度。在以后工作中应完善健全合同结算报审制度,明确合同结算报审的各个环节及职责,加快工程结算的送审速度,提高整个项目的财务决算工作。

(2)会计核算与项目概算的对应关系重视不够

深圳地铁一期工程财务决算中,科目设置能满足基建会计制度的要求,但在明细科目设置时还不能充分考虑概算管理的需求,不能完全做到会计核算口径与概算口径相对应,会计信息在项目执行过程中还不能较为及时反映概算执行情况。如一期工程中未仔细分析概算,单独设置了会计科目核算——运营分公司开办费,但其实该开办费即为职工培训费用和办公家具购置费。在以后的工作中,相关会计核算人员要加强概算内容的掌握,以保证在会计核算口径与概算口径的对应关系。

6.13.8 其他需说明的事项

1. 待摊投资的分摊情况

一期工程项目实际支出的待摊投资金额为 190853.53 万元,明细构成见表(略)。

第一次分配为施工准备的分配,施工准备是线路沿线的六项管线拆迁、拆迁补偿等费用,因此,施工准备只在车站和区间隧道之间进行分配,分配比率为各车站和区间隧道投资额占总投资的比值。

其余待摊投资进行第二次分配,在经过第一次分配后的车站、区间隧道和需经安装的设备之间分配,分配比率为各项目投资额占总投资的比值。

2. 用基建资金配置的固定资产等财产物资的清理情况

深圳地铁一期工程项目未占用基建资金配置相应的固定资产,一期使用的固定资产为地铁公司使用自有资金采购,用于一期工程项目建设,计提相应的折旧计入一期工程建设成本。

3. 债权债务的清偿情况

深圳地铁一期工程项目不存在占用一期资金的情况,因此无相应的债权,除部分工程和设备的保留金、质保金按合同约定延后。

附 录

《深圳市城市轨道交通工程政府验收管理办法(试行)》
(深发改〔2010〕2400号)

第一章 总 则

第一条 为加强城市轨道交通工程建设项目的政府验收管理,明确验收职责,规范验收程序,提高工作效率,结合本市实际情况,制定本办法。

第二条 本办法适用于本市新建、改建或扩建的城市轨道交通工程建设项目的政府验收活动。

本市范围内的国家铁路、城际铁路等轨道交通工程建设项目,涉及政府验收活动的,可参照本办法执行。

第三条 本办法所指政府验收,按建设和运营阶段分为投入试运营验收和国家竣工验收。

投入试运营验收是指城市轨道交通工程项目投入试运营前,在建设单位组织完成工程验收的基础上,由政府相关职能部门对工程项目的各项条件是否满足试运营要求进行检查和确认,保证线路开通后的运营安全和服务水平。

国家竣工验收是指在城市轨道交通工程项目试运营期满后,按照基本建设程序,由国家有关主管部门或委托地方政府对工程项目的各项条件是否达到批准的要求进行认定,综合评估其实现的经济效益和社会效益。

第四条 轨道交通工程建设项目投入试运营前,应组织投入试运营验收。未经验收或验收不合格,不得投入试运营。

试运营期满后,应及时组织国家竣工验收,履行建设项目竣工决算审计等程序,办理固定资产移交手续。

第五条 政府验收工作的主要依据是:

(一)国家及地方有关法律、法规;
(二)有关行业主管部门的规定;
(三)经批准的工程立项、可行性研究报告、初步设计、概算批复等行政许可文件;
(四)经批准的设计文件及相应的工程变更文件;
(五)有关技术规范、标准,主要设备技术规格书等。

第六条 政府验收的成果文件是各类验收意见书或鉴定书。

第七条 政府验收活动所需的必要费用列入工程投资,在政府批准的初步设计概算中列支。

第二章 政府验收的组织架构

第八条 市政府成立轨道交通工程政府验收委员会,负责统筹投入试运营验收和国家竣工验收的领导工作,协调解决验收过程中的重大问题。

政府验收委员会主任由市政府有关领导担任,市发展和改革委员会等相关职能部门的主要领导担任政府验收委员会委员。

第九条 政府验收委员会下设办公室(以下简称"验收办",设在市发展和改革委员会),由市发展和改革委员会主要领导兼任主任,成员由市相关职能部门分管领导组成,负责政府验收委员会的日常工作和全市验收工作的组织、协调、检查、督办等事务。

第十条 验收办根据验收的实际需要督促政府相关职能部门成立验收小组,各验收小组负责相应专项验收的组织实施,专项验收通过后由相应职能部门出具验收意见。

第三章 政府验收的项目内容及责任分工

第十一条 投入试运营验收项目包括人防、消防、环境保护、卫生防疫、工程档案、工程质量、防雷装置、安全和试运营条件评估等,分别由人防、消防、环保、卫生、档案、建设、气象、交通等主管部门负责组织实施。验收项目可根据工程的实际情况适当调整。

第十二条 投入试运营验收的责任分工:

验收办负责牵头组织投入试运营验收,及时制订验收工作实施方案,汇总各专项验收意见提交政府验收委员会审定后,按程序呈报市政府批准试运营。

市相关职能部门具体负责各专项验收工作,落实验收工作实施方案,出具专项验收意见。

建设单位应成立专门机构,配备专职人员,落实验收经费,积极配合各专项验收工作,对验收中发现的问题及时整改。

第十三条 国家竣工验收包括规划、人防、消防、环境保护、卫生防疫、工程档案、工程质量、防雷装置、安全和试运营评估、竣工决算审计等,分别由规划、人防、消防、环保、卫生、档案、建设、气象、交通、审计等主管部门负责组织实施。验收项目可根据工程的实际情况适当调整。

第十四条 国家竣工验收的责任分工:

国家主管部门直接组织验收工作时,市政府各职能部门依据相关规定完成职责范围内验收工作的基础上,积极配合国家竣工验收工作。

国家主管部门委托地方政府组织验收工作时,由政府验收委员会负责验收工作,制订验收方案,督促市各相关职能部门设立验收小组并组织实施,召开国家竣工验收大会,审查通过国家竣工验收鉴定书。

第四章 投入试运营验收的组织实施

第十五条 验收申请报告的提交。建设单位按照工程项目投入试运营的计划,应提前6个月以上向验收办提交验收申请报告,主要内容包括验收范围、建设单位验收组织机构、验收工作初步计划及验收工作准备情况等。

第十六条 验收工作实施方案的下达。验收办接到建设单位提交的申请报告后,应在1个月内组织制订验收工作实施方案,主要内容包括验收范围、分工、时间及要求等。验收工作实施方案经政府验收委员会批准后正式下达。

第十七条 验收工作的全面开展。市相关职能部门根据验收实施方案,按验收办要求成立验收小组及时开展各专项验收工作,在验收实施方案规定时间内完成验收任务。

（一）市人防主管部门负责人防验收工作。市人防主管部门按人民防空工程建设管理的有关规定进行人防验收,验收评定合格后,应出具同意投入试运营意见。

（二）市公安消防主管部门负责消防验收工作。市公安消防主管部门按照消防管理的有关规定进行消防验收,验收评定合格后,应出具建筑工程消防验收合格意见书或同意投入试运营意见。

（三）市环保主管部门负责(协助)环保验收工作。市环保主管部门组织完成环保试运营预检查,并出具预检查意见;督促建设单位向省环保主管部门申请环保试运营检查,配合省环保主管部门开展环保试运营检查,跟踪省环保主管部门出具同意投入试运营意见。

（四）市卫生主管部门负责卫生防疫验收工作。建设单位应根据卫生防疫要求委托具有相关资质的检测机构,对投入试运营线路的车站等公共场所进行卫生学评价,编制卫生学评价报告。市卫生主管部门对提交的卫生学评价报告进行审查和现场抽查,在评定卫生措施配置和卫生指标检测结果符合相关标准和技术规范要求后,应出具同意投入试运营意见。

（五）市档案主管部门负责工程档案验收工作。市档案主管部门按工程建设档案管理的有关规定进行工程档案验收,验收评定合格后,应出具同意投入试运营意见。

（六）市建设主管部门负责工程质量验收工作。市建设主管部门对工程质量竣工验收的程序、验收标准及验收结果进行检查和复核,在认可建设单位对工程质量评定验收合格的结果并判定验收程序合法后,应出具同意投入试运营意见。

（七）市气象主管部门负责防雷装置验收工作。市气象主管部门按照防雷管理的有关规定进行防雷验收,验收评定合格后,应出具同意投入试运营意见。

（八）市交通主管部门负责安全和试运营条件评估工作。建设单位应根据安全要求委托具有相关资质的评价机构,对投入试运营线路的车站和区间进行安全评价,编制安全评价报告。市交通主管部门对提交的安全评价报告进行审查和现场检查,在评定劳动安全措施配置和各系统安全评价结论符合要求后,应出具相关审查意见;并在上述所有专项验收全部完成后,按照轨道交通工程运营管理的有关规定,直接或委托第三方专业机构开展试运营条件评估,主要对土建、机电设备和运营准备等是否满足试运营条件进行审查和现场验收,满足试运营条件后,应出具同意投入试运营意见。

试运营条件审查所需材料包括工程建设综合报告、试运营准备综合报告、公交接驳配套方案等。

第十八条　验收办应及时汇总各专项验收意见,提交政府验收委员会审核无误后呈报市政府批准。经市政府批准后,相应的轨道交通工程建设项目方可投入试运营。

第五章　国家竣工验收的组织实施

第十九条　国家竣工验收的正式申请。工程项目试运营期满,建设单位应对全线土建、机电设备和试运营各项性能指标进行系统性检查和评估,如已具备国家竣工验收条件,及时向验收办提交国家竣工验收申请报告。报告内容应包括国家竣工验收范围、开通试运营管理情况、建设单位竣工验收组织机构、国家竣工验收工作初步计划等。

验收办接到建设单位提交的国家竣工验收申请报告后,在1个月内组织审核,通过审核后,正式向国家主管部门申请国家竣工验收。

第二十条 国家竣工验收工作实施方案的下达。如国家主管部门委托地方政府组织验收,则由政府验收委员会负责组织实施。验收办应及时牵头制订验收工作实施方案,内容包括验收范围、工程竣工决算时点、竣工资料组织编制、验收时间安排及验收工作要求等。验收工作实施方案由政府验收委员会审定并呈报市政府批准后正式下达。

第二十一条 国家竣工验收工作的全面开展。市相关职能部门根据验收实施方案,按验收办要求成立验收小组及时开展各专项验收工作,在规定时间内完成验收任务。

(一)规划验收。由市规划主管部门负责组成专业验收组实施,主要对规划要求的竣工测绘、各建筑主体规划验收合格证办理情况,以及是否满足规划设计要求进行检查和确认,出具该专项通过正式验收的意见书。此专项验收须提前进行,应在投入试运营验收阶段启动相关工作。

(二)人防工程验收。由市人防主管部门负责组成专业验收组实施,主要对投入试运营验收存在的遗留问题整改落实情况、相关措施到位情况进行检查和确认,出具该专项通过正式验收的意见书。

(三)消防验收。由市消防主管部门负责组成专业验收组实施,主要对全线工程各建筑主体完成消防验收、复验收情况,以及试运营期间消防安全整改落实情况进行检查和确认,出具该专项通过正式验收的意见书。

(四)环保验收。由市环保主管部门负责组成专业验收组实施,主要对项目环保验收监测、落实环评提出的环保措施,以及环保审批手续完备情况进行初步检查和确认,协助国家环保部门组织项目环保现场验收,跟踪国家生态环境部门出具该专项通过正式验收的意见书。

(五)卫生防疫验收。由市卫生主管部门负责组成专业验收组实施,主要对项目卫生学评价、试运营期间经常性卫生监督监测情况进行检查和确认,出具该专项通过正式验收的意见书。

(六)工程档案验收。由市档案主管部门负责组成专业验收组实施,主要对工程文件形成、收集、整理、归档、移交进馆,以及工程档案的完整性、系统性等情况进行检查和确认,出具该专项通过正式验收的意见书。

(七)工程质量验收。由市建设主管部门负责组成专业验收组实施,主要对轨道交通验收工作中的组织形式、程序、验评标准的执行情况和验收结果进行检查和确认,对试运营期间的质量保修(整改)工作进行监督,出具该专项通过正式验收的意见书。

(八)防雷装置验收。由市气象主管部门负责组成专业验收组实施,主要对防雷装置综合检测验收以及试运营期间存在问题整改落实情况、防雷装置运行情况进行检查和确认,出具该专项通过正式验收的意见书。

(九)安全和试运营评估验收。由市交通主管部门负责组成专业验收组实施,主要对安全验收评价、安全设施整改落实情况,以及试运营期间安全运营管理情况进行检查和确认;对试运营期间的安全和服务进行调查分析,对项目是否处于良好状态并达到正式运营水平进行评估和确认,出具该专项通过正式验收的意见书。

(十)竣工决算审计。由市审计部门负责组成专业组实施,依据政府投资项目审计监督的有关规定,对工程项目的竣工决算进行审计,出具竣工决算审计报告。此专项验收须提前进行,应在投入试运营验收阶段启动相关工作。

审计报告的主要内容包括：建设项目基本情况、资金来源及支出情况、项目概算执行情况、项目交付使用资产情况、尾工工程及预留投资情况、存在主要问题、审计评价等。

第二十二条 国家竣工验收报告的组织编制。建设单位负责组织编制国家竣工验收报告，包括工程项目的建设综合报告和建设专题报告，编制完成后提交政府验收委员会审查。

第二十三条 政府验收委员会在各专业验收任务全部完成后，应及时组织召开委员会会议，审查国家竣工验收报告，形成国家竣工验收鉴定书，并召开国家竣工验收大会，宣布国家竣工验收结果，宣读国家竣工验收鉴定书。

第二十四条 政府验收委员会应在国家竣工验收大会后1个月内，将国家竣工验收情况、国家竣工验收报告和国家竣工验收鉴定书等呈报国家主管部门备案。

第二十五条 建设单位应在国家竣工验收大会后6个月内，按相关程序要求完成工程国家竣工验收备案、项目资料移交归档，完善固定资产移交手续。

第六章 政府验收的监督管理

第二十六条 各职能部门、建设单位在政府验收工作中应加强管理、协调、沟通、配合，共同完成验收任务。

第二十七条 各专项验收的责任部门应根据验收内容、要求、进度的实际情况，分别开展验收工作。对于验收过程中发现的问题，应督促建设单位限期整改，整改落实后及时复验。如在规定时间内不能出具同意投入试运营意见，应详尽说明理由并专题报验收办。

第二十八条 建设单位及其他参建单位在各专项验收中应提交真实、完整的验收资料，对于验收过程中发现的问题，应根据整改意见及时组织整改，并积极配合复验。

第二十九条 市相关职能部门工作人员在验收工作中玩忽职守、滥用职权、徇私舞弊的，由市政府对责任人予以通报批评；造成严重后果的，依照有关法律法规处置。

第三十条 建设单位及其他参建单位提交验收资料不真实导致验收结论有误的，由提交不真实验收资料的单位承担责任，政府验收组织实施单位收回验收意见书或鉴定书，由政府验收委员会对责任单位予以通报批评；造成严重后果的，依照有关法律法规处置。

第三十一条 参加验收的专家、专业技术人员在验收工作中玩忽职守、徇私舞弊等，由建设单位对责任人予以通报批评；造成严重后果的，依照有关法律法规处置。

第七章 附　　则

第三十二条 除上述规定的验收外，BOT项目和BT项目涉及的其他验收，由代表政府签订合同的部门（单位）按合同有关约定执行。

第三十三条 城市轨道交通工程建设项目中的分项、分部、单位工程验收，依照国家、地方、行业验收标准和相关规定执行。

第三十四条 本办法由深圳市发展和改革委员会负责解释，自颁布之日起实施。

第八章 附　　件

附件1 投入试运营验收工作流程图（见附图1）

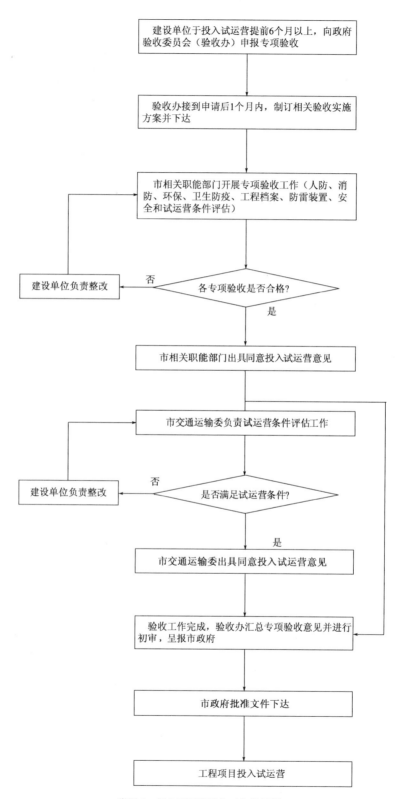

附图1 投入试运营验收工作流程图

附件2 国家竣工验收工作流程图（见附图2）

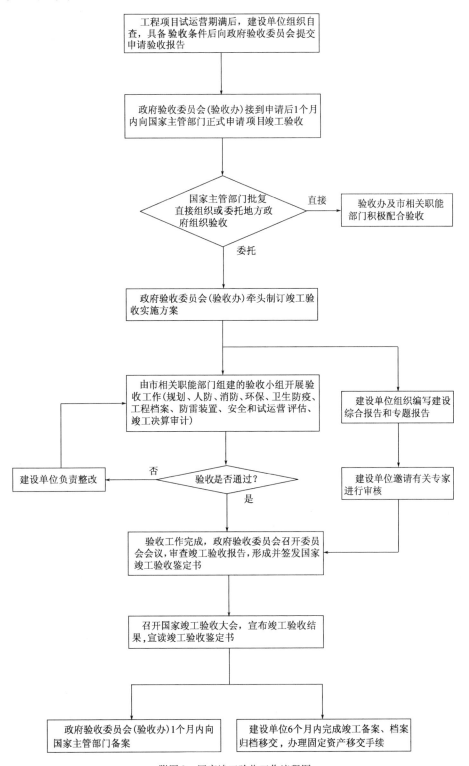

附图2 国家竣工验收工作流程图

附件 3　工程项目建设综合报告及建设专题报告编制提纲

建设综合报告编制提纲应包括但不限于：

(1) 工程建设概况
(2) 建设前期工作
(3) 设计工作管理
(4) 工程管理
(5) 车辆和机电设备
(6) 验收与移交
(7) 试运营情况
(8) 竣工财务决算与审计
(9) 申报竣工验收准备情况
(10) 经验与教训
(11) 建设大事记

建设专题报告编制提纲应包括但不限于：

(1) 基建工作报告
(2) 勘察工作报告
(3) 设计工作报告
(4) 科研工作报告
(5) 工程质量管理工作报告
(6) 工程安全管理工作报告
(7) 消防工作报告
(8) 环境保护工作报告
(9) 设备材料管理工作报告
(10) 征地拆迁工作报告
(11) 试运营管理工作报告
(12) 建设档案工作报告
(13) 竣工决算与审计工作报告

附件 4　国家竣工验收鉴定书编制提纲

国家竣工验收鉴定书编制提纲应包括不限于：

一、工程名称
二、工程地址
三、工程建设及交付验收单位
四、工程建设依据及规模
五、工程建设的基本情况
1. 主要设计单位
2. 主要监理单位
3. 主要施工单位
4. 建设内容与工期

5. 主要实物工程量

6. 试运营情况

7. 工程竣工决算审计

8. 工程评价及政府各主管部门专项验收情况

9. 经济效益和社会效益

六、验收意见(结论)